D1753445

Daheim im Landkreis Konstanz

Herausgegeben von Franz Götz

VERLAG FRIEDR. STADLER KONSTANZ

Abbildungen auf den Seiten 1 bis 10:
St. Georgskirche auf der Insel Reichenau – Abend am Untersee bei
Gaienhofen (Doppelseite) – Torhaus in Bodman – Hegauberge mit Singen –
Frühling am Bodensee mit Insel Mainau und Alpen (Doppelseite) – Vordere
Stadt Tengen mit Brunnen und oberem Tor – Langhaus, Dachstuhl und Chor
des Münsters in Reichenau-Mittelzell – Erntedank in der Barockkirche
Hilzingen

Schutzumschlag, links (von oben):
Insel Mainau – Burgruinen Mägdeberg (im Vordergrund) und
Hohenkrähen – Universität Konstanz
Rechts (von oben): Stockach-Winterspüren: Marientod von 1484
(Ausschnitt) – Konstanz: Münster, Krypta, gegen 1000

Stadler Verlagsgesellschaft mbH Konstanz 1986
Gestaltung: Andreas Brylka, Hamburg
Satz: alfaletra fotosatz gmbh, Konstanz
Reproduktionen: RS-Reproduktions GmbH, Radolfzell
Druck: Druckerei und Verlagsanstalt Konstanz GmbH Am Fischmarkt

Copyright by Verlag Friedr. Stadler, Inh. Michael Stadler, Konstanz

ISBN 3-7977-0125-X

Bildnachweis: Ingrid Asmus, Konstanz: S. 161, 179; Dr. Jörg Aufdermauer, Singen: S. 187, 192, 193, 194, 200, 204 (2), 207, 209 (2), 211, 212 (2); Landesdenkmalamt Baden-Württemberg, Abt. Bodendenkmalpflege, Pfahlbauarchäologie Bodensee-Oberschwaben, Gaienhofen-Hemmenhofen: S. 197; Reinhard Baumgärtel, Erlangen: S. 145 (oben); Martina Bonn, Konstanz: S. 184, 299; Franz Brem, Tengen: S. 330; Albrecht Brugger, Stuttgart: Luftbilder S. 16/17, 32, 36/37, 42/43, 53, 77, 100/101, 104/105, 274, 320; Aus: Otto Feger, Geschichte des Bodenseeraumes, Bd. 1, Lindau und Konstanz 1956 (S. 202): S. 217; Joachim Feist, Pliezhausen: S. 190; Heinz Finke, Konstanz: Schutzumschlag (Foto Universität Konstanz), ferner S. 21, 27 (unten), 45 (unten), 46, 68, 75, 85, 87 (2), 88 (unten), 91, 93 (2), 94 (oben), 106, 111, 116, 117, 124, 130, 131, 140 (oben), 144, 146, 147, 151, 220, 224, 239, 293, 302, 305, 315, 325, 328; Hermann Fix, Engen: S. 177 (9 Abb.); Georg Goerlipp, Donaueschingen: S. 228 (oben); Peter Greis, Öhningen: S. 175, 317; Erich Hofmann: S. 14 (Zeichnung); Bildarchiv der Gemeinde Hohenfels: S. 310; Atelier Hotz, Stockach: S. 45 (oben), 252, 319; Hans-Peter Jehle, Gottmadingen: S. 307; Badisches Landesmuseum Karlsruhe: S. 199; Generallandesarchiv Karlsruhe: S. 219; Guido Kasper, Konstanz: S. 84; Otto Kasper, Singen: Schutzumschlag (alle Fotos, ausgenommen Universität Konstanz), ferner S. 1–10, 47, 108, 108/109, 110, 112, 113, 114, 115, 142, 149, 157, 166/167, 169, 173, 181, 183, 203, 213, 216, 218, 221, 226, 231, 233, 237, 242, 247–251, 255–267, 269, 284/285, 289, 290, 298, 300, 303, 308, 312, 314, 322; Bildarchiv des Landratsamtes Konstanz: S. 25, 28, 29 (2), 33 (unten), 36 (oben links), 296; Burkhard D. Liedl, Radolfzell: S. 59; Jacques Ludwig, Uster (CH): S. 306; Harald Maier, Radolfzell: S. 24 (oben); Bildarchiv der Gemeinde Mühlingen: S. 316; Aus: Ruthard Oehme, »Joannes Georgius Tibianus«, Remagen 1956: S. 228 (unten); Ott/Albrecht, Singen: S. 27 (oben), 36 (links Mitte), 268; Peter Pretli, Friedrichshafen: S. 327; Bildarchiv der Kurverwaltung Radolfzell: S. 145 (unten), 159; Stadtarchiv Radolfzell: S. 232, 240; Bildarchiv der Gemeinde Rielasingen-Worblingen: S. 324; Nikolaus Schmidt-Mänz, Konstanz: S. 20 (oben); Marco Schneiders, Lindau: S. 55; Toni Schneiders, Lindau: S. 294; Bildarchiv der Stadt Singen: S. 24 (unten), 127 (unten), 295; Günther Sokolowski, Konstanz: Luftbilder: S. 19 (2), 33 (oben), 39, 67, 136; Francis von Stechow, Konstanz: S. 88 (oben), 94 (unten); Werbeatelier Striegel, Heidelberg: S. 34; Franz Thorbecke, Lindau: Luftbilder: S. 72/73, 154, 163; Bildarchiv der Gemeinde Volkertshausen: S. 332; Foto Wöhrstein, Engen: S. 297; Hella Wolff-Seybold, Konstanz: S. 20 (unten), 71, 127 (oben), 128 (2), 135, 140 (unten), 152

Inhaltsverzeichnis

- 18 Lebendiger Landkreis
  Dr. Robert Maus, Landrat des Landkreises Konstanz

- 43 Leben und Wohnen im Landkreis Konstanz
  Dr. Theo Zengerling, Verbandsdirektor

- 83 Kulturelle Angebote im Landkreis Konstanz
  Dr. Egon Treppmann, Redakteur

- 106 Weiterbildung und Freizeit
  Dr. Jochen Schmidt-Liebich, Volkshochschulleiter

- 118 Mundart im Landkreis Konstanz
  Bruno Epple, Maler und Schriftsteller

- 125 Sport- und Freizeitangebote im Landkreis Konstanz
  Elke Meinhard, cand. phil.

- 143 Tourismus im Landkreis Konstanz
  Frank Siegfried, Journalist

- 155 See und Landschaft – Lebensraum für den Menschen
  Dr. Ulrich Einsle, Biologe

- 162 Vulkane und Gletscher –
  Gestaltungselemente der heutigen Landschaft
  Prof. Dr. Eugen Reinhard

- 171 Naturkundliche Streifzüge
  Hermann Fix, Rektor i. R.

- 185 Die Vor- und Frühgeschichte des Landkreises Konstanz
  Dr. Jörg Aufdermauer, Kreisarchäologe

- 215 Vom historischen Hegau zum Landkreis Konstanz
  Dr. Franz Götz, Kreisarchivar

- 243 Kulturdenkmale in Vergangenheit und Gegenwart
  Dr. Herbert Berner, Stadtarchivdirektor

- 297 Unsere Städte und Dörfer
  (ihre Geschichte und ihre Sehenswürdigkeiten)
  Achim Fenner und Dr. Franz Götz

- 334 Register

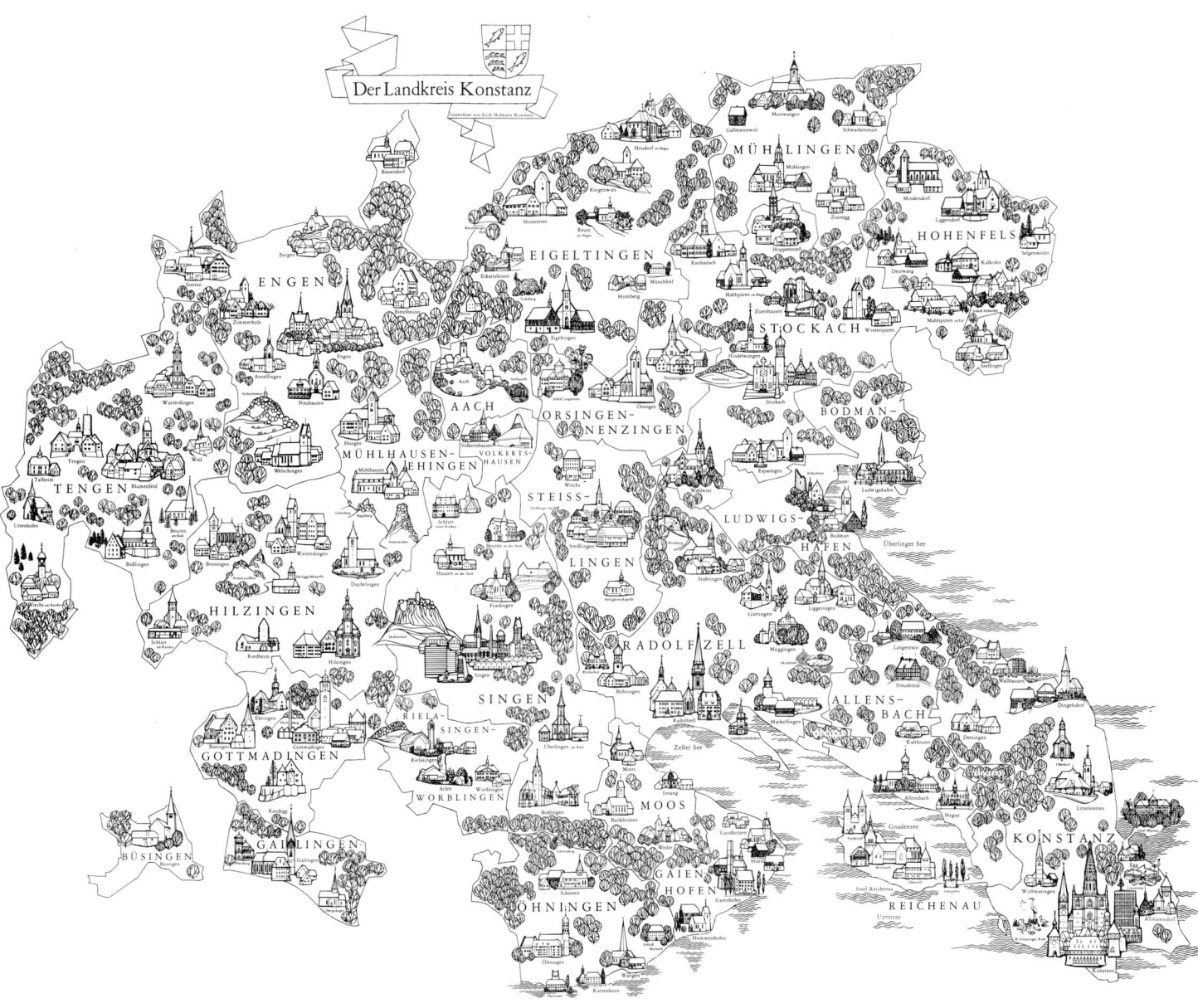

Vorwort

Mit der vor einem Jahr fertiggestellten vierbändigen »amtlichen« Beschreibung des Landkreises Konstanz, herausgegeben von der Landesarchivdirektion Baden-Württemberg, wurde vor allem für den Wissenschaftler und den Forscher ein fundiertes Standardwerk über den Landkreis Konstanz geschaffen. Wir haben damit höchste Ansprüche erfüllt und sind dankbar, den Landkreis in seiner heutigen Form und Gestalt exakt und erschöpfend beschrieben zu haben. Das vorliegende Buch »Daheim im Landkreis Konstanz« möchte einem anderen Zweck dienen. Einerseits sollen mit diesem Band allen Interessierten die Schönheiten und die bunte Vielfalt unserer Landschaft am Bodensee und im Hegau durch zahlreiche neue Aufnahmen aufgezeigt werden. Insbesondere haben wir diesen Band bewußt mit vielen Abbildungen von bekannten und weniger bekannten Kunstwerken bereichert, mit welchen unser Landkreis gesegnet ist. Andererseits wollten wir aber nicht nur einen Bildband herstellen, sondern die Abbildungen auch durch übersichtlich gegliederte und allgemein verständliche Textbeiträge ergänzen, die den Leser rasch und gründlich über den Landkreis Konstanz informieren.
Die das Buch geschrieben, gestaltet und herausgegeben haben, sind überzeugt, daß jeder Leser und Betrachter dieser repräsentativen Beschreibung unseres Landkreises nachempfindet, weshalb wir uns hier »daheim« fühlen.

Dr. Robert Maus, Landrat

Lebendiger Landkreis

ROBERT MAUS

Viele Dinge sind es, die einen Landkreis lebendig machen; Menschen aber formen ihn, Menschen entscheiden mit ihrem Denken, Fühlen und Handeln darüber, ob überhaupt ein Landkreis als lebendiges Gebilde besteht.

Aus meiner heutigen Sicht ist es ganz reibungslos und ohne spürbaren Aufwand gelungen, diejenigen Städte und Gemeinden, die ehemals zu den Landkreisen Stockach und Sigmaringen gehörten, in den neuen Landkreis Konstanz einzubinden. Dies ist sicher auch darauf zurückzuführen, daß die Kreisreform bei uns historische Einheiten wiederhergestellt hat, die teilweise jahrhundertelang verschüttet waren. Der »Hegau« des Mittelalters ist heute im Landkreis Konstanz nahezu vollständig wiederhergestellt, nimmt man die Stadt Konstanz hinzu und läßt Schaffhausen, die ehemalige heimliche Hauptstadt des Hegaus, weg.

Auf den Grundlagen unserer gemeinsamen Geschichte wird einsehbar, daß z. B. Bodman aus dem früheren Landkreis Stockach keine Mühe hatte, sich im Landkreis Konstanz zu Hause zu fühlen. Die jahrhundertealte Verflechtung von Stockach mit dem Hegau hatte tiefere Wurzeln als die verwaltungsmäßige Anbindung an Pfullendorf und Meßkirch. Deshalb hatte Stockach wohl letztlich nur wenige Jahre geringe Mühe, den Verlust der Eigenschaft als Kreissitz zu verschmerzen.

Menschen spielen bei all dem die schon angesprochene entscheidende Rolle. Die Familie von Bodman hat für die geistige, auf kulturellem Erbe ruhende Einheit unseres neuen Landkreises eine ebenso bedeutende Rolle wie sie Graf Ludwig Douglas als Mit-Herausgeber des Südkurier und sein Bruder Graf Wilhelm als Kreisjagdmeister hatten.

Die Bürgermeister Franz Ziwey aus Stockach, Franz Moser aus Hohenfels, Paul Forster und Artur Ostermaier aus Steißlingen haben mit ihrem praktischen Sinn für das Machbare, mit Sachverstand und Tatkraft im Kreistag Gemeinsames mitgetragen und ihre Kommunen Teil des neuen Landkreises werden lassen.

Auch in anderen Bereichen läßt sich zeigen, daß Menschen den Landkreis zur Einheit formen und ihn lebendig machen.

Arbeitsplätze
Der zahlenmäßig größte Austausch der Bevölkerung zwischen den einzelnen Gemeinden findet sicher im Bereich der Arbeit statt. Pendlerströme bewegen sich aus dem nördlichen Hegau nach Singen und Gottmadingen, von der Höri nach Radolfzell und aus nahezu dem ganzen Kreis nach Konstanz zu den dortigen Behörden, zur Universität und der Fachhochschule.

Konstanzer Stadtteil Petershausen mit Rheinbrücke, ehemaligen Kloster- und Kasernengebäuden sowie dem neuen Landratsamt.
Unten: Neues, am 17. März 1984 eingeweihtes Landratsamt Konstanz

Abbildung Seite 16/17: von links nach rechts: Konstanzer Trichter, Stadt Konstanz, Seerhein, Wollmatinger Ried, Untersee, Insel Reichenau und Halbinsel Höri; im Vordergrund Halbinsel Bodanrück; ganz rechts unten: Insel Mainau

Oben: Grundsteinlegung und Richtfest beim Neubau des Konstanzer Landratsamtes: Verwahrung des Dokumentenbehälters im Grundstein. Landrat Dr. Robert Maus MdL (links), Kreisoberamtsrat Siegfried Koske (rechts)
Unten: Kreistagssitzung im großen Saal des Landratsamtes

Haupteingang des neuen Verwaltungsgebäudes des Landkreises Konstanz

Nach den verfügbaren Statistiken waren im Jahr 1984 im Landkreis Konstanz ca. 88.000 Personen erwerbstätig. Das sind erheblich weniger als 10 Jahre zuvor, denn seit der Rezession 1975/76 haben Großbetriebe ihre Beschäftigtenzahl verringert. Dafür sind mehrere Mittelbetriebe in allen Branchen neu gegründet worden oder haben sich vergrößert. Das umfangreichste zusätzliche Arbeitsplatzangebot wurde in Engen geschaffen, ein gewolltes Ergebnis der 1978 in Betrieb genommenen Autobahn Stuttgart–Singen. Am Anschlußpunkt Engen haben Stadtverwaltung und Gemeinderat die Chance genutzt, ein Gewerbegebiet zu erschließen und damit dem oberen Hegau Arbeitsplätze anzubieten. Die in den letzten 10 Jahren mit Finanzhilfen des Bundes und des Landes stark betriebene Sanierung der Altstadt hat Engen zu einem weit über den Landkreis hinaus beachteten Anziehungspunkt gemacht. Infrastrukturelle Verbesserungen der Anschlüsse an Schiene, Straße, Strom und Gas haben in Engen und dem sogenannten oberen Hegau Aktivitäten ausgelöst, die wahrhaft lebendig sind.

Der Kreishaushalt
Rund 156 Millionen DM umfaßt der Kreishaushalt des Jahres 1985 in Einnahmen und Ausgaben. Bei den Einnahmen bringt die Kreisumlage mit rund 54 Millionen DM 34,54 %, die Grunderwerbsteuer mit 12,6 Millionen DM hat einen Anteil von 8 %, die Zuweisungen des Landes mit 11 Millionen DM umfassen 7,53 % des Haushalts. 14,6 Millionen DM stehen für Investitionen im Vermögenshaushalt zur Verfügung, wovon 3,2 Millionen für Bauinvestitionen und 5 Millionen für Kreisstraßenbauten zur Verfügung stehen. Die Abfallbeseitigung verschlingt rund 2,1 Millionen und zur Schuldentilgung sind rund 2 Millionen DM notwendig. Der Personalaufwand mit 19,9 Millionen verschlingt immerhin 12,75 % der Ausgaben.

Eine gewaltige Last drückt den Landkreis bei der Bewältigung der sozialen Sicherung. Rund 78 Millionen DM müssen dafür aufgewendet werden, wobei über 50 Millionen DM aus der eigenen Steuerkraft des Landkreises und seiner Gemeinden verkraftet werden müssen. Für die Abfallbeseitigung werden 9,7 Millionen aufgewendet und für die Tilgung unserer Schulden 4,1 Millionen. Im Landratsamt sind zur Zeit 59 Beamte, 257 Angestellte und 99 Arbeiter sowie 35 Landesbeamte, also insgesamt 451 Personen, beschäftigt. Hinzu kommen 53 Auszubildende der verschiedensten Bereiche.

In der stilvollen Atmosphäre des neuen Verwaltungsgebäudes am Benediktinerplatz, nahe am Seerhein, können die Bediensteten ihre Arbeit in einer der berühmtesten Ferienlandschaften Deutschlands mit Fleiß und Freude verrichten.

Kultur
Reger Austausch findet auch im Bereich der Kultur statt.

An der Universität Konstanz stammen von den insgesamt 6.000 Studenten 32,4 % aus dem Kreis Konstanz, an der Fachhochschule Konstanz sind es 26 % von 2.036 Studierenden.

Das Stadttheater Konstanz wird vom Landkreis nicht zuletzt deshalb finanziell gefördert, weil z. B. im Spieljahr 1983/84 89.856 Personen aus dem Landkreis nach Konstanz zum Theaterbesuch fuhren, 1984/85 waren es 99.497.

Aus dem gleichen Grund beteiligt sich der Landkreis an den Kosten für das Stadttheater in Singen, das im Gegensatz zu Konstanz über kein eigenes Ensemble verfügt. 1983/84 wurden hier 20.857 Besucher gezählt, in der Spielzeit 1984/85 20.919. Mit der »Färbe« in Singen ist der Versuch eines Privattheaters gestartet worden, der allerdings ohne öffentliche Finanzhilfe nicht gelingen wird.

Ein freudiges Zeichen der Regsamkeit und des kulturellen Interesses unserer Vereine ist die Tatsache, daß in ungezählten Sport-, Gesang- und Musikvereinen Theateraufführungen inszeniert, mit Begeisterung aufgeführt und erlebt werden. Die urwüchsige Gestaltungskraft der Laienspieler verrät häufig Talent und Verwurzelung in der Mundart unserer Heimat.

Die Konzerte des Bodensee-Sinfonieorchesters sind weit über die Grenzen der Stadt beliebte Zeugnisse musikalischer Lebendigkeit im Landkreis. Dies dokumentieren auch 37 katholische Kirchenchöre mit 438 Sängerinnen und Sängern und 14 evangelische Kirchenchöre mit rund 300 Mitgliedern.

Der Hegau-Sängerbund hat 70 von 109 Mitgliedervereinen aus unserem Landkreis. In diesen 70 Chören und zwei Jugend- bzw. vier Kinderchören singen zur eigenen Freude und derjenigen vieler Zuhörer 4.268 aktive Miglieder (2.850 Sänger, 1.205 Sängerinnen, 72 männliche und 141 weibliche Jugendliche). Im Bodensee-Hegau-Musikverband sind 89 Vereine aus unserem Landkreis mit 4.650 aktiven Mitgliedern vereint, wozu noch in 15 Jugendmusikkapellen weitere 580 Jugendliche kommen. 1.000 junge Burschen und Mädchen sind noch in Ausbildung und warten auf die Eingliederung in die Blasmusikkapellen.

Bei den jährlichen Bezirksmusikfesten zeigt sich, wie lebendig unser Kreis gerade im Bereich der Blasmusik ist, welch wertvolle Erziehungsarbeit für unsere Jugend geleistet wird und auf welch hoher Qualität dieses Kulturgut steht.

Die Besucherzahlen der Heimatmuseen in Allensbach, Bodman, Hilzingen und Reichenau, der bedeutenden Kulturmuseen in Konstanz und Singen (Rosgarten-, Bodenseenatur- und Hegaumuseum), der Wessenberg-Gemäldegalerie, des Zeitungsmuseums und des Hus-Hauses – alle in Konstanz – sowie des Fasnachtsmuseums in Langenstein belegen das wachsende Interesse an Geschichte, Kunst und Kultur. In Radolfzell ist ein stadtgeschichtliches Museum im Aufbau, in Gaienhofen ein Heimatmuseum geplant.

Sportvereine
Mit der immer länger gewordenen Freizeit sind die Sportvereine ständig gewachsen, und zwar nach ihrer Zahl und ihrer Größe. Neue Sportarten wie Judo und Surfen sind zu den traditionellen wie Turnen, Fußball, Rudern und Segeln hinzugekommen. Es ist eine Freude, zu erleben, daß in den 261 Sportvereinen unseres Landkreises rund 60.000 Menschen aktiv Sport treiben. Ich bin überzeugt, daß gerade die sportliche Begegnung der Menschen zu der raschen Integration des neuen Landkreises entscheidend beigetragen hat. Seit Jahrzehnten spielen Hand- und Fußballvereine aus Konstanz, Radolfzell, Singen und Gottmadingen gegen Vereine aus Stockach, Gallmannsweil und Steißlingen. Turn- und Tennisvereine sowie Ringermannschaften aus vielen Gemeinden des Kreises tragen ihre Wettkämpfe gegeneinander aus und fühlen sich doch

Oben: Jugendblasorchester Radolfzell
Unten: Badisches Landesturnfest in Singen (1984): Szene aus der Abschlußveranstaltung

Hilfsorganisationen (Feuerwehr, Rotes Kreuz,
Technisches Hilfswerk) im Einsatz

einem Kreis zugehörig. Die Radfahrerhochburgen in Aach, Reichenau, Mühlhausen und Büßlingen haben schon manchen nationalen und internationalen Meister hervorgebracht, zum Zeichen der Leistungsstärke ihrer Sportart im Kreis Konstanz.

Eine große Bedeutung messe ich dem aus kleinen Anfängen entstandenen, von engagierten Lehrern gestalteten und geförderten Kreis-Jugend-Sporttag bei. Er fand im Jahre 1985 erstmals in größerem Rahmen statt und schloß mit einer Ehrung derjenigen Sportler des Landkreises, die im vergangenen Jahr Meistertitel errungen hatten.

Der aus Eigeninitiative der Vereine entstandenen »Arbeitsgemeinschaft Sport im Landkreis Konstanz« verdanken wir wichtige Ratschläge beim Bau und der Nutzung von Sportstätten. Sie hat manchen Konflikt verhindert und wird den Jugend-Sporttag weiterentwickeln.

Feuerwehren
Eine der größten Integrationswirkungen geht ganz sicher von den Feuerwehren des Landkreises aus. Im alljährlichen Wettbewerb beim Kreisfeuerwehrtag messen unerschrockene, hilfsbereite Männer ihre Kräfte im Dienste am Nächsten. Es ist eine Freude, den Männern bei den

Übungen zuzuschauen und mit ihnen im Festzelt den Durst zu löschen. Es braucht einem für den Ernstfall nicht bange zu werden, wenn man diesen Männern ins Gesicht und ins Herz geschaut hat. 3.676 aktive und 457 ehemalige Mitglieder zählen die 25 freiwilligen Feuerwehren des Landkreises; hinzu kommen in 15 Jugendfeuerwehren 393 und in 16 Werksfeuerwehren 563 aktive Wehrmänner. Wir haben Grund, stolz auf unsere Feuerwehren zu sein.

Hilfsorganisationen

Mit dem Deutschen Roten Kreuz (853 aktive und 19.438 passive Mitglieder = 8,33 % der Bevölkerung), dem Malteser Hilfsdienst (148 aktive und 1.123 passive Mitglieder), dem Arbeiter-Samariter-Bund (710 aktive und 3.944 passive Mitglieder), dem Johanniter-Unfallhilfe-Bund (28 aktive und 48 passive Mitglieder) sowie dem Caritas-Verband mit seinen 250 persönlichen Mitgliedern verfügen wir im Landkreis über eine gut ausgebildete und ausgerüstete Armada der caritativen Betreuung. Nimmt man die Tätigkeiten der Beratungsstellen des Caritasverbandes, der evangelischen Kirche, des Landeswohlfahrtsverbandes, der Suchtkrankenfürsorgestelle, des Drogenvereins und anderer privater Einrichtungen, wie z. B. »Pro Familia«, zusammen, dann zeigt sich das umfassende Bild der sozialen Hilfsdienste, die segensreiche Arbeit verrichten. Krankentransport, Feueralarmierung, ärztlicher und zahnärztlicher Wochenenddienst, Katastrophenschutz, Straßenunfallhilfe und Wasserrettung sind für den ganzen Landkreis zusammengefaßt in der integrierten Leitstelle des Deutschen Roten Kreuzes in Radolfzell. Straffe Organisation und Geschäftsführung haben es ermöglicht, daß im Kreis Konstanz inzwischen die niedrigsten Tarife für den Krankentransport in ganz Baden-Württemberg gelten, wobei die Leistungsfähigkeit voll gewährleistet ist.

Wohnbevölkerung und Schulen

Die Bevölkerung in unserem Kreis unterlag in den letzten 10 Jahren starken Schwankungen. Sie erreichte nach der Kreisreform ihren Höchststand im Jahre 1974 mit 232.838 und ihren niedrigsten Stand 1977 mit 227.492. Am 1. Januar 1985 wohnten 230.858 Menschen bei uns.

Im einzelnen bedeutet dies, daß in den vergangenen 15 Jahren nur noch halb soviel Kinder geboren wurden. Waren es 1970 noch 1,7 % Kinder im Alter der bis zu 6jährigen, so waren es 1984 nur noch 0,9 %. Auch bei den 6–10jährigen ist dasselbe festzustellen. Bei den 15–18jährigen ist der Anteil gestiegen und zwar von 4 % im Jahre 1970 auf 4,8 % im Jahre 1984. Stärker zugenommen haben dagegen die 21–25jährigen, nämlich von 5,2 % im Jahr 1970 auf 7,2 % im Jahre 1984. Die 30–40jährigen haben im selben Zeitraum um rund 3 % abgenommen, um die gleiche Prozentzahl zugenommen haben dagegen die 40–50jährigen. Während im genannten Zeitraum die 50–60jährigen noch um 1,2 % zugenommen haben, sind die 60–70jährigen um 1,8 % gesunken. Am stärksten zugenommen haben die über 70jährigen, nämlich von 7,3 % im Jahre 1970 und 11,6 % im Jahre 1984.

Insgesamt hat der Landkreis Konstanz 0,2 % mehr Menschen im Alter zwischen 20–25 und 40–45 als der Landesdurchschnitt, bei den 40–50jährigen sogar 0,35 % mehr als das Land. Bei den 30–40jährigen liegt der Landkreis dagegen 0,25 % unter dem Landesdurchschnitt.

Eingangsbereich der Gewerbeschule des Landkreises Konstanz
in Singen
Unten: Innenhof der Wessenbergschule in Konstanz (Kaufmännische
Schulen des Landkreises Konstanz)

Eingangsbereich des Berufsschulzentrums des Landkreises Konstanz in Radolfzell mit Plastiken von Robert Seyfried, Singen-Bohlingen

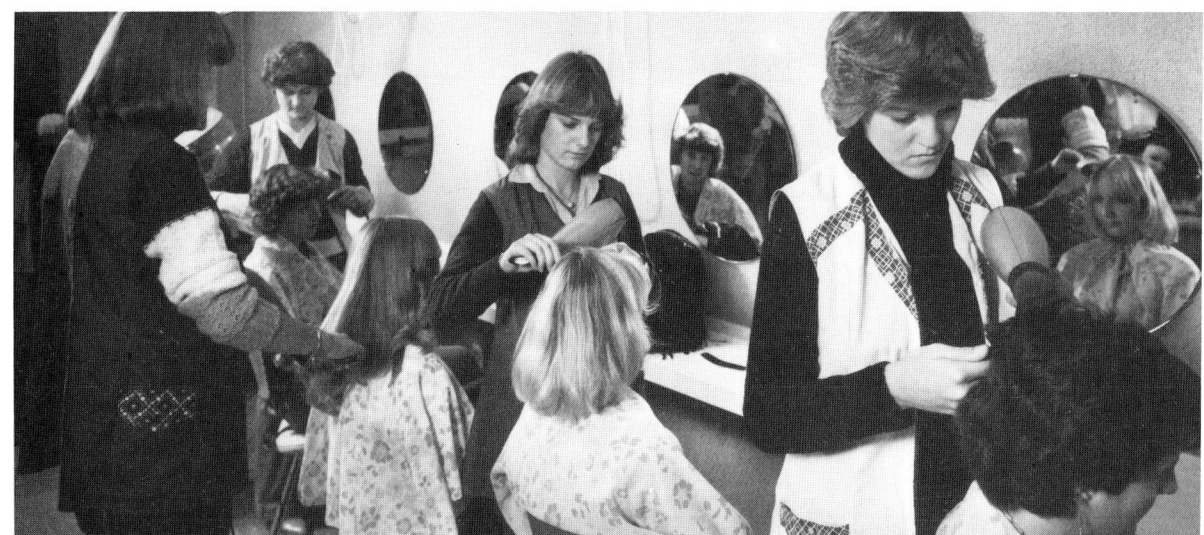

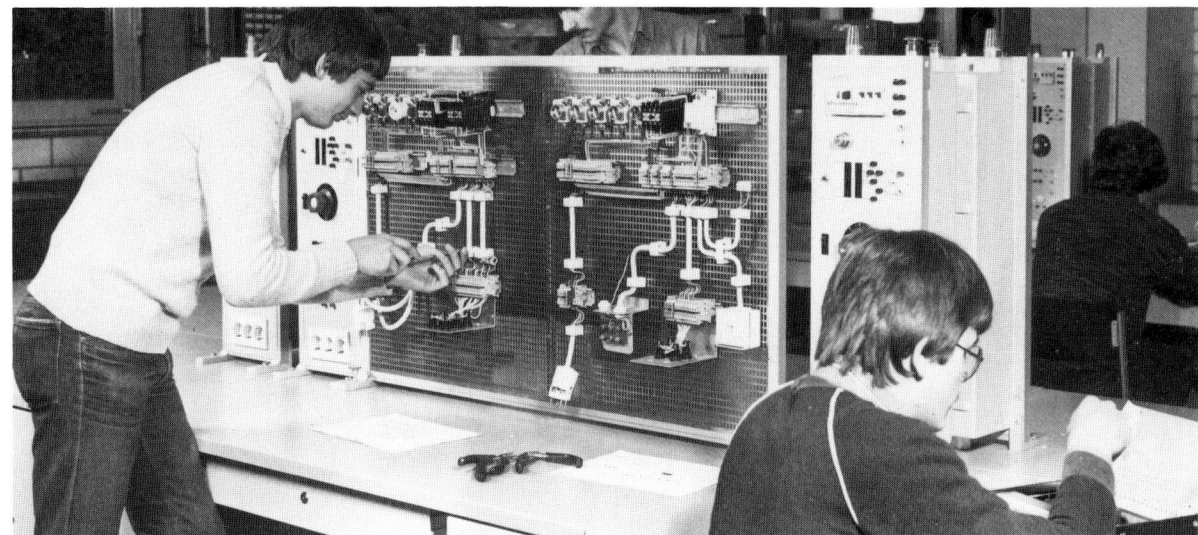

Schülerinnen und Schüler an Ausbildungsplätzen in gewerblichen Schulen des Landkreises Konstanz

Die Geburtenrate verlief bisher fast genau im Landesdurchschnitt, nämlich 1984 = 1.922 Lebendgeborene (Geburtendefizit von 334 gegenüber dem Vorjahr).
Zur Zeit, also im Schuljahr 1984/85, bestehen folgende Schulen:

83 Grund- und Hauptschulen mit	13.182 Schülern
10 Realschulen mit	4.556 Schülern
9 Gymnasien mit	7.018 Schülern
8 Berufsschulen mit	10.839 Schülern
10 Sonderschulen mit	781 Schülern
	insgesamt 36.376 Schüler

Nach den heutigen Verhältnissen werden in den nächsten Jahren keine Schulhäuser mehr gebaut werden, eher ist zu befürchten, daß Schulräume leerstehen. Dies könnte dadurch vermieden werden, daß die Regionale Volkshochschule Konstanz-Singen e. V. ihr derzeitiges Fort- und Weiterbildungsangebot von 33.000 Unterrichtseinheiten im Jahr 1984 noch ausweitet. Die Träger dieser Volkshochschule, nämlich der Landkreis, die Städte Aach, Engen, Konstanz, Singen, Stockach und Tengen sowie die Gemeinden Allensbach, Gaienhofen, Gottmadingen, Hilzingen, Mühlhausen-Ehingen, Rielasingen-Worblingen, Steißlingen und Volkertshausen, werden künftig vor schwierigen Entscheidungen stehen, denn die Einrichtung muß laufend der Situation angepaßt werden.

Soziale Leistungen
Für unsere alten Menschen werden im Landkreis Konstanz insgesamt 1.043 Altenheimbetten und 535 Altenpflegebetten bereitgehalten.

Größere Einrichtungen unterhalten wir für psychisch Kranke in dem Psychiatrischen Landeskrankenhaus in Reichenau sowie für Hirnverletzte in den Neurologischen und Neurochirurgischen Kliniken Prof. Dr. Schmieder in Gailingen und Allensbach. In zahlreichen Ehe- und/oder Erziehungsberatungsstellen, in Beratungsstellen für Suchtkranke und Drogenabhängige, stellen wir vielfältige Hilfen für diesen Personenkreis zur Verfügung.

In besonderer Weise belastet ist der Landkreis Konstanz durch die Aufwendungen für die Sozial- und Jugendhilfe sowie für die Kriegsopfer- und Schwerbehindertenfürsorge und die Unterhaltssicherung. Im Jahre 1984 wurden 46,3 Millionen DM Leistungen nach den gesetzlichen Bestimmungen an Anspruchsberechtigte ausbezahlt. Daneben wurden im gleichen Zeitraum 20,8 Millionen DM Umlage an den Landeswohlfahrtsverband abgeführt und rund 700.000 DM freiwillige Leistungen im sozialen Bereich erbracht. Zu den freiwilligen Leistungen zählen nicht nur Zuschüsse für den Bau von Altenpflegeplätzen und für die allgemeine Sozialarbeit, sondern auch Zuschüsse für die genannten Beratungsstellen und für die Sozialstationen, für welche allein 262.640 DM bereitgestellt werden. Auch für die Altenhilfe zahlt der Landkreis Konstanz an die verschiedenen Träger jährlich 20.000 DM. Für eine Familienferienerholung kinderreicher Familien stellen wir jährlich zwischen 45.000 und 50.000 DM zur Verfügung, wobei die sozialen Vorteile weit größer sind als die materiellen Aufwendungen.

Für Schwerbehinderte hat der Landkreis Konstanz einen Fahrdienst eingerichtet, der von den Behinderten in zunehmendem Maße in Anspruch genommen wird und für den immerhin im Jahre 1984 106.000 DM aufgewendet wurden. Für die Kriegsopfer- und Schwerbehindertenfürsorge haben wir 1,6 Millionen DM ausgegeben.

Infolge gesetzlicher Änderungen sind die Leistungen für die Ausbildungsförderung (BAFöG) zurückgegangen, und zwar von 7,1 Millionen im Jahre 1982 auf 1,7 Millionen im Jahre 1984.

Flächenstruktur
Wie herrlich die Landschaft ist, in der wir leben dürfen, erfährt man häufig dann am intensivsten, wenn man von einer längeren Reise zurückkehrt. Manche Fotografie vermag die Schönheit unserer Berge, Seen, Flüsse, Äcker, Wiesen, Dörfer und Städte wunderbar zum Leuchten zu bringen. Die Landschaft wird aber nur dem zur Heimat, der sich mit ihr identifiziert, nicht

nur mit der äußeren Form, sondern mit ihrer Geschichte, ihren Menschen. Diese Identifizierung ist immer neu zu vollziehen, weil sich die Landschaft durch des Menschen Hand ändert, so wie die Menschen auch, durch Zuwanderung, Abwanderung, Verheiratung. Durch unsere Siedlungstätigkeit greifen wir in das derzeitige Erscheinungsbild unserer Landschaft ebenso ein wie durch die förmliche Unterschutzstellung größerer oder kleinerer Landschaftsteile.

Von unserer Katasterfläche von 818,1 qkm sind 403,3 landwirtschaftlich, 275,4 forstwirtschaftlich genutzt und 30,2 qkm sind Ödland und Gewässer. Damit sind 708,9 qkm oder rund 87,9 % des gesamten Kreisgebietes nicht besiedelt. Rechnet man den Gnadensee, den Zellersee, jeweils die Hälfte des Konstanzer Trichters, des Überlinger- und des Untersees mit ein, so zeigt sich der Landkreis doch in einem naturhaften, harmonischen Gesamtbild. Die Gebäude- und Hofflächen von 42,4 qkm sowie die Wege- und Eisenbahnflächen von derzeit 42,8 qkm werden sich voraussichtlich in den nächsten Jahren nicht dramatisch ausweiten. Zwar werden für die Autobahn Singen-Bietingen und die B 33 (neu) von Radolfzell bis Konstanz und die B 31 (neu) von Stockach bis Überlingen noch einmal große Flächen benötigt, aber damit ist für lange Zeit der Straßenbau beendet. In der Gesamtbilanz sollte nicht unterdrückt werden, daß in den vergangenen 6 Jahren zwar 149,2 ha Wald ausgestockt, in der gleichen Zeit aber wieder 68,1 ha aufgeforstet wurden.

Umweltschutz
Zur Zeit stehen in 28 Gebieten 3.234,68 ha unter Naturschutz und in 14 Gebieten 22.477 ha unter Landschaftsschutz. Rechnet man die 40,45 ha hinzu, die für 29 Naturdenkmale geschützt sind, dann wird deutlich, daß 30,94 % der Gesamtfläche unseres Kreises über Schutzverordnungen der Veränderung entzogen sind. Diese Fläche vergrößert sich noch durch Wasserschutzzonen I und II, für welche in Zukunft zum Schutz des Grundwassers noch strengere Vorschriften erlassen werden müssen.

Damit ist der wohl ewig dauernde Zielkonflikt offengelegt, der zwischen dem Ziel des Menschen besteht, sich ein Einfamilienhaus zu schaffen, und seinem Bedürfnis, die Natur nicht zu verändern. Es ist offenkundig, daß das stärkste Engagement zur Erhaltung der Natur von Menschen ausgeht, die in bevorzugter Lage oder in Einfamilienhäusern wohnen.

Wir werden mit diesem Zielkonflikt leben müssen, wissend, daß zur Erlangung beider Ziele Kompromisse unerläßlich sind.

Neben dem Wohnungsbau sind im Landkreis Konstanz in der Nachkriegszeit die wohl größten Investitionen im Bereich der Abwasserreinigung erfolgt. In derzeit 21 Sammelkläranlagen (eine weitere in Tengen-Büßlingen ist zur Zeit im Bau) können zur Zeit 490.000 Einwohner-Gleichwerte an Abwasser größtenteils in 3 Reinigungsstufen geklärt werden. Die vom Land vorgegebene Kläranlagenkapazität von insgesamt 500.000 Einwohner-Gleichwerten wird in Kürze erreicht sein, wenn die genannte Kläranlage in Tengen-Büßlingen sowie einige kleinere Kläranlagen für kleine Ortsteile errichtet sein werden. Im Augenblick sind 88 % der Einwohner des Landkreises Konstanz an eine öffentliche Sammelkläranlage angeschlossen. Für den Bau von Kläranlagen, überörtlichen Sammlern und örtlichen Kanalisationen sind von unseren

Kompostwerk des Landkreises Konstanz in Singen. Aus Müll wird lockerer Kompost, der sich als Düngemittel verwenden läßt.
Linke Seite: Naturschutzgebiet Wollmatinger Ried

Zentralkläranlage
der Stadt Radolfzell

Städten und Gemeinden in den Jahren 1960–1984 insgesamt 672 Millionen DM verbaut worden. Besondere Bedeutung im Rahmen des Umweltschutzes hat in unserem Landkreis die Pflege der Flachwasserschutzzone entlang der 104 km langen Uferstrecke des Untersees, des Radolfzeller Sees, des Gnaden- und des Überlinger Sees (von Öhningen bis Bodman-Ludwigshafen). Durch einen im Jahre 1978 im eigenen Haus erstellten »Ufernutzungsplan«, der nun durch den Teilregionalplan »Bodenseeufer« der Region Hochrhein-Bodensee ersetzt ist, sind Maßstäbe dafür gesetzt, daß das Flachwasser in Zukunft so geschützt wird, wie es seiner Reinigungsfunktion für den gesamten Bodensee zukommt. Dabei spielt die Konzentration der Bootsliegeplätze und deren Begrenzung eine ebenso große Rolle, wie die Renaturalisierung bestimmter Uferbereiche. In 16 Hafenanlagen, 34 Stegen und 28 Bojenfeldern sind insgesamt rund 4.300 Liegeplätze im Wasser vorhanden. Dem stehen gegenüber im Jahre 1984 rund 4.400 registrierte Motorboote und 3.900 Segelboote mit Motor, 3.300 Segelboote ohne Motor und weitere 2.800 kennzeichnungspflichtige Boote ohne Motor.

Daß diese Situation zu ständigen Konflikten führt, liegt in dem unterschiedlichen Nutzungsanspruch an das Bodenseeufer, das leider in zunehmendem Maße den Anliegern mehr und mehr verlorengeht.

Gewaltige Anstrengungen mußte der Landkreis unternehmen, um das Problem der Abfallbeseitigung zu bewältigen. Auf Grund der geologischen Situation ist die Möglichkeit, Abfall zu deponieren, äußerst begrenzt. Nachdem Gutachten auch die Verbrennung bei der häufigen Inversionslage über dem Bodenseegebiet als wenig günstig bezeichnet hatten, blieb dem Landkreis nichts anderes übrig, als – dem Vorschlag des Landes Baden-Württemberg folgend – ein Müll-Klärschlamm-Kompostwerk zu errichten.

Nach zahlreichen Besichtigungen und der Einholung teurer Gutachten wurde im Juni 1978 vom Kreistag die Errichtung des Müll-Klärschlamm-Kompostwerkes in Singen beschlossen. 6 Monate früher als vorgesehen, nämlich schon am 1. August 1982, konnte der Probebetrieb aufgenommen und ab 1. März 1983 volle Last gefahren werden. Für alle 230.000 Einwohner des Landkreises Konstanz wird der Hausmüll hier zu einem Produkt verarbeitet, dessen Verwendung im Bereich der Landwirtschaft, des Landschafts- und Straßenbaues, im Obstbau, im Weinbau und bei der Rekultivierung von Kiesgruben in zunehmendem Maße möglich wird. Durch eine ständige, flächendeckende Einsammlung von schädlichen Abfällen in allen Städten und Gemeinden des Landkreises Konstanz wird sowohl dem Kompost als auch dem noch zu deponierenden Gewerbe- und Sperrmüll eine große Zahl von Schadstoffen entzogen.

Rund 38 Millionen DM mußte der Landkreis Konstanz für das gesamte Abfallkonzept der Müllklärschlamm-Verwertung mit Restmülldeponie aufwenden. Der große Beitrag zur Wiederverwertung unserer Abfälle ist jedem Bürger durch Müllgebühren spürbar, die sicher nicht leicht zu verkraften sind. Das Bewußtsein, dieses schwierige Wohlstandsproblem einigermaßen zu beherrschen, macht das Leben im Landkreis aber lebenswerter.

Insgesamt gesehen dürfen wir bei Abwägung aller aufgezeigten Bereiche und bei objektiver Wertung doch mit Dankbarkeit feststellen, daß wir im Landkreis Konstanz in einer liebenswerten Heimat wohnen.

Die Kliniken Schmieder KG Gailingen und Allensbach, Neurologisches Rehabilitationskrankenhaus, wurden 1950 in Gailingen von Prof. Dr. med. habil. Friedrich G. Schmieder, Arzt für Neurologie und Psychiatrie, gegründet.

Die Kliniken verfügen heute über insgesamt 620 Betten und sind eine Spezialeinrichtung zur Rehabilitation von Krankheiten nach Hirnschädigungen.

Das Foto zeigt die Teilklinik in Allensbach mit 300 Betten. Das erste Haus Bodan der Teilklinik Allensbach wurde 1974 bezogen; in den Jahren 1975 und 1979 kamen die Häuser Höri und Säntis dazu. Im Laufe des Jahres 1986 wird hier mit dem Bau eines Funktions- bzw. Therapiegebäudes begonnen.

Oben: Städtisches Feierabendheim (Altenheim) in Konstanz.
Unten: Beschützende Werkstätte für Behinderte in Singen.

37

Byk Gulden, 1873 in Berlin gegründet, ist ein traditionsreiches Unternehmen der forschenden Pharmazeutischen Industrie. Nach mehreren Jahren erfolgreicher Geschäftsentwicklung wurden 1945 im zweiten Weltkrieg die Berliner Betriebe einschließlich der Hauptverwaltung in Charlottenburg völlig zerstört. Der Wiederaufbau nach dem Krieg begann in Konstanz, wo auch heute noch der Sitz der Hauptverwaltung und der Forschungslaboratorien ist.

Rund 40 Jahre nach dem Wiederbeginn ist aus einer kleinen Pharmaabteilung ein international bedeutender Hersteller pharmazeutischer Präparate mit mehr als 20 Tochter- und Beteiligungsgesellschaften im In- und Ausland geworden. Die Herstellung der Präparate für die gesamte Unternehmensgruppe wird im Rahmen einer Arbeitsteilung in den Produktionsstätten Konstanz, Singen, Hamburg und Zwanenburg/Niederlande

durchgeführt. Die modernste Betriebsstätte ist dabei der 1984 eingeweihte Sterilproduktionsbetrieb in Singen. Der hier realisierte Qualitätsstandard ist führend in Deutschland und über die Grenzen hinaus.
Für den Landkreis Konstanz ist Byk Gulden ein wichtiger Arbeitgeber. Die weltweiten Aktivitäten des Unternehmens bieten eine sichere Grundlage für interessante und qualifizierte Arbeitsplätze. Von den insgesamt 4500 Mitarbeitern sind in Konstanz 1000 und in Singen 350 beschäftigt.

Bild links: Byk Gulden in Konstanz, Hauptverwaltung und Forschung
Bild oben: Werk Singen, Fabrikation und Lager

Seit über 60 Jahren baut die HKS Maschinenbau GmbH in Singen Maschinen. Heute sind es Verpackungsmaschinen, Werkzeugmaschinen, CNC-gesteuerte Bearbeitungszentren und Zentrifugen für die Kühlschmierstoffreinigung. Der Betrieb, der ursprünglich als Zulieferer für die in der Region ansässigen größeren Unternehmen entstand, liefert seit vielen Jahren moderne Maschinen in alle Welt.
Fast so alt wie das Unternehmen selbst ist der Handelszweig der noch den ursprünglichen Namen Haas & Kellhofer trägt. Er beliefert an Hochrhein, im Schwarzwald, in der Baar und im Linzgau Industrieunternehmen mit Erzeugnissen führender Hersteller der Wälzlagertechnik und Hydraulik.
Im Jahr 1980 ist der gesamte Betrieb von seinem alten Standort am Rande der Innenstadt in sein neues Domizil im Industriegebiet umgezogen.

Mit 1,2 Milliarden DM Jahresumsatz und 4300 Mitarbeitern sind die Aluminium-Walzwerke Singen GmbH (ALUSINGEN) eines der größten Unternehmen der aluminiumverarbeitenden Industrie in Europa. ALUSINGEN hat einen weltweiten Ruf für hochwertige Qualitätserzeugnisse.

Die Weiterverarbeitung von Aluminium-Formaten zu Aluminium-Halbzeugprodukten und -folien hat bei ALUSINGEN eine lange Tradition. Bereits seit 1912 werden in Singen Aluminium-Folien nach einem kontinuierlichen Bandwalzverfahren hergestellt. Es folgte die Halbzeug-Produktion mit Blechen, Bändern, Ronden, Profilen, Stangen, Rohren, technischen Formteilen und Verbundmaterialien. Der Bereich Leichtbau stellt kosten- und energiesparende Fertigprodukte für die Luftfahrt-, Verkehrs- und Transporttechnik her. Der Anwendungsbereich des Aluminiums ist weit gesteckt und umfaßt die Wirtschaftszweige wie Verkehr, Bauwesen, Maschinen- und Apparatebau, Blech- und Metallwaren, Elektrotechnik und das weite Gebiet der Verpackung. Das bewirken die hervorragenden physikalischen Eigenschaften des Aluminiums, das leicht, dekorativ, fest, beständig, leitend, rückstrahlend, wasserdampf- und aromadicht, korrosionsbeständig und physiologisch unbedenklich ist. Aluminium ist deshalb zu einem der am meisten verwendeten Metalle der Welt geworden.

Neubaugebiete in der Singener Südstadt; dahinter
Gewerbe- und Industrieanlagen

Leben und Wohnen im Landkreis Konstanz

THEO ZENGERLING

Am Bodensee läßt es sich gut leben; die Landschaft ist lieblich und abwechslungsreich. Die Städte sind gerade so groß und liegen so nah beieinander, daß sie dem Menschen das bieten können, was er nicht entbehren zu können meint, und noch so klein, daß er sich nicht in der Masse verloren fühlt und daß er die freie Landschaft noch beinahe vor der Haustür hat. Und immer wieder lockt die weite Fläche des Sees in ihren tausendfältigen Variationen. Kein Wunder also, daß der Bodenseeraum einen großen Ansturm nicht nur von Erholungsuchenden erlebte, sondern auch von Menschen, die hier seßhaft werden wollten. Der wirtschaftliche Aufschwung in der Nachkriegszeit schuf dazu gute Voraussetzungen, da es mehr Arbeitsplätze als Arbeitskräfte gab. Mit dem Slogan »Dort arbeiten, wo andere Ferien machen« warben manche Betriebe in den Sommermonaten unter den Feriengästen um Mitarbeiter. Seit den fünfziger Jahren stiegen daher die Einwohnerzahlen der Städte am Bodensee und der benachbarten Dörfer rasch an, beinahe genau so rasch wie in der Umgebung der Großstädte unseres Landes.

Bevölkerungsentwicklung
Als im Zuge der Verwaltungsreform 1973 der Landkreis Konstanz in seinen heutigen Grenzen entstand, ging die Periode der starken Bevölkerungszunahme aber bereits zu Ende. Zu Beginn des Jahres 1974 hatte der Landkreis Konstanz mit 232.700 Einwohnern einen Höhepunkt in der Bevölkerungsentwicklung erreicht. Vier Jahre später hatte er über 5.000 Einwohner weniger, doch seit 1978 ist die Zahl wieder etwas angestiegen, so daß im Landkreis Konstanz 1985 230.800 Menschen leben. Damit gehört der Landkreis nach der Einwohnerzahl zu den größeren Landkreisen in Baden-Württemberg; unter den 35 Landkreisen nimmt er den 12. Platz ein, obwohl er nach der Fläche erst an 20. Stelle rangiert.

   Gleichzeitig mit der 1973 beginnenden wirtschaftlichen Rezession machte sich auch der im Volksmund als »Pillenknick« bezeichnete Rückgang der Geburtenziffer in der Bundesrepublik bemerkbar; seit 1965 sank die Geburtenziffer immer rascher, so daß im Landkreis Konstanz 1975 erstmals die Zahl der Sterbefälle größer als die der Geburten war. Aber auch in der Wanderungsbewegung der Bevölkerung wendete sich das Blatt. Der Wanderungsgewinn im Bodenseegebiet, der in den letzten Jahren vor allem im Zuzug von Ausländern bestanden hatte, schwächte sich ab, so daß sich im Landkreis Konstanz Zuzüge und Fortzüge seit einigen Jahren etwa die Waage halten.

   Innerhalb des Landkreises ist jedoch die Bevölkerungsentwicklung keineswegs einheitlich verlaufen. Während in einigen Gemeinden die Einwohnerzahl abnimmt, steigt sie in anderen stark an. Die stärkste Bevölkerungsabnahme hat gerade die Stadt zu verzeichnen, die lange Zeit zu den am schnellsten wachsenden Städten des Landes gehörte; in Singen ist die Einwohnerzahl seit 1973 um über 5.000 Personen (11 %) zurückgegangen. Auch die Kreisstadt hat einen

Einwohnerverlust, jedoch nur um 2,2 %, erlitten. Dagegen konnte Radolfzell, die dritte »Große Kreisstadt«, wie die Städte mit mehr als 20.000 Einwohnern bezeichnet werden, ihre Bevölkerungszahl halten, gegenüber 1973 sogar eine geringfügige Zunahme verzeichnen. Auch die Gemeinde Gottmadingen hat nach der Schließung ihres zweitgrößten Gewerbebetriebes eine größere Abwanderung hinnehmen müssen. Da die Geburtenzahl in allen Gemeinden stark zurückgegangen ist und besonders in den Städten bereits mehr Menschen sterben als geboren werden, wird die Bevölkerungsentwicklung weitgehend durch die Zu- und Fortzüge bestimmt. Diese Mobilität der Bevölkerung, wie sie genannt wird, ist größer, als man sich im allgemeinen vorstellt. Solange noch eine starke Zuwanderung herrschte, konnte man als Faustzahl 20 % annehmen, so daß in einer Gemeinde jährlich jeder fünfte Einwohner den Wohnsitz wechselte. Inzwischen sind die Menschen etwas seßhafter geworden, die Zahl der Wanderungsfälle – Zuzüge und Fortzüge – ist auf etwa 12–15 % zurückgegangen, so daß nur noch jeder 7. bis 8. Einwohner umzieht.

Im Umkreis der Städte sind die ländlichen Gemeinden, in denen noch Bauflächen angeboten werden, stark gewachsen. So haben seit 1973 im Umkreis von Singen die Gemeinden Rielasingen-Worblingen, Mühlhausen-Ehingen, Hilzingen und Volkertshausen hohe Bevölkerungszunahmen zu verzeichnen. Dabei ist jedoch der Wanderungsgewinn in diesen Gemeinden kleiner als der Wanderungsverlust der Stadt, so daß ein Teil der Einwohner ganz aus dem Raum Singen fortgezogen sein muß. Auch in Allensbach, der Nachbargemeinde von Konstanz, ist die Einwohnerzahl stark angestiegen, in Reichenau geringfügig. Hier sind jedoch mehr Menschen zugezogen als aus Konstanz fortgezogen sind, so daß die Annahme berechtigt ist, daß die Kreisstadt an Bedeutung gewonnen hat. Auffällig stark ist die Zunahme der Einwohner auf der Höri. Die Dörfer der Gemeinde Gaienhofen hatten 1973 2.500 Einwohner, heute wohnen dort bereits 4.000 Menschen, das sind 60 % mehr! Aber auch die übrigen Hörigemeinden wurden als Wohnorte beliebt, so daß die Höri mit Abstand den größten Zuzug im Landkreis hatte.

Wohnungsbau
Obwohl die Einwohnerzahl des Landkreises Konstanz seit 1973 ungefähr gleichgeblieben ist, gibt es heute ca. 20 % mehr Wohnungen als damals. Die Statistik weist für 1973 81.770, für 1983 aber 97.648 Wohnungen aus. Dabei sind heute in allen Gemeinden mehr Wohnungen vorhanden, auch in denen mit einer rückläufigen Einwohnerzahl. Diese Entwicklung ist im ganzen Land zu beobachten, in Baden-Württemberg hat bei annähernd gleichgebliebener Bevölkerungszahl die Zahl der Wohnungen von 1973–1983 sogar um 21 % zugenommen. Die Ursache dieser Entwicklung ist also nicht etwa ein übermäßiger Bau von Zweitwohnungen am Bodensee, sondern es leben heute weniger Menschen in einer Wohnung zusammen als vor zehn Jahren. Die sogenannte Belegungsdichte (Einwohner je Wohnung) ist im Landkreis Konstanz von 2,74 auf 2,36 gesunken. Auf der einen Seite ist die Familie heute im Durchschnitt kleiner, da sie weniger Kinder hat und auch auf dem Land die alte Generation oft eine eigene Wohnung hat. Zum anderen ziehen junge Menschen frühzeitiger aus der elterlichen Wohnung aus, die eigene Wohnung ist ein Ziel, das oft schon mit 18 Jahren beim Eintritt der Volljährigkeit angestrebt

Ländliches Wohnen. Beispiel aus dem Raum Stockach

Wohnen in der Stadt. Beispiel aus Konstanz (Gottlieber Straße)

Moderne Wohnbauten in Konstanz (Wollmatinger Straße)

wird. Die Zunahme der Wohnungen steht also nicht in direktem Zusammenhang mit der Bevölkerungsentwicklung. In den Städten ist die Zunahme an Wohnungen relativ zwar am geringsten, jedoch absolut sind hier die meisten Wohnungen gebaut worden. Von dem Mehrbestand an 16.000 Wohnungen im Landkreis entfallen 7.500 auf die drei großen Kreisstädte. Ein großer Teil dieser Wohnungen ist in den eingemeindeten Ortsteilen erstellt worden, wo trotz stark steigender Grundstückspreise erschlossenes Bauland auch heute noch rasch einen Käufer findet. Gerade in den letzten Jahren sind aber auch innerhalb der Kernstädte im Zuge der Stadtsanierung viele attraktive Wohnungen neu erstellt worden. Relativ liegt allerdings auch bei der Zunahme der Wohnungen die Höri mit 36 % an der Spitze, an 1. Stelle liegt dabei auch hier die Gemeinde Gaienhofen.

Sonderfall Büsingen
Eine Sonderstellung nimmt die Gemeinde Büsingen ein. Büsingen, ein Dorf mit etwa 1.150 Einwohnern, hat seit 1973 um 200 Einwohner zugenommen, gleichzeitig hat hier aber die Wohnungszahl um 250 zugenommen. Wenn man durch das östlich von Schaffhausen am Hochrhein gelegene Dorf fährt, sieht man die sog. »Rolladensiedlungen«, in denen viele Wohnungen nur hin und wieder bewohnt werden. Büsingen hat als deutsche Enklave im schweizerischen Staatsgebiet eine Sonderstellung, die in einem Staatsvertrag zwischen der Eidgenossenschaft und der Bundesrepublik geregelt ist. Das Dorf gehört zum schweizerischen Zoll- und Währungsgebiet, offizielles Zahlungsmittel ist der Schweizer Franken. Nachdem in den meisten schweizerischen Kantonen der Verkauf von Grundeigentum an Ausländer außerordentlich erschwert worden war, fanden Wohnungen in Büsingen eine rege Nachfrage. Offensichtlich glauben die Käufer, ihr Kapital hier sicherer angelegt zu haben als in der Bundesrepublik, zudem erhoffen sie wohl auch einen Zufluchtsort im Kriegsfall. Ob man das in der Schweiz wirklich so ernst nimmt, wie eine offizielle Verlautbarung erkennen läßt, die kürzlich bekannt wurde? Darin heißt es, daß sich die vertraglich zugesicherte Versorgung der Büsinger im Falle einer Schließung der deutsch-schweizerischen Grenze nur auf die 1.100 echten Einwohner, nicht auf die 600–700 Eigentümer von Zweitwohnungen erstreckt.

Das einzige Dorf in der Bundesrepublik Deutschland mit eigener Autonummer: die ganz von schweizerischem Hoheitsgebiet umgebene deutsche Exklave Büsingen bei Schaffhausen

Zweitwohnungen, in denen die längste Zeit des Jahres die Rolladen heruntergelassen sind, gibt es in größerer Zahl auch in den Seeufergemeinden. Mit Ausnahme der Stadt Radolfzell erheben daher alle diese Gemeinden eine Zweitwohnungssteuer. Das zeigt, daß der Bau von Zweitwohnungen als Ferienwohnungen nicht im Interesse der Gemeinden liegt. Straßenausbau und -unterhaltung, Einrichtungen zur Ver- und Entsorgung auch für die Zweitwohnungen fallen der Gemeinde zur Last, während deren Eigentümer weder beim Einkommensteueranteil noch bei den Finanzzuweisungen berücksichtigt werden. Zudem kaufen sie auch kaum in der Gemeinde ein oder lassen sonst Geld dort. Es gibt jedoch keine rechtliche Möglichkeit, den Bau einzuschränken oder zu verhindern, zumal viele Wohnungen erst nach Baubeginn oder -fertigstellung verkauft werden.

Umweltbelastungen
Die rege Bautätigkeit, die auch nach dem Aufhören der Zuwanderung noch – wenn auch gebremst – fortgesetzt wurde, hat neben positiven Wirkungen auf wirtschaftlichem Gebiet, z. B. einer guten Auftragslage des heimischen Bau- und Ausbauhandwerks und der Schaffung guter Wohnverhältnisse, auch Folgen gezeigt, die wir mehr und mehr als nachteilig für die natürlichen Lebensgrundlagen ansehen müssen. Die zunehmende Belastung der Luft und damit auch der Pflanzen und des Bodens mit Schadstoffen, insbesondere aus den häuslichen Ölheizungen und den Abgasen der Kraftfahrzeuge, die überproportional ansteigende Belastung der Gewässer und oft des Grundwassers durch häusliche und gewerbliche Abwässer und durch unsachgemäße Düngung der landwirtschaftlichen Böden und der Gärten, die Versiegelung großer Teile des Bodens durch Neubauten, durch Straßen und Parkplätze führen zu einer Belastungsgrenze, von der ab technische Aufwendungen zur Verringerung der Schäden nicht mehr finanzierbar sind. Die quantitative Messung der Schäden und ihre Zunahme steht noch in den Anfängen. Einen gewissen Anhaltspunkt kann die Inanspruchnahme der Flächen geben. So hat die Siedlungsfläche insgesamt im Landkreis Konstanz ebenso wie im Land von 1960–1978 um annähernd die Hälfte zugenommen. Zur Siedlungsfläche gehören neben den Gebäude-, Hof- und Gartenflächen auch die Verkehrsflächen und öffentlichen Flächen (z. B. Friedhöfe, Parkanlagen). Während der Landkreis bei der neuen Inanspruchnahme von Flächen für die Bebauung allerdings deutlich unter dem Landesdurchschnitt liegt, liegt er bei den Verkehrswegeflächen deutlich darüber. Waren 1965 erst 8,7 % der Fläche des Landkreises Konstanz als Siedlungsfläche genutzt, so waren es 1981 bereits 11,2 %; das bedeutet, daß in diesem Zeitraum mehr als 20 qkm, jeden Monat also etwa 11 ha für Siedlungszwecke in Anspruch genommen wurden. Die Bevölkerungsdichte ist daher um 9,5 % auf 278 E/qkm angestiegen, sie liegt damit über der durchschnittlichen Bevölkerungsdichte des Landes von 255 E/qkm.

Hoher Ausländeranteil an der Bevölkerung
Die Bevölkerungsbewegung in der Bundesrepublik ist in den letzten 20 Jahren entscheidend durch die ausländischen Mitbürger geprägt worden, die nicht nur über die Staatsgrenze zu- und fortgezogen sind, sondern die auch innerhalb der Staatsgrenzen beweglicher als die deut-

sche Bevölkerung waren. Noch größer aber ist ihre Bedeutung für die natürliche Bevölkerungsbewegung. Wer einmal die Standesamtsnachrichten einer Stadt in seiner Heimatzeitung aufmerksam durchliest, dem fallen sofort die zahlreichen ausländischen Vor- und Familiennamen auf. Sie kommen viel häufiger vor als es dem Anteil der Ausländer an der Wohnbevölkerung entspricht. So würden auch im Landkreis Konstanz die Geburtenbilanzen ohne Berücksichtigung der Ausländer noch ungünstiger ausfallen. Während z. B. im Jahre 1982 die deutsche Wohnbevölkerung im Landkreis Konstanz einen Sterbefallüberschuß von 519 Personen aufwies, hatte die ausländische Bevölkerung einen Geburtenüberschuß von 267 Kindern. Obwohl viele Ausländer im Rentenalter wieder in ihre Heimat zurückkehren – nur 3 % der Ausländer sind älter als 65 Jahre – und bei der wachsenden Arbeitslosigkeit im letzten Jahrzehnt auch viele ausländische Erwerbstätige die Bundesrepublik verlassen haben, ist ihr Anteil an der Wohnbevölkerung nicht so stark zurückgegangen. Im Land Baden-Württemberg ist ihr Anteil an der Wohnbevölkerung von 1973–1983 sogar noch von 9,6 auf 9,8 % angestiegen. Im Landkreis Konstanz ist der Anteil in der gleichen Zeit allerdings von 11,2 auf 10,2 % zurückgegangen, er liegt aber immer noch deutlich über dem Landesdurchschnitt. Gerade hier im Grenzraum sind stets mehr als in anderen Landesteilen Bürger aus den Nachbarländern Schweiz und Österreich ansässig, obwohl ihr Anteil an den Ausländern im Landkreis Konstanz unter 10 % liegt. Auffällig ist, daß die Italiener ein Drittel der Ausländer hier stellen und damit die größte Gruppe bilden. Im Landesdurchschnitt dagegen stellen die Türken als stärkste und die Jugoslawen als zweitstärkste Gruppe etwa die Hälfte der Ausländer. Im Landkreis Konstanz bleiben diese beiden Volksgruppen zusammen mit 6.500 Personen (1983) deutlich unter der Zahl von 7.100 Italienern. Viele Italiener sind im Landkreis seßhaft geworden und haben sich selbständige Existenzen aufgebaut; vor allem im Handel und Gastgewerbe tragen sie als Familienbetriebe zur Bereicherung des Angebots bei. Das wird auch aus der Statistik deutlich, die unter den versicherungspflichtig Beschäftigten zwar die Italiener noch als größte Ausländergruppe ausweist, Türken und Jugoslawen zusammen aber bleiben nicht weit dahinter zurück.

Die größere Kinderzahl der Ausländer wirkt sich am deutlichsten in unseren Schulen aus. Von den annähernd 14.700 Schülern an den öffentlichen Grund- und Hauptschulen des Landkreises im Jahr 1982 kam jedes 5.–6. Kind aus einer ausländischen Familie. Die meisten dieser Kinder werden sich nicht mehr als Italiener, Türken oder Jugoslawen fühlen, wenn sie die Schule beendet haben, so daß ihnen die Möglichkeit gegeben werden muß, hier, wo sie aufgewachsen sind, auch ihre Heimat haben zu können.

Ausgeglichene Siedlungsstruktur
Der Landkreis Konstanz hat eine vielfältige und doch in sich ausgeglichene Siedlungsstruktur. Die Kreisstadt selbst dominiert nicht so, daß alle anderen Gemeinden des Landkreises auf sie ausgerichtet wären. Die drei Großen Kreisstädte Konstanz, Radolfzell und Singen haben ihre eigenen, deutlich ausgeprägten Schwerpunkte; Konstanz mit Universität und Fachhochschule auf dem kulturellen Sektor, Radolfzell mit Mettnau-Kur im Fremdenverkehr und Singen mit den industriellen Groß- und Mittelbetrieben auf dem wirtschaftlichen Sektor. Dabei machen

diese Schwerpunkte die Städte jedoch nicht einseitig, so daß z. B. Singen auch ein reiches kulturelles Angebot hat, Radolfzell namhafte industrielle Betriebe beherbergt und Konstanz auch als ein Fremdenverkehrszentrum bezeichnet werden kann. In den drei Städten wohnt über die Hälfte der Kreisbevölkerung in der Größe deutlich abgestuft; mit 69.000 Einwohnern ist Konstanz die größte, gefolgt von Singen mit 42.000 und Radolfzell mit 24.000 Einwohnern. Dabei muß aber berücksichtigt werden, daß zu den Städten auch Dörfer gehören, die im Zuge der Kommunalreform 1975 eingemeindet wurden. Ein Teil dieser Dörfer ist inzwischen zu Wohnvororten mit einer eher städtischen Siedlungsstruktur – wie z. B. der Konstanzer Ortsteil Litzelstetten – geworden, andere – wie z. B. der Radolfzeller Ortsteil Liggeringen – haben ihren ländlichen Charakter erhalten können.

Die Gemeindereform hat die Gemeindestruktur des Landkreises deutlich verändert. Auf dem Gebiet des jetzigen Landkreises Konstanz gab es vor Beginn der Verwaltungsreform 102 selbständige Gemeinden, bis zur Konstitution des neuen Landkreises am 1. 1. 1973 war die Zahl durch freiwillige, finanziell »mit dem goldenen Zügel« geförderte Eingemeindungen auf 76 zurückgegangen. Nach Abschluß der Gemeindereform am 1. 1. 1975 blieben noch 25 Gemeinden. 1973 hatten noch 60 Gemeinden weniger als 2000 Einwohner, in diesen Gemeinden lebte ein Fünftel der Kreisbevölkerung; heute sind es nur noch 5 Gemeinden, und der Anteil an der Bevölkerung beträgt noch 3,3 %. Auf der anderen Seite hat der Anteil der Bevölkerung, die in Städten mit mehr als 20.000 Einwohnern lebt, im Landkreis von 48 auf 59 % zugenommen. Diese Gemeindereform hat jedoch die Siedlungsstruktur nur indirekt berührt, noch gibt es ein buntes Vielerlei vom kleinen Weiler über das noch bäuerlich geprägte Dorf, die ländliche Wohngemeinde, die Kleinstadt bis zur Mittelstadt. Der Vielfalt der Siedlungsformen entspricht auch ihrer Lage. Nach wie vor bevorzugt ist das Wohnen am See, und die Hälfte der Kreisbevölkerung wohnt auch in den Seeanliegergemeinden. Wer aber gern in einem Bergdorf leben möchte, dem sei der Engener Ortsteil Biesendorf auf 737 m Meereshöhe empfohlen, von dem aus es nur noch ein Sprung zur benachbarten Kreisstadt Tuttlingen ist.

Während man früher deutlich zwischen dem Leben in der Stadt und dem Leben auf dem Dorf unterscheiden konnte, verwischen sich die Unterschiede zwischen städtischer und ländlicher Lebensweise mehr und mehr. Dazu hat besonders die Motorisierung der Bevölkerung beigetragen. Das eigene Auto erlaubt es, im ländlichen Bereich zu wohnen und in der Stadt zu arbeiten, dort einzukaufen und alle städtischen Dienstleistungen in Anspruch zu nehmen. Andererseits kann aber auch der Stadtbewohner schnell in die Landschaft hinausfahren, um dort zu wandern oder sich auf andere Weise in der freien Natur zu erholen. Daher kann man heute auch eine Gemeinde kaum noch als typische landwirtschaftliche Gemeinde oder als Gewerbe- oder Dienstleistungsgemeinde bezeichnen. Zwar gibt es besonders im Raum nördlich von Stockach und am Randen noch zahlreiche Dörfer, deren Bild deutlich von der Landwirtschaft geprägt ist, jedoch lebt auch hier meist weit weniger als ein Viertel der Wohnbevölkerung von der Landwirtschaft.

Unterschiedliche Aufgaben erfüllen die Gemeinden aber bei der Versorgung der Bevölkerung mit öffentlichen und auch mit privaten Dienstleistungen. Die in den Städten angebotenen Dienstleistungen werden nicht nur für die eigene Wohnbevölkerung, sondern auch für die Bevölkerung des Umlandes angeboten. Beim Ausbau eines Krankenhauses, eines Gymnasiums, aber auch bei der Einrichtung einer Apotheke oder eines Fachgeschäftes wird die Einwohnerzahl eines größeren Umlands berücksichtigt. Städte und größere Gemeinden sind daher sog. Zentrale Orte, die einen – allerdings nicht scharf abgegrenzten – Einzugsbereich haben. Im Landesentwicklungsplan werden diesen Zentralen Orten in abgestufter Form Aufgaben zugeordnet. Danach sollen Oberzentren »als Zentrale Orte mit in der Regel großstädtischer Prägung ein großes Gebiet von mehreren hunderttausend Einwohnern auch mit hochqualifizierten Leistungen versorgen können«. Die Stadt Konstanz ist als ein Oberzentrum im Land Baden-Württemberg ausgewiesen, obwohl sie diese Voraussetzungen wegen ihrer Randlage nur mit Einschränkungen erfüllen kann. Universität und Fachhochschule, Theater und Symphonieorchester stehen zweifellos auch den Menschen in einem Einzugsbereich, der über den Landkreis hinausreicht zur Verfügung. Für viele zentrale Einrichtungen endet der Einzugsbereich jedoch bereits auf dem Bodanrück, weil die benachbarten Städte Radolfzell und Singen gleichwertige zentrale Dienstleistungen für den übrigen Teil des Landkreises anbieten können. Diese beiden Städte sind als Mittelzentren ausgewiesen, die »auch den gehobenen und spezialisierten Bedarf« ihres Einzugsbereichs decken sollen. Dazu notwendige Einrichtungen sind beispielsweise Krankenhäuser mit mehreren Fachabteilungen, Berufs- und Berufsfachschulen, Kaufhäuser und Spezialgeschäfte. Für die Versorgung der Bevölkerung sind aber auch Einrichtungen und Dienstleistungen notwendig, die häufig in Anspruch genommen werden müssen, so daß sie nicht zu weit vom Wohnort entfernt sein dürfen. Der Landesentwicklungsplan weist daher Unterzentren aus, die so ausgestattet sein sollen, »daß sie auch den qualifizierten, häufig wiederkehrenden überörtlichen Bedarf eines Verflechtungsbereichs der Grundversorgung mit in der Regel mehr als 10.000 Einwohnern decken können«. Im nördlichen Kreisgebiet erfüllen Stockach und Engen diese Aufgabe.

Gerade für die Grundversorgung erfüllen im ländlichen Bereich auch noch weitere Orte zentrale Aufgaben für ihr Umland. Nach dem Zusammenschluß der Gemeinden in der Verwaltungsreform ist im allgemeinen der Ort, in dem sich die Gemeindeverwaltung befindet, ein kleiner Zentralort für die übrigen Dörfer im Gemeindegebiet und stellenweise auch darüber hinaus. Meist ist dieser Ort auch Standort der Hauptschule der Gemeinde, nur die Gemeinden Büsingen, Moos, Hohenfels und Orsingen-Nenzingen haben keine eigene Hauptschule. Für die Grundschüler steht zwar in jeder Gemeinde wenigstens eine Schule zur Verfügung, jedoch müssen auch hier die Kinder aus vielen Ortsteilen mit dem Schulbus zum Unterricht gefahren werden.

Die starke Konzentration im Einzelhandel hat dazu geführt, daß es in manchen Dörfern nicht einmal mehr ein Geschäft für den Einkauf der Waren des täglichen Bedarfs gibt. Um einer Abwanderung aus dem ländlichen Raum entgegenzuwirken, ist es daher besonders wichtig, daß die kleinen Zentralorte auch weiterhin ihre Aufgabe zur Versorgung der Bevölkerung erfüllen können.

Der Landkreis Konstanz als Wirtschaftsraum
Die wirtschaftliche Entwicklung im Landkreis Konstanz ist entscheidend durch zwei Faktoren geprägt worden, die eigentlich in entgegengesetztem Sinn gewirkt haben und die auch heute noch ihren Einfluß geltend machen. Das Gebiet des Landkreises Konstanz liegt von den großen Wirtschaftsräumen in Deutschland nicht nur weit entfernt, sondern ist auch verkehrlich schlecht an sie angebunden. Die Eisenbahn erreicht von Konstanz aus erst nach 180 km in Offenburg die Haupttransversale im Oberrheintal. Dabei ist diese Bahnstrecke über den Schwarzwald mit ihren 39 Tunneln und ihren Kehren zwischen St. Georgen und Triberg zwar sowohl technisch interessant wie landschaftlich reizvoll, jedoch erreicht selbst der FD-Zug auf dieser Strecke nur eine Durchschnittsgeschwindigkeit von 68 km/h. Die Gäu-Bodenseebahn nach Stuttgart ist zum größten Teil nur eingleisig. Erst seit 1979 ist der Landkreis Konstanz durch die Autobahn Stuttgart–Singen an das Autobahnnetz der Bundesrepublik angeschlossen. Zu dem entfernungsmäßig näher gelegenen Wirtschaftsraum Zürich ist die Verkehrsverbindung noch ungünstiger, und zudem stellt die Zollgrenze auch heute noch ein Hindernis für den Warenaustausch dar. Die verkehrsferne Lage war für die Entwicklung der Wirtschaft, insbesondere der Industrie und des Großhandels, ein hemmender Faktor. Andererseits erhielt dieser Raum jedoch gerade aus seiner Grenzlage einen wesentlichen Impuls für die Entwicklung der Wirtschaft. Nach der Gründung des Deutschen Reiches waren Unternehmer aus der Schweiz daran interessiert, die Zollmauer zu überspringen und im größeren deutschen Markt zu produzieren. Da bot sich der Raum an der Grenze als Standort vorzüglich an. So gründete die Schweizer Maschinenfabrik Artur Rieter bereits 1874 aus Zollrücksichten einen Betrieb in Konstanz, zwei Jahre später kam aus Eschlikon die Trikotfabrik Jaques Schiesser nach Radolfzell. Bevorzugter Standort für die schweizerische Industrie aber wurde Singen, wo Schwarzwaldbahn und Hochrheinbahn zusammentrafen und der Kiesboden festen Untergrund für schwere Maschinen bot. 1895 wurde hier das Zweigwerk der Georg Fischer Werke aus Schaffhausen errichtet, 1897 folgten die Maggi-Werke aus Kemptal und 1912 das Aluminium-Walzwerk aus Neuhausen am Rheinfall, das heute zur Alusuisse-Gruppe gehört. Die Lage an der Staatsgrenze zur Schweiz hat daher die gewerbliche Entwicklung im Landkreis Konstanz entscheidend gefördert. Auch heute noch wirken diese Standortfaktoren weiter. Die ungünstige Verkehrslage, insbesondere zu den Wirtschaftsräumen am Mittleren und Unteren Neckar und am Oberrhein ist ein ernstzunehmendes Hindernis für Investitionen in diesem Raum. Auf der anderen Seite sind auch heute noch viele Unternehmen im Landkreis Konstanz ganz oder teilweise in schweizerischem Besitz; für sie ist der Standort innerhalb des EG-Raumes erst recht interessant, so daß sie weiterhin hier investieren.

Im Land Baden-Württemberg nimmt der Landkreis Konstanz, wenn man das Bruttoinlandprodukt als Maßstab für die Wirtschaftskraft zugrundelegt, einen guten Mittelplatz ein. Das Bruttoinlandprodukt je Arbeitsplatz liegt zwar 8 % unter dem Landesdurchschnitt, der jedoch durch die Wirtschaftskraft der Stadtkreise und der Landkreise im Mittleren Neckarraum angehoben wird. Unter den 35 Landkreisen liegt der Landkreis Konstanz an 15. Stelle. Allerdings wird der Abstand zu den stärker industrialisierten Räumen größer; während das Bruttoinland-

Rechte Seite: Das Dorf Gailingen am Hochrhein. Im Vordergrund die schweizerische Stadt Dießenhofen

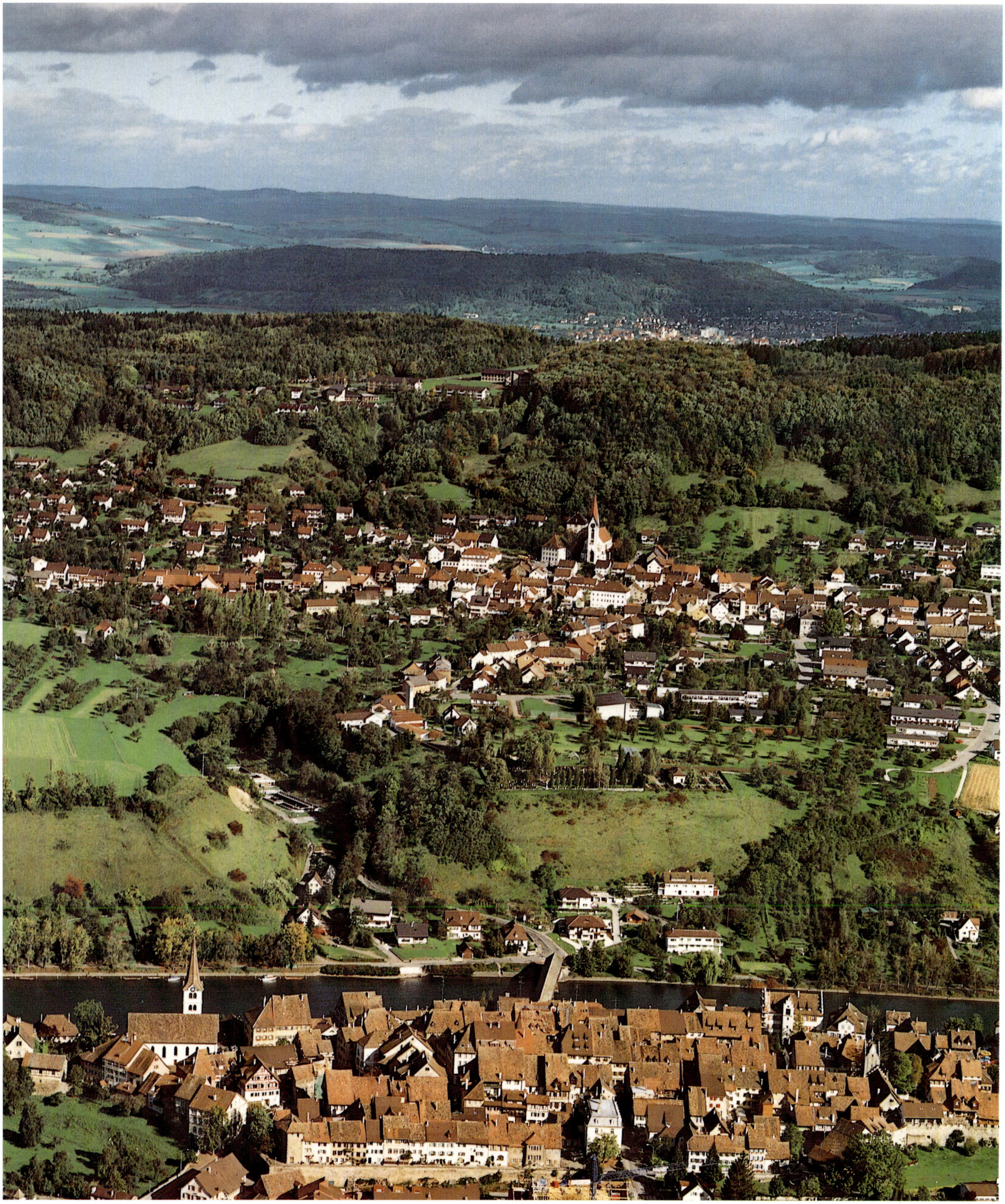

produkt zwischen 1970 und 1980 im Landesdurchschnitt 121 % angestiegen ist, hat es im Landkreis Konstanz nur um 117 % zugenommen. Kennzeichnend für die Wirtschaftsstruktur im Landkreis Konstanz ist es, daß der Anteil des produzierenden Gewerbes am Bruttoinlandsprodukt deutlich unter, der Anteil der Dienstleistungen im gleichen Verhältnis deutlich über dem Landesdurchschnitt liegt.

Leider ist ein genaues Bild darüber, in welchen Wirtschaftsgruppen und in welcher beruflichen Stellung die Menschen im Landkreis Konstanz beschäftigt sind, nicht mehr möglich, da die letzte Volkszählung 1970 stattgefunden hat. Damals waren im Gebiet des heutigen Landkreises Konstanz 46 % der Bevölkerung erwerbstätig. Es ist zu vermuten, daß dieser Anteil heute infolge der veränderten Altersstruktur und der zunehmenden Erwerbstätigkeit der Frauen höher liegt. Andererseits gab es damals jedoch im Gegensatz zu heute noch keine nennenswerte Arbeitslosigkeit. Von den Erwerbstätigen waren 8 % in der Landwirtschaft, 53 % im produzierenden Gewerbe, 15 % im Handel und Verkehr und 24 % im öffentlichen und privaten Dienstleistungsbereich beschäftigt. Entsprechend der allgemeinen Entwicklung ist im Landkreis Konstanz der Anteil der Landwirtschaft weiter zurückgegangen, auch der Anteil des produzierenden Gewerbes hat vermutlich abgenommen, während immer mehr Menschen im Dienstleistungsbereich beschäftigt sind. Diese Veränderung wird deutlich bei den versicherungspflichtig beschäftigten Arbeitnehmern, deren Zahl seit 1974 von der amtlichen Statistik erfaßt und veröffentlicht wird. Während ihre Gesamtzahl von 1974 bis 1983 nur geringfügig angestiegen ist, hat die Zahl der im produzierenden Gewerbe Beschäftigten um 11 % abgenommen, der im Dienstleistungsbereich Beschäftigten dagegen um 30 % zugenommen. Im Landkreis Konstanz sind damit nur noch wenig mehr als die Hälfte der Arbeitnehmer im produzierenden Gewerbe tätig. Dabei muß jedoch zusätzlich berücksichtigt werden, daß es im Dienstleistungsbereich erheblich mehr Selbständige als im produzierenden Gewerbe gibt. Man kann daher annehmen, daß von den Erwerbstätigen insgesamt weniger als die Hälfte im produzierenden Gewerbe beschäftigt ist.

Dienstleistungsbetriebe
Auch hier können Zahlen für den Landkreis nicht die Vielfältigkeit der wirtschaftlichen Verhältnisse wiedergeben. Im allgemeinen gibt es in den Städten mehr Beschäftigte im Dienstleistungsbereich, weil es hier auch mehr und größere Dienstleistungsbetriebe als in ländlichen Gemeinden gibt. In der Stadt Konstanz sind sogar mehr Arbeitnehmer in Dienstleistungsbetrieben als in gewerblichen Produktionsbetrieben tätig, während in den anderen Städten des Landkreises das Verhältnis noch umgekehrt ist. Unter den ländlichen Gemeinden fällt Gailingen auf, wo fast alle Arbeitnehmer im Dienstleistungsbereich beschäftigt sind, nämlich in den neurologischen Kliniken und im Jugendwerk. In allen Gemeinden hat die Zahl der Beschäftigten im Dienstleistungsbereich seit der Konstituierung des Landkreises bis heute zugenommen, dabei sind diese Zunahmen jedoch sehr unterschiedlich. Von der gesamten Zunahme um rund 5.000 Beschäftigte entfällt die Hälfte auf den Verwaltungsraum Konstanz und ein weiteres Viertel auf den Verwaltungsraum Singen, ein deutliches Zeichen für die Bedeutung der Städte

Häuserpartie an der
Hauptstraße in Engen

Engen

Radolfzell

Reichenau

Gottmadingen

Stockach

Singen

Konstanz

Daheim im Landkreis Konstanz sind sieben Sparkassen und bieten in allen Geldangelegenheiten einen umfassenden Service. Gestützt durch das Vertrauen von Wirtschaft und Bevölkerung, haben sie sich zu bedeutenden Kreditinstituten entwickelt. Die Bilanzsumme der sieben Sparkassen im Landkreis Konstanz beziffert sich auf 3,12 Milliarden DM. Die Gesamteinlagen und Schuldverschreibungen betragen 2,55 Milliarden DM. Insgesamt werden 298.000 Sparkonten und 111.000 Girokonten geführt. An Krediten und Darlehen sind 2,11 Milliarden DM ausgeliehen. So sind die Wege des Geldes der Sparkassen-Kunden untereinander schnell und zuverlässig. Kapitalanlagen sind sicher, Kredite sind fair, und die Konten werden von modernsten elektronischen Datenverarbeitungsanlagen geführt.

als Dienstleistungszentren. Etwa genausoviel Arbeitnehmer wie im Dienstleistungsbereich hinzugekommen sind, hat das produzierende Gewerbe in dieser Zeit verloren. Die Zahl ist jedoch nicht in allen Gemeinden rückläufig gewesen; die größten Verluste weisen die Städte Singen und Konstanz auf sowie die stark industriell bestimmte Gemeinde Gottmadingen. In den Verwaltungsräumen Engen, Höri und Tengen gibt es heute mehr versicherungspflichtig beschäftigte Arbeitnehmer im produzierenden Gewerbe als 1974, die absolute Zunahme um 450 Personen ist allerdings nur gering. In diesen drei Verwaltungsräumen hat auch die Zahl der Beschäftigten insgesamt um 30–40 % am meisten zugenommen. Eine Abnahme verzeichnen die Verwaltungsräume Gottmadingen und Hilzingen, während in den übrigen Verwaltungsräumen die Zahl annähernd stagniert. Die langfristig beobachtete Tendenz der immer größer werdenden Bedeutung des Dienstleistungssektors in einer modernen Wirtschaft wird also auch im Landkreis Konstanz deutlich. Mit den versicherungspflichtig beschäftigten Arbeitnehmern werden jedoch nicht alle Erwerbstätigen erfaßt, sondern nur die Angestellten und Arbeiter bis zu der Einkommensgrenze, bei der noch die Sozialversicherungspflicht besteht. Im Landkreis Konstanz sind 53 % der Versicherungspflichtigen Arbeiter, 47 % Angestellte. Nicht erfaßt werden die Selbständigen, deren Anteil besonders in der Landwirtschaft, im Handwerk, im Handel und auch in einzelnen Dienstleistungsbranchen hoch ist. Auch die mithelfenden Familienangehörigen, die Beamten und die höheren Angestellten gehören nicht zu den versicherungspflichtig erwerbstätigen Arbeitnehmern. Von den 94.000 Arbeitsplätzen, die 1983 im Landkreis Konstanz ermittelt wurden, sind 11 % von Selbständigen und mithelfenden Familienangehörigen, 46 % von Beamten und Angestellten und 43 % von Arbeitern besetzt. Von diesen Arbeitsplätzen entfällt ein Drittel auf den Dienstleistungsbereich ohne Handel und Verkehr, im Landesdurchschnitt ist dieser Anteil deutlich niedriger. Dementsprechend ist der Anteil der Arbeitsplätze im produzierenden Gewerbe im Landesdurchschnitt höher als im Landkreis Konstanz. Eine Besonderheit im Grenzbereich sind die Grenzgänger, die täglich ihren Arbeitsplatz jenseits der Staatsgrenze aufsuchen. 1970 wohnten im Landkreis Konstanz noch 1.800 Personen, die in der Schweiz arbeiteten, vor allem in Schaffhausen und Neuhausen am Rheinfall, in Kreuzlingen, aber auch in entfernteren Städten wie Frauenfeld und Winterthur. Das höhere Lohnniveau und der Mangel an Facharbeitern in der Schweiz wirkten als starker Magnet. Grenzgänger aus der Schweiz in den Landkreis sind dagegen seltene Ausnahmen, meist handelt es sich um Führungskräfte der hier ansässigen schweizerischen Unternehmen, die das Wohnen in ihrer Heimat vorziehen. Die Zahl der Grenzgänger hat seit 1970 jedoch – wie schon in dem Jahrzehnt zuvor – weiter abgenommen. In der Schweiz wurden in den letzten Jahren weniger Deutsche neu eingestellt, aber auch das Lohnniveau hat sich weitgehend angeglichen, vor allem wenn man die Arbeitszeit und die Aufwendungen des Arbeitgebers für die Sozialversicherung berücksichtigt.

Produzierendes Gewerbe
Das produzierende Gewerbe erwirtschaftet auch im Landkreis Konstanz den größten Teil am Bruttoinlandsprodukt, es bietet die meisten Arbeitsplätze an und es führt die meiste Gewerbe-

Wochenmarkt in Radolfzell. Im Hintergrund das »Österreichische Schlößchen«

steuer an Land und Gemeinden ab. Seine Struktur ist im Landkreis Konstanz in jeder Hinsicht vielseitig, sowohl was die Betriebsgrößen als auch was die einzelnen Branchen betrifft. Von den 177 Betrieben mit mehr als 20 Beschäftigten haben 103 weniger als 50 Beschäftigte, in diesen Kleinbetrieben sind daher auch nicht einmal 10 % der Beschäftigten tätig. Auf der anderen Seite gibt es 6 Großbetriebe mit über 1.000 Beschäftigten, in denen beinahe die Hälfte der Beschäftigten des produzierenden Gewerbes arbeitet. Zu diesen Betrieben gehören die bereits genannten schweizerischen Unternehmen Aluminium Walzwerke, Georg Fischer AG und Maggi GmbH in Singen, die Trikotagen-Fabrik Schiesser AG in Radolfzell, die Landmaschinen-Fabrik Fahr der Klöckner-Humboldt-Deutz AG in Gottmadingen und die chemische Fabrik Byk-Gulden-Lomberg GmbH in Konstanz mit Zweigbetrieb in Singen. Von den 5 Betrieben mit 500 bis 1.000 Beschäftigten haben 3 ihren Standort in Konstanz und 2 in Radolfzell. Etwa ein Drittel der Beschäftigten im produzierenden Gewerbe hat seinen Arbeitsplatz in Mittelbetrieben mit 100 bis 500 Beschäftigten.

Der Streuung der Betriebsgrößen entspricht auch die Streuung der Branchen. Legt man die Wirtschaftssystematik der amtlichen Statistik zugrunde, so gehört die Hälfte der Betriebe mit etwas mehr als einem Drittel der Beschäftigten im Landkreis Konstanz zum Investitionsgüter produzierenden Gewerbe. Ein weiteres Drittel der Beschäftigten arbeitet im Grundstoff- und Produktionsgütergewerbe, zu dem die meisten Großbetriebe gehören. Die übrigen Beschäftigten sind in Betrieben tätig, in denen Verbrauchsgüter und Nahrungs- und Genußmittel produziert werden. Der Schwerpunkt der industriellen Produktion im Landkreis Konstanz liegt eindeutig bei der Metallverarbeitung. In der Stadt Konstanz hat sich deutlich ein Schwerpunkt in der Herstellung von elektrotechnischen und Datenverarbeitungsgeräten entwickelt. Obwohl der Landkreis Konstanz nicht zu den industriellen Schwerpunkten des Landes gehört, haben hier doch zwei von den 50 größten Industrieunternehmen des Landes Baden-Württemberg ihren Standort: die Aluminium Walzwerke, die 1984 erstmals zu den Umsatzmilliardären zählten, und die Maggi GmbH in Singen.

Kieswerke

Von großer Bedeutung sind im Landkreis Konstanz die Kieswerke. In den 13 Betrieben der Industriegruppe Steine und Erden arbeitet zwar nur 1 % der Beschäftigten des produzierenden Gewerbes, der Flächenanspruch dieser Betriebe ist jedoch besonders groß. Insgesamt sind im Landkreis Konstanz (Stand 1979) 656 ha Kiesabbauflächen genehmigt, davon sind etwa die Hälfte z. Zt. im Abbau oder liegen offen, ein Drittel ist bereits abgebaut und teilweise wieder rekultiviert. Eindeutiger Schwerpunkt bei den Abbauflächen ist der Raum Radolfzell–Singen, in dem besonders die Gemarkungen Steißlingen und Böhringen betroffen sind. Ein neuer Schwerpunkt für den Kiesabbau bildet sich im Raum nördlich Stockach auf den Gemarkungen Hoppetenzell und Mühlingen heraus. Wenn auch bei der Erteilung der Abbaugenehmigungen Auflagen und Garantien für die Rekultivierung gegeben werden, so wird es doch Jahrzehnte dauern, bis die Wunden in der Landschaft einigermaßen vernarbt sind. Nicht in die Abbaufläche eingerechnet sind die zahlreichen kleinen Kiesgruben, die früher für den örtlichen Bedarf in Anspruch genommen wurden. Sie sind häufig auch ohne Rekultivierung von der Natur zurückerobert worden und haben sich teilweise sogar zu wertvollen Biotopen entwickelt.

Hoch- und Tiefbau
Es wurde bereits erwähnt, daß trotz stagnierender Bevölkerungszahl in den letzten zehn Jahren viele neue Wohnungen gebaut worden sind. Gerade nach der Verwaltungsreform haben auch die Gemeinden und der Landkreis kräftig im Hoch- und Tiefbau investiert; viele Rathäuser wurden erweitert, umgebaut oder neu errichtet, Berufsschulen und Gymnasien, Sporthallen, Sportplätze, Friedhofskapellen und Bürgerhäuser wuchsen aus dem Boden, oft als Einlösung von Zusagen, die den Dörfern als Lockmittel für die Eingemeindung gemacht worden waren. Daher hatte das Baugewerbe auch im Landkreis Konstanz eine gute Konjunktur. Der Bau von Straßen, von Kläranlagen und Kanalisation brachte auch dem Tiefbau viele Aufträge. Dennoch war die Zahl der Beschäftigten infolge der Rationalisierung und der Mechanisierung im Baugewerbe rückläufig. Von 1973 bis 1982 hat die Zahl der Beschäftigten im Bauhauptgewerbe um 25 % abgenommen. 1982 gab es im Landkreis Konstanz 285 Betriebe mit 3.500 Beschäftigten. Jeder fünfte Bauarbeiter war dabei ein Ausländer. Da die Gemeinden ihre Investitionen im Hochbau zum größten Teil abgeschlossen haben und der private Wohnungsbau wegen der Kostensteigerungen und der verschlechterten Konjunkturlage stark zurückgegangen ist, hat sich die Auftragslage im Baugewerbe deutlich verschlechtert.

Einzelhandel
Auch in den kleinen Dörfern fand man zu Beginn der 70er Jahre zumeist noch eine sogenannte Handlung, in der die Bewohner die Waren für den täglichen Bedarf einkaufen konnten. Dabei war der kleine Laden zudem auch ein Ort, an dem man sich treffen und miteinander reden konnte. Die starke Konzentration im Einzelhandel hat diesen Handlungen häufig den Garaus gemacht. Dafür haben sich auch im ländlichen Raum Einkaufszentren und Verbrauchermärkte niedergelassen, bei denen die Kundschaft mit Hilfe ihres Kraftfahrzeugs den Einkauf erledigt. In der Statistik kommt diese Entwicklung nicht so deutlich zum Ausdruck, weil gegenläufig dazu die Zahl kleiner Boutiquen und Spezialgeschäfte vor allem in den Städten zunimmt. So gab es im Landkreis Konstanz 1979 nur 50 Einzelhandelsbetriebe weniger als 1968, die Zahl der Beschäftigten ist jedoch um 1.300 angestiegen. Damit hat der Einzelhandelsbetrieb 1979 im Durchschnitt 6 Beschäftigte, während er 1968 nur 5 Beschäftigte hatte. Dabei muß man sich vor Augen halten, daß im Verhältnis zur Verkaufsfläche und zum Umsatz ein Supermarkt erheblich weniger Personal als ein Tante-Emma-Laden beschäftigt. Der Umsatz der Einzelhandelsgeschäfte hat sich in der gleichen Zeit verdreifacht.

Gastronomie
Der Ruf eines Fremdenverkehrsortes wird nicht zuletzt auch durch seine Gastronomie bestimmt. Im Landkreis Konstanz hat die Zahl der Betriebe des Gastgewerbes ebenso wie auch in den anderen Landkreisen in Fremdenverkehrsgebieten deutlich zugenommen. Im Landkreis

Konstanz kommt auf 328 Einwohner ein Gastgewerbebetrieb, im Land Baden-Württemberg auf 357 Einwohner. Da der Bodensee im Fremdenverkehr nur eine begrenzte Saison hat, liegt die Gaststättendichte jedoch deutlich niedriger als z. B. im Landkreis Breisgau-Hochschwarzwald, in dem nicht nur die Wintersaison im Schwarzwald, sondern auch der rege Ausflugsverkehr im Kaiserstuhl und in der Vorbergzone bessere Standortbedingungen für das Gastgewerbe bietet. Dort kommt bereits auf 158 Einwohner ein Gastgewerbebetrieb. Die Umsätze sind im Gastgewerbe nicht so stark gestiegen wie im Einzelhandel, jedoch haben sie sich auch mehr als verdoppelt. Es gibt im Landkreis Konstanz kaum Hotels und Gaststätten, deren Ruf über einen begrenzten Einzugsraum innerhalb des Landkreises hinausgeht, das sagt jedoch über die Qualität der Gastronomie nichts aus.

Handwerk
Die Stadt Konstanz ist Sitz einer Handwerkskammer, deren Bezirk neben dem Landkreis Konstanz auch die Landkreise Rottweil, Schwarzwald-Baar-Kreis, Tuttlingen und Waldshut umfaßt. 1977 wurden im Landkreis Konstanz 2.184 Handwerksbetriebe erfaßt, in denen 15.500 Menschen beschäftigt waren. Damit arbeiten in den Handwerksbetrieben im Landkreis Konstanz ebenso viele Menschen wie in den Betrieben des produzierenden Gewerbes mit 20 bis 1.000 Beschäftigten. Auf jedes handwerkliche Unternehmen entfallen im Durchschnitt 7 Beschäftigte, jeder fünfte Beschäftigte im Handwerk ist selbständiger Unternehmer oder mithelfender Familienangehöriger. Die größte Handwerksgruppe stellt das Metallgewerbe, unter dem nach Zahl der Beschäftigten und auch nach dem Umsatz das Kraftfahrzeughandwerk die größte Rolle spielt, mit Abstand gefolgt von der Elektroinstallation. Die zweitgrößte Gruppe ist das Bau- und Ausbaugewerbe, bei dem die Maurer ein Drittel der Beschäftigten stellen und auch ein Drittel des Umsatzes erwirtschaften. Zum Metallgewerbe und zum Bau- und Ausbaugewerbe zusammen gehören mehr als die Hälfte der Handwerksbetriebe und der Handwerksbeschäftigten im Landkreis, und es entfallen mehr als zwei Drittel des Umsatzes auf sie. 121 Bäkker und 115 Metzger versorgen die Bevölkerung mit den Grundnahrungsmitteln. Gerade bei diesen Handwerkern gibt es ebenso wie bei den Friseuren und den Damen- und Herrenschneidern die meisten mithelfenden Familienangehörigen. Im allgemeinen haben die Handwerksbetriebe weniger als 10 Beschäftigte. Nur die Gebäudereinigungsbetriebe fallen hier ganz aus dem Rahmen; in den 9 Betrieben sind durchschnittlich 285 Beschäftigte je Betrieb tätig. Gerade in dieser Branche gibt es besonders viele Teilzeitbeschäftigte, das geht auch daraus hervor, daß der Umsatz je Beschäftigten hier deutlich niedriger als in anderen Handwerkszweigen liegt.

Landwirtschaft
Aus dem Anteil der Landwirtschaft am Bruttoinlandsprodukt des Landkreises von nur 2 % darf man nicht auf eine geringe Bedeutung schließen. Wenn man über die Wochenmärkte in den Städten des Landkreises geht, so fällt das große Angebot der bäuerlichen Betriebe aus der Umgebung auf, die vor allem Gemüse, Obst, Kartoffeln, Eier und andere Produkte liefern, die

1862 taten sich angesehene Konstanzer Bürger im Geist gesunden Fortschritts und im Sinn tatkräftiger Gemeinschaftshilfe zusammen und gründeten unter der Firma Vorschußverein Konstanz die heutige Volksbank. Das junge Unternehmen wuchs rasch heran und erlangte bald eine beachtliche Stellung im Wirtschaftsleben der Stadt Konstanz. Mit mehr als 4 500 Mitgliedern, 36 000 Kundenkonten und einer Bilanzsumme von 230 Millionen DM nimmt die Bank heute einen hervorragenden Platz unter den Genossenschaftsbanken des Bodenseegebiets ein. Die Aufnahme zeigt den Neubau am Lutherplatz, den die Volksbank Ende 1976 beziehen konnte. Die jeweils neuesten Datenverarbeitungstechniken und die ständige Aus- und Weiterbildung des Personals ermöglichen eine optimale Betreuung und Beratung der Mitglieder und Kunden. Eingebettet im genossenschaftlichen Verbund ist die Volksbank Konstanz in den letzten Jahrzehnten in zunehmendem Maß ein unerläßlicher Partner für alle Bevölkerungsschichten, das Handwerk, den Handel und das Gewerbe geworden.

Einer der größten Maschinenbaubetriebe des Landkreises ist die Zweigniederlassung Fahr der Klöckner-Humboldt-Deutz AG in Gottmadingen. Im Rahmen des gesamten Landtechnikprogrammes der KHD werden hier Heumaschinen, Ladewagen, Pressen und Häcksler hergestellt, die etwa zur Hälfte ins Ausland gehen. Fast 2000 Menschen aus dem Einzugsgebiet des ganzen Hegaus haben hier ihre Arbeitsstelle bei einem großen Anteil qualifizierter Ausbildungsplätze.

direkt im Haushalt verbraucht werden können. Die landwirtschaftlichen Betriebe beliefern aber auch bedeutende Unternehmen der Nahrungsmittelindustrie, z. B. Brauereien oder das Milchwerk in Radolfzell, das zu den größten Gewerbebetrieben in der Stadt zählt. Nach einer Ermittlung des Statistischen Landesamtes gab es 1983 noch 3.800 Arbeitsplätze in der Land- und Forstwirtschaft. Wenn auch ein Vergleich mit der Volkszählung von 1970 nicht möglich ist, so hat doch mit Sicherheit die landwirtschaftliche Bevölkerung weiter abgenommen. Zur Landwirtschaft gehören 4,1 % der Arbeitsplätze insgesamt, damit liegt der Landkreis Konstanz verhältnismäßig dicht am Landesdurchschnitt von 4,8 %. Der Anteil schwankt zwischen den Landkreisen sehr erheblich, von 1,7 % im Landkreis Böblingen bis 18,8 % im Alb-Donau-Kreis. Gerade bei den Erwerbstätigen in der Landwirtschaft gibt es besonders viele, die neben der Landwirtschaft auch noch in einem anderen Beruf arbeiten. So waren 1979 von 7.500 landwirtschaftlichen Familienarbeitskräften nur wenig mehr als 2.000 voll in der Landwirtschaft beschäftigt. Selbst von den landwirtschaftlichen Betriebsleitern hat der größte Teil noch einen Nebenberuf, oder er bewirtschaftet seinen Betrieb nur im Nebenberuf und bezieht damit den größten Teil seines Einkommens aus anderer Wirtschaftstätigkeit.

Noch höher aber ist die Bedeutung der Landwirtschaft einzuschätzen, wenn man ihr äußeres Erscheinungsbild betrachtet. Das Bild unserer Landschaft ist weitgehend durch die landwirtschaftliche Nutzung bestimmt worden und wird auch heute noch von ihr geprägt. Annähernd die Hälfte der Fläche des Landkreises besteht aus Äckern, Wiesen und Weiden, Obstanlagen und Gemüsefeldern, wenn auch seit 1974 vor allem durch die Ausdehnung der Siedlungsflächen 2.500 ha, das ist die Fläche von etwa einhundert Bauernhöfen, für die Landwirtschaft verloren gingen. Von der landwirtschaftlichen Fläche wurden 1983 53 % als Ackerland und 44 % als Dauergrünland genutzt, dabei verschiebt sich das Verhältnis zugunsten des Grünlands, je mehr man in den Norden des Kreisgebietes und damit auch in größere Höhenlagen kommt. Wer mit offenem Blick durch unsere sommerliche Landschaft fährt, der sieht, daß der größte Teil des Ackerlandes mit Getreide bestellt ist. Dabei bilden Weizen und Gerste zu etwa gleichen Teilen die Hauptfrüchte. Auffallend zugenommen hat in den letzten Jahren der Maisanbau, als Grün- und Silomais bildet er den Hauptanteil der Futterpflanzen. Die Maisanbaufläche umfaßt heute bereits mehr als die Hälfte der Weizenfläche. Hackfrüchte wie Kartoffeln und Rüben dagegen spielen nur eine geringe Rolle, sie nehmen nicht einmal 5 % der Ackerfläche ein.

Das Gebiet des Landkreises Konstanz gehörte früher weitgehend zum Gebiet der Realteilung, durch die der Hof im Erbgang unter die Kinder aufgeteilt wurde. Heute wird auch hier der landwirtschaftliche Betrieb zumeist an einen Erben weitergegeben und die übrigen Kinder werden abgefunden. Doch ist die kleinbäuerliche Struktur noch deutlich sichtbar; mehr als die Hälfte der Betriebe bewirtschaften weniger als 10 ha Landwirtschaftsfläche. Wenn nicht durch den Anbau von Sonderkulturen hohe Flächenerträge erzielt werden können, dann ermöglicht diese Betriebsgröße kein ausreichendes landwirtschaftliches Einkommen. Seit 1974 hat daher auch die Zahl dieser Betriebe um mehr als ein Viertel abgenommen. Vor allem im Generationswechsel werden viele kleinbäuerliche Betriebe aufgegeben, die Acker- und Grünlandflächen werden verkauft oder noch häufiger verpachtet. Andere Betriebe, die auf Dauer nicht mehr rentabel sind, versuchen durch Änderung der Betriebsorganisation und durch Zupacht wieder zu einer wirtschaftlichen Tragfähigkeit zu kommen. Im Gegensatz zu einer Betriebsvergrößerung können sie aber auch den Betrieb so weit verkleinern, daß sie Zeit genug haben, um neben der Landwirtschaft noch in einem anderen Beruf Geld zu verdienen. Aber auch die Betriebe mit 10 bis 20 ha landwirtschaftlicher Nutzfläche bieten oft keine ausreichende Existenzgrundlage mehr, zudem benötigen sie so viel Arbeitskraft, daß sie kaum im Nebenberuf bewirtschaftet werden können. Ihre Zahl hat daher noch stärker als die Kleinbetriebe, nämlich um ein Drittel abgenommen. Zugenommen hat dagegen die Zahl der Betriebe mit mehr als 20 ha, besonders aber die Fläche, die von diesen Betrieben bewirtschaftet wird. Heute werden bereits drei Fünftel der landwirtschaftlichen Nutzfläche von Betrieben dieser Größenklasse bewirtschaftet, vor 10 Jahren waren es erst zwei Fünftel. Diese Entwicklung wird auch in der Zunahme der Pacht deutlich. Über zwei Drittel aller Betriebe haben heute bereits Land zugepachtet, und der Anteil der Pachtfläche an der Landwirtschaftsfläche beträgt schon mehr als 40 %. Dabei geht der Trend zur Vergrößerung der landwirtschaftlichen Betriebe noch ständig weiter; die durchschnittliche landwirtschaftliche Betriebsgröße ist in 10 Jahren von 10,9 ha auf 13,5 ha angewachsen. Gefördert wurde dieser Strukturwandel auch durch die Flurbereinigung, die in den letzten Jahren vor allem in den Gemeinden durchgeführt wurde, in denen Gelände für den Autobahnbau benötigt wurde. Innerhalb eines Flurbereinigungsverfahrens ist es möglich, den Flächenverlust auf möglichst viele Grundeigentümer zu verteilen und dabei gleichzeitig auch eine Verbesserung der Flurverfassung durch Wegeerschließung und größere Parzellen zu erzielen.

In den Städten Konstanz und Singen und einigen ihrer Nachbargemeinden sowie auf der Höri sind deutlich mehr Betriebe aufgegeben worden, als im Raum Stockach, jedoch ist die Betriebsgrößenstruktur von Gemeinde zu Gemeinde sehr unterschiedlich. Auch hier fällt wieder die Gemeinde Büsingen auf, deren landwirtschaftliche Betriebe nicht zum EG-Markt gehören, sondern in das schweizerische Landwirtschaftssystem integriert sind. Hier hat sich die landwirtschaftliche Betriebsgrößenstruktur seit der Flurbereinigung vor 20 Jahren nicht mehr verändert, 70 % der Fläche werden von Betrieben mit mehr als 20 ha bewirtschaftet. Einen Sonderfall stellt auch die Gemeinde Reichenau dar, in der die durchschnittliche Betriebsgröße nur 1,7 ha beträgt. Hier wird ein intensiver Gemüsebau – zum großen Teil in Gewächshäusern – betrieben, der mehrfache Ernten im Jahr erlaubt. Fast die gesamte Landwirtschaftsfläche der Insel und auch des Festlandanteils der Gemeinde wird gärtnerisch bestellt. Der Absatz des Gemüses erfolgt durch die Erzeugergenossenschaft und einige Großhändler auch auf Märkten, die weit außerhalb des Bodenseegebietes liegen. Neben der Reichenau hat auch die Gemeinde Moos einen bedeutenden Gemüseanbau; hier wird jedoch im Freiland angebaut, und die Produkte werden überwiegend auf den Wochenmärkten in der Umgebung verkauft. Einen besonders guten Ruf haben dabei die Zwiebeln, die »Höri-Bülle«. Die Viehhaltung gehörte früher, von Ausnahmen abgesehen, selbstverständlich zum bäuerlichen Betrieb. Im Zuge der Spezialisierung der landwirtschaftlichen Erzeugung auf wenige Betriebszweige und der Verringerung der Rentabilität der Milcherzeugung in kleinen Betrieben haben heute im Landkreis Konstanz nur noch 60 % der Betriebe Rindviehhaltung oder Schweinehaltung, häufig beides zusammen.

»Singener Kreuz«: Vorläufiges Ende der Autobahn
Stuttgart–Singen–Schweizer Grenze und der Bundesstraße 33

Die Autofähre Konstanz – Meersburg, ein Betriebszweig der Stadtwerke Konstanz, befördert mit sechs modernen Fährschiffen ganzjährig rund um die Uhr Personen und Fahrzeuge von Konstanz-Staad nach dem Burgenstädtchen Meersburg.

Das Überwiegen der Kleinbetriebe wird aber auch dabei deutlich; denn die meisten der Betriebe mit Milchviehhaltung haben weniger als 10 Milchkühe, nur jeder sechste Betrieb hat mehr als 20 Milchkühe. Bei der Schweinehaltung sind die Verhältnisse ähnlich. Im Raum Stockach und auf dem Randen gehört auch heute noch die Viehhaltung im allgemeinen zum landwirtschaftlichen Betrieb, so daß viehlose Betriebe hier weniger häufig als im übrigen Kreisgebiet vorkommen.

Buntes Mosaik im Wirtschaftsraum Landkreis Konstanz
Landwirtschaft und Industrie, Handel und Gewerbe, Handwerk und Dienstleistungen in einer bunten Mischung vom Klein- bis zum Großbetrieb, von der Nahrungsmittelproduktion bis zur Metallverarbeitung bilden ein vielfältiges Mosaik, das dem Wirtschaftsraum Landkreis Konstanz eine gewisse Krisenfestigkeit gegeben hat. Die immer stärker werdenden Verflechtungen mit anderen Räumen haben einerseits auch im Landkreis Konstanz die Wirtschaftskraft deutlich gestärkt, andererseits aber auch die Abhängigkeit voneinander vergrößert. Die wirtschaftlichen Rezessionen der letzten Jahre, insbesondere die wachsende Arbeitslosigkeit sind auch am Landkreis Konstanz nicht vorbeigegangen. Die Arbeitslosigkeit ist hier zwar niedriger als im Durchschnitt der Bundesrepublik, jedoch höher als im Durchschnitt des Landes Baden-Württemberg. Es gibt keine besonderen Prognosen für die Entwicklung der Wirtschaft im Landkreis Konstanz, man kann jedoch davon ausgehen, daß bei der vorhandenen Wirtschaftsstruktur eine ausreichende Anpassungs- und Wandlungsfähigkeit besteht, die dem Wirtschaftsraum Konstanz im Rahmen der Gesamtwirtschaft seinen Platz sichert.

Verkehrs- und Versorgungsnetze im Landkreis Konstanz

Autobahnen
Gleichsam als Morgengabe erhielt der Landkreis Konstanz 1973 durch die Eröffnung des Autobahnteilstücks zwischen Engen und Geisingen an der Donau die ersten Autobahnkilometer. Der Anschluß an das Autobahnnetz wurde aber erst im Dezember 1978 hergestellt, als mit der Eröffnung des Autobahnabschnitts zwischen Rottenburg und Rottweil die A 81 Stuttgart–Singen in voller Länge befahrbar wurde. Bis dahin war die Straßenverbindung in den Mittleren Neckarraum über die B 14 durch das Neckartal mit zahlreichen Ortsdurchfahrten oder über die stark befahrene B 27 über Tübingen besonders für den Schwerverkehr sehr zeitaufwendig. Auch die Autobahn im Oberrheintal ließ sich von Singen aus erst nach einer 120 km langen Fahrt über die B 33/B 31 in Freiburg oder nach 140 km langer Fahrt über die B 33 in Offenburg erreichen. In beiden Fällen müssen dabei die Straßen den Schwarzwald mit Höhenunterschieden von 600–700 m und entsprechenden kurvenreichen An- und Abstiegen überwinden. Auch der Anschluß an das großräumige Verkehrsnetz in Richtung Osten bot keine besseren Voraussetzungen, der Autobahnanschluß in Ulm liegt ebenfalls 140 km von Singen entfernt und wird über die stark belastete B 311 durch das Donautal erreicht.

Für die Entwicklung der Wirtschaft bedeutet der Anschluß an das großräumige Verkehrsnetz einen nicht zu unterschätzenden Standortvorteil. Daher gingen gerade von der Industrie- und Handelskammer in Konstanz die wichtigsten Impulse für den Bau einer Autobahn von Stuttgart zum westlichen Bodensee aus. Der Bau dieser Autobahn wurde aber auch von allen politischen Kräften im Landkreis Konstanz unterstützt. Einigkeit bestand auch darüber, daß diese Autobahn nicht vor den Toren der Stadt Singen enden dürfte. Im Ausbauplan für die Bundesfernstraßen 1970 waren bereits von einem Autobahnkreuz bei Singen ausgehend drei Äste als Weiterführung vorgesehen: Der eine führte zu einem Rheinübergang in Büsingen, der zweite bis an die Staatsgrenze im Konstanzer Stadtteil Paradies, der dritte über Stockach in einigem Abstand parallel zum nördlichen Bodenseeufer. Von dem letzten Ast wurde der Abschnitt Singener Kreuz bis an die B 31 zwischen Stockach und Ludwigshafen 1982 für den Verkehr freigegeben; die Weiterführung in Richtung Überlingen–Friedrichshafen ist jedoch wegen ihrer Trassenführung heftig umstritten, so daß Ludwigshafen am Bodensee noch jahrelang den starken Durchgangsverkehr auf zwei Bundesstraßen erleiden muß. Im Sommer 1984 wurde am Autobahnkreuz Singen das Band für den ersten Abschnitt des Astes nach Konstanz bis zur B 34 nördlich von Radolfzell durchschnitten. Klagen vor dem Verwaltungsgericht verhinderten bisher den Weiterbau bis zum Anschluß an die Umgehungsstraße Allensbach. Für die Weiterführung bis zur Rheinbrücke in Konstanz liegen mehrere Varianten vor. Die von den Straßenbauern und den Gemeinden Allensbach und Reichenau favorisierte nördliche Umfahrung Wollmatingens wurde in einer Volksbefragung im März 1985 deutlich abgelehnt, und es wurde dem Ausbau auf der Trasse der B 33 zwischen Landeplatz und Wollmatinger Ried der Vorzug gegeben. Die in den Jahren 1975 bis 1979 gebaute Autobahnbrücke über den Rhein in Konstanz wird daher auch weiterhin als ein Denkmal großzügiger Verkehrsplanung nur teilweise genutzt werden können. Die Schweiz will zwar die N 7 als Autobahn von Frauenfeld bis zu dem mit der Bundesrepublik vereinbarten Zollhof an der Grenze Konstanz/Kreuzlingen weiterbauen, sie lehnt jedoch die Übernahme einer Autobahn am Rhein in Büsingen ab. Die Autobahn wird auf deutscher Seite daher vom Singener Kreuz bis an den Grenzübergang Bietingen/Thayngen geführt. Die beiden Tunnelröhren, durch die dieser Autobahnabschnitt nördlich des Hohentwiel führen wird, wurde bereits 1984 im Rohbau fertiggestellt. Mit dem Bau des ersten Abschnitts bis zur B 314 in Hilzingen 1985 begonnen worden.

Einen direkten Anschluß an das schweizerische Autobahnnetz gibt es aus dem Kreis Konstanz noch nicht. Die N 7 über Frauenfeld ist zwar bereits bis auf 15 km an die Kreisstadt herangekommen, von Singen aus erreicht man jedoch erst nach 40 km die Autobahn N 1 nördlich von Winterthur. Trotz der noch fehlenden oder umstrittenen Abschnitte ist der Landkreis heute gut an das Autobahnnetz angebunden. Die weiteste Zufahrt zur Autobahn hat der Konstanzer Kraftfahrer, der nach 24 km die Auffahrt nördlich Radolfzell erreicht. Alle anderen Orte des Landkreises liegen näher an einer Autobahnauffahrt.

Regionalverkehr
Nicht nur der Anschluß an das überregionale Verkehrsnetz, sondern auch die Verkehrsverbin-

»Schwimmende Brücke« über den Bodensee: die stark frequentierte Fährverbindung zwischen Konstanz und Meersburg

Neue Konstanzer Rheinbrücke über den Seerhein

dungen innerhalb eines Raumes sind in unserer arbeitsteiligen Wirtschaft und Gesellschaft von großer Bedeutung. Ein Handwerker will schnell zu seinem Kunden, ein Arzt zu seinem Patienten, der Einzelhändler benötigt auf kurzem Weg Waren vom Großhändler, der Bürger muß auf eine Verwaltungsbehörde, der Schüler aufs Gymnasium, Behördenvertreter treffen sich zu einer Ortsbesichtigung, der Mensch von heute ist ständig unterwegs. Das Verkehrsnetz bildet daher gewissermaßen das Rückgrat der baulichen und technischen Einrichtungen, die die vielfältigen wirtschaftlichen und gesellschaftlichen Verflechtungen ermöglichen, und die wir als Infrastruktur bezeichnen.

Straßen und Kraftfahrzeuge
Der weitaus größte Teil des Verkehrs geht über die Straße, und dabei sind etwa 90 % der Fahrzeuge Personenkraftwagen. Allein zwischen 1975 und 1984 hat die Zahl der Personenkraftwagen im Landkreis Konstanz um mehr als die Hälfte zugenommen, heute sind hier bereits über 96.000 Pkw zugelassen. Das bedeutet, daß auf 2,39 Einwohner ein Pkw kommt. Vergleichen wir diese Zahl mit der Belegungsdichte der Wohnungen im Landkreis von 2,36 Einwohner je Wohnung, so kann man feststellen, daß im Durchschnitt jeder Haushalt einen Pkw besitzt. Zu den Personenkraftwagen kommen noch etwa 17.000 Lastkraftwagen und andere motorisierte Fahrzeuge. Aber auf den Straßen im Landkreis verkehren nicht nur die hier ansässigen Kraftfahrer, sondern es kommen auch noch die auswärtigen hinzu. Allerdings weist der Landkreis Konstanz mit 225 km Straßenlänge auf 100 qkm Fläche ein verhältnismäßig dichtes Straßennetz auf, das zudem auch recht gut ausgebaut ist. Am dichtesten ist der Verkehr auf der Bundesstraße 33 zwischen Konstanz und Radolfzell; eine Entlastung wird hier dringend gefordert, zumal die Straße durch die Stadtgebiete von Konstanz und Radolfzell und durch den Ort Markelfingen hindurchführt. Die Verkehrsbelastung innerhalb des Stadtgebietes von Singen wird auch nach Fertigstellung der Autobahnäste noch verhältnismäßig stark bleiben, da die Stadt einen großen Ziel- und Quellverkehr aufweist. Während beim Ausbau des Straßennetzes viele Orte großzügige Umfahrungen erhielten, geht der Verkehr auf der B 34 zum Grenzübergang Thayngen/Bietingen immer noch durch die Ortsmitte von Gottmadingen. Eine gewisse Entlastung wird von der Fertigstellung der Autobahn erwartet.

Eisenbahn
In den Bau und Ausbau von Straßen wurden große Summen investiert, dagegen wurde der Ausbau des Schienennetzes eher vernachlässigt. Für den Anschluß des Landkreises Konstanz an das Schienennetz, der seit 1863 besteht, war es jedoch eine große Verbesserung, als 1977 die Elektrifizierung der Schwarzwaldbahn von Offenburg nach Konstanz und der Gäu-Bodenseebahn von Stuttgart nach Singen fertiggestellt wurde. Trotz der Elektrifizierung scheiterten bisher alle Pläne, diese Bahnstrecken in einen Taktverkehr miteinzubeziehen, wie er auf den Intercity-Strecken der Deutschen Bundesbahn besteht. Auf der Strecke Stuttgart–Singen–Zürich wird die Verbesserung des Zugverkehrs dadurch behindert, daß auf dem Streckenabschnitt Horb–Tuttlingen nur ein Gleis liegt und daß der Streckenabschnitt Singen–Schaffhausen

nicht elektrifiziert ist. Dieser Streckenabschnitt gehört gleichzeitig zu der Bahnlinie Basel–
Lindau, die über Schaffhausen–Singen–Radolfzell–Ludwigshafen den Landkreis durchquert.
Sie gehört auch auf schweizerischem Staatsgebiet der Deutschen Bundesbahn. Über die Elektrifizierung zwischen Schaffhausen und Singen wird seit längerer Zeit zwischen der Deutschen und den Schweizerischen Bundesbahnen verhandelt. Eine Elektrifizierung der gesamten Bahnlinie Basel–Lindau ist zwar vorgesehen, jedoch zeichnet sich eine Realisierung in absehbarer Zeit noch nicht ab.

1981 wurde nach heftigen Protesten der Anliegergemeinden der Personenverkehr auf der Bahnstrecke Stahringen–Stockach eingestellt, nachdem er bereits in den Jahren zuvor mehr und mehr auf die Bahnbuslinien verlagert worden war. Für den Güterverkehr auch über Stockach hinaus nach Krauchenwies und Pfullendorf im Landkreis Sigmaringen wurden die Gleise jedoch bisher erhalten. So wie die Deutsche Bundesbahn Bahnhöfe und Gleisanlagen auf schweizerischem Territorium betreibt, so betreiben auch die Schweizerischen Bundesbahnen eine Bahnstrecke auf deutschem Gebiet, die jedoch auch nur noch dem Güterverkehr dient. Es ist die Strecke Etzwilen–Singen, die bei Hemmishofen den Rhein und zwischen Ramsen und Rielasingen die Staatsgrenze überquert. Diese Bahnstrecke ist übrigens als einzige Strecke der Schweizerischen Bundesbahnen nicht elektrifiziert. Eine neue Bedeutung kann diese Bahnstrecke möglicherweise durch den Huckepackverkehr erhalten, der 1985 durch ein Speditionsunternehmen eingeführt wurde. Zwischen dem Bahnhof Rielasingen und Mailand werden Lastkraftwagen auf Bahnwaggons verladen, ein Transport, der nach Einführung der Schwerverkehrsabgabe in der Schweiz 1985 rentabel sein kann.

Während es früher bei jedem Dorf, das an der Bahnstrecke lag, auch einen Bahnhof gab, gibt es heute nur noch in Konstanz, Konstanz-Petershausen, Allensbach, Radolfzell, Singen, Engen, Gottmadingen und Ludwigshafen Bahnhöfe, die mit Personal besetzt sind. Daneben sind in Reichenau, Hegne, Markelfingen, Böhringen-Rickelshausen, Mühlhausen, Welschingen-Neuhausen und Bietingen noch Haltepunkte für den Schienennahverkehr. Die Bundesbahn geht mehr und mehr dazu über, den Personennahverkehr durch Buslinien zu bedienen.

Stromversorgung

Zu den wichtigsten Grundbedingungen unseres Lebens gehört heute die Versorgung mit Energie. Ein weit verzweigtes Netz von Stromleitungen bringt elektrische Energie in jede Wohnung und an jede Arbeitsstätte. Elektrizität wird im Landkreis Konstanz nur noch in geringem Maße produziert. In Bohlingen und in Aach wird das Wasser der Aach zur Elektrizitätserzeugung genutzt, jedoch reicht die erzeugte Energie des Elektrizitätswerkes Aach und der Firma Riedlinger in Bohlingen nicht einmal mehr zur Versorgung des Ortes aus. Elektrischer Strom muß daher über das Leitungsnetz in den Landkreis transportiert werden. Dieses Leitungsnetz ist so vielfältig miteinander verbunden, daß durch die Unterbrechung einer Leitung die Stromversorgung nicht ausfällt, da der Strom dann auf einem anderen Wege den Verbraucher erreichen kann. Das Leitungsnetz ist daher ein wichtiger Teil der Infrastruktur. Dieses Netz wiederum ist eingebunden in einen großen internationalen Verbund, in den die Kraftwerke Strom einspei-

Rote Busse des Konstanzer Stadtlinienverkehrs

sen. Es ist daher auch nicht möglich festzustellen, woher der Strom gerade kommt, der an irgendeiner Stelle dieses Netzes verbraucht wird.

Wenn man die Karte der Stromversorgungsgebiete in Baden-Württemberg betrachtet, fällt der Landkreis Konstanz sofort dadurch auf, daß sich hier die Gebiete mehrerer Energieversorgungsunternehmen berühren. Das landeseigene Unternehmen Badenwerk AG versorgt den östlichen Teil des Landkreises, nämlich mit Ausnahme weniger Orte die Verwaltungsgemeinschaft Stockach, die Gemeinde Steißlingen und alle Orte auf dem Bodanrück sowie die Insel Reichenau. Von der Stadt Konstanz werden alle rechtsrheinischen Ortsteile vom Badenwerk versorgt, während die Altstadt links des Rheins von den Nordostschweizerischen Kraftwerken (NOK) Strom erhält. Der westliche Teil des Landkreises gehört zum Stromversorgungsgebiet des Kraftwerkes Laufenburg (KWL), das als Laufkraftwerk am Hochrhein ein deutsch-schweizerisches Gemeinschaftsunternehmen ist. Der südliche Teil des Landkreises, besonders die Gemeinden der Höri sowie die direkt an den Kanton Schaffhausen angrenzenden Ortsteile und verständlicherweise die Gemeinde Büsingen werden vom Elektrizitätswerk des Kantons Schaffhausen (EKS) mit Energie versorgt. Auch das zweite große Energieversorgungsunternehmen im Lande, die Energie-Versorgung Schwaben AG (EVS), reicht mit seinem Versorgungsgebiet noch in den Landkreis hinein. Die Gemeinden Hohenfels, Aach und der Hauptort der Gemeinde Eigeltingen hängen am Netz dieses Unternehmens. Die Stadt Singen liegt gerade im Schnittpunkt der Versorgungsgebiete. Das Elektrizitätswerk der Stadt erhält Strom sowohl vom Elektrizitätswerk des Kantons Schaffhausen wie vom Kraftwerk Laufenburg. Die Ortsteile Friedingen und Beuren hängen am Netz des Badenwerks. Die großen Industriebetriebe werden nicht vom Elektrizitätswerk der Stadt Singen, sondern als Sonderabnehmer direkt von den Energieversorgungsunternehmen bedient; die Georg Fischer AG ist Abnehmer des Elektrizitätswerks Schaffhausen, die Aluminiumwerke des Kraftwerks Laufenburg.

Um die Elektrizität bis an den Ort des Verbrauchs zu bringen, überzieht ein Netz von Hochspannungs- und Mittelspannungsleitungen das Gebiet des Landkreises. Dieses Leitungsnetz wurde in den letzten Jahren nicht nur weiter ausgebaut, sondern es befindet sich auch immer wieder im Umbau, da wegen des wachsenden Energiebedarfs die Leitungen höhergespannt werden müssen. Neben den Leitungen der Energieversorgungsunternehmen mußte bei der Elektrifizierung der Bahn auch die Deutsche Bundesbahn eine Hochspannungsleitung von Geisingen her über den Randen nach Singen führen, wo der Strom östlich der Stadt in die Bahnleitung eingespeist wird.

Gasversorgung

So wie in der Elektrizitätsversorgung ein enger Verbund mit der schweizerischen Nachbarschaft besteht, so queren auch die Gasleitungen die Grenze. Träger der Gasversorgung im Landkreis sind die Gaswerke Singen und Konstanz. Das Gaswerk Konstanz, das bereits seit über 90 Jahren im Eigentum der Stadt ist, versorgt außer der Stadt Konstanz auch die schweizerischen Gemeinden am Untersee und über Stein am Rhein auch Öhningen. 1978 wurde das Gaswerk Konstanz an die Ferngasleitung der Gasversorgung Süddeutschland (GVS) angeschlossen,

Seit über 65 Jahren sorgt in Stockach die Betriebsverwaltung Bodensee der Badenwerk AG im Gebiet zwischen Hegau und Höchsten, zwischen See und Heuberg entsprechend ihrem gesetzlichen Auftrag für eine sichere und preiswerte Versorgung mit elektrischer Energie.
230.000 Einwohner in 90 größeren und kleineren Städten und Gemeinden – dazu gehören auch weite Teile des Landkreises Konstanz – werden jährlich mit ca. 460 Mio kWh (Kilowattstunden) Strom beliefert.
125 Mitarbeiterinnen und Mitarbeiter mit 12 Auszubildenden sind stets um die Kundschaft und um einen reibungslosen, störungsfreien Betriebsablauf bemüht.

Im Landkreis Konstanz heimisch ist das Gas- und Elektrizitätswerk Singen der CONTIGAS Deutsche Energie-Aktiengesellschaft, Düsseldorf.

Es betreibt die Stromversorgung in der Stadt Singen mit ihren Stadtteilen sowie Überlingen, der Gemeinde Gottmadingen mit dem Ortsteil Ebringen und der Gemeinde Rielasingen-Worblingen.

In der Gasversorgung greift das Gas- und Elektrizitätswerk Singen weit über die Grenzen des Landkreises Konstanz hinaus. Neben dem genannten Kerngebiet sind weitere Schwerpunkte der Erdgasversorgung im Landkreis Konstanz der nördliche Hegau mit Engen sowie die Städte Radolfzell und Stockach. Im Bodenseekreis werden die Stadt Überlingen und das Salemer Tal, im Landkreis Sigmaringen die Stadt Pfullendorf versorgt.

die von Tuttlingen kommend über Stockach und den Bodanrück nach Konstanz führt. Mit diesem Anschluß konnte die stadteigene Spaltgasanlage stillgelegt und das Netz auf Erdgas umgestellt werden. Der Bau dieser Ferngasleitung ermöglichte auch den Anschluß der Stadt Stockach, die bis dahin durch eine Stichleitung des Gaswerks Singen versorgt wurde, an das Ferngasnetz.

Das 1925 erbaute Gaswerk Singen gehört der deutschen Continental-Gas-Gesellschaft, Düsseldorf. Vom Gaswerk Singen werden auch Rielasingen und Gottmadingen versorgt. Eine Fernleitung führt über Worblingen, Überlingen am Ried, Böhringen, Stahringen und Espasingen zur Stadt Überlingen. Eine Direktleitung führt vom Gaswerk Singen über Böhringen nach Radolfzell. Ende der 60er Jahre wurde eine Ferngasleitung von den oberschwäbischen Erdgasfeldern im Raum Pfullendorf und Frohnhofen nach Schaffhausen gebaut, an die auch das Gaswerk Singen angeschlossen werden konnte, so daß die eigene Produktion stillgelegt wurde. Da die Erdgasvorräte dort nahezu erschöpft sind, kommt heute jedoch der größte Teil des Erdgases aus dem inzwischen erweiterten Verbundnetz mit der GVS und dem schweizerischen Netz. 1979 hat das Gaswerk auch die Stadt Engen mit einer Leitung angeschlossen, durch die gleichzeitig auch die Orte Mühlhausen und Neuhausen versorgt werden. Eine weitere Leitung nach Steißlingen ist 1985 gelegt worden. Der Anschluß an das Ferngasnetz und der weitere Ausbau dieses Netzes haben die Energiesituation des Landkreises Konstanz deutlich verbessert. Dabei hat die Stillegung der Gaswerke und die Umstellung vom Heizöl auf das Erdgas auch zur Verringerung der Schadstoffimmissionen spürbar beigetragen.

Wasserversorgung
Neben den Energienetzen ist auch für die Wasserversorgung ein Leitungsnetz entstanden, das über die Grenze der Gemeinden hinausgeht. Im Landkreis Konstanz kann der derzeitige und auch der für die kommenden Jahre geschätzte Wasserbedarf aus den erschlossenen Wasservorkommen gedeckt werden. Bis auf wenige Einzelgehöfte werden alle Gemeinden mit ihren Ortsteilen zentral mit Wasser versorgt. Dabei entnimmt die Stadt Konstanz für alle Ortsteile Wasser aus dem Bodensee. Durch ein Wasserwerk mit See-Entnahmeleitung, Pumpwerk und Aufbereitungsanlagen wird Wasser aus dem Überlinger See in das Leitungsnetz gepumpt. Auch Bodman hat neben Quellen eine eigene Seewasserversorgung; dagegen wird Ludwigshafen voll vom Zweckverband Bodenseewasserversorgung bedient, von dem auch Stockach für einige Ortsteile Zusatzwasser aus dem Bodensee bezieht. Durch diesen Zweckverband werden Millionen von Menschen im Land Baden-Württemberg mit Wasser versorgt. Die Wasserentnahmestelle zwischen Sipplingen und Überlingen und die Aufbereitungsanlage auf dem Sipplingerberg liegen zwar im benachbarten Bodenseekreis, die beiden großen Leitungen in den Mittleren Neckarraum mit 1.300 mm und 1.600 mm ⌀ durchqueren aber den nordöstlichen Teil des Landkreises, so daß ein Anschluß der Stadt Stockach hier möglich wurde. In allen übrigen Gemeinden wird das Wasser entweder aus Quellen gewonnen oder zumeist aus dem Grundwasser entnommen und in Hochbehälter gepumpt. Von dort läuft es mit eigenem Druck in das Leitungssystem der Orte.

Da die Erschließung von Wasservorräten für einzelne Orte oft zu aufwendig war oder keine ausreichenden Wasservorräte vorhanden waren, haben sich mehrere Gemeinden zu einer Wasserversorgungsgruppe zusammengeschlossen. Das ausgedehnteste Leitungsnetz besitzt dabei der Zweckverband Wasserversorgung Hoher Randen mit Sitz in Tengen. Das Wasser wird aus dem Binninger Ried westlich des Hohenstoffeln entnommen und 200 m hoch in einen 1.000 cbm großen Hochbehälter auf dem Wannenberg bei Tengen gepumpt. Von dort aus werden die meisten Ortsteile der Gemeinde Tengen mit Wasser versorgt. Ein Teil des Wassers wird jedoch noch einmal 100 m höher in einen Hochbehälter gepumpt, an den die Ortsnetze von Uttenhofen und Wiechs in der Gemeinde Tengen und Nordhalden und Kommingen in der Stadt Blumberg angeschlossen sind. An das Leitungssystem dieses Zweckverbandes ist auch noch der Ortsteil Weiterdingen der Gemeinde Hilzingen angeschlossen. Für die Wasserversorgung der Stadt Radolfzell, die Wasser aus verschiedenen Grundwasserentnahmen und Quellfassungen erhält, ist ihr Anschluß an den Zweckverband Wasserversorgung Überlingen am Ried besonders wichtig. Durch diese Wasserversorgungsgruppe wurde ein großes Grundwasservorkommen erschlossen, das von den Orten Überlingen am Ried, Worblingen, Bohlingen und Moos genutzt wird und von dem aus eine Druckrohrleitung nach Radolfzell führt, durch die die Wasserversorgung der Stadt ergänzt und gesichert wird. Ein weitverzweigtes Leitungsnetz weist auch der Zweckverband Gruppenversorgung Gerhardsbrunnen im nördlichen Kreisgebiet auf, durch den alle Ortsteile der Gemeinde Mühlingen mit Ausnahme von Zoznegg und der Ortsteil Hoppetenzell der Stadt Stockach Wasser erhalten. Die Gemeinde Hohenfels hat für ihre weit auseinanderliegenden Ortsteile Liggersdorf, Selgetsweiler und Kalkofen neben Eigenwasserversorgungen in allen Ortsteilen Zusatzwasser von einem Zweckverband, der über die heutige Kreisgrenze hinausreicht. Auch die Stadt Engen hat mit ihren Ortsteilen ein gemeinsames Wasserleitungsnetz, nur der Ortsteil Biesendorf ist an das Netz der Wasserversorgungsgruppe Unteres Aitrachtal mit Sitz in Immendingen a. d. Donau angeschlossen. Durch neue Quellfassungen und Grundwasserentnahmen, die teilweise in großem Abstand von den Verbrauchsstellen liegen, wird das Netz der Wasserleitungen immer dichter. Dabei wird angestrebt, daß durch Ringleitungen die Wasserversorgung auch bei Störfällen sichergestellt wird. Insgesamt sorgt im Landkreis Konstanz ein mehrere hundert Kilometer langes Rohrnetz dafür, daß Wasser aus der Leitung kommt, wenn der Hahn aufgedreht wird.

Kanalisationen und Kläranlagen
Die immer höher werdenden Anforderungen an die Reinigung der Abwässer haben dazu geführt, daß Gemeinden sich zu Zweckverbänden zusammengeschlossen haben, die gemeinsam eine Kläranlage betreiben. Diese Zusammenschlüsse wurden gerade im Bodenseegebiet durch das Land Baden-Württemberg besonders gefördert, um den Bodensee als großen Trinkwasserspeicher vor Verunreinigungen durch Abwässer zu schützen. Viele Millionen DM wurden in den Bau der Kläranlagen und der Kanalisationen investiert. Der Bau der Kläranlagen hat sich ständig verteuert, weil immer bessere Reinigungsleistungen erzielt werden mußten. In der ersten Stufe der Kläranlagen werden aus den Abwässern auf mechanischem Wege Schmutz-

stoffe ausgesondert. In der zweiten Stufe werden unter Zufuhr von Sauerstoff durch die Tätigkeit von Bakterien vor allem organische Schadstoffe abgebaut. Von besonderer Bedeutung ist am Bodensee die dritte Stufe, bei der auf chemischem Wege insbesondere die Phosphate ausgefällt werden. Gerade die Phosphatbelastung führt zu einer raschen Eutrophierung des Bodensees.

1974 gab es im Landkreis Konstanz 24 Kläranlagen, von denen nur die Kläranlage in Radolfzell dreistufig ausgebaut war, 9 Kläranlagen reinigten die Abwässer nur auf mechanische Weise. Heute werden die Abwässer aus dem Landkreis Konstanz in 21 Kläranlagen gereinigt. An die 12 mechanisch-biologisch-chemischen Kläranlagen ist bei weitem der größte Teil der Haushaltungen und Arbeitsstätten im Landkreis angeschlossen, von den 9 mechanisch-biologischen Anlagen, die zumeist einen eng begrenzten Einzugsbereich haben, entwässern nur die kleinen Anlagen für Langenrain (Gemeinde Allensbach) und Gundholzen (Gemeinde Gaienhofen) direkt in den Bodensee.

Zwei Kläranlagen für Gemeinden des Landkreises Konstanz liegen in der Schweiz. Die Abwässer aus Öhningen und Wangen am Untersee werden in der Abwasserreinigungsanlage »Stein am Rhein und Umgebung« gereinigt. 1976 ging die Kläranlage »Bibertal-Hegau« in Betrieb, die in Ramsen (Kanton Schaffhausen) für 220.000 Einwohner-Gleichwerte gebaut wurde, von denen mehr als 80 % auf das deutsche Gebiet entfallen. Diese Kläranlage hat das größte Netz von Abwassersammelkanälen, da an sie die Gemeinden Singen, Volkertshausen, Aach, Mühlhausen-Ehingen, Engen und Gottmadingen angeschlossen sind. Die Abwasserzweckverbände »Hegau-Süd« und »Hegau-Nord« verfügen daher auch über das größte Netz von Abwassersammlern, vom Ortsteil Stetten der Gemeinde Engen bis zur Kläranlage hat der Sammler eine Länge von über 30 km. Auch die Abwässer aus den schweizerischen Gemeinden Thayngen, Buch und Ramsen fließen in diese Anlage, für die der Hochrhein den Vorfluter darstellt. Die größte Kläranlage im Landkreis hat die Stadt Konstanz, sie ist für 280.000 Einwohner-Gleichwerte ausgelegt. An diese Kläranlage ist neben den Gemeinden Allensbach und Reichenau auch die schweizerische Nachbarstadt Kreuzlingen angeschlossen. Einen großen Einzugsbereich hat auch die Kläranlage des Abwasserzweckverbandes Stockacher Aach, die dicht vor der Aachmündung in den Überlinger See liegt und die die Abwässer der Stadt Stockach mit ihren Ortsteilen, der Gemeinden Bodman-Ludwigshafen, Orsingen-Nenzingen und des Stadtteils Stahringen der Stadt Radolfzell sowie die über die Kreisgrenze aus der Gemeinde Sipplingen zufließenden Abwässer reinigt. Der Anschluß von Eigeltingen an das Kanalnetz dieses Zweckverbandes ist in der Planung. Die große Kläranlage der Stadt Radolfzell liegt am Markelfinger Winkel, die gereinigten Abwässer aus der Stadt und ihren auf dem Bodanrück gelegenen Ortsteilen fließen in einer Leitung quer über die Mettnau in den Zeller See, so daß sie dem wenig durchströmten Markelfinger Winkel ferngehalten werden. Der Stadtteil Böhringen ist mit den Gemeinden Rielasingen-Worblingen, Moos und dem Stadtteil Bohlingen der Stadt Singen in einem Zweckverband zusammengeschlossen, dessen Kläranlage südlich von Moos gelegen ist. Über ein ausgedehntes Sammlernetz verfügt auch die Gemeinde Hilzingen, in der alle Ortsteile rund um den Hohenstoffeln an eine gemeinsame Kläranlage angeschlossen sind. Im März 1985 wurde der erste Spatenstich für die Kläranlage des Abwasserzweckverbandes »Oberes Bibertal« getan, der neben der Stadt Tengen auch die schweizerischen Gemeinden Altdorf, Opfertshofen, Bibern und Hofen im Kanton Schaffhausen zugeordnet sind. Während der Sammler von Watterdingen über Blumenfeld und Beuren a. R. nach Büsslingen bereits fertiggestellt ist, befinden sich die Sammler von Tengen über Hofen und Bibern und von Wiechs a. R. über Altdorf und Opfertshofen zur Kläranlage bereits im Bau.

An die Kläranlagen, die zusammen eine Ausbaugröße von 485.500 Einwohner-Gleichwerten haben, sind etwa 90 % der im Kreisgebiet wohnenden Einwohner angeschlossen. Die Abwässer von ca. 12.000 Einwohnern, d. s. 5 % der Kreisbevölkerung, können noch nicht in eine Kläranlage geleitet werden, da die hierzu nötigen innerörtlichen Abwasserkanäle noch nicht vorhanden sind. Diese Zahl wird aber deutlich niedriger sein, wenn die deutsch-schweizerische Gemeinschaftskläranlage »Oberes Bibertal« fertiggestellt ist. Der hierzu notwendige Ausbau des Kanalnetzes für die Hausanschlüsse ist schon weit fortgeschritten. (Die Abwässer von ca. 8.300 Einwohnern können auch künftig nicht zentral gereinigt werden, da diese Bevölkerung in kleinen Weilern oder Streusiedlungen lebt.)

Engmaschiges Versorgungsnetz
Straßen, Stromkabel, Wasserleitungen und Abwasserkanäle führen zu fast allen Wohnhäusern und Arbeitsstätten im Landkreis. Es besteht daher ein sehr weit verästeltes Netz von Trassen und Leitungen, das für uns heute unerläßlich scheint. Diese Versorgungsnetze werden noch immer weiter ausgebaut, so sind die meisten Haushaltungen bereits an das Telefonnetz angeschlossen, auch der Gasanschluß ist für viele in den letzten Jahren möglich geworden. Neue Leitungsnetze werden vor allem im Medienbereich auch den Landkreis Konstanz erreichen. Bereits in absehbarer Zeit wird mit der Verkabelung für die Rundfunk- und Fernsehübertragungen begonnen werden, durch die die Hausantennen überflüssig werden und ein breiteres Angebot an Sendungen empfangen werden kann. Schon werden große Glasfaserkabelnetze in Europa konzipiert, die in Zukunft ein wichtiges Infrastrukturnetz für die Industrie und für bedeutende Dienstleistungsbetriebe bilden können. Die Fortschrittsgläubigkeit der Menschen hat zwar gerade in unserer Zeit, in der auch die Schattenseiten dieses Fortschritts so erschreckend deutlich werden, viele heftige Stöße erhalten. Dennoch ist es notwendig, neue Entwicklungen zu beobachten und notwendige Voraussetzungen dafür zu schaffen, um schwerwiegende Rückschläge auf anderen Gebieten zu verhindern. Zwar haben wir nicht mehr das unbefangene Verhältnis zur Zukunft, das Goethe in den Wahlverwandtschaften ausdrückt: »Wir blicken so gern in die Zukunft, weil wir das Ungefähre, was sich in ihr hin und her bewegt, durch stille Wünsche so gern zu unseren Gunsten heranleiten möchten«, aber wir können uns mit Alfred Polgar trösten: »Die Zukunft kommt in Raten, das ist das Erträgliche an ihr«.

Kulturelle Angebote im Landkreis Konstanz

EGON TREPPMANN

Kultur im Landkreis Konstanz bedeutet Kultur in einem großstadtlosen Bereich. Die nächsten Zentren sind in Freiburg, Stuttgart und München, doch günstiger als alle diese deutschen Städte liegt das schweizerische Zürich. Die Städte des Landkreises Konstanz leben folglich in ihren kulturellen Bemühungen auf einer Insel. Hierin liegen Schwierigkeiten, hier aber auch sind die Chancen für eine eigenständige, von manchen kurzlebigen modischen Entwicklungen freie Kulturarbeit.

Daß die kulturellen Aktivitäten des Landkreises vornehmlich von Konstanz ausgegangen sind, ist historisch begründet. Die ehemalige Bischofsstadt am Bodensee hatte schon immer die Vorrangstellung auch im kulturellen Engagement. Hier befindet sich die einzige feste Bühne der westlichen Bodenseeregion, hier ist der Sitz des Bodensee-Symphonie-Orchesters. Die übrigen Städte des Landkreises, manche erst in den letzten Jahrzehnten zu ihrer heutigen Bedeutung herangewachsen, bauen allmählich ein eigenständiges Kulturleben auf. Typisch für eine solche Entwicklung ist die rasch gewachsene Stadt Singen, die über ein attraktives kleines Theater verfügt, in dem sie Tourneebühnen und feste Ensembles aus dem nahen und weiteren Umkreis gastieren läßt und wo sich durch Privatinitiative eine Spielstätte für kleine Bühnenformen bildete, das Theater »Die Färbe«. Es wird inzwischen öffentlich bezuschußt.

Privatinitiative hat in allen Städten des Landkreises schon immer dem kulturellen Angebot lebendige Akzente gesetzt, man denke an die Vielzahl von Galerien, vor allem in Konstanz, an die Vortragsgemeinschaften und privaten Konzertveranstalter, an die Konstanzer Petrus-Pfarrei, an das Schloß Mainau mit seinen Konzerten und Ausstellungen. Hinzu treten in den letzten Jahren vermehrt die Angebote alternativer Gruppen, oft mit wechselnden Namen und wechselnden Veranstaltungsorten, so daß es kaum möglich ist, auf einzelne einzugehen – sie könnten sich bis zur Drucklegung dieses Buches bereits wieder anders orientiert haben. Immerhin handelt es sich hier um nicht zu unterschätzende Zellen für das Wachsen von kulturellem Bewußtsein besonders bei Jugendlichen. Zwar ist der Ansatzpunkt der Veranstalter, eine »andere« Kultur bieten zu wollen, weg von den traditionellen Gleisen, hin zu vor allem sozialpolitisch motivierten Unternehmungen. Doch da auch die traditionellen Kulturformen in unserer Demokratie schon immer für alle offengestanden haben, sie nach allen Erfahrungen auch weiterhin die beständigeren und stärkeren sein werden, ist die Frage müßig, auf welchem Wege ein junger Mensch schließlich zum umfassenden Spektrum kulturellen Lebens findet. Die alternative Kulturveranstaltung als Initialzündung für ein Kulturbewußtsein und Kulturverständnis ist bereits ein Faktum.

Die kulturelle Bedeutung einer Region wird gerne an der Existenz und der Größe von *Theatern* gemessen, ob zu Recht, bleibe dahingestellt. Die Bühne, über die der Landkreis in Kon-

Stadttheater Konstanz: Szenenfoto aus »Leonce und Lena« von Georg Büchner mit Werner Kuske als Leonce

Konzert des Bodensee-Symphonie-Orchesters
im Konstanzer »Konzil«

stanz verfügt, hat Tradition. Ihre Anfänge liegen im Jesuitentheater des 17./18. Jahrhunderts, das die Menschen auf spielerische Form zum rechten Glauben erziehen wollte. Der früheste Spielnachweis stammt aus dem Jahr 1605. Ein wenig von Sendungsbewußtsein ist dieser Spielstätte geblieben. Waren es unter dem Intendanten Wilhelm List-Diehl ein Jahrzehnt lang vor allem Stücke, die in traditioneller Darbietung dem Publikum Werte wie Humanität und Toleranz vermitteln sollten, so brachte jetzt der Schweizer Hans J. Ammann formale Kriterien in die Diskussion, durch die das Publikum eine neue Sichtweise für die Welt der Bühne und des Lebens erhalten soll. Das Angebot geht weiterhin von der Klassik bis zur neuen Bühnenliteratur. Hinzugekommen ist, einem Zeittrend folgend, eine neue Form des Volksstückes, das durchaus auch ein Dialektstück sein kann und das auf der Konstanzer Berufsbühne gerne Laienspielern anvertraut wird.

Das Konstanzer Theater also ist bemüht, sein Repertoire in einer neu aufgearbeiteten Form zu präsentieren. Sehr viel Mühe wird darauf verwendet, auch bekannte Stücke anders zu sehen, als es bisher üblich war. Der Autor wird dabei oft in einer völlig neuen Sicht gezeigt. In neuerer Zeit besucht aus diesen Gründen ein mehr jüngeres Publikum das Theater, dem der manchmals experimentelle Charakter des Gebotenen mehr zusagt als den traditionellen Besuchern. Letztere möchten gerne die schon lange bekannten Werke auf der Bühne wiedererkennen, und dieses Publikum wird auch nicht durch Hinweise auf die zur Zeit vorherrschenden Praktiken an wichtigen deutschsprachigen Schauspielhäusern überzeugt, die inzwischen mit der üblichen Zeitverzögerung von vielen regionalen Bühnen übernommen wurden. Das Konstanzer Theater zeigt sich immerhin beweglich, es stellt mit seiner Arbeit einen beachtenswerten Kulturfaktor dar, es ist in jedem Fall anregend. Seine Aufgabe, auch über Konstanz hinaus durch Gastspiele in Städten ohne eigenes Ensemble Theater anzubieten, widmet sich die Bühne mit großer Intensität. Die Aufnahmebereitschaft in Städten wie Singen oder, über den Landkreis hinaus, in Städten des Schwarzwaldes und des Hochrheins richtet sich hier noch mehr als in Konstanz nach dem Grad der Vertrautheit des Gebotenen.

In Singen wird in einem besonders schönen und zweckmäßigen Theater, der »*Kunsthalle*« gespielt, und zwar immer mit fremden Ensembles. Überwiegend werden hier Aufführungen von Tourneetheatern angeboten. Diese Bühnen sind, im Gegensatz zu einem mit regelmäßig zu mehr als 80 % subventionierten öffentlichen Theater, auf den finanziellen Erfolg ihrer Produktionen angewiesen. Sie bieten daher Inszenierungen an, die eingängig sind und die das Stück und den Willen seines Autors in den Vordergrund stellen. Zudem bringen sie namhafte Schauspieler von Bühne und Fernsehen, deren Ausstrahlung oft manchmal einen zusätzlichen Impuls zum Besuch der Vorstellungen gibt. In Singen wird dem Publikum eine Mischung von Klassikern bis zum Boulevard-Theater geboten. Eingeschlossen sind gelegentliche Opern- und Operetten-Aufführungen, diese überwiegend von Bühnen des Landes (Esslingen, Pforzheim) bestritten. Abmachungen mit auswärtigen stehenden Theatern werden auch über die Grenzen hinweg getroffen (Theater für Vorarlberg, Bregenz).

Nicht zu unterschätzen ist im Landkreis die Existenz und das Wirken der *Volksbühne*, einer Besucherorganisation, deren Arbeit weit über das bloße Verteilen von verbilligten Eintrittskarten hinausgeht. Durch die Volksbühne sind viele Schichten aus dem Landkreis dem Theater erschlossen worden. Den Mitgliedern werden aus den Spielplänen der beiden Städte Konstanz und Singen Aufführungen angeboten, von denen man annehmen kann, daß sie Zuspruch finden. Für das Angebot von Musiktheater hat die Volksbühne bereits seit 25 Jahren eine Kooperationsvereinbarung mit der Bühne von St. Gallen. Man fährt mit Bussen in die schweizerische Stadt. Der jährliche gesellschaftliche Höhepunkt der Volksbühnen-Gemeinschaft, der Volksbühnenball im Konstanzer Konzil, wird von St. Galler Künstlern mitgestaltet.

Aus rustikalem Holz geschnitzt ist das *Singener Theater »Die Färbe«*, von dem Singener Peter Simon aufgebaut und betrieben. Man sitzt an Tischen und trinkt sein Bier oder seinen Wein, bis dann zu relativ später Stunde die Vorstellung beginnt. Hier finden wenig Gastspiele statt, jedes Stück wird mit eigens engagierten Schauspielern einstudiert – ein zweites stehendes Theater also im Landkreis Konstanz, wenn auch von ganz anderer Art als die traditionelle Konstanzer Bühne oder die Singener Kunsthalle mit ihrem Gastspielbetrieb. In der »Färbe« sieht man dann auch ein Alternativprogramm, Stücke, die anderswo im Podium zu sehen sind oder – eine bereits vergangene Mode – in Kellertheatern. Das personenarme, oft spekulative Stück

Das Konstanzer Rosgartenmuseum ist in einem spätgotischen Zunfthaus sehr gut untergebracht

Besuch im Konstanzer Hus-Museum, einer Erinnerungsstätte an den böhmischen Reformator Johannes Hus, der 1415 in Konstanz als Ketzer verbrannt wurde

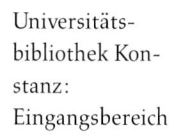

Universitätsbibliothek Konstanz: Eingangsbereich

Veranstaltung im Bürgersaal des Singener Rathauses

wird geboten, überwiegend aus unserem Jahrhundert (Beckett, Genet, Kroetz, Pinter), aber auch Ältere wie die »Celestina« des Alfonso Sastre. Manchmal, wie bei diesem Stück, geht man aus dem festen Haus in ein Zelt im Garten.

Seit vielen Jahrzehnten, genau seit 1932, ist das *Bodensee-Symphonie-Orchester* im Landkreis etabliert. Für die auswärtigen, insbesondere ausländischen Auftritte nennt es sich Südwestdeutsche Philharmonie. Ein kleines Orchester mit seinen 51 Berufsmusikern, die bei besonderen Aufgaben durch Gäste ergänzt werden, aber ein Orchester, das die geläufige Konzertliteratur spielt und 1.300 Abonnenten in Konstanz betreut. Singen und Radolfzell sind Abstecherorte. Gastkonzerte führen immer wieder außerhalb des Landkreises in den Raum zwischen Stuttgart und Luzern, Freiburg und Innsbruck, wobei ein Fünftel der Konzerte in der Schweiz stattfindet. Auslandsgastspiele führen auch in andere westeuropäische Länder. 1984 übernahm Thomas Koncz die Leitung des Orchesters anstelle von Tamas Sulyok, der wieder in seine ungarische Heimat zurückging. Besondere Anstrengungen fordern die Internationalen Musiktage in Konstanz dem Bodensee-Symphonie-Orchester ab, die jeden Sommer stattfinden und in die das Orchester regelmäßig integriert wird. Diese Musiktage, eine wichtige Veranstaltungsfolge am westlichen Bodensee, behaupten sich erfolgreich gegenüber dem immer zahlreicher werdenden Angebot im Seebereich und in seiner Nachbarschaft. Kammermusikensembles und Gastorchester bieten Werke des klassischen Repertoires. In jüngster Zeit werden thematische Programme erarbeitet, wird etwa die Musik Polens in einem Sommer vorgestellt. Konstanz, zu dieser Zeit überflutet von Gästen aus aller Welt, gibt damit zugleich dem Fremden einen kulturellen Fixpunkt.

Kammermusikabende des Konstanzer Bodensee-Symphonie-Orchesters hatten viele Jahre hindurch Tradition. Nun ist die Kammermusikreihe einer Friedrichshafener Agentur bedeutsam geworden, die bekannte Künstler nach *Konstanz* bringt. Auch *Singen* bietet Kammerkonzerte an, in- und außerhalb eines Abonnements. Die Menge der privaten Konzertveranstaltungen in den Städten des Landkreises ist unübersehbar. Die *Musikschulen* und *Gymnasien*, die *Kirchenchöre* bieten zum Teil große und wichtige Aufführungen, von der Spielmusik und Serenaden zu den Oratorien und Messen. In Konstanz ist daneben die Arbeit des *Oratorienchors* und sind die *Münsterkonzerte* wichtig geworden, in Singen die Arbeit des *Madrigalchors* der Aluminium-Walzwerke.

Mit Erfolg bemüht sich *Stockach,* nicht abseits zu stehen im Konzert der Städte des Landkreises. Wesentliche Träger kulturellen Lebens sind hier die Vereine und Kirchenchöre, ebenso der Chor und das Orchester des Gymnasiums. Weithin Anklang finden die Konzerte des Kammerchores, sehr rührig ist das Jugendblasorchester. Schülertheater gewinnt hier mehr Bedeutung und Aufmerksamkeit als in anderen, kunstgesättigteren Städten, wenn es auch ab und an in Stockach Gastspiele durch auswärtige Theatergruppen gibt. Ein sehr gepflegtes Konzertangebot kann der Stockacher Musikfreund etwas außerhalb nutzen, in *Wahlwies.* Das Pestalozzi-Kinderdorf veranstaltet Kammermusikabende mit abwechslungsreichen Programmen.

Wer im Landkreis *Museen und Ausstellungen* besuchen will, hat dazu jederzeit und in vielfältigem Maße Gelegenheit. Weithin bekannt ist das Konstanzer Rosgartenmuseum, seit 1871 in einem schönen, aus dem Mittelalter stammenden Gebäude eingerichtet, gegründet von dem Konstanzer Apotheker und Stadtrat Ludwig Leiner. Hier erfährt man viel über die Vergangenheit der alten Bodenseestadt, über ihre Geschichte und ihre Kunst. Einmalig ist die Präsentation alter Gesteine und Versteinerungen im Erdgeschoß im Geschmack des 19. Jahrhunderts, in ihrer originalen, unveränderten Form. Hier spiegelt sich die Urgeschichte des Bodensee-Gebietes wider. Hier werden die Ausgrabungsfunde aus dem Keßlerloch in Thayngen vor Schaffhausen aufbewahrt und Zeugnisse aus der Pfahlbauzeit. Weitere Säle zeigen Gegenstände aus der römischen Zeit und vor allem aus dem Mittelalter. Plastiken, Goldschmiedearbeiten, Glasmalereien, Handschriften und frühe Drucke (darunter Ulrich Richentals Chronik des Konstanzer Konzils), Dokumentationen des kirchlichen Lebens und der Zünfte sind zu finden. Zeugnisse aus dem Bürgerleben der folgenden Jahrhunderte schließen sich an, liebevoll wird der Konstanzer Malerin Marie Ellenrieder gedacht. Gelegentlich finden im schönen, holzverkleideten ehemaligen Zunftsaal des Museums Konzerte statt, auch gab es hier Theateraufführungen.

Auf Konstanzer Geschichte nimmt auch das Hus-Museum Bezug. Das ebenfalls alte Gebäude gehört seit 1923 der Hus-Museums-Gesellschaft in Prag und ist seit 1980 wieder geöffnet. Es dient dem Gedenken an den Reformator, der unter der Zusicherung freien Geleites zum Konzil nach Konstanz gekommen war, dort aber gefangengenommen, verurteilt und verbrannt worden war. Im Museum wird der Stein gezeigt, an dem Hus in seiner Gefangenschaft angekettet war, und die hölzerne Gefängnistür aus dem Dominikanerkloster, dem heutigen Insel-Hotel.

In eine andere Welt führt das Naturkunde-Museum in Konstanz. Es ist, seiner Lage entsprechend, bevorzugt auf die Ökologie des Bodensees ausgerichtet. Aktuelle Fragen, vor allem Umweltprobleme, nehmen einen breiten Raum ein. Wasserwirtschaft, Fischerei, Vogelwelt, Schmetterlinge sind Themenkomplexe. Hinzu treten naturgeschichtliche Zeugnisse, Fundstücke aus der näheren und weiteren Umgebung bis in urgeschichtliche Zeiten hinein. Jüngstes Konstanzer Museum ist das Zeitungsmuseum im Südkurier-Haus, dem alten Spital zum Heiligen Geist. Gezeigt werden alte Drucke vorwiegend aus dem Konstanzer Umfeld und Zeugnisse aus der Geschichte des Druckerei- und Zeitungswesens, darunter auch Maschinen aus der Vergangenheit der Schwarzen Kunst.

Gerne besucht wird auch das Singener Hegau-Museum im gräflichen Schloß. Waffen und Schmuck der Frühbronzezeit und der frühen Kelten, Töpfereierzeugnisse der Urnenfelderzeit, Funde aus alemannischen Gräbern des Hegaus, die Ausgrabungen eines Rentierjägerlagers aus der Altsteinzeit in der Petersfels-Höhle (Gemarkung Bittelbrunn) werden gezeigt und belegen die schon sehr frühe Besiedlung des Raumes. 1968 kamen durch Stiftung 15.000 Steinartefakte aus mittelsteinzeitlicher Epoche aus den Gemarkungen Espasingen, Bodman, Böhringen und Bohlingen in das Museum. Als weitere Stiftung ist eine Schmetterlingssammlung im Hegau-Museum zu sehen.

Außerhalb der Städte lädt das Fasnachts-Museum auf Schloß Langenstein zum Besuch ein. Es gibt einen umfassenden Einblick in die Geschichte und das Brauchtum der alemannischen

Pop-Festival im Konstanzer Bodensee-Stadion

Fasnacht mit einer Fülle von originellen Zeugnissen. Ein Beispiel, wie auch kleinere Gemeinden gute Museumsarbeit leisten können, bietet Hilzingen mit seinem jungen Heimatmuseum. Es gibt dem Besucher einen Einblick in alte bäuerliche Kultur.

Im *Ausstellungswesen* der beiden Städte Konstanz und Singen haben sich in den letzten Jahrzehnten wie von selbst thematische Schwerpunkte ergeben. In Konstanz finden bevorzugt Ausstellungen zum Fundus unserer Kultur statt. Die Wessenberg-Gemäldegalerie, besonders die Sonderausstellungen der Stadt (Ägypten, Etrusker) geben Themen zur alten Kunst und Kultur Raum. In Singen hat sich nach dem Krieg eine Ausstellungstradition herangebildet, die dem etablierten modernen Kunstschaffen gewidmet ist. Waren es anfänglich überwiegend die lebenden Künstler, die in den Sommerausstellungen im Rathaus berücksichtigt wurden – im Mittelpunkt dabei die auf der Höri malenden Otto Dix und Ernst Heckel – so bildete man in den letzten Jahren in Zusammenarbeit mit Städten des Bodenseeraumes (St. Gallen, Bregenz, Schaffhausen, Friedrichshafen) thematische Schwerpunkte, die das Schaffen der Landschaft aus jüngerer Zeit chronologisch aufarbeiten. Diese Ausstellungen werden nach Singen jeweils auch in anderen Städten gezeigt. Wechselausstellungen der Stadt Singen in der Alten Sparkasse demonstrieren das vielseitige Spektrum junger regionaler und überregionaler Kunst.

Rührige *Kunstvereine* sorgen in beiden Städten für die Pflege des gegenwärtigen Schaffens im Seegebiet. Der Kunstverein Konstanz veranstaltet in seinen Räumen im Wessenberghaus regelmäßige Ausstellungen auch von auswärtigen Künstlern und nutzt daneben im Landratsamt eine Dependance für kleinere Ausstellungen von Künstlern der Landschaft. Der Singener Kunstverein veranstaltet sporadische Ausstellungen, die Thematik ist breitgefächert, dient aber immer dem heutigen Kunstschaffen. Anteil am Ausstellungswesen hat in Konstanz mehr und mehr die *Universität* genommen, die in einer eigenen Galerie Wechselausstellungen heutiger Kunst zeigt. Die Städte Radolfzell und Allensbach lenken in jedem Sommer durch Ausstellungen heimischer Maler den Blick auf sich, Engen bietet in gelegentlichen Ausstellungen unterschiedliche Thematik an. Viel Gesprächsstoff lieferte hier der leider fehlgeschlagene Versuch, im schönen alten Stadtzentrum eine Künstlerkolonie zu bilden. Von den vielfältigen Bemühungen privater Galerien des Landkreises seien die des Singener »Kunsthäusle« erwähnt, weil hier eine engagierte Arbeit schon über viele Jahre hindurch geleistet wird, und die Galerie Vayhinger in Möggingen, die besonders pointierte moderne Kunst in ihren Ausstellungen anbietet.

Nirgendwo sonst ist soviel Bewegung wie in den *privaten Galerien*, die oft in Zusammenhang mit einer anderen geschäftlichen Tätigkeit geführt werden. Manchmal gar dient Kunst hier als Zugpferd, um Besucher an das andere kommerzielle Angebot zu bringen und durch redaktionelle Presseveröffentlichungen über die Ausstellungen eine zusätzliche Werbung für das normal geführte Sortiment zu bekommen. Hier zerfließen die Grenzen. Es gibt Ausstellungen in separaten Räumen abseits vom geschäftlichen Alltag. Es gibt aber auch Präsentationen, bei denen die Bilder inmitten der normalerweise geführten Ware bunt durcheinanderhängen. Entsprechend der Seriosität sind oft die Überlebenszeiten der verschiedenen Ausstellungsunternehmungen. Manch eine Galerie übersteht nur einen Sommer, andere bieten schon seit Jahren eine kontinuierliche Arbeit, haben eine bestimmte Geschmacksrichtung und sind eine wirkliche Bereicherung der Kunstszene und eine Hilfe für Künstler.

Ohne den produktiven Anteil der im Bodenseeraum wohnenden und wirkenden *Künstler* wäre vor allem die Tätigkeit der Kunstvereine und Galerien ein Wirken aus zweiter Hand. Die Landschaft zieht Künstler an, die Schönheit und Harmonie suchen – auch wenn sie das vor sich selbst nicht eingestehen wollen, oder wenn dies in ihren Arbeiten zum Teil wenig, zum Teil gar nicht zum Ausdruck kommt und bei ihnen die jeweils aktuellen Zeitströmungen übermächtig werden. Insgesamt gesehen aber entziehen sich die hier ansässigen Künstler dem allzu Modischen. Da wirkt sich wiederum der ausgleichende Charakter einer Region aus, die schon immer von den großen Ausschlägen des hektischen Kunstbetriebes verschont geblieben ist und in die alle Neuerungen eher gefiltert und abgeklärt einwirken. Was etwa die Kasseler »documenta«, was die europäischen Kunstmessen an Wegzeigungen bieten und was auch immer Amerika für die Kunstwelt bereithält, das findet bei Künstlern, die sich für diese Landschaft entschieden haben, höchstens dann ein Interesse, wenn sich die Neuerungen konsolidiert haben. Die werden dann partikelweise in das eigene Schaffen integriert, mehr nicht, und dies alles spricht von

Gesamtansicht der Universität Konstanz

»Forum« der Universität Konstanz

Eingangsbereich der Universität Konstanz

Studenten bei der Ausbildung im chemischen Grundpraktikum

einer Gelassenheit und persönlichen Festigkeit, die die Voraussetzung für Weisheit und ein kontinuierliches Arbeiten geben. Die Künstler dieser Region beschicken eine große Zahl der hiesigen Ausstellungen, sie werden zu graphischen Aufgaben gebeten und erhalten Aufträge bei der Ausgestaltung öffentlicher Bauten. So mancher Brunnen, so manches Sgraffito spricht fortwährend von ihnen, – ihre Gegenwart belebt das Bild der Städte.

Kulturarbeit im Landkreis Konstanz wäre undenkbar ohne die Bemühungen der *Volkshochschule*, die neben zweckgerichteten Kursen auch allgemeinbildende Veranstaltungen anbietet. Sie wäre auch unvollständig ohne Vereinigungen wie die *Wissenschaftliche Vortragsgemeinschaft in Konstanz* oder die *Thomas-Gilde in Singen*, die religiös orientierte Vorträge anbietet, ohne die Veranstaltungen der *Katholischen Akademie* Freiburg auf der Insel Reichenau. Einen besonderen kulturellen Mittelpunkt bietet für die Bevölkerung des Landkreises und darüber hinaus, bis ins benachbarte schweizerische Gebiet hinein, die *Konstanzer Universität*. Von Beginn ihrer wissenschaftlichen Arbeit im Jahr 1966 an hat sie sich nicht allein auf den studentischen Lehrbetrieb beschränkt, sondern wirkt weit in die Öffentlichkeit hinein. Neben den bereits erwähnten Kunstausstellungen wird die Bevölkerung immer wieder in den Lehrbetrieb einbezogen durch öffentliche Vorlesungen, bei denen man auch nicht vor sehr speziellen fachlichen Themen haltmacht. Ein Orchester und ein Chor aus studentischen Musikern, eine Theatergruppe bieten immer wieder interessante Abende. Schließlich sind hier auch die Unternehmungen *wissenschaftlicher Vereine* zu erwähnen, die in ihren Themenstellungen und in ihrer Bedeutung in die Region ausstrahlen: In Konstanz wirkt der »Verein für die Geschichte des Bodensees und seiner Umgebung« und der »Konstanzer Arbeitskreis für mittelalterliche Geschichte«, in Singen der »Hegau-Geschichtsverein«.

Wenn der Kulturfahrplan des Landkreises Konstanz in den letzten Jahren immer umfangreicher geworden ist, zeugt auch dies von der Lebendigkeit und Lebenskraft einer Landschaft.

CTM Computertechnik Müller GmbH wurde 1972 in Konstanz gegründet und beschäftigt heute über 600 Mitarbeiter.

65 Geschäftsstellen, Werksvertretungen und Auslandstöchter garantieren die Betreuung der Kunden im In- und Ausland.

Das Unternehmen entwickelt, produziert und vertreibt Produkte und Dienstleistungen für die Daten- und Textverarbeitung, die in allen Wirtschaftsbereichen eingesetzt werden.

Die Computer Gesellschaft Konstanz mbH fertigt Maschinen, die Schriftstücke in Computer einlesen und Computer, die auf gesprochene Worte reagieren.
Die 650 Mitarbeiter der Computer Gesellschaft Konstanz schaffen optische und akustische Datenerfassungs-Geräte und -Systeme, durch die Mensch und High Technology perfekt zusammenarbeiten. Zudem entwickeln CGK-Ingenieure hochinnovative Lösungen für die verschiedensten Fachgebiete: Gut ein Drittel der gesamten Belegschaft ist in der Entwicklungsabteilung beschäftigt.
Die CGK zählt zu den drei größten Konstanzer Unternehmen, gehört zum Siemens-Konzern und gilt innerhalb des Konzernverbunds weltweit als Spezialist für die Mustererfassung. Und die CGK wächst: Allein 1984 stieg die Zahl der Mitarbeiter um mehr als 10 %.

»Eine saubere Sache, Silicon-Valley am Bodensee«. Das war kürzlich in einer Zeitschrift zu lesen. Einen erheblichen Anteil an der Übertragung dieses Namens für die Kombination von High Technology-Unternehmen mit einer ferienfreundlichen Umgebung aus der Nähe von San Francisco nach Konstanz am Bodensee hat AEG (Luftbild: rechter Bildrand), genauer der Geschäftsbereich Informationstechnik der AEG Aktiengesellschaft. Produkte für die Automation, Kommunikation und Information. Herausragende Eigenschaften: innovative Technik und modernste Technologie. Besonders erwähnenswert: größter Ausbildungsbetrieb in Konstanz.

Wenn Sie Radio hören oder »fernsehen«, dann kommt der Ton dazu sicherlich von AEG Studio-Magnettongeräten aus Konstanz, die in allen Rundfunk- und Fernsehanstalten Deutschlands und vielen europäischen und außereuropäischen Ländern für den »guten Ton« sorgen.

Haben Sie einen Brief geschrieben, dann wird dieser in zunehmendem Maße von Briefsortieranlagen aus Konstanz sortiert, und wenn die Anschrift mit der Schreibmaschine bzw. die Postleitzahl mit »sauberer« Handblockschrift geschrieben ist, auch von unseren Anschriftenlesern automatisch gelesen. Allein in Deutschland lesen wir jeden Tag 4,5 Millionen Anschriften auf Briefen und Postkarten. Auch in anderen europäischen Ländern, in Südamerika, den USA, dem Nahen Osten und weiteren Gebieten der Welt arbeiten diese Anlagen.

Unsere Computersysteme für die grafische Datenverarbeitung stehen z. B. bei der Deutschen Bundespost. Sie nutzt diese Systeme für Betrieb, Wartung und Verwaltung ihres Fernmeldeleitungsnetzes.

Eine andere Kundengruppe sind die Energieversorgungsunternehmen. Sie überwachen damit ausgedehnte Mittelspannungsnetze. Eine Systemengineering-Abteilung realisiert Informations- und Kommunikationssysteme, z. B. werden durch solche Systeme die großen Verkehrs-Flughäfen Deutschlands mit Wetterdaten versorgt, um die Sicherheit des Flugverkehrs weiter zu steigern.
Ein weiteres High-Tech-Arbeitsgebiet von AEG in Konstanz ist das automatische Datenerfassen im Büro durch optische Lesegeräte. Formularleser erfassen Daten aus Formularen, z. B. Ihre Daten zur Sozialversicherung. Blattleser lesen mit Schreibmaschinen geschriebene Texte in Büros, erfassen maschinengeschriebene Manuskripte zur Eingabe in Fotosetzanlagen und arbeiten als Eingabegeräte in Arbeitsplätzen für das Umsetzen von Schreibmaschinentexten im Fernschreiber.

Luftbild: In der Mitte rechts die Firma AEG.
Oben links: Endabnahme von Studio-Magnettongeräten.
Oben rechts: Endtest des Anschriftenlesers für Briefe und Postkarten.
Unten links: Blattleser als Eingabegerät von maschinengeschriebenen Manuskripten für Fotosatz-Terminals.

100

Stockach, geprägt von seiner 700jährigen Geschichte, ist der Sitz der Contraves GmbH. Modernste Technologie bestimmt die Arbeit dieses bekannten Unternehmens der Systemtechnik. Mehr als 460 Arbeitsplätze bieten Wissenschaftlern, Ingenieuren, Technikern, kaufmännischen Fachkräften und Facharbeitern zukunftssichere berufliche Entfaltungsmöglichkeiten. Von Stockach aus werden auch die übrigen Betriebsstätten der Contraves Deutschland mit insgesamt 650 Mitarbeitern geführt.

Die TRW Messmer GmbH & Co. KG in Radolfzell am Bodensee hat sich seit ihrer Gründung im Jahre 1949 zu einem führenden Hersteller elektrischer und elektronischer Kraftfahrzeug-Ausrüstungen für die europäische Automobilindustrie entwickelt.
Über 1000 Beschäftigte sorgen dafür, daß Millionen von elektrischen und elektronischen Schaltern entwickelt, produziert und an die Kraftfahrzeugindustrie geliefert werden.
TRW Messmer gehört zum weltweit tätigen nordamerikanischen TRW-Konzern mit Sitz in Cleveland/Ohio.
Die Produkte von TRW Messmer, hergestellt mit Hilfe modernster Technologien, unterliegen einer ständigen strengen Qualitätskontrolle.
Bei seinen Kunden ist das Radolfzeller Unternehmen deshalb seit langen Jahren eingeführt mit dem Slogan »TRW Messmer – Der sichere Kontakt«.

Gießen – eine Technik im Wandel.
Bei der Georg Fischer AG in Singen, einer der größten deutschen Gießereien, werden heute auf vollautomatischen Produktionsanlagen aus hochwertigen Werkstoffen Gußteile für die Automobilindustrie gefertigt, die den hohen Anforderungen der modernen Automobiltechnik entsprechen.
Unter dem Firmenzeichen +GF+ werden außerdem Formstücke und Systeme aus Guß und Kunststoffen für den industriellen Rohrleitungsbau, für die Haustechnik und die Gas- und Wasserversorgung gefertigt und in alle Teile der Welt versandt.

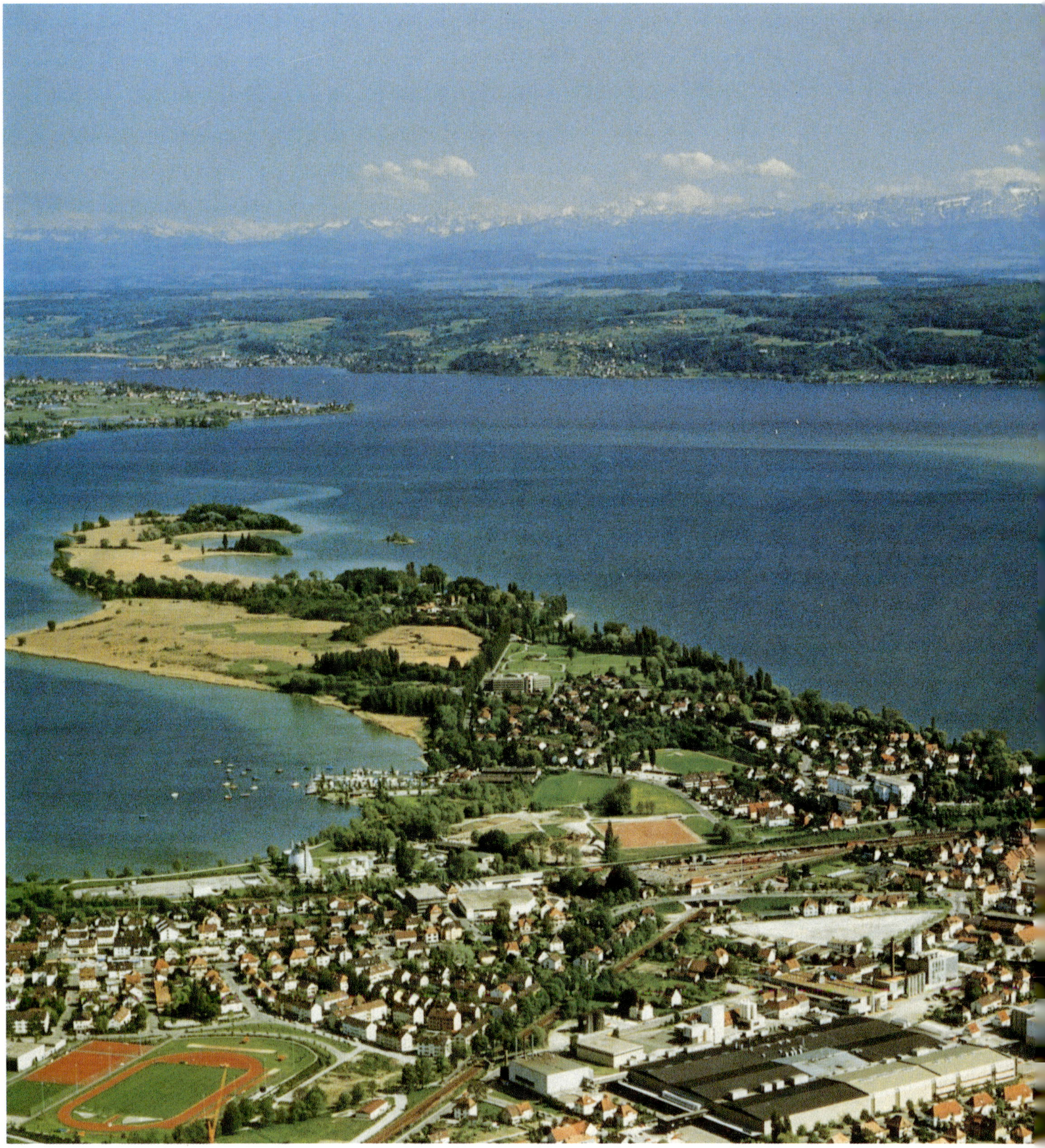

Die Schiesser AG, der in Europa führende Wäsche-Hersteller, hat Stammsitz und Hauptverwaltung seit der Gründung im Jahr 1875 in Radolfzell. Rund 4000 Mitarbeiter stellen in den deutschen Schiesser-Werken Markenwäsche und -bekleidung für die ganze Familie her. Rund 1700 Beschäftigte arbeiten heute in Radolfzell. Zweigwerke unterhält Schiesser in Rielasingen, Engen, Tengen, Stockach, Mimmenhausen, Waldshut, Neustadt und Donndorf (Oberfranken). Darüber hinaus produziert und verkauft Schiesser in der Schweiz, in Österreich, in Griechenland, Irland und vielen weiteren Ländern.

Weiterbildung und Freizeit

JOCHEN SCHMIDT-LIEBICH

Der Landkreis Konstanz verfügt über ein flächendeckendes differenziertes Schul-, Fach- und Hochschulsystem sowie über vielfältige kulturelle, wissenschaftliche und soziale Einrichtungen. Darüber hinaus gibt es sehr viele öffentlich-rechtliche, private und kommerzielle Organisationen und Institutionen der Weiterbildung (Fortbildung, Erwachsenenbildung). Die meisten dieser Einrichtungen haben sich einem bestimmten Aufgabengebiet verschrieben, während einige wenige einen umfangreichen Fächerkanon nahezu aller Wissensgebiete anbieten. Angesichts unserer heutigen komplizierten arbeitsteiligen und hochtechnisierten Welt arbeiten sie – nach staatlichen, kommunalen oder privatrechtlichen Richtlinien – im Hinblick auf die Notwendigkeit zum »lebenslangen Lernen«, betrachten sich aber auch als Einrichtungen, die dem Bürger Wege zu einer sinnvollen und kreativen Freizeitgestaltung aufzeigen.

Zu den überparteilichen, überkonfessionellen, öffentlich-rechtlichen, nicht berufsständischen Weiterbildungs-Institutionen zählen im Landkreis Konstanz die Regionale Volkshochschule Konstanz–Singen e. V., die Volkshochschule der Stadt Radolfzell sowie die Universität Konstanz und die Fachhochschule Konstanz. Daneben gibt es im Landkreis Konstanz über 50 weitere Fortbildungseinrichtungen. Zu nennen wären kirchliche Bildungswerke, öffentlich-rechtliche, bzw. gemeinnützige Einrichtungen der beruflichen Fort- und Weiterbildung, kommerzielle Einrichtungen der beruflichen Fort- und Weiterbildung, Sprachenschulen, Vortragsgesellschaften und -dienste, Geschichtsvereine und geschichtliche Arbeitskreise, alternative

Bildungseinrichtungen und -möglichkeiten, grenzüberschreitende Partnerschaften und Gesellschaften, Seniorenclubs und Ausländerzentren.

Von all diesen Institutionen ist die vom Landkreis Konstanz mitgetragene und mitfinanzierte, 1972 gegründete Regionale Volkshochschule Konstanz-Singen e. V. die mit dem umfangreichsten Angebot an Vorträgen, Kursen, Seminaren, Exkursionen und Studienreisen. In ihr können anerkannte Prüfungen im technischen, kaufmännischen und sprachlichen Bereich abgelegt werden, und sie unterhält eine Abendhauptschule, eine Abendrealschule und ein Abendgymnasium.

Die nachfolgende Statistik veranschaulicht eindrucksvoll die Entwicklung der Zahlen der Kurse, Seminare und Einzelveranstaltungen, der Hörer und der Unterrichtsstunden in den 12 Jahren von 1972 bis 1983. Quantität und Qualität der bunten Palette vielfältiger Weiterbildungsangebote im Landkreis Konstanz beweisen, daß die manchmal gehörte Klage, auf dem Sektor der allgemeinen, kulturellen und beruflichen Weiterbildung laufe zu wenig, genauso unberechtigt ist wie die Behauptung, es mangele an genügend guten Möglichkeiten zur kreativen Freizeitgestaltung.

Jahr	Zahl K/S	Hörer K/S	Zahl EV	Hörer EV	Unterrichts- stunden
72	559	8990	340	8500	16500
73	614	9380	320	8120	17700
74	529	8770	185	6590	18850
75	540	8280	120	5900	19800
76	563	8265	123	5500	20600
77	685	9500	247	7215	23000
78	888	11090	188	7500	25300
79	910	11350	230	6420	26700
80	978	11815	182	6400	28100
81	1047	12630	197	6520	29000
82	1085	13330	173	6700	29150
83	1142	13200	215	7430	30510
84	1268	13500	246	8210	33100

Anm.: K/S = Kurse/Seminare mit Schulabschlüssen (Abendhauptschule, -realschule, -gymnasium); EV = Einzelveranstaltungen mit Konzerten, jedoch ohne Wanderungen/Fahrten/Reisen und Ausstellungen

Sitten und Bräuche

Trachtenträgerinnen bei der Radolfzeller Hausherrenprozession, die jährlich am 3. Juli-Sonntag stattfindet
Rechts: Historische Reichenauer Bürgerwehr

109

Mooser Wasserprozession. Jeweils am Montag nach dem 3. Juli-Sonntag wallfahren die Bürger der Gemeinde Moos auf Schiffen nach Radolfzell zu den »Hausherren« (Stadtpatronen)
Rechte Seite: Fasnächtlicher Hemdglonkerumzug durch die Gassen des Konstanzer Stadtteils »Niederburg«

111

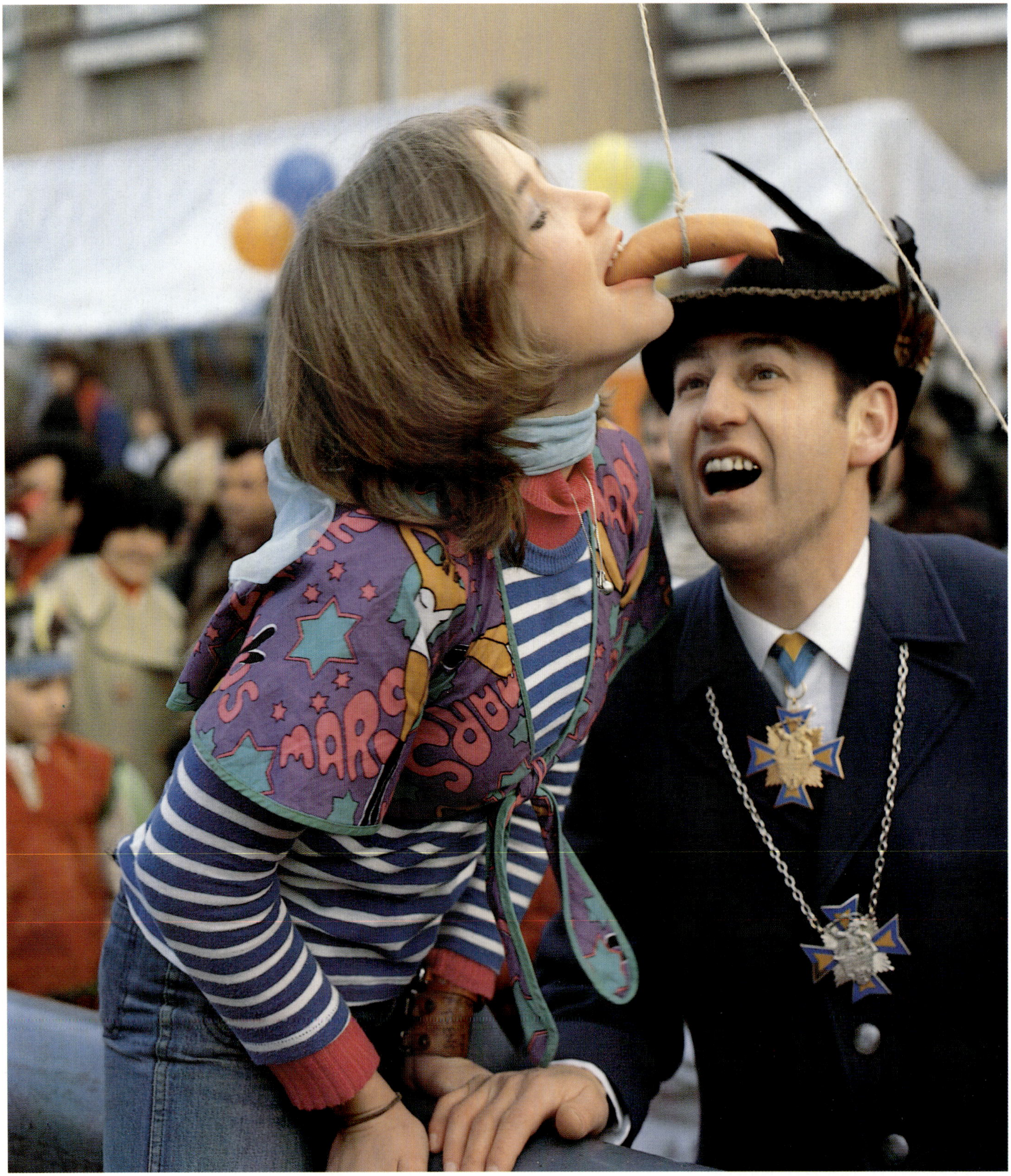

Sitzung des hohen, grobgünstigen Narrengerichtes zu Stockach
Linke Seite: Wurstschnappen beim närrischen Jahrmarkt am Fasnachtssonntag auf dem Hohgarten in Singen

114

Beim Singener Hohentwielfest steigen jährlich Tausende auf ihren
»Hausberg«, um das bunte Veranstaltungsprogramm mitzuerleben
Linke Seite: »Mäschkerle« in der Singener Rebwieber-Tracht

Kunstmarkt in den Gassen der Konstanzer Altstadt

Auf dem Konstanzer Flohmarkt wird vielerlei zu meist niedrigen Preisen für unterschiedliche Geschmäcker und Bedürfnisse feilgeboten

Mundart im Landkreis Konstanz

BRUNO EPPLE

Vielstimmig ist diese Landschaft, eine Polyphonie aus lauter Eigenart und Eigensinn. Aber schön im Zusammenklang! Was wäre der Untersee, lieblich-idyllisch in seiner Geschlossenheit, ohne das Hegauprofil im Westen? Was der langhingestreckte Bodanrück ohne die wellenumspülte Reichenau? Was die schilfbestandene Mettnau ohne den mächtigen, tannendunklen Schienerberg im Süden? Was der kegelbestückte Hegau ohne den Seesilberglanz im Osten, ohne Aufstieg zum Randen, ohne Engener Steig? Da blaut der Überlinger See herauf, dort schmiegt sich der junge Rhein an, die Baar spielt herein, und selbst die verhaltene Welt hinter Stockach verschließt sich nicht diesem Zusammenspiel.

Wen wundert's, daß auch die Mundart vielstimmig ist. Als Gewächs dieser Landschaft hat sie Eigenheiten und Ausformungen entwickelt, die wie der Wein für den Kenner jeweils einen eigenen *Bodeguh* haben. Wer Ohren hat zu hören, hört bald heraus, wie unterschiedlich die Leute hier reden, wenn sie was zu sagen haben: *sage* mit kurzem »a« tun das die im Norden des Landkreises, *säge* die im Süden. Und was sie gesagt haben, das ist nicht einfach gesagt, sondern zwischen Stockacher und Radolfzeller Aach *gseit*, von der hinteren Höri rheinabwärts *gsaat*, am Randen *gsoot*, vom Hohenstoffeln zur Hörispitze *gsoat* und vom Bodanrück auf Konstanz zu ganz seehell *gseet*. Und wie etwas gesagt wird, ob helltönig oder dunkel, rauh oder sanft, kratzend oder lieblich, vollmundig oder flach – das ist eine Musik, deren Tonart nicht leicht zu unterscheiden und fast unmöglich zu beschreiben ist.

Einige Grundakkorde aber sind zu wissen. Was hier gesprochen wird, ist alemannisch, zugehörig der Dialektvielfalt, die sich zwischen Monte Rosa und Hornisgrinde, Vorarlberg und Vogesen entwickelt hat. Durch den Landkreis geht eine wichtige Sprachgrenze, die das südliche Hochalemannisch vom nördlichen Niederalemannisch trennt – die sogenannte »Kehlkopflinie«. Und die ist nicht zu überhören. Sie verläuft von Iznang nach Singen und Watterdingen, also den Abhängen des Schienerberges und der Hegauberge entlang. Südlich dieser Linie sagt man nicht *Kind* sondern *Chind*, nicht *Kopf* sondern *Chopf* oder gar *Kchopf*, da ist es *chald*, da wird man ernstlich *kchrankch*, die Kuh ist da *e Chue*, die Ofenbank *e Chuuschd*, da wird das Brot *bache*, wer gekommen, ist *kcho*, wer nackt, ist *nekchdig*, und mancher ist *verukchd*.

Aber nicht nur der K-Laut ist ein typisches Merkmal, sondern auch die Vokale sind von unterschiedlicher Tonart. Das Haus ist beiderseits ein *Huus* und die Maus eine *Muus*. In der Mehrzahl sind es südlich *Hüser* und *Müs*, im Norden hingegen hellklingend *Hiiser* und *Miis* oder gar *Meis*. Und so verändern sich *Chrüz* in *Kreiz*, *Fründ* in *Freind*, *Brüeder* in *Brieder*, *rüefe* in *riefe*. Nach Norden hin verstärkt sich die Tendenz zur Diphthongierung: Da werden *Wiiber* zu *Weiber*, *Iis* zu *Eis*, die *Schiibe* zur *Scheibe* und *bliibe* wird zu *bleibe*. Also daß in unserem Landkreis die Leute tagtäglich eine wichtige Sprachgrenze wahrnehmen: Die einen hört man

»schwizerle«, die anderen mehr »schwäbele«. Am Hohentwiel, so könnte man vereinfacht sagen, scheiden sich die Geister – und das seit dem Schwabenkrieg von 1499. Der Hegau wurde nie ganz Schwäbisch und nie ganz Schweizerisch, blieb immer im Eigensinn, und das macht für uns heute den Reiz aus.

Und vielsagende Wörter gibt's! Sie haben sich aus den Urtagen unserer Sprache erhalten. Noch immer heißt es *keie* für fallen, *fürbe* für kehren, *lupfe* für heben, *helde* für neigen, *lampe* für hängen, *jucke* für hüpfen, *drille* für drehen, *übercho* für bekommen, *loschore* für lauschen, *blange* für sehnsüchtig warten, *brieke* für weinen, *schucke* für stoßen, *klepfe* für knallen, *schieke* für daherlatschen, *beige* für schichten, *wifle* für stopfen und vernähen, *pfuzge* für zischen. Zur Zwiebel sagen wir *Bülle*, zur Gurke *Gugummere*, zur Kirsche *Kriese* oder *Chriesi*, zur Ameise *Umbasle* in allen Variationen, zu dem, was man auf dem Leib trägt, *Häs* – ob *Sunntigshäs* oder *Fasnetshäs*, und das kann man hier nicht anziehen, sondern nur *aalege*. Die Treppe ist hier *e Stäge*, der Schluckauf *en Gluckser*, die Flasche *e Guttere*, die Apfel- oder Kartoffelschale *e Schelfere*, der Topf *en Hafe*, die Blase *e Blootere*, die Sense *e Säges* und der Kamm *en Strähl*. Und interessante Adjektive! Hier einige: *hälinge* ist heimlich und hinterrücks, *häl* schlüpfrig und glatt, *bhäp* knapp, *räß* scharf und gesalzen, *näckig* nackt und *läbig* lebendig, *windsch* ist schief und krumm, *närrsch* verzürnt, *hiesig* einheimisch, *grätig* verärgert, *lommelig* lahm, *dochtelos* oder *dootelos* ohne Energie, *drimmlig* schwindelig und *broetdatschig* breitgedrückt.

Doch Wörter allein sind nicht Sprache, sind allenfalls Noten, die erst in der Musik, im Akkord und in der Melodie, ihren vollen Klang bekommen. Am besten tönt's bei den Dichtern. Ihnen kann es gelingen, in der stimmigen Komposition dem Wort seinen besonderen Wert zu geben. Allerdings ist Mundart schwer zu lesen – wie jede Partitur.
Hier einige Proben, in der unsere Landschaft zur Sprache kommt.
Der Riedheimer Eduard Presser (1842–1911) schrieb im südlichen Hochalemannisch, so von der jungen Aach:

E kräftig Kind, mit g'strählte Hoora
Chunnt's Donautöchterli uf d'Welt,
We springt's scho und ischt chumm gebora
Mit stolzem Schritt dur Wies und Feld.

Es mag nit i de Heimat bliebe, treibt Mühlen und Hammerschmieden in Volkertshausen, Singen und Arlen, aber seine Sehnsucht ist der See, ihr Bräutigam:

Und du bischt ghörig uferzoga,
Drum uf und furt, de Höri zua,
Es goht dört ganz ringsum im Boga,
Bei Moos erwartet dich din Bua.

Vom Schweizer Grenzort Ramsen stammt Jakob Brütsch, der heute als Bauerndichter im hochgelegenen Barzheim sitzt und weit in den Hegau hineinschauen kann.

Oobig im Hegau
We d Hegauhöger d Chöpf no lupfed
us irem dämmerige Land,
glii, wänn di eerschte Schtäärnli tupfed,
vertnuckets au im tunkle Gwand.
We sich dä Tag i d Nacht ie bettet,
möchts au i üüsem Gmüet inn sii.
Viles, viles wär scho ggrettet
und ggsundeti am Schtäärneschii.

Im Gailinger Dialekt schreibt Theresia Schneider-Auer:

Mi Haamet isch am Rhii
so isch dess allewill gsii.

In *Gaalinge* heißt es *gsaat, traat, waasch, haaßt,* und ehedem war dort die Mundart noch durchsetzt vom Jiddisch. Doch:

zum Schmächle saat me nu no Lache,
sunscht maant me du bischt nit recht bache.

Hans Flügel (Singen) hört einem Hecht zu, der *am Hörnle dusse, dürt bi Wange* steht, todestraurig, *und blanget nu druf, dassen fange, wil er eifach numme mag.*

Über d Höri häter brichtet,
vu dem schöene Stückle Welt,
wo me schafft und molt und dichtet
und wo d Natur no öbis zellt.

Am See hört sich die niederalemannische Mundart anders an. Hermann Sernatinger (1870–1950) schrieb im Radolfzeller Dialekt seine »Iiszapfe zum Schlozze«. Mit dem Föhn, weiblich *d'Pfäh,* kommen aus dem Appenzell *Wolke n'obe n'abe gschobe lauwarm loemgäel* – lehmgelb. Da ist auf dem See was los.

Duß uf em See do fangt es a koche,
gumpet und schuuset und schummet und ruuscht.
Her über's Bord do wirft's ganzi Schoche,
bölleret a d'Mur, we mit iisener Fuuscht.

Der verstorbene Sepp Glatt (Radolfzell) erinnert an *de Deschle Bebbi*. Der sitzt zwei Berlinerinnen gegenüber im Zug von Singen nach Radolfzell. »*Zwische Böhringe und Zell kaa-mer vum Zug uus zwische de Babbelbäm, diä a de Stroß ge Moos stond, de Boddesee duregicksele sähne. Dees hond au diä Berlinerinne gmerkt und hond de Beppi gfrogt:* ›Sagen Sie mal, ist das dort der Bodensee?‹ – ›*Jo jo, des isch de Boddesee*‹, *seet der druff. Dänn isch's onnere vu dene Berlinerinne usepfutzget:* ›Was, diese Fütze soll der Bodensee sein?‹ *Do isch de Bebbi aber rot vor Zorn worre und hot die vorluut Berlineri aagfahre:* ›Wenn mer äbbes it kennt, no sott mer d Schnorre haalte. Eu sott mer de Grind ämol in See abidrucke, no dätet ihr wisse, wie dief diese Fütze isch!‹«

»*Eweng im fotoalbum schbaziereluege*« heißt ein Gedicht vom Radolfzeller Manfred Bosch. Bild um Bild wird kommentiert. Hier zwei davon:

des isch uf de schrotzburg gsi
ufem Schienerberg obe
do hosch friener
no schön wandere kenne
aber heut trausch di jo numme use
bi dem verkehr
gang bloß emool ame sunntig do ufe
i sag der s isch numme schön

wammer amed au viel gmacht hon
war um de mindelsee ummelaufe
des war als en schöner schbaziergang
nebezue hosch d vegl
singe heere.

Beim Radolfzeller Hafen bewundert Thomas Burth eine mächtige, sturmgeprüfte Eiche:

Im Herbst ammel,
wenn die Stürm ase verruckt dont
und iber de See sauet,
di große Gundle losrißt
und d Schwän verstrublet,
wacklet der blos mit sim Kopf
und duet it degliche.

Ein ganzes Buch hat Werner Welte mit Lausbubengeschichten gefüllt – »*Konschtanzer Frichtlin*«. Beim Klassenausflug geht's an den Mindelsee:

Weilmr eso vezettelt gloffe sind, isch de Lehrer allewihl wie so en Schäferhund, bald vorne, bald hinde gsi und hot allewihl dribelihrt, dassmr gschneller gloffe sind. Und denn simmer am

Mindelsee immene Kreis um de Lehrer gschdande, und er hot uns vezellt, dassr so tief wär, dassmrn garit uhsmässe kah. Und ganz dunde, am Bode vum See, schwimmet die Weller umenand. Säll sind Fisch wie Krokedill mit Bahrt. Faschd zwei Meter lang und en Zentner schwer. Und wer do badet, kah leicht vesuhve, weil die Weller sich a om hänget und abiziehe dätet! Mir honds jo it glaubt, aber eso due, wie wenn ...!

In Konstanz spielen auch die kleinen Alltagsgeschichten, die Rosemarie Banholzer Woche für Woche notiert, so die an einem heißen Sommertag:

Wer etz no bi dene Temperature dehomm umenandernuschteret, anschtatt a s'Hörnle z'go, der isch nimme z'rette. Am Hörnle treffet sich aalte und junge Frichtle. Do sind ganze Neschter vu Konschtanzer, wo ihren Urlaub do vebringet, mit Sunneschirm, Thermosflasche, Luftmatratze, Kind und Kegel. Me wär jo au en Simpel, wemme im Auguscht vum Bodesee ewägfahre dät, wo Preiße und Schwobe doherkummet, weil's näene so schä zum Bade isch wie do.

Walter Fröhlich aus Konstanz, aber in Singen daheim, versteckt sich hinter »Urban Klingeles saudumme Gosch«. Und der pflegt sich so auszudrücken:

Neulich bin i eiglade worre zum Dinnele esse, und die beschte Dinnele giets halt in Wiechs bei Steißlinge. Wenn de etz om seisch, daß de Dinnele zum esse gohsch, und des isch kon vu do hunne, no kunnscht i die gröscht Verlägeheit, bis der begrieft, wa des isch. Mer kunnt sogar menkmol selber drus bim erkläre, denn so merkt mer erscht mol, wie saumäßig kompliziert unser Alemannisch isch.

Dinne isch drinnen und dusse oder husse isch außerhalb. Dinne sotte mer eigentlich mit ä schriebe, also Dinnä, denn manche saged zu Dinne oder Dinnä au Dünnä, und sell isch wieder äbbes ganz anders als ä Dünne, denn des isch s Gegestuck vunere Dicke. Damit mer des mit dem dinne und dusse, mit Dinne und Dinnä und Dünnä it verwexelt, set mer am beschte glei Dinnele, Dinnelä oder Dünnelä, no ka mer faschd gwiß si, daß nint passiert, wämers om erkläre moß.

In der Spannung zwischen Welt und Heimat, Sehnsucht und Heimweh steht das Gedicht »Dehom«, das ich in meinem ersten Lyrikbändchen »Dinne und dusse« veröffentlicht habe.

Kaascht rueßle mit de Iisebah,
i d Fremde usifahre,
im Schiff ufs Meer, wie de Odyß
erläbe duusig Gfahre
und laufe vu Paris uf Rom:
s ischt näene schäner as dehom.
   Und fliege iber alle Berg
und mit de Wasser triibe,
Neapel säeh, als Vagabund
di Herz de Welt verschriibe,
nu z nacht, do kunnt der s no im Droom:
s ischt näene schäner as dehom.
   I Länder, wo me anderscht schwätzt,
wa bischt vedräht und bsunder?
Kunnscht endli zruck an Bodesee,
no packts de wie e Wunder,
no hockscht de untern Birebomm:
s ischt näene schäner as dehom.
   Drum: lueg se aa, die Welt so wit,
setz s Läbe ii und all di Zit,
emool witt zruck, emool seescht fromm:
s ischt näene schäner as dehom.

Literaturhinweise

Banholzer, Rosemarie:
100 und no meh, Selbstverlag, Konstanz 1980
Des und sell, Selbstverlag, Konstanz 1981
Nämme, wie's kunnt, Selbstverlag, Konstanz 1984

Bosch, Manfred:
Uf den Dag wart i, Selbstverlag 1976
Mir hond no gnueg am Aalte, Selbstverlag 1978
Ihr sind mir e schäne Gsellschaft, Selbstverlag 1980
Wa sollet au d Leit denke, Selbstverlag 1983

Burth, Thomas:
Gschwätzt wi gmolet, Südkurier, Konstanz 1980
Gedanke uf Reise, Südkurier, Konstanz 1984

Brütsch, Jakob:
Dänn schwätz i mit dem Moo, Meili, Schaffhausen 1979

Epple, Bruno:
Dinne und dusse, Rosgarten, Konstanz 1967
reit ritterle reit, Stadler, Konstanz 1979
Wosches – sechzig vergnügliche Lektionen zur alemannischen Mundart, Südkurier, Konstanz Band 1–3, 1980, 1981, 1983

Flügel, Hans:
Sunneschii und Regeböge, Südkurier, Konstanz 1982

Fröhlich, Walter:
Alemannisch für Anfänger, Frese Verlag, Singen 1978
Urban Klingeles saudumme Gosch, Singener Wochenblatt, Singen 1981
wa mi druckt und wa mi freit, Stadler, Konstanz 1984

Glatt, Sepp:
Wosch no?, Selbstverlag 1970

Presser, Eduard:
Ländliche Gedichte aus dem Hegau, Hegau-Bibliothek Band 27, Singen 1974

Reichert, Klaus-Dieter:
Wit it? Selbstverlag 1981

Schneider-Auer, Theresia:
S Glück vum eifache Läbe, Weidling, Stockach-Wahlwies 1980
Im Hegau, uf de Höri und am Rhii, Singener Wochenblatt, Singen 1984

Sernatinger, Hermann:
Iiszapfe zum Schlozze, Huggle und Sohn, Radolfzell 1938
H. S. – Leben und Vermächtnis, Hegau-Bibliothek Band 37, Singen 1978

Welte, Werner:
Konschtanzer Frichtlin, DPR Verlag, Konstanz 1979 (1. Auflage 1930)

Daß der Segelsport im »See-Kreis« Konstanz eine bedeutende Rolle spielt, ist selbstverständlich. Gibt es etwas Schöneres, als mit einer schnellen Segelyacht die Wasserfläche zu durchfurchen oder sich auf einem Surfbrett vom Wind treiben zu lassen?

Sport- und Freizeitangebote im Landkreis Konstanz

ELKE MEINHARD

Nenne mir jemand einen Bürgermeister, der den 20 km langen Weg von seinem Wohnort zu seiner Dienststelle auf Schlittschuhen zurücklegt! Wo gibt es eine Dorfgemeinschaft, in der rohe Eier über die Köpfe von Zuschauern hinweg in 40 m weit entfernte Körbe geworfen werden? Was bewegt eine Tauchergruppe dazu, den Weltrekord im »Unter-Wasser-Mensch-Ärgere-Dich-Nicht-Spiel« auf dem Boden eines Schwimmbeckens aufzustellen?[1]

Sind dies spektakuläre Taten von Wichtigtuern oder sportliche Leistungen aus »Spaß an der Freud«? Oder liegt zwischen Hegau und Bodensee ein besonderer Sportsgeist in der Luft?

Landschaft als Sportanimateur
Wasser und Berge bilden die natürlichen Grenzen unseres Landkreises. An heißen Sommertagen lädt der See zum kühlen Bade ein, es reizen die Alpen und der Schwarzwald zu großen und kleinen Bergtouren, und im Winter locken sie mit ihren schneebedeckten Gipfeln. Alle Natursportarten stehen den Menschen in unserer Landschaft offen: Wassersport, Wandern und Wintersport.

An dem ca. 100 km langen Bodenseeufer des Landkreises Konstanz sind 22 öffentliche Badeanstalten eingerichtet, mit Liegewiesen, Duschmöglichkeiten, sanitären Anlagen und in vielen Fällen auch mit Gastronomiebetrieben ausgestattet. Hinzu kommen Badeplätze an den kleineren Seen des Landkreises wie etwa dem Böhringer See oder dem Steißlinger See und dem Espelsee bei Tengen sowie am Rhein für Gailingen und Büsingen.

In Ermangelung eines größeren natürlichen Gewässers haben sich die Gemeinden Singen, Engen, Gottmadingen, Hilzingen, Hohenfels-Kalkofen, Orsingen, Stockach und Worblingen Freibäder mit künstlichen Becken geschaffen, wobei, bis auf Worblingen, alle die Möglichkeit haben, die Badesaison durch Aufheizen des Wassers zu verlängern. Zusätzlich gibt es in Konstanz, Singen, Stockach und Tengen gemeindeeigene Hallenbäder und in Radolfzell, Gaienhofen, Gailingen und auf der Insel Reichenau können kleinere private Hallenbäder von der Öffentlichkeit mitbenutzt werden.

Krönung aller Badeanstalten im Kreis Konstanz ist das Konstanzer »Jakobsbad« mit einem natürlichen Thermalbecken, je einem beheizten Schwimmer- und Nichtschwimmerbecken, einem Hallen-Lehrschwimmbecken und außerdem mit Zugang zum Bodensee.

Der Wassersport auf dem Bodensee umfaßt außer Schwimmen noch Segeln, Surfen, Rudern, Kanufahren, Paddeln, Wasserskifahren und Tauchen. Segeln ist die am häufigsten betriebene Sportart, gefolgt vom Surfen, das sich in den letzten Jahren zum Volkssport entwik-

---

[1] Dr. Werner Dierks, 1962 bis zu seinem Tode 1981 Bürgermeister in Konstanz, legte des öfteren bei zugefrorenem Untersee den Weg zwischen Radolfzell und Konstanz per Schlittschuh zurück. Im Jahre 1982 ließ die Gemeinde Dettingen einen seit 20 Jahren eingeschlafenen Brauch wieder aufleben und beging das »Eierlesefest«, in dessen Rahmen junge Männer ihre Zielfertigkeit auf die o. a. Art unter Beweis stellen.
Die DLRG-Tauchergruppe Konstanz wurde aufgrund dieser Leistung im Jahr 1984 in das »Guiness-Buch der Rekorde« aufgenommen.

kelt hat. Die in den Bodensee-Anliegergemeinden errichteten Bootshäfen und Steganlagen, die dazugehörigen Slipanlagen und Bojenfelder werden nicht nur von Einheimischen benutzt, sondern viele wassersportbegeisterte Urlauber kommen von weither, um am Bodensee ihre Wochenenden beziehungsweise ihre Freizeit zu verbringen. Für Surfer haben die Gemeinden öffentliche Surfplätze ausgewiesen, meist am Rande der Badeanstalt am See. Zusätzlich stehen den Surfern vielerorts Ständer in Ufernähe für die Aufbewahrung ihrer Surfboards zur Verfügung.

Wandern hat eine lange Tradition im Landkreis Konstanz. Bereits seit 1891 besteht in Engen eine Sektion des Schwarzwaldvereins. Außer diesem haben der Alpenverein und die Naturfreunde eigene Ortsgruppen in unserem Kreisgebiet; die Radolfzeller Gruppe des Schwarzwaldvereins widmet sich u. a. der Pflege des Wanderns auf dem Bodanrück. Zusätzlich bieten viele Sportvereine, die regionale Volkshochschule Konstanz–Singen, die Volkshochschule Radolfzell sowie der Hochschulsport in Konstanz Wanderungen in der näheren und ferneren Umgebung unseres Landkreises an.

Wo im Sommer gewandert wird, wird im Winter skigelaufen. Skiabteilungen der Turn- und Sportvereine und besondere Skiclubs übernehmen die Ausbildung und Weiterbildung der Anhänger des weißen Sports und organisieren Fahrten in höher gelegene schneereiche Gebiete. Bislang wurde überwiegend Abfahrts-Skilauf betrieben; Skilanglauf, als die gesündere und billigere Wintersportart, hat sich erst in den letzten Jahren durchgesetzt. Soweit es die Schneeverhältnisse erlauben, tummeln sich jetzt die Sportbegeisterten auf den Höhen des Bodanrücks, des Schienerberges oder in anderen herrlichen Landstrichen unseres Kreises auf den selbstgespurten Loipen.

Wintersport heißt bei uns nicht nur »Skilaufen«, natürlich rodeln die Kinder hier auch, wie in allen bergigen Gegenden. Eine Besonderheit hat der Bodensee aber noch zu bieten: Fast jedes Jahr gefrieren die flachen Wasserzonen in geschützten Lagen des Uferbereichs zu, hauptsächlich zwischen den Inseln und dem Festland (wenn es nicht zu einer vollständigen »Seegfrörne«, wie zuletzt 1963, kommt). Der Gnadensee z. B. zeigt sich dann als eine einzige riesige Eisfläche von 20.000 qm Ausmaß, die Schlittschuhläufer und Fußgänger gleichermaßen anzieht. An Wochenenden gesellen sich noch Scharen von Freizeitsportlern aus der ferneren Umgebung hinzu, zahlreiche Verkaufsstände (oft von ortsansässigen Vereinen zum Auffüllen ihrer Vereinskasse betrieben) stellen sich ein. Alle zusammen sorgen dafür, daß das Vergnügen auf dem Eis zu einem wahren Volksfest wird. Für die Sicherheit der Gäste setzt das Landratsamt »Eismeister« ein, die gemeinsam mit ihren ortsansässigen Gehilfen aus Allensbach, der Insel Reichenau, Horn und Hemmenhofen das Eis auf seine Tragfähigkeit überprüfen und die für begehbar befundenen Flächen mit kleinen Fichtenbäumchen kennzeichnen. Diese Art der Eisfreigabe ist ein Relikt aus früheren Zeiten, als das Betreten des Eises noch durch Polizeiverordnung geregelt wurde. Heute gibt es keine Verordnung mehr, und jeder kann das Eis auf eigenes Risiko betreten. Weder die Freigabe durch die Eismeister noch das Betreten des Eises durch eine »Amtsperson« (wie z. B. die »Eisflitzerei unseres verehrten Dr. Dierks«, Zitat Herr Thieme, Landratsamt Konstanz) implizieren Haftungsansprüche gegenüber dem Landkreis Konstanz.

Im Winter lockt der gefrorene Untersee die Schlittschuhläufer auf das Eis

Trampolinspringen beim Badischen Landesturnfest 1984 in Singen

Rheingutsporthalle in Konstanz

Wasserballspiel im Konstanzer Jakobsbad

Natürlich wird auch auf den anderen Seen des Kreisgebietes Schlittschuh gelaufen – da ist jede Eisfläche in der Nähe des Wohnortes recht – und einige Gemeinden richten bei günstiger Witterung künstliche Eisflächen ein. In Konstanz gibt es zudem seit 1978 ein überdachtes Eisstadion mit einer Eisfläche von 180 qm. Dieses Gebäude ist nicht nur eine vorbildliche Sporthalle, sondern gleichzeitig ein Beispiel vorbildhafter kommunalpolitischer Zusammenarbeit: erbaut an der Grenze zwischen Deutschland und der Schweiz, wird sie getragen von der »Kunsteisbahn AG«, die sich aus öffentlichen und privaten Mitgliedern beider Nationen zusammensetzt. Im Winter steht die Halle dem Eislaufsport, im Sommer wegen ihrer enormen Zuschauerkapazität für Großveranstaltungen jeder Art zur Verfügung.

Sporteinrichtungen
Wie die Eissporthalle in Konstanz/Kreuzlingen wurden auch andere Sporthallen des Landkreises konzipiert. Bühnen, ausreichend sanitäre Anlagen, Vorrichtungen für Getränkeausschank und Bewirtung funktionieren viele Sportstätten zu Festhallen um. Auf diese Weise entsprechen diese Hallen dem Anspruch des Landesentwicklungsplanes, der als Idealziel die Nutzung der Sportstätten durch die ganze Bevölkerung vorsieht. Außer dem Schul- und Vereinssport dienen die Mehrzweckhallen für kulturelle, gesellige und politische Veranstaltungen. Vor allem die kleineren Gemeinden sind auf diese Räumlichkeiten angewiesen.

Reine Schulturn- und Gymnastikhallen, Radsport-, Schießsport-, Tennis- und Reithallen sowie seit ca. zwei Jahren Squashhallen, für die ganz unermüdlichen »Balldrescher«, runden das Sporthallenangebot ab. An dieser Stelle müssen auch die Kegelbahnen erwähnt werden, die vom Normalverbraucher als sportlich-gesellige Vergnügungsstätten und von den eingetragenen Kegelclubs im Landkreis als Wettkampfbahnen genutzt werden.

In jeder Gemeinde unseres Landkreises gibt es irgendwo mindestens eine Wiese, auf der »gekickt« werden kann. Die sportlichen Freianlagen reichen vom Bolzplatz ohne Wettkampfmaß über den vielgenutzten Fußballplatz bis hin zum Stadion mit ausgebauten Leichtathletikanlagen. Wo Bedarf an mehreren Sportstätten besteht, sind diese nach Möglichkeit zu Sport- und Freizeitzentren zusammengefaßt (z. B. in Konstanz das Hörnlegebiet und in Singen die Münchriedanlage). An Sondersportanlagen sind Tennisplätze am weitesten verbreitet. (In Radolfzell wurde der erste Platz im Jahre 1925 mit Rasenbelag (!) eingerichtet.) Es folgen die Schießanlagen, Sportboothäfen, Reitplätze, Radsport- und Rollschuhanlagen. Sport-Flugplätze gibt es in Konstanz, Hilzingen und Stahringen, ein Drachenfluggelände in Radolfzell und Ludwigshafen; in Allensbach-Langenrain, auf den Höhen des Bodanrücks liegt, umgeben von herrlichen Wäldern, ein Golfplatz.

Als die Initiative »Gesundheit durch Sport« vom Deutschen Sportbund ins Leben gerufen wurde, haben viele Gemeinden diese Anregung aufgegriffen und Anfang der siebziger Jahre in den Waldgebieten ihrer Umgebung Trimmpfade eingerichtet, die bis heute bestehen und sich ungebrochener Beliebtheit erfreuen.

Mehr an die Gesundheit der Jugend als an die der Erwachsenen wurde bei der Einrichtung der Waldspielplätze gedacht. Diese Spielplätze sind zum größten Teil auch mit Turngeräten

Hallenbad der Stadt Singen

Der Bodensee bietet
ideale Voraussetzungen
für den Rudersport

(Reck, Ringe) und mit einem Grillplatz ausgestattet. Mit Minigolfanlagen, meist dem örtlichen Freibad angegliedert, bemühen sich vor allem die Fremdenverkehrsgemeinden um die Freizeitgestaltung ihrer Gäste.

Sportvereine

Es gibt fast keine Sportart, die im Landkreis Konstanz nicht betrieben wird – und wo sich in Deutschland drei Personen zu ein- und derselben Tätigkeit zusammenschließen, gründen sie bekanntlich einen Verein. Nicht anders ist es in unserem Landkreis, in dem wir ca. 380 Sportvereine zählen können, mit steigender Tendenz. (Die Stadt Radolfzell z. B. hatte 1970 insgesamt 31 Vereine mit zusammen ca. 7.000 Mitgliedern. Im Jahre 1983 war der Bestand beinahe doppelt so hoch: 51 Vereine mit 12.500 Mitgliedern, d. h. über 50 % der gesamten Stadtbevölkerung (knapp 24.000) ist irgendeinem Sportverein angeschlossen!) Die größten Mitgliederzahlen weisen die Turn- und Sportvereine auf, da sie alle Bevölkerungsschichten ansprechen. Sie bieten eine Vielzahl von Sportarten, von Gymnastik für Mutter und Kind über Kinderturnen, Konditionsgymnastik, Seniorensport, alle Ballspielarten und Wintersport. Danach folgen die Fußball- und Radsportvereine, die oft nebenbei noch die Pflege anderer Sportarten wie Gymnastik, Tennis oder Skilaufen übernehmen. Des weiteren sind Schützenvereine im Kreis Konstanz sehr beliebt (22 Vereine bei 25 Gemeinden), Tennis- und Skiclubs sowie die Wassersportvereinigungen.

Die größte breitensportliche Institution im Landkreis ist der Hochschulsport der Universität Konstanz. Für mehr als 2.000 Teilnehmer organisieren die Mitarbeiter dieses Fachbereichs ca. 40 verschiedene Sportangebote.

Die große Anzahl ausländischer Arbeitnehmer schlägt sich ebenfalls im Vereinswesen nieder: In Singen z. B. haben Griechen, Italiener, Jugoslaven, Kroaten, Portugiesen und Spanier eigene Fußballclubs gegründet.

Für jede Sportart gibt es überörtliche Vertretungen, die sogen. Fachverbände. Viele dieser Verbände haben Vertreter in unserem Kreisgebiet und können dadurch unmittelbar vor Ort das Sportgeschehen leiten: Turnen, Leichtathletik, Behindertensport, Radsport, Fußball, Segeln, Reiten, Skilaufen, Tischtennis, Volleyball, Sportkegeln, Golf, Ringen und Boxen, Tanzen und die Sportlehrerschaft. Außerdem besteht im Landkreis Konstanz eine »Arbeitsgemeinschaft Sport« mit Sitz in Singen, in der Verbandsfunktionäre, ehemalige Spitzensportler und Politiker im Interesse des Sports zusammenarbeiten.

Leistungssport im Kreis Konstanz

Im breitensportlichen Bereich spielen Wettkämpfe eine untergeordnete Rolle, im Leistungsbereich gehören sie zum sportlichen Alltag. An jedem Wochenende, und teilweise noch unter der Woche, finden im Landkreis irgendwelche Vergleichskämpfe oder Turniere statt, im Sommer von Regatten ergänzt. Dieses Bemühen um sportliche Höchstleistungen blieb nicht ohne Erfolg: Wir haben etliche Sportler mit internationalem und nationalem Ruhm vorzuweisen: Willi Stadel, Radolfzell, 1936 Goldmedaillengewinner im Turnen bei der Olympiade in Berlin;

Niko Ott, Konstanz, gewann 1968 in Mexiko eine der Goldmedaillen im Rudern und Peter Berger, Insel Reichenau, bei der Olympiade 1972 in München. Auch bei der Behinderten-Olympiade 1984 in den USA kam eine Medaille in unseren Landkreis: für Klaus Müller aus Radolfzell die Goldmedaille im Tischtennis. 1975 stellte Albert Güntert, ebenfalls aus Radolfzell, in der Disziplin »Luftpistole« den Weltrekord ein und 1984 erreichte Horst Schütz aus Volkertshausen einen Weltrekord im Steherrennen. Vizeweltmeister haben wir u. a. im Segeln, Rudern und Crosslauf; Europäisches Niveau errangen die Leichtathleten und Auto-Cross-Fahrer und zu Deutschen Meistertiteln haben es Sportler unseres Kreises im Kunstradfahren, Turmspringen, Segelfliegen, Motorsport, Kegeln, Schießen, Ringen und beim Zollhundeführen gebracht.

Der Stadtturnverein Singen richtete im Auftrag des Deutschen Turnerbundes Qualifikationswettkämpfe im Kunstturnen für die Olympiaden 1972 und 1976 sowie für die Weltmeisterschaft 1981 aus.

Veranstaltungen

Zu den größeren sportlichen Veranstaltungen gehören die alljährlich stattfindenden Turnfeste der Gaue, auf denen die Turner- und Leichtathletik-Jugend ihr Können unter Beweis stellen kann. Bei der Ausrichtung lösen sich die kreisansässigen Turn- und Sportvereine ab.

Die Abteilung »Hochschulsport« der Universität holt jährlich mehrere Ausscheidungsspiele zu den Deutschen Hochschulmeisterschaften nach Konstanz, in den letzten Jahren die Endrunden im Segeln, Surfen, Tennis, Fechten und Judo.

Mit der regelmäßigen Durchführung internationaler Flugtage ist die kleine Gemeinde Hilzingen über unsere Grenzen hinaus bekannt geworden. Die Besucherzahl verdoppelte sich von 10.000 im Jahr 1969 (erster Flugtag) auf 20.000 im Jahr 1982. Nur 1984 hatte der Veranstalter, die Segel- und Motorflugvereinigung Singen, ausgesprochen Pech: Wegen katastrophaler Witterung fiel der Flugtag buchstäblich ins Wasser!

Ein Höhepunkt der sportlichen Ereignisse in unserem Landkreis war das Landesturnfest 1984 in Singen, das vom Badischen Turnerbund, vom Stadtsportverein und der Stadtverwaltung Singen gemeinsam in vorzüglicher Weise organisiert war. Immerhin galt es, rd. 15.000 Teilnehmer unterzubringen und zu betreuen. Dieses Fest war sowohl auf leistungssportlichem als auf breitensportlichem Gebiet ein voller Erfolg.

Ausschließlich breitensportlichen Charakter haben andere Massenveranstaltungen, die jährlich große Beachtung finden: z. B. das »Gnadenseeschwimmen«, organisiert von der DLRG Allensbach. Alt und Jung schwimmt – gut beaufsichtigt von der Rettungswacht – von der Insel Reichenau über den Gnadensee nach Allensbach. Es geht dabei nicht um Zeit, sondern nur ums Mitmachen: jeder Teilnehmer erhält eine Medaille. Die vielen Volkswanderungen und Volksradfahrveranstaltungen in unserem Kreisgebiet werden nach dem gleichen Prinzip angeboten: dem eigenen Können angemessen, sucht jeder selbst die ihm genehme Streckenlänge aus. Außer der Teilnahme selbst werden meistens noch die größte Gruppe sowie der älteste und der jüngste Teilnehmer prämiert.

Eine ganz wichtige und zugleich originelle Einrichtung in unseren Gemeinden sind die »G(e)rümpelturniere« für einen guten Zweck, das sind Fußballspiele für Jedermann. »Lehrer gegen Ratsherren« steht z. B. in einer Ausschreibung. Der Einsatz prominenter Persönlichkeiten soll bei diesen Sportfesten ein gutes Gelingen und viele Zuschauer garantieren. Weitere regelmäßig stattfindende breitensportliche Veranstaltungen können hier nur summarisch aufgeführt werden: Segel- und Surfregatten, Sport- und Spielfeste, Bergturnfeste, Skitage, Leichtathletikwettkämpfe, Tennisturniere, Marathonläufe, Schwimmen und Kleinfeldspiele. Die Versehrtensportgruppe Radolfzell bietet jährlich ein Sitzballturnier an, und der Schwarzwaldverein Rielasingen bemüht sich um die Verbreitung des Brauchtums durch Volkstanzlehrgänge. Wer seine Fähigkeiten in der Beherrschung seines Kraftfahrzeuges unter Beweis stellen möchte, kann dies jährlich beim Motorsportclub Stockach-Zizenhausen tun. Volkskunstpflege betreiben die Turn- und Sportvereine in Dettingen-Wallhausen und Wahlwies: sie inszenieren jedes Jahr eine Theateraufführung für die Dorfbewohner.

Studienfach »Sportwissenschaft«
Was für die einen die schönste Nebensächlichkeit der Welt bedeutet, ist für den anderen bitterer Ernst: Die Universität Konstanz hat zum Wintersemester 1981/82 den Studiengang Sport für das Lehramt an Gymnasien sowie einen Lehrstuhl beziehungsweise eine Fachgruppe für Sportwissenschaft eingerichtet, deren Leitung Herrn Professor Dr. Riehle von der Sporthochschule Köln übertragen wurde. Die günstige geographische Lage unserer Region schlägt sich auch im Sportstudium nieder: sein breites Fächerangebot ist in Deutschland einmalig. Neben den traditionellen Fächern Turnen, Leichtathletik, Gymnastik/Tanz und Ballspiele gehören hier zwei Wassersportarten (Segeln oder Surfen und Rudern oder Kanu) sowie Skilaufen zum Studium. Bergwandern, Alpinistik und Eislaufen können als Wahlfächer belegt werden. Dieses Spektrum soll den Studenten die Möglichkeit erschließen, sich nach dem Studium auch in außerschulischen Berufsfeldern umzusehen.

Neben den genannten praxisorientierten Fächern besteht das Studium zu 40 % aus rein theorieorientierten Studien. Diese liegen auf medizinisch-naturwissenschaftlichem, geistes- und sozialwissenschaftlichem, erziehungswissenschaftlichem und didaktischem Gebiet. Auch die Forschung ist in diesen Bereichen angesiedelt.

Seit 1985 steht der Fachgruppe »Sport« ein vollständiges eigenes Sportgelände in unmittelbarer Nähe der Uni zur Verfügung. Es besteht aus einer Sporthalle, einem Stadion mit Leichtathletikanlagen, Tennis- und Ballspielplätzen – alles mit Allwetterbelag ausgerüstet – sowie einem Wassersportgelände mit Bootshallen und einem Bootssteg.

Sport und Gesundheit
Dem positiven Einfluß gemäßigten Sporttreibens auf den menschlichen Organismus schenkt man in unserem Landkreis besondere Beachtung: Bereits seit 1958 wird auf der Halbinsel Mettnau in Radolfzell Sport in der Therapie von Herz-Kreislauferkrankungen eingesetzt, was uneingeschränkte Anerkennung findet. Neben Rehabilitation bietet die Kurklinik präventiven Sport für Erholung suchende Gäste und für die einheimische Bevölkerung an.

Radsportler benutzen die Fähre zur Bodenseeüberquerung von Konstanz–Staad nach Meersburg

Konstanz: Universitäts-Sportgelände;
oben der Gebäudekomplex der Universität

Sportstätten im Landkreis Konstanz: Freianlagen

Stand 1985*

Verwaltungsraum / Gemeinde	Sportplatz mit LA-Anlagen	Fußballplatz	Bolzplatz	Ballspielfeld (Klein-)	Tennisanlagen	Schießanlage	Reitplatz	Rollschuhplatz	Eislaufplatz	Hockeyplatz	Ringtennis-Anlage	Sportboothafen/-stege	Surfplatz	Flugsportgelände	Drachenfluggelände	Golfplatz	Motorsportgelände	Radrennbahn	Trimmpfad	Waldspielplatz mit Sportgeräten	Minigolfplatz	Hundesportplatz
Engen	1	4	6		2	1	1		1													
Aach		2	2		1														1			
Mühlhausen-Ehingen	1	2	1	1	2																	
Engen	2	8	9	1	5	1	1		1										1			
Gottmadingen	1	3	2		1	2		1	1										1			1
Büsingen		1																				
Gailingen	1	2	1		1	1																1
Gottmadingen	2	6	3		2	3		1	1										1			2
Hilzingen	3	5	1		1									2					1		1	
Gaienhofen	2	2	2	1	1		1					3	2						1	1	1	
Moos		1	2		1	1						2	1									
Öhningen		1	2		1							2										
Höri	2	4	6	1	3	1	1		1			7	3						1	1	1	
Konstanz	8	7	5	9	6	1	3	1		1	2	6	4	1					3	2	3	1
Allensbach	1	3	2		1		1					1	1			1				1		
Reichenau	1	2	1	1	4							2							1		1	
Konstanz	10	12	8	10	11	1	4	1	1	1	2	9	5	1		1			4	3	4	1
Radolfzell	8	4	3		3	2	1					1	1	1		1			2	1	1	
Singen	6	11	4	1	3	5	1	1										1	2		2	2
Rielasingen-Worblingen	4	3	2	1	2	1																
Steißlingen	1	2	2		1	1																
Volkertshausen	1	1	1		1																	
Singen	12	17	9	2	7	7	1	1										1	2		2	2
Stockach	2	9	1	1	1	1	1												1			
Bodman-Ludwigshafen	2				2							6	2		1						1	
Eigeltingen		5	1		1																	
Hohenfels		3		1	1												1					
Mühlingen		2	1																			
Orsingen-Nenzingen	1	2				1	1															
Stockach	5	21	3	2	5	2	2					6	2		1		1		1		1	
Tengen	3	4	7																	5		
Landkreis Konstanz	47	81	49	16	37	17	10	3	3	1	2	23	11	4	2	1	1	1	12	11	10	5

* Die Zahlen der Stadt Konstanz basieren auf einer Erhebung von 1975 und wurden fortgeschrieben

Sportstätten im Landkreis Konstanz: Sporträume und Badeanstalten

Stand 1985*

Verwaltungsraum / Gemeinde	Großraum-/ Mehrzweckhalle	Turnhalle	Gymnastikhalle-/raum	Tennishalle	Squashhalle	Reit-/Bewegungshalle	Schießhalle	Radsporthalle	Eissporthalle	Hallenbad, für die Öffentlichkeit zugänglich mit Kampfbahn, mind. 25 m Länge	Hallenbad, Lehrschwimmbecken, kl. Bad	Freibad natürliches Gewässer	Freibad m. künstlichem Becken beheizt	Freibad m. künstlichem Becken unbeheizt
Engen	2		4			1							1	
Aach		1												
Mühlhausen-Ehingen		1	1											
Engen	2	2	5			1							1	
Gottmadingen	2	2											1	
Büsingen	1											1		
Gailingen	1	1				1					1	1		
Gottmadingen	4	3				1					1	2	1	
Hilzingen	5	1	2										1	
Gaienhofen	1		1			1					1	2		
Moos			2									2		
Öhningen		3				1						2		
Höri	1	3	3			2					1	6		
Konstanz	6	15	6	2	1	3	1	1		2	1	6	1	
Allensbach	1	1				1						2		
Reichenau	1		2	1							1	2		
Konstanz	8	16	8	3	1	4	1	1		2	2	10	1	
Radolfzell	6	7	2	1	1	1					1	6		
Singen	5	13	8	1	1	1	2	1		1	1			1
Rielasingen-Worblingen		3	1	1	1		1							1
Steißlingen	1	1										1		
Volkertshausen	1	1												
Singen	7	18	9	2	2	1	3	1		1	1	1		2
Stockach	2	2	2			2				1			1	
Bodman-Ludwigshafen		2										2		
Eigeltingen	1	1												
Hohenfels	1		1										1	
Mühlingen	1	1	1											
Orsingen-Nenzingen	1	1				1		1					1	
Stockach	6	7	4			3		1		1		2	3	
Tengen	3		4							1		1		
Landkreis Konstanz	41	57	35	6	4	13	3	3	1	5	5	28	7	2

* Die Zahlen der Stadt Konstanz basieren auf einer Erhebung von 1975 und wurden fortgeschrieben

Sportvereine und freie Sportzusammenschlüsse im Landkreis Konstanz

Stand 1985*

Verwaltungsraum / Gemeinde	Turn- u. Sportver.	Betriebssportgr.	Versehrtensportgr.	Fußballverein	Handballverein	Hockeyclub	Volleyballverein	Tennisclub	Squashclub	Badmintonclub	Fechtclub	Tischtennisclub	Schützenverein	Radsportverein	Motorsportverein	Boxsportverein	Kraftsportverein	Judoclub	Karate-Dojo	Segelclub	Surfclub	Ruderverein	Kanuclub	DLRG	Schwimmverein	Tauchclub	Skiclub	Curlingclub	Eissportclub	Rollsportverein	Tanzclub	Reitclub	Wanderverein	Golfclub	Flugsportverein	Drachenflugverein	Lauftreff	fr. Gymnastikgruppe	fr. Sportgruppe	Kegelclub	Bahnengolfverein	Bouleclub	Hundesportverein	Angelsportverein	Schachclub
Engen	2			1				2					2	1	3				1					1			1					1	1				1	3	1						
Aach				1										1	1																												1		
Mühlhausen-Ehingen	1			1								1		1	1																		1					2		1				1	
Engen	3			3				2				1	3	1	5	2			1					1			1					1	2				1	5	1	2			1		
Gottmadingen	2	1		3	1		1						2	1	1									1			1						3										1	1	1
Büsingen	2			1																																		2							
Gailingen	1			1		1	1						1											1									1										1		
Gottmadingen	5	1		5			2	2					3	1	1									2			1					1	3					2					2	1	1
Hilzingen	4			2			1																	1								2	1												
Gaienhofen	1			1			1													4				1		1						1	1					1		2					1
Moos	2												1							1				1																					
Öhningen	2			1			1													2				2																					
Höri	5			2			2						1							7				4		1						1	1					1		2					1
Konstanz	6	6	1	4		1		4	1		1	1	1	3		2		3		5	2	1	1	1	1		2	1	(1)	(1)	1	1	3	1	1		3	3		1		1	1	1	
Allensbach	1						1							1				1		1																		1							
Reichenau			1	1	1			1						1						2	1			1														1	1						
Konstanz	7	7	1	5	1	1		6	1		1	1	1	4		3		3		8	3	1	1	3	1		2	1	1	1	1	1	3	1	1		3	5	1	1		1	1	1	
Radolfzell	5	1	1	5	2			3	1	1		1	2	2	4			1		5	2	1	1	1			1				1	1	4		1	1	2		1		1		1	1	
Singen	5	10	1	10	2			1	1	1		2	5	3	4	1		1	3	1	1			1	1	1	1				1	2	2		1	1	1	4	7	1	2	1	2	1	1
Rielasingen-Worblingen	1			3				2					1											1			1						1	1									1	1	
Steißlingen	1			1				1					1	1										1																					
Volkertshausen	1			1										1																															
Singen	8	10	1	15	2			4	1	1		2	7	5	4	1		1	3	1	1			3	1	1	2				1	2	3	3		1	1	4	7	1	2	1	2	2	2
Stockach	3			7				1					1	3				1	1					1			1					2													
Bodman-Ludwigshafen	2		1	1				1							1					2	1			2								1		1											
Eigeltingen				3				1																1																					
Hohenfels	1			1											1																														
Mühlingen				2									1	1																		1													
Orsingen-Nenzingen				2									1	(2)	(2)																														
Stockach	6		1	16				3					3	3	7			1	1	3	1			3			2					2	2		1										
Tengen				4									1											1								1					2								
Landkreis Konstanz	43	18	5	57	5	1	2	23	3	2	1	7	18	21	18	1	3	1	9	24	7	2	3	18	2	1	11	1	1	2	4	10	19	1	5	3	8	19	10	6	3	2	6	6	4

* Die Zahlen der Stadt Konstanz basieren auf einer Erhebung von 1975 und wurden fortgeschrieben

Zunehmender Beliebtheit erfreut sich der Reitsport

Im Sportstudium an der Universität Konstanz wird »Prävention und Rehabilitation« als Schwerpunkt gelehrt, um Sportlehrer für den Gesundheitsbereich auszubilden.

Ebenfalls unter dem Aspekt der präventiven Gesundheitsvorsorge stehen die Lauftreffs, die seit Jahren von verschiedenen Vereinen, dem Hochschulsport und der AOK Konstanz organisiert werden. In Radolfzell (seit 1982) und in Konstanz-Litzelstetten (seit 1984) führen engagierte Ärzte eigene Lauftreffs durch. Nicht zu erfassen sind die zahlreichen privaten Initiativen auf diesem Gebiet: Überall in unseren schönen Waldgebieten wird kräftig »gejoggt«.

»Fitness« und Gesundheit werden heute oft in einen Topf geworfen, das verhilft dem Modewort zu ungeahnter Popularität. Sogenannte »Fitness-Zentren« mit Gymnastik- und Massagenangeboten, Krafträumen, Sauna und Solarium sind in den letzten Jahren in Konstanz, Singen, Radolfzell und Rielasingen eingerichtet worden.

Sport im Gemeinwesen

Häufig dient der Sport dem Menschen nur als Anlaß, aus seinen vier Wänden herauszukommen und mit anderen Personen Kontakt zu haben. »Das Bierchen hinterher ist mir an der Sportstunde das Wichtigste!« Wer hat diesen Ausspruch nicht schon einmal gehört? Gerade im Bereich des Freizeitsports besitzt Geselligkeit einen nicht zu unterschätzenden Wert. Des Weiteren wird im Rahmen der Vereine jedem die Möglichkeit geboten, seine persönlichen Kräfte als Teil und zum Nutzen der Gemeinschaft zu entwickeln. In den kleineren Gemeinden genießt Ehrenamtlichkeit noch ein hohes moralisches Ansehen.

Daß Geselligkeit und Sport zusammengehören, schlägt sich ebenfalls im Sportstättenbau nieder: Keine Anlage wird mehr ohne Gemeinschaftsraum mit Getränkeausschank oder eigenen gastronomischen Betrieb errichtet.

Kommen wir zur letzten Funktion des Sports in unserem Landkreis, die auch gleich zum nächsten Artikel dieses Buches überleitet, zur Belebung des Tourismus durch sportliche Angebote. Seit der Zeit der modernen Verkehrsmittel teilen wir unsere bevorzugte landschaftliche Lage zumindest zeitweilig mit Menschen aus allen Gegenden Deutschlands und aus vielen des Auslands. Die Dimensionen unserer Badeanstalten und Wassersportanlagen sind dem großen Touristenstrom angepaßt; die hier ansässigen Segel- und Surfschulen leben hauptsächlich von der Nachfrage auswärtiger Kunden. Wassersportclubs und -schulen organisieren mehrere Male im Jahr Regatten für eigene Mitglieder und Gäste; die Stadt Radolfzell möchte die Schönheiten unserer Landschaft durch Radtouren für Feriengäste erschließen, und von der Gemeinde Dettingen-Wallhausen aus werden seit Jahren Wanderungen über den Bodanrück angeboten. Engen-Neuhausen veranstaltet ein »Ferienschießen« eigens für seine Gäste. Auch in Konstanz macht man sich Gedanken, wie der Fremdenverkehr über sportliche Angebote belebt werden könnte: Ein Sporthotel mit Seeanschluß ist im Gespräch. – Zukunftsmusik? Die Tendenzen jedenfalls sprechen für ein weiteres sportliches Engagement.

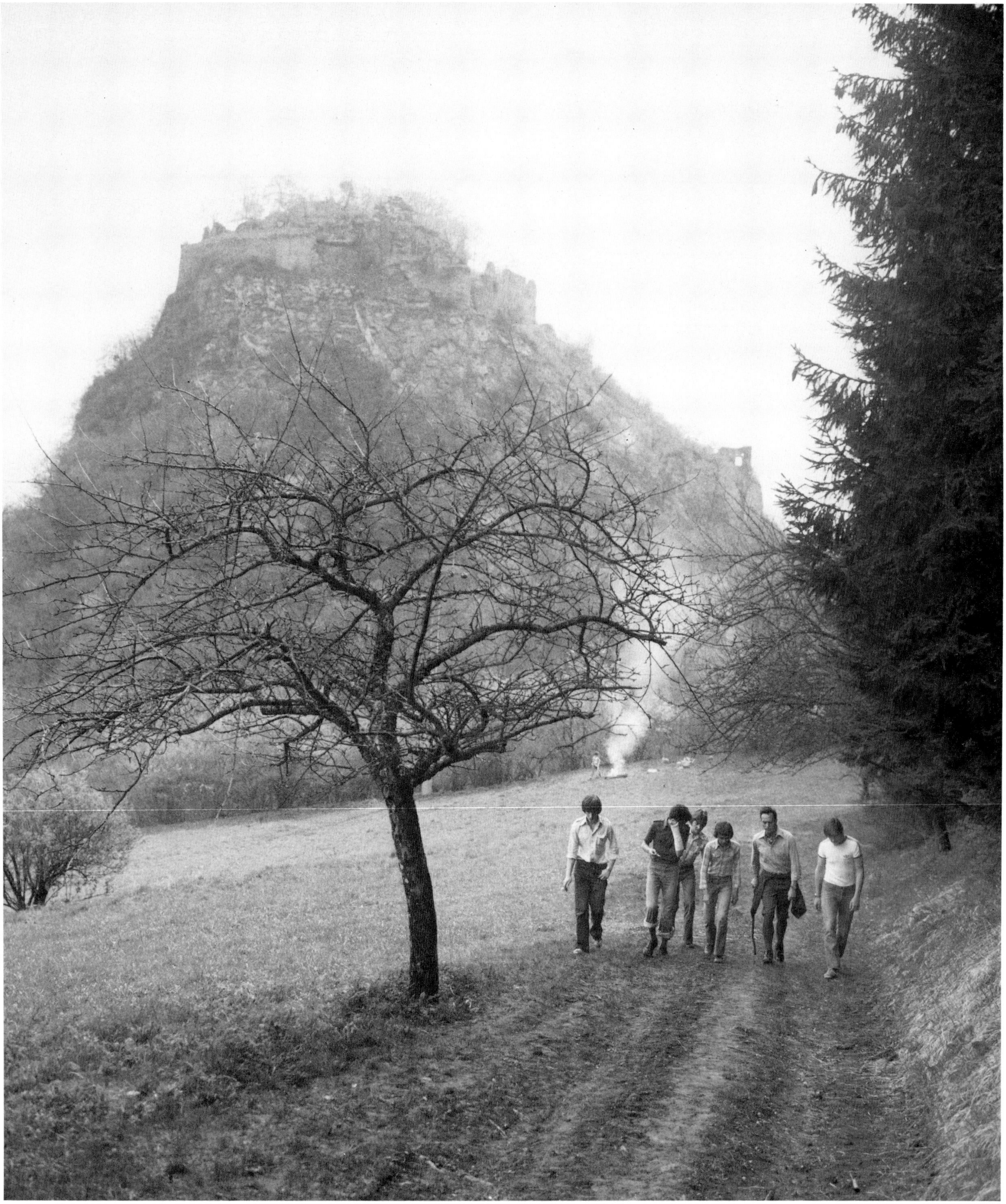

Tourismus im Landkreis Konstanz

FRANK SIEGFRIED

Mit Begeisterung wurde der neue Erwerbszweig »Fremdenverkehr« nicht gerade aufgenommen, wenn man den Zeugenberichten aus den Tourismus-Gründerjahren Glauben schenkt. Einer, der's wissen muß und nach mehr als 50jähriger Tätigkeit zum größten Tourismusunternehmer der internationalen Seeregion wurde, Graf Lennart Bernadotte, erinnert sich: »An den Stammtischen der umliegenden Dörfer nannte man mich nur den ›verrückten Grafen‹, als ich den Plan bekanntgab, aus der ehemals badischen Privatinsel einen öffentlichen Park zu machen.« Nun, wer hier zuletzt lacht, ist inzwischen hinreichend bekannt.

Weitsicht war bei dieser jungen Industrie und ihrer rasanten Entwicklung erforderlich. Das gräßliche deutsche Wort »Fremdenverkehr« zeigt schon die Lieblosigkeit, mit der man daran ging, Landschaft, Kultur, heimische Küche und Keller gegen Entgelt vorzuführen.

Aus dem ungeliebten und vielfach auch unerwünschten Wirtschaftszweig hat sich inzwischen ein strammes Kind entwickelt, das Eltern und Familie durchaus ernähren kann. Heute sind bundesweit mehr Menschen im Tourismus beschäftigt als in der Automobilindustrie. Auch für den Landkreis Konstanz mit 8 Uferorten und einer Seeuferlänge von 104 km ist der Tourismus eine feste wirtschaftliche Größe geworden.

Ca. 1,5 Millionen Gästeübernachtungen verzeichnet die Statistik im 228.000 Einwohner zählenden Landkreis.

Unterschiedlich verteilt sich der Anteil der Gäste aus aller Welt. Bleiben wir zunächst in der Metropole, dem regionalen Oberzentrum Konstanz. »Niemand weiß besser, was er will, als der Gast selber«, sagten sich die Tourismus-Verantwortlichen und ließen die Urlauber in einer Gästebefragung zu Wort kommen. Die Auswertung der Fragebögen (Stand 1983) kann sich sehen lassen. 73 % sammelten zum ersten Mal Ferien-Eindrücke in der Universitätsstadt. Genügend Abwechslung sahen 92 % als gegeben an und fast 70 % erklärten: »Es hat mir sehr gut gefallen!«

29 % fanden es immer noch »gut«. Ein traumhaftes Ergebnis für das Urlaubsziel, wie mancher Politiker neidvoll bestätigen muß.

Ein Blick in das gesamte Freizeitangebot für die Region Konstanz – Hegau erklärt, warum die Urlauber mit guten Noten nicht geizten. Die Sportmöglichkeiten reichen vom Schwimmen, Segeln, Surfen, Wasserski über Squash, Radfahren zum Minigolf und richtigen Golf. Die Besichtigungsmöglichkeiten sind ebenfalls kaum zu erschöpfen. Museen, Kirchen, Deutschlands größte Festungsruine in Singen, der Wildpark Bodanrück, die Marienschlucht warten auf den unternehmenslustigen Gast.

»Spielend lernen« heißt die Devise für manchen Urlauber, und Ferienkurse sind in, für ganz Mutige, die das Drachenfliegen ausprobieren wollen, ebenso wie für Freunde des Malens oder Töpferns.

*Linke Seite:
Herbstwanderung
am Hohenkrähen*

Das Freibad Horn in Konstanz

Die Radolfzeller Mettnau-Kur mit ihren Kureinrichtungen auf der Halbinsel Mettnau steht unter dem Motto »Heilung durch Bewegung«

Oben: Gymnastik im Freien. Unten: Wassergymnastik im Hallenbad

Im Freibecken des Konstanzer Thermalbades dampft das warme
Wasser bei kühler Außentemperatur

Freizeitzentrum Jakob in Konstanz mit beheiztem Freibecken,
Thermalbad und Badesteg zum See

Sogar der Umgang mit den Computern wird schon in Urlaubskursen vermittelt. Die Internationalen Musiktage in Konstanz haben inzwischen ihr Stammpublikum gefunden. Eine große Popularität verdankt die Stadt auch ihrem lebendigen Theater, das weit über die Grenzen hinaus immer wieder positive Schlagzeilen macht.

Wie wichtig ist aber nun der Fremdenverkehr als Wirtschaftsfaktor?

Von den 72.000 Arbeitsplätzen sind 30.000 direkt der heimischen Industrie zuzurechnen. Nur 1 % ernährt sich noch von der Landwirtschaft im Landkreis. Der Anteil für die im Tourismus Beschäftigten verbirgt sich in zwei verschiedenen Zahlen der Statistik. 16 % der Bevölkerung verdienen sich ihren Lebensunterhalt in der Sparte »Handel und Verkehr«, 27 % geht einer Tätigkeit aus dem Dienstleistungswesen nach. In diesen beiden Zahlen sind also auch die Tätigkeiten derjenigen verborgen, die im Tourismus ihr Brot verdienen.

Andere Industrien haben es leichter, die Gruppen ihrer Beschäftigten zu definieren.

Die Palette im Tourismus ist sehr breit gefächert. Vom Hotelier über den Kioskverkäufer, den Buchhändler, Metzger, Bäcker, Drucker, Fotograf, Eisverkäufer, den Caravan-Großhändler bis hin zum Brauereivertreter mischen sie alle mit im großen Tourismus-Teig und hoffen, daß von dem großen Kuchen für sie in der Saison ein Stück abfallen möge.

Die enorme Vielfalt erklärt auch die relative Ungeschlossenheit und manchmal auch Unentschlossenheit des Fremdenverkehrs in seiner Selbstdarstellung nach außen. Die angesprochenen Gruppen sind zu unhomogen – und manchmal auch zu klein, um sich mit der notwendigen Kraft zu artikulieren, die notwendig wäre.

Allein die Weiße Flotte der Deutschen Bundesbahn – unverzichtbare Attraktion des Bodensees – und die Insel Mainau zusammen sichern im Landkreis annähernd 700 Arbeitsplätze und bergen mit ihren Lohn- und Gehaltszahlungen ein Millionen-Volumen in sich.

Tourismus im Landkreis lebt nicht nur vom Management und von Werbestrategien allein, sondern auch von dem Reiz der internationalen Gesamtregion. Der Gast kann hier in wenigen Stunden über die Grenzen von einem Staat in den anderen wechseln. Er genießt das internationale Flair und kommt ohne Fremdsprache aus.

Vieles, was der Gesamtregion an Reizen zugesprochen wird, beruht auf dem Gesamteindruck des Vier-Länder-Sees, denn auch das nahe Liechtenstein wird verstärkt in die See-Region miteinbezogen. Vorbildlich ist hier der Internationale Bodensee-Verkehrsverein (IBV), in dem schon um die Jahrhundertwende sich weitsichtige Gastronomen zusammentaten, die erkannten, daß man den See nur in seiner geographischen Einheit und über alle Staatsgrenzen hinweg werblich darstellen kann und soll.

Dieses Argument hat heute umso mehr Gültigkeit, je weiter man mit seinen Werbeaktionen vom Bodensee weggeht.

Diese Tendenzen wurden auch im Landkreis Konstanz erkannt. Die Gründung der Fremdenverkehrsgemeinschaft Bodensee–Hegau im Jahre 1975 zeugt vom Willen zu größeren Einheiten. Diese Gebietsgemeinschaft deckt sich geographisch mit dem Landkreis. Als reiner Werbeverbund unter dem Dach des Fremdenverkehrsverbandes Bodensee–Oberschwaben (FBO) arbeiten 20 Städte und Gemeinden innerhalb des Landkreises zusammen. Die stattliche Zahl

Rechte Seite: Die Tulpenblüte ist jährlich der erste Höhepunkt im Blumenparadies Mainau

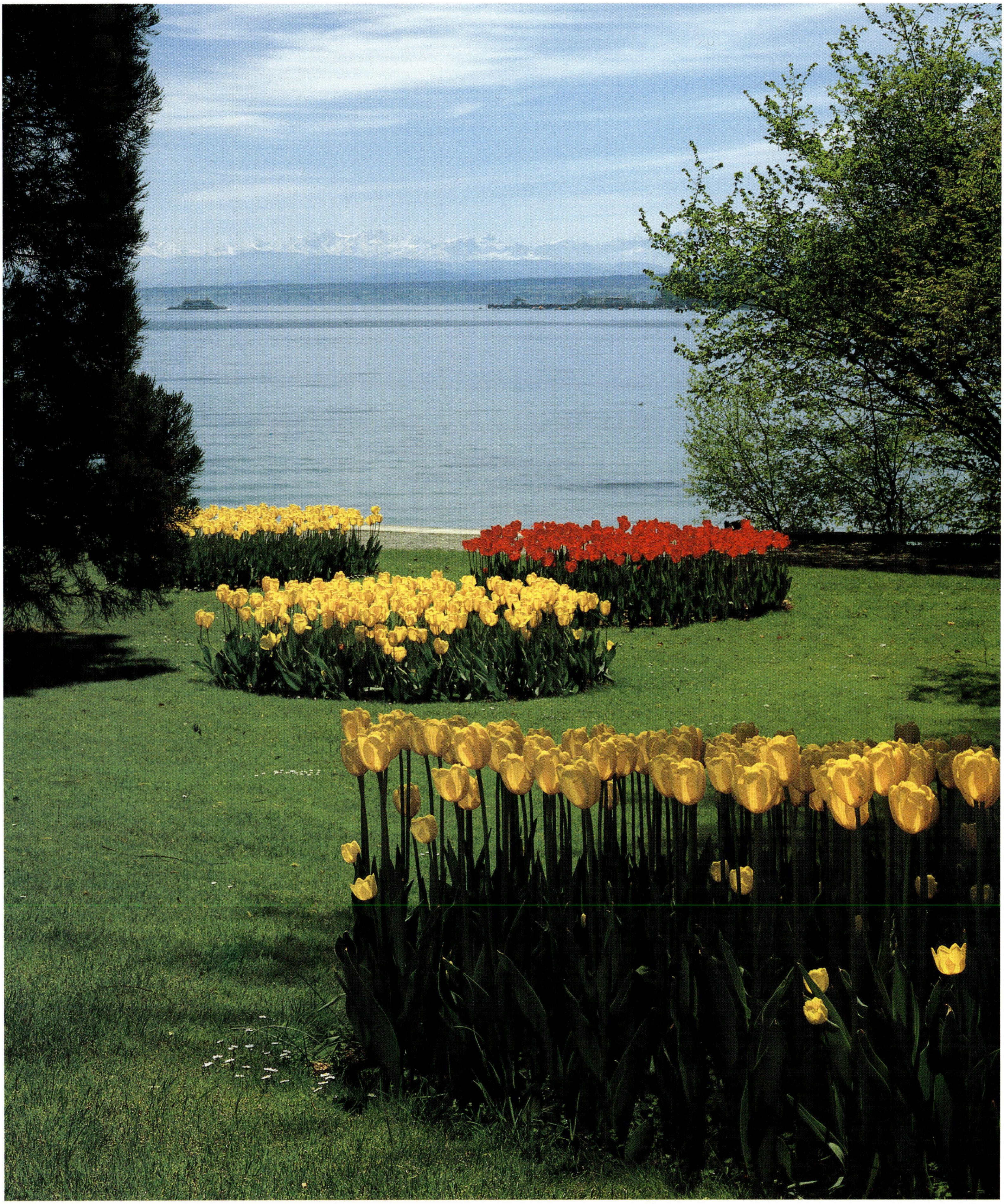

der Mitglieder zeigt auch eine unterschiedliche Bedeutung des Tourismus für die verschiedenen Orte (Mitgliedsgemeinden: Aach, 1.400 Einwohner, 60 Gästebetten; Bodman–Ludwigshafen, 3.500 Einwohner, 900 Gästebetten; Eigeltingen, 2.950 Einwohner, 50 Gästebetten; Engen 9.000 Einwohner, 380 Gästebetten; Gaienhofen, 3.200 Einwohner, 650 Gästebetten; Gailingen/Hochrhein, 2.500 Einwohner, 200 Gästebetten; Gottmadingen, 9.200 Einwohner, 140 Gästebetten; Hilzingen, 6.400 Einwohner, 140 Gästebetten; Hohenfels, 1.600 Einwohner, 50 Gästebetten; Moos, 2.380 Einwohner, 270 Gästebetten; Öhningen, 3.300 Einwohner, 420 Gästebetten; Orsingen/Nenzingen, 2.120 Einwohner, 90 Gästebetten; Radolfzell, 24.200 Einwohner, 1.100 Gästebetten; Insel Reichenau, 4.600 Einwohner, 850 Gästebetten; Singen 47.000 Einwohner, 950 Gästebetten; Steißlingen, 3.350 Einwohner, 300 Gästebetten; Stockach, 13.000 Einwohner, 490 Gästebetten; Tengen, 4.000 Einwohner, 180 Gästebetten).

Es ist eindeutig, daß die Ufergemeinden schon einige Pfunde mehr zum Wuchern haben als mancher Mitkonkurrent, denn nach wie vor zieht der See die Gäste magnetisch an. Aber auch die umliegenden Gemeinden, die sich nicht mit dem Begriff »Hinterland« abspeisen lassen sollten, sondern sich als internationales notwendiges und in seiner Schönheit ergänzendes »Umland« sehen sollten, haben viel zu bieten.

Hervorzuheben ist hier noch das aktive Radolfzell mit seiner berühmten Mettnau-Kur. Singen und Stockach arbeiten ebenfalls seit Jahren kontinuierlich und erfolgreich an ihrem Ruf als Ferienorte und können auf stolze Erfolge verweisen.

Der Landkreis Konstanz und der gesamte See haben sich sehr zögernd als Ferienziele entwickelt. Der in Konstanz lebende Autor Werner Trapp hat sich in verschiedenen Veröffentlichungen mit der Entwicklung des Tourismus befaßt. Nachfolgend ein Zitat aus einem Artikel über die Geschichte des Fremdenverkehrs in der Bodenseeregion: »Weitgehend unberührt blieb der Bodensee auch von den Bildungsreisenden im 18. Jahrhundert, die ihren Horizont erweitern wollten. Noch 1827 bemerkte Gustav Schwab in seinem »Handbuch für Reisende und Freunde der Natur, Geschichte und Poesie«, daß »Viele über das ermüdende und langweilige klagen, das der große See und seine gar zu unendlichen Ufer bei aller Schönheit und Üppigkeit in die Länge für den Besucher doch haben.«

Im selben Beitrag warnt der Autor auch vor den ökologischen Folgen des Tourismus: »Der Trend jedenfalls ist unverkennbar: Ungehemmter Landschaftsverbrauch durch Bau von Autobahnen, Straßen, Parkplätzen, Zweitwohnungen und Feriensiedlungen, Gefährdung und Zerstörung von Schilfgürteln und Flachwasserzonen, immer weniger Natur, dafür immer mehr Surfschulen, Bootshäfen und alles, was der moderne ›Freizeit-Tourismus‹ an Infra-›Struktur‹ ebenso verlangt.«

In den Fremdenverkehrskreisen des Landkreises und in der internationalen Bodensee-Region hat niemand in der letzten Dekade einem ungebremsten Wachstum das Wort gesprochen. Professor Jost Krippendorf, der Schweizer Tourismus-Wissenschaftler, befaßte sich auf Einladung des Internationalen Bodensee-Verkehrsvereins schon vor ca. 10 Jahren mit seinen brisanten Ideen des Verbrauchs von Natur und des Tourismus als Landschaftsfresser.
Die Wachsamkeit am See ist angebracht und unbedingt notwendig.

Ehemaliges Deutschordensschloß mit Kapelle auf der Insel Mainau.
Die herrliche Barockanlage ist seit 1930 Wohnsitz des Grafen Lennart
Bernadotte und seiner Familie

Der Bodensee befindet sich im Prüfstand sowohl in seinem labilen ökologischen Gefüge als auch in seinem Ruf als große internationale Ferienregion.

Ein Reglement, des inzwischen zum Elementarbedürfnis hochstilisierten Reiseverkehrs wagt niemand. Also müssen Wege der Verträglichkeit und des Ausgleichs gesucht werden. Zwischen dem »Landschaftsfresser« und einem in die Kultur und Natur eingebetteten Tourismus sind die Verständigungsebenen zu suchen und sicherlich auch zu finden. Der Ausgleich zwischen Technik und Natur ist keine Forderung heutiger Gruppen, sondern wurden übrigens hier am Bodensee mit der »Grünen Charta von der Mainau« bereits 1961 gefordert, zu einer Zeit, da diese Probleme weithin unbeachtet waren.

Im Landkreis Konstanz wird und soll der Tourismus seinen Platz haben. Andere Industrien mit Ausnahme der rasant wachsenden Computer- und EDV-Branche sind im Augenblick als Arbeitsplatzspender nicht in Sicht.

Für die Wirtschaftskraft des Raumes ist der Tourismus unverzichtbar, ebenso zum Erhalt oder zur Neuschaffung von Arbeitsplätzen.

Toleranz ist gerade bei denen gefordert, die das Privileg haben, in diesem landschaftlich so schönen Raum leben zu dürfen. Reglementierungen oder ein gefordertes Naturerlebnis auf Bezugsschein sind unrealistische Lösungen und können nicht die Freizeit-Probleme von heute und morgen lösen. Diese Haltungen sind ebensowenig zukunftsweisend wie der am Ende der Saison häufig gehörte Stoßseufzer: »Sollen die Gäste ihr Geld doch per Postüberweisung schikken und ihren Urlaub zu Hause verbringen.«

Ausflugsschiff der weißen Bodenseeflotte im Hafen von Konstanz

Im Jahre 1979 wurde das Konstanzer Thermalbad durch die in Konstanz ansässige Baufirma Carl Schupp Bau-GmbH gebaut.
Diese Firma ist seit mehreren Generationen in Konstanz ansässig und bekannt für qualitative Leistung im Wohnungsbau und Industriebau.
Besondere Auszeichnungen erhielt diese Firma von Stadt und Land für ihre Modernisierungs- und Instandsetzungstätigkeiten an Althaussubstanz und der Restaurierung von Kulturdenkmälern.
Die Firma Carl Schupp Bau-GmbH beschäftigt nahezu 60 Mitarbeiter.

Der einzige Industriebetrieb auf der Erholungs- und Gemüse-Insel Reichenau und der größte der Gemeinde Reichenau überhaupt ist die Maurer + Söhne, Rauch- und Wärmetechnik GmbH & Co. KG. Das Unternehmen baut eine Vielzahl modernster Rauch-, Wärme- und klimatechnischer Anlagen für die Fleischwaren-, Nahrungsmittel- und fischverarbeitende Industrie. Anlagen, die den Namen dieses dynamischen Reichenauer Familienunternehmens tragen, arbeiten auf allen fünf Kontinenten in über 60 Ländern der Welt.

See und Landschaft – Lebensraum für den Menschen
ULRICH EINSLE

Von vielen Feriengästen und Reisenden beneidet, leben die Menschen am See tatsächlich in einer bezaubernden Umgebung zwischen Wäldern, Seen und Bergen.
Ist es jedoch auch eine heile Welt?

Daß es in Westeuropa diese idealen Lebensräume kaum mehr gibt, ist auch dem größten Optimisten klar geworden. Selbst abgelegene Gebirgstäler oder stille Seen in Norwegen werden von der Freizeitindustrie oder den Schadstoffen in der Luft erreicht. Umso mehr gilt dies für ein Gewässer und eine Landschaft, die zwar nicht gerade am Rand eines Industriereviers liegen, die ganzen Probleme und Belastungen jedoch ständig erfahren und miteinander abstimmen müssen.

Die Funktionen des Bodensees sind vielseitig und gelegentlich widersprüchlich. Er ist auf der einen Seite ein Trinkwasserspeicher für große Gebiete Süddeutschlands, andererseits der Vorfluter für die Abwässer. Neben den rund 47.000 Sport- und Vergnügungsbooten suchen die Schwimmer und zunehmend die Surfer nach Möglichkeiten, ihren Sport gefahrlos betreiben zu können. Die Uferzonen sind gerade im Sommer überlastet durch hohe Verkehrsdichten auf den Straßen und durch überfüllte Parkplätze.

Die Abstimmung dieser vielfältigen Interessen mit den Belangen des Naturschutzes und der Fischerei ist außerordentlich schwierig, zusätzlich erschwert durch die Zuständigkeit mehrerer Länder mit jeweils eigener Rechtslage.

Frühzeitig wurde die grundlegende Bedeutung des Bodensees als Trinkwasserspeicher ernst genommen, sicher verstärkt durch die räumlich große Ausdehnung des Versorgungsbereichs. Die Veränderungen des Gewässers besonders in den fünfziger Jahren wurden sorgfältig beobachtet, um die Ursachen dieser Vorgänge feststellen zu können.

Jedermann konnte bemerken, daß das Wasser insgesamt trüber erschien als in früheren Jahrzehnten, die größeren Wasserpflanzen wuchsen sichtbar stärker und bildeten zeitweise regelrechte Riegel vor dem Ufer. Diese Unterwasserbestände waren überwuchert durch fädige Grünalgen, die in großen Fladen auch auf dem offenen See umhertrieben.

Es handelte sich ganz offensichtlich um einen Düngungseffekt, der in erster Linie auf die Zunahme der Phosphate zurückzuführen war. Diese Erkenntnis war der Ausgangspunkt für die nun einsetzenden Bemühungen um die Sanierung des Sees, die von der im Oktober 1960 gegründeten Internationalen Gewässerschutzkommission für den Bodensee vorgeschlagen und gesteuert wurden. Man begann folgerichtig mit der Erfassung der Nährstoffe durch den zügigen und auch teuren Ausbau der Kanalisationen und den Neubau von Kläranlagen. Es dauerte immerhin bis zum Ende der siebziger Jahre, bis der zuletzt rasante Anstieg der Phosphate gestoppt werden konnte. Noch ist die Konzentration im Seewasser (etwa 80 mg [PO_4] pro Liter) zu hoch, doch wurde der folgenschwere Fortgang der Eutrophierung (Nährstoffanreicherung) gerade noch gebremst, bevor durch den bakteriellen Abbau der organischen Produkte der Tiefensauerstoff des Obersees zu stark aufgezehrt wurde.

Begleitet wurden die Veränderungen in der Wassergüte durch weitere Belastungen wie Abschwemmungen von Straßen und Parkplätzen, Rückstände von Boots- oder Schiffsmotoren, rasch zunehmende Auswirkungen des Bade- und Wassersportbetriebes, durch den steigenden Verbrauch von Kunstdüngern in der Landwirtschaft. Mit der verfeinerten Analysentechnik unserer Tage werden laufend neue, zum Teil bedenkliche Vorkommen verschiedener Stoffe wie Herbizide, Insektizide, Schadstoffe aus der chemischen Industrie nachgewiesen, die bei dem verstärkten Umweltbewußtsein der letzten Jahre doch zu Bedenken anregen.

Ein gutes Beispiel für die Schwierigkeiten, die Ursachen für Umweltschäden zu erkennen, bietet derzeit die Diskussion über das »Waldsterben«. Statt sofort energisch mit der Verminderung der gefährlichsten Belastungen (Schwefel- und Stickstoffverbindungen) zu beginnen, werden ständig neue Möglichkeiten komplexerer Ursachen erörtert. Hätte man bei der Frage der veränderten Wasserqualität ähnlich gezögert, wären die Verbesserungen durch die Reduzierung der Phosphate wahrscheinlich zu spät gekommen.

Dabei besteht dieser Erfolg vor allem darin, daß der Nährstoff Phosphat seit einigen Jahren nicht mehr zugenommen hat. Die durch die Veränderung des Sees ausgelösten biologischen Prozesse laufen indessen weiter, wenn auch teilweise mit abflachender Tendenz.

Neben dem schon erwähnten starken Wachstum der Unterwasserpflanzen und der Algen bemerkte man seit den sechziger Jahren einen ständigen Rückgang der Schilfzonen, der sich bis 1979 auf 34% des Gesamtbestandes ausdehnte. Seither hat sich dieser Fehlbestand weiter erhöht.

Neben Eingriffen wie Uferbauten oder Badebetrieb spielt dabei die Überdüngung des Sees eine große Rolle, die vor allem zu verstärktem Algenwuchs im Schilfbereich und zur Schwächung der Schilfhalme führten. Auch die fehlende Nutzung (Mahd) sowie der Wellenschlag der Schiffe und Motorboote erhöhten die Verluste in der Schilfzone.

Wie die höheren Wasserpflanzen vermehrten sich auch die mikroskopisch kleinen Algen um das Vielfache, ebenso die Kleinkrebse. Dadurch erhöhte sich das Nahrungsangebot für die Fische, die wie die Barsche (Kretzer) von der Uferbank ins freie Wasser wanderten oder so schnell wuchsen, daß die Maschenweite der Schwebnetze erhöht werden mußte, um die Felchen nicht schon vor der Laichreife herauszufangen. Gerade in der Fischerei zeigt sich der labile Zustand der Lebensgemeinschaft sehr deutlich.

Demnach leben wir also keineswegs in einer heilen Welt, soweit es den Zustand der uns umgebenden Natur betrifft. Das Wort »Lebensraum« umfaßt für den Menschen natürlich auch völlig andere Seiten des Lebens, von Fragen des Straßenbaus über Sorgen um den Arbeitsplatz bis zum Rentenproblem. Diese Tatsachen werden durch den Ausblick auf eine schöne Landschaft sicher nicht rosiger gesehen. Die Frage nach dem Lebensraum für den Menschen zielt darauf ab, ganz persönlich eine Beziehung zu finden zur Umgebung, sich selbst eine lebenswerte Nische zu öffnen.

Hierzu bietet unsere Gegend in der Tat Möglichkeiten, die von unseren etwas nördlicher

Rechte Seite: Schilfzone mit altem Badehäuschen am Untersee

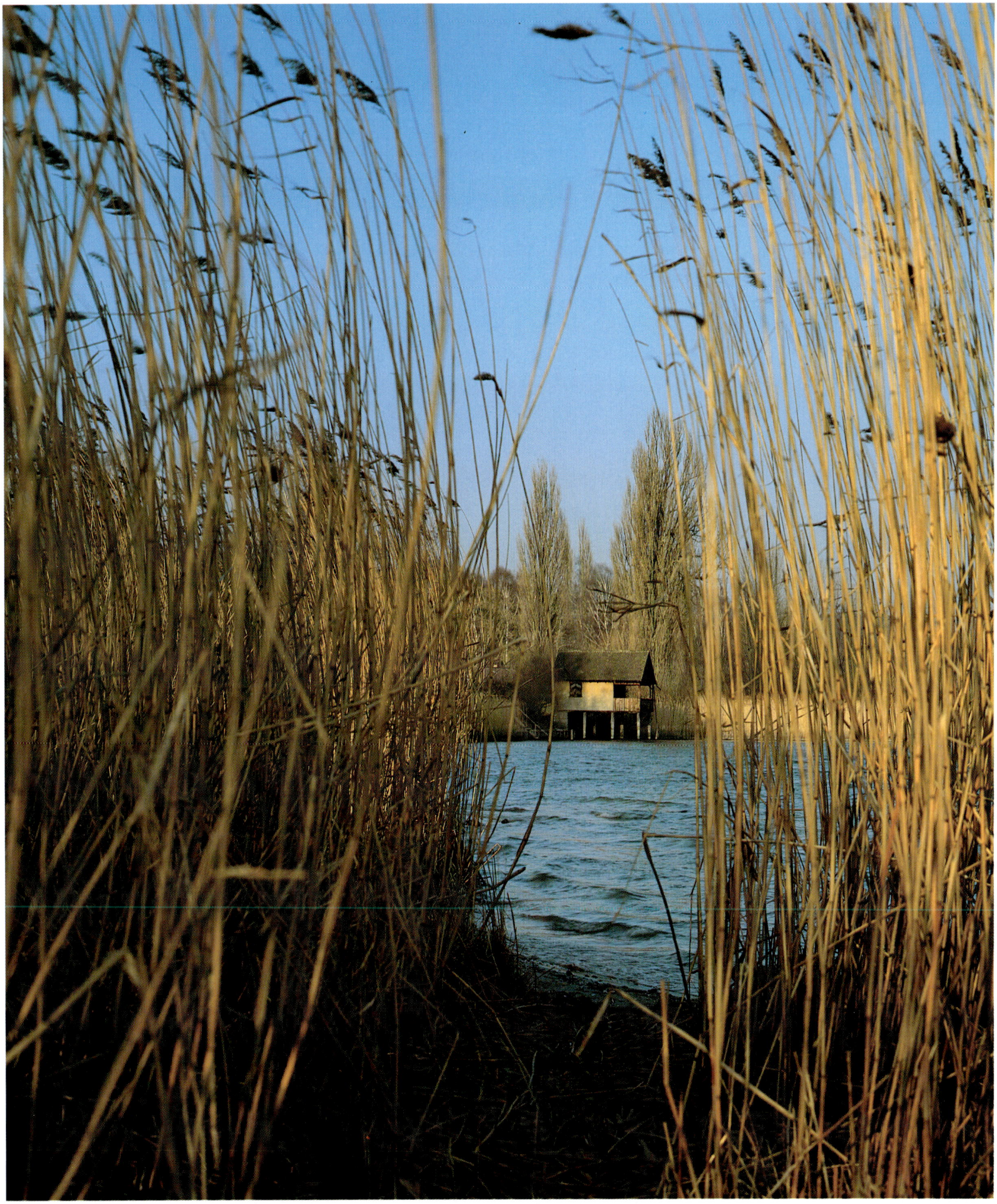

wohnenden Wochenend- und Feriengästen so deutlich gesehen werden, daß man für sich selbst die erwähnte eigene Nische immer wieder suchen muß, um sie zu behalten.

Solche Zufluchtsorte für die Natur und viele Menschen sind etwa die Natur- oder Landschaftsschutzgebiete, die noch die Vorstellungen von einer intakten Tier- und Pflanzenwelt aufkeimen lassen. Für viele Zeitgenossen sind Schilfgürtel jedoch in erster Linie ärgerliche Hindernisse beim Baden oder Surfen, stille Buchten allenfalls als Wochenendhafen in großer Gesellschaft erträglich. Da sich die Brutvögel erschreckt verdrücken, kommt niemand auf den Gedanken, als Störenfried aufzutreten.

Andererseits zeigt sich eine von immer breiteren Kreisen getragene Einsicht, daß mit dem vorhandenen Gut an Natur und Landschaft sparsam und vorsichtiger umgegangen werden muß. So manches Großprojekt, vor zehn Jahren noch als Ausdruck des Fortschritts gefeiert, wird heute als schmerzlicher und unschöner Eingriff gesehen und entsprechend kritisiert.

Wohl ist begreiflich, daß die Menschen aus landschaftlich weniger bevorzugten Gebieten am Wochenende im See baden oder darauf surfen oder hier gar ein Segelboot besitzen wollen. Bei neuerdings besseren Verkehrsanschlüssen (in der Ausführung, weniger in der Funktion) erhöht sich dieser Wochenend- und Ferienbetrieb zusehends. Eine Lösung ist eigentlich erst dann zu sehen, wenn der Raum so voll ist, daß die Tür nicht mehr zugeht. Erste Anzeichen dafür sind bereits bei der Zahl der Bootsliegeplätze zu erkennen, da auf eine vorhandene Uferlänge nur eine bestimmte Zahl von Booten verteilt werden kann. Eine derartige Begrenzung ist derzeit die einzige Möglichkeit, eine Beruhigung dieser immer noch rasant verlaufenden Entwicklung zu erreichen. An fehlenden Geldmitteln scheint es in unserer Gesellschaft sicher nicht zu liegen: Phantasiepreise beim Bauland mit Seesicht, überzogene Angebote für Liegeplätze sind die Regel.

Für die meisten Menschen dieser Landschaft kommen jedoch zusätzliche Besorgnisse: Außer bei den noch verbliebenen Berufsfischern wachsen die Existenzprobleme für die Landwirtschaft durch europaweite Beschränkungen, es wachsen aber auch die Schwierigkeiten, die umgekehrt durch die Landwirtschaft mit unvermindertem Einsatz von Kunstdüngern und Spritzmitteln erzeugt werden. Wenn schon Zweifel an der Reinheit des Hopfens und der Weintrauben angebracht sind, fürchtet man sogar um die Qualität des Trinkwassers – am Bodensee allerdings noch ohne Grund.

Hier ist es nun an der Zeit, die Umweltverhältnisse in geographisch größerem Rahmen und die Verhältnismäßigkeit zur hiesigen Landschaft zu sehen. Natürlich ist es ein schlechter Trost, daß andere Gebiete mit Giftmüll-Deponien, verseuchtem Grundwasser und geschädigten Tannen viel stärker belastet sind. Da jedoch das Bewußtsein auch der Politiker geschärft wurde, besteht die gute Hoffnung, diesen Raum noch instandhalten zu können, ohne die Tür ganz zuschlagen zu müssen.

Die Eigentümlichkeit der Landschaft findet einen Ausdruck auch in der Kulturgeschichte, auf die in anderen Beiträgen eingegangen wird. Das reichhaltige künstlerische Schaffen durch viele Jahrhunderte hindurch wurde sicherlich angeregt und befruchtet durch die Umgebung und ihren speziellen Reiz und Anreiz. Gerade im westlichen Teil des Bodensees, besonders am

Uferzone auf der Halbinsel Mettnau mit Blick auf die »Liebesinsel«

Untersee, finden sich schon aus sehr frühen Zeiten Nachweise dieses Schaffens, von den Funden aus steinzeitlichen Siedlungen über die Zeugen mittelalterlicher Kunst etwa auf der Reichenau bis zu den Malern und Dichtern unserer Tage.

Es ist eine reizvolle Beschäftigung, diese Kulturlandschaft Bodensee zu erfahren; viele der heutigen Gegebenheiten und Kuriositäten sind besser zu verstehen aus der geschichtlichen Betrachtungsweise. So verspürt man überall den ehemals alemannischen Siedlungsraum, von Vorarlberg bis zum Elsaß reichend, in mancherlei Gebräuchen und auch Eigenheiten der Bewohner. Vieles ist verdrängt und überlagert worden, dem sprichwörtlichen Dickschädel des Alemannen konnte dies indessen kaum etwas antun. Diese Beharrlichkeit äußert sich etwa auch in der Mundart, die örtlich so deutliche Eigenheiten aufweist, daß man den Singener Dialekt sehr wohl von der Sprache auf der Reichenau oder der Höri unterscheiden kann.

Von großer Vielfalt sind auch die baugeschichtlichen Denkmäler, die wirklich für jeden Geschmack etwas bereithalten. So liegen im Hegau die Reste eines römischen Landhauses unweit eines neuen Autobahnkreuzes, die steinzeitlichen Fundorte müssen schleunigst vor der Zerstörung durch geplante Hafenbauten oder Erosionen gerettet werden. Von großem Interesse in diesem Zusammenhang sind die Grabungen in den alten Stadtkernen selbst, deren Ergebnisse überraschende Einblicke in das Alltagsleben des Mittelalters geben.

Sicher gehört eine gewisse Bodenständigkeit dazu, Zusammenhänge zu sehen zwischen romanischen oder barocken Bauwerken, dem Weinbau, Fischfang oder insgesamt der heimischen Küchenkultur. Gerade diese Gemeinsamkeiten machen jedoch das volle Erlebnis der Landschaft aus, da sie von der optischen Wahrnehmung überleiten auf den Gehalt, auf das gesamthafte Erscheinungsbild einer uralten Kulturlandschaft.

Dazu gehört – wie eingangs schon aufgezeigt – auch die Auseinandersetzung mit den aktuellen Tagesfragen, ob sie angenehm sind oder nicht. Die Vielfalt des Angebotes führt natürlich zu Zusammenstößen der Interessen, wie wir sie gerade in unserem Jahrzehnt immer drängender erleben. Der Phosphatgehalt des Seewassers war vielleicht zwanzigtausend Jahre lang unverändert, um innerhalb von zwanzig Jahren beängstigend hochzuschnellen. Die Wälder waren natürlicherweise grün, der Regen war nicht sauer, die Böden noch ein lebendiges Substrat für organisches Wachstum.

Alle diese doch selbstverständlichen Grundlagen unseres Lebens haben sich plötzlich verändert und verschlechtert; wir wissen lediglich, daß unsere Generation einen Prozeß in Gang gesetzt hat, dessen Ausgang niemand abschätzen kann. Es ist deshalb wichtig, das Gefühl für die ehemalige Ursprünglichkeit noch zu pflegen, solange man wenigstens noch die Umrisse des verblassenden Bildes erkennen kann.

Dann behält vielleicht der Bodensee auch seinen Sinn und seine Rolle als gestaltendes Element für Lebensräume des Menschen.

Die Fischerei im Bodensee: ein Handwerk mit alter Tradition

Vulkane und Gletscher – Gestaltungselemente der heutigen Landschaft
EUGEN REINHARD

Der Landkreis Konstanz liegt, von Randbereichen im Norden und Westen abgesehen, im voralpinen Molassebecken, einer trogartigen Vortiefe der Alpen, die sich vom Schweizer Mittelland über den Hegau und Oberschwaben bis nach Ober- und Niederbayern erstreckt. Sie ist mit mächtigen Sedimentserien der Tertiärzeit angefüllt, unter die die Gesteine des südwestdeutschen Schichtstufenlandes, die mit den Weißjurakalken der Hegaualb und des Randens am Nord- und Westrand des Landkreises noch die Landoberfläche bestimmen, tief untertauchen. Diese sandig-mergeligen Ablagerungen sind im nordwestlichen und nördlichen Kreisgebiet nur flach und geringmächtig ausgebildet, umfassen aber bei Konstanz schon den gewaltigen Aufschüttungsbetrag von 1600 m, denn erst in dieser beachtlichen Tiefe lassen sich dort die Kalkschichten erbohren, die auf den Jurahöhen am Nord- und Westrand des Landkreises an der Oberfläche anstehen. Die als Meeres- und Süßwasserablagerungen entstandene Trogfüllung des Alpenvorlandes baut den älteren und tieferen Gesteinsuntergrund in weiten Bereichen des Landkreises auf. Landschaftsgestaltend tritt sie an vielen markanten Bergrücken und Einzelbergen hervor und bestimmt so auch ganz entscheidend die bewegten und abwechslungsreichen Oberflächenformen mit. Der mehrfach über 650 m aufragende Bodanrück zwischen dem stark eingetieften, fingerartigen Gletscherzungenbecken des Überlinger Sees und den flacheren Wannen von Gnadensee und Zeller See, ferner der das Singener Becken im Süden begrenzende Schienerberg und der westlich davon über dem Hochrheintal eine Waldmauer formende Rauhenberg, der aus der Singener Niederung aufsteigende Friedinger Schloßberg, der Jöhlisberg, das Fronholz bei Steißlingen und der Kirnberg, der Nellenburger Berg und die übrigen Waldhöhen im Stadtgebiet von Stockach bestehen im Untergrund aus Molassegesteinen. Mit ihren Steilwänden in der Oberen Süßwassermolasse am Nordabbruch des Schienerbergs oder in den Kirchberger Schichten, der Oberen Meeres- und Unteren Süßwassermolasse an dem über Bodman burgengekrönten Steilabfall des Bodanrücks, dessen bewaldeter Hang von Runsen, steil eingesägten Talkerben und Schluchten zergliedert wird, ermöglichen sie einen tiefen Einblick in den Bau der voralpinen Molasselandschaft. Klammartig eingetiefte Schluchten, die zwischen senkrecht aufragenden Molasse-Sandsteinwänden rasch zum Wasserspiegel des Überlinger Sees hinabführen, bilden dabei wie die Marienschlucht bei Langenrain einmalige landschaftliche Höhepunkte.

Das Landschaftsbild und die vorherrschenden Oberflächenformen werden aber im wesentlichen durch zwei erdgeschichtlich jüngere Ereignisse geprägt: den jungtertiären Hegauvulkanismus und die eiszeitliche Alpenvorlandsvergletscherung. Markante Berggestalten, die als Vulkanruinen zu deuten sind und deren harte magmatische Schlotfüllungen aus basaltischen und phonolithischen Gesteinen bis heute der Abtragung trotzen, sind die weithin sichtbaren landschaftlichen Zeugen der vor ungefähr 15 Millionen Jahren einsetzenden und bis vor 7 oder

Rechte Seite: Überlinger See mit Bodman, Bodanrück mit Mindelsee, Radolfzell mit Mettnau, Insel Reichenau, Halbinsel Höri, Thurgau und schneebedeckte Alpenkette

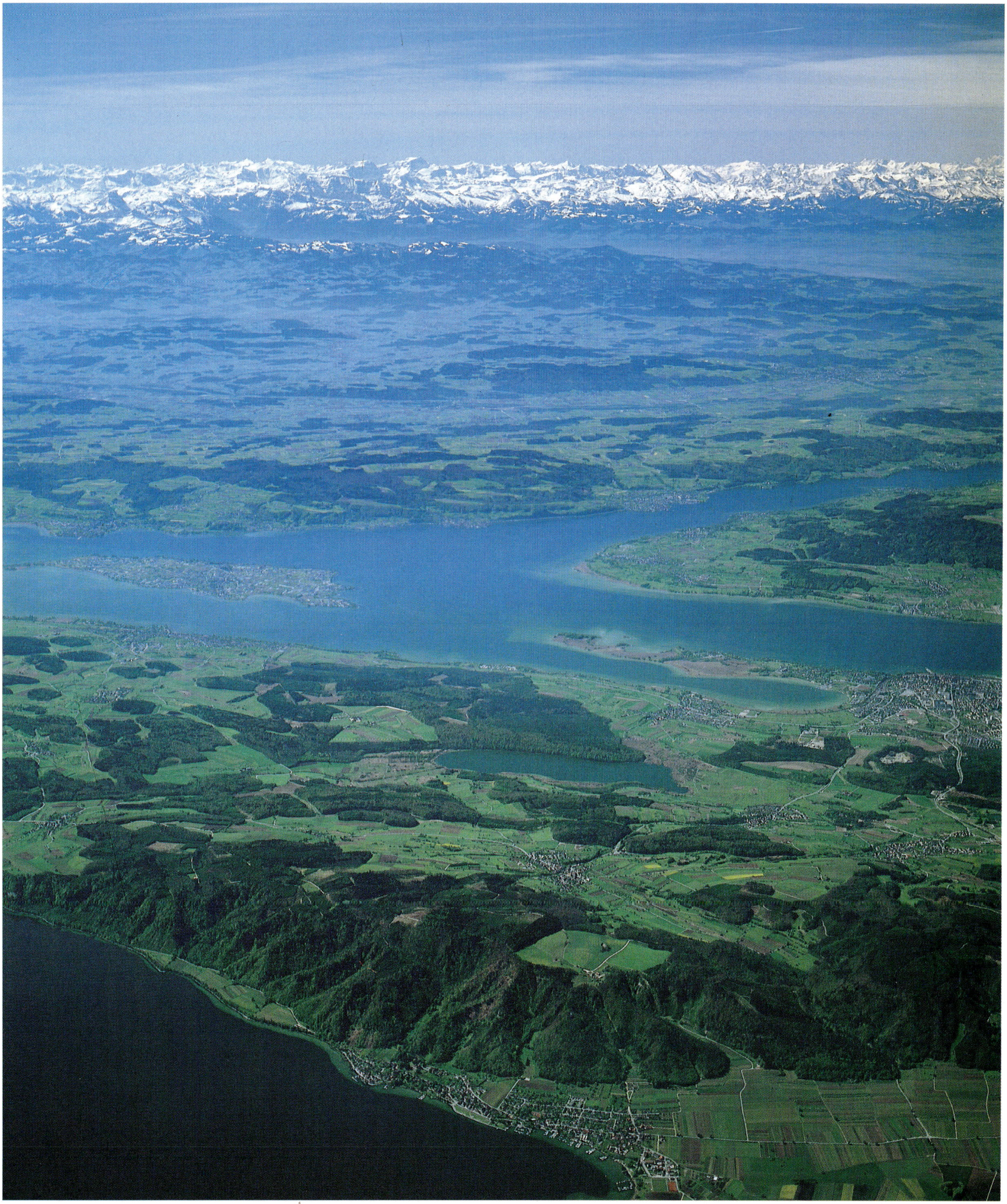

8 Millionen Jahren andauernden vulkanischen Tätigkeit in der tektonisch labilen Störungszone des Hegaus im Grenzbereich des südwestdeutschen Schichtstufenlandes und des alpinen Faltungskörpers. Die von den Alpen ausgehende und das weite Vorland überdeckende Vergletscherung während der Eiszeiten vor etwa 600 000 bis vor 10 000 Jahren, von denen die beiden jüngsten, das Riß- und das Würmglazial, mannigfache Spuren im Kreisgebiet hinterlassen haben, führte zur Ausbildung des schon tektonisch durch Bruchlinien vorgeprägten Bodenseebeckens und erstreckte sich während des rißeiszeitlichen Höchststandes nördlich von Engen und Aach bis auf die Jurahochfläche der Hegaualb und auf die Donau-Ablach-Platten nördlich von Stockach. Ausgedehnte Schotterfelder der Grundmoränen, Endmoränenwälle, die als bewaldete Hügelketten ihre Umgebung oft um 30 bis 40 m überragen, aus Schmelzwasserrinnen hervorgegangene breite Täler, die sich beim Schloß Langenstein sogar in den Jurakalk eingesägt haben, sowie Uferkanten und Ablagerungen von Eisrandstauseen wie zwischen Mainwangen und Mühlingen oder bei Zoznegg sind untrügliche Zeugnisse des mehrfachen Vorstoßes und Rückzugs der Eismassen in der heutigen Landschaft.

An den auf Gemarkung Wiechs fast 800 m aufragenden Weißjurakalken der Randenhochscholle hat der Landkreis im Westen nur einen geringen Anteil. Diese von dem Hochrhein zustrebenden Wasserläufen zerteilte Hochflächenlandschaft ist nach Norden durch die zweistufige Randenverwerfung begrenzt, die zu dem Juranagelfluh-Bergland überleitet, das sich am Nordwestrand des Kreisgebiets bis zur Jurahochfläche der Hegaualb nördlich Engen ausdehnt. Weithin gerodete, flachwellige und zum Hegaubecken sich absenkende Hochflächenbereiche in überwiegend 600 bis 700 m Höhe, die von Tälern zerschnitten werden, in denen haufendorfartige Siedlungen geschützte Muldenlagen einnehmen, werden von sanft ansteigenden Bergkuppen überragt. Ausgedehnte Grundmoränenfelder und stark von der Erosion gezeichnete Endmoränen lagern teilweise über den tertiären Konglomeraten des wenig reliefierten Berglandes und künden von einem rißeiszeitlichen Vorstoß des Rheingletschers. Der nördlich von Engen und Aach bei Biesendorf auf 765 m aufragende, höchstgelegene Bereich der Hegaualb, der sich durch ausgedehnte Wälder von den dicht besiedelten und offeneren Landstrichen des Hegaus abhebt, bildet ein ebenfalls zum Bodensee sanft abdachendes hochflächiges Bergland. Steilwandige, von klotzigen Felsmauern eingefaßte Täler in den Massenkalken des Weißjuras wie das Talmühletal oder das Wasserburger Tal sind zwischen wellige und hügelige Hochflächen mit ackerbaulich genutzten Rodungsinseln und bewaldeten Riedeln eingesägt. Mannigfache Züge einer tiefreichenden Verkarstung mit breiten Spalten und Gängen im harten Kalkgestein, mit in den Untergrund versinkenden Wasserläufen und in unterirdische Hohlräume eingebrochenen, wannen- und trichterförmigen Dolinen gehören zu den landschaftlichen Besonderheiten der durch Höhenlage und rauheres Klima kargeren Landschaft der Hegaualb.

Die eindrucksvollste Karsterscheinung ist am Nordrand des Hegaubeckens der Aachtopf unterhalb des auf hohem Jurafelsen thronenden alten Städtchens Aach. Diese Karstquelle in einem von Jurakalken eingefaßten, malerischen kleinen See schüttet aus ihren die Wasseroberfläche belebenden Strudellöchern 9000 Liter in der Sekunde. Das hier zutage tretende Wasser versinkt im Donaubett zwischen Immendingen und Fridingen in zahlreichen Schlucklöchern und wird in weitreichenden Karstspalten unterirdisch zur Radolfzeller Aach abgelenkt und über den Zeller See und Untersee dem Hochrhein zugeführt.

Südlich der Hegau- und östlich der Randenalb dehnt sich am Westende des Bodenseebeckens der abwechslungsreiche und vielgestaltige Hegau aus, eine tektonisch bedingte Beckenlandschaft am Nordrand des großen voralpinen Troges. Im Süden wird sie von dem mit steiler Bruchstufe abfallenden Molasserücken des Schienerbergs und weiter westlich vom Rauhenberg begrenzt. Im Osten geht der Hegau in der tief gelegenen Singener Niederung in das Bodenseebecken über. Das Hegaubecken wird durch die aus ihm aufragenden Berge in mehrere Teilbecken gegliedert. Vulkanische Bildungen formen unter ihnen die eindrucksvollsten Berggestalten, die dem Hegau erst seine Eigenart, seinen landschaftlichen Reiz und in der Unterschiedlichkeit ihrer Ausprägung seine Vielgestaltigkeit verleihen.

In zwei Reihen sitzen die einstigen Vulkane auf einer hügeligen Sockelfläche auf, die durch Täler zerschnitten wird, die schon während der Riß- und Würmeiszeit durch die weit ins Land vorstoßenden Eisströme des Rheingletschers vorgeformt wurden. Der Kern dieses Hegausokkels besteht aus Molassegesteinen, die an der Oberfläche durch vulkanische Aschen, Schlot- und Deckentuffe sowie durch vom Gletschereis herantransportierten und abgelagerten Moränenschutt verhüllt sind. Das vulkanische Geschehen setzte dabei mit der Ablagerung der Deckentuffe ein, die Mächtigkeiten bis zu 100 m erreichen können. Die heute von der Erosion teils als bizarre, himmelwärts stürmende, fast senkrecht aufragende Felsenburgen herauspräparierten Landmarken von Hohentwiel und Hohenkrähen oder die sich weit über die Umgebung aufrichtende Waldkuppe des Hohenhewen, die die markante Landschaftskulisse der Stadt Engen prägt, sind besonders harte Schlotfüllungen der Tertiärvulkane. Die pfropfenartigen Phonolithstiele von Hohentwiel, Staufen, Hohenkrähen und Mägdeberg bilden unter ihnen die östliche und jüngere Reihe der einstigen Feuerberge. Die wohl bekannteste, mit 686 m sich gewaltig über die benachbarte Singener Niederung emporhebende und eigenartigste Gestalt hat unter ihnen der burgengekrönte Hohentwiel, im 10. Jahrhundert zeitweise Sitz der Schwabenherzöge und bis in unsere Zeit eine württembergische Exklave im badischen Bodenseeland. Seine unsymmetrische Gestalt verdankt er heftiger Gletschererosion, die seine magmatische Schlotfüllung auf der Ostseite weitgehend freigelegt hat. Der den Phonolithstiel umschließende, weichere Tuffmantel wurde von dem an den Berg anbrandenden Rheingletscher abgetragen und ist nur noch auf der westlichen Bergflanke gegen Hilzingen erhalten. Der nur wenige Kilometer weiter nördlich 643 m aufragende, ebenfalls eine Burgruine tragende Hohenkrähen besteht aus einem schmalen und fast senkrecht aufsteigenden Schlotkern, der sich weit über den den Bergsockel bildenden Tuffmantel erhebt. Eine ganz andere Gestalt zeigt der 664 m hohe Mägdeberg, dessen vulkanische Pfropfen ebenfalls umfangreiche Reste eines mittelalterlichen Herrensitzes beherbergen, die teilweise unter Waldbäumen versteckt liegen. Seine harten Schlotfüllungen ragen aber nur wenig über den umgebenden Bergsockel hinaus, der mit Tuffmaterial und würmeiszeitlicher Grundmoräne überdeckt ist. Die westliche Vulkanreihe besteht aus Basaltbergen, deren Eruptivtätigkeit schon früher einsetzte. Unter ihnen bildet der zweigipflige Hohenstoffeln mit seinem bewaldeten, weit ausladenden Basalttuffsockel, mehreren Burg-

Blick vom Schienerberg in den Hegau mit seinen charakteristischen Kegelbergen aus vulkanischem Gestein.
Im Vordergrund das zur Stadt Singen gehörende Dorf Bohlingen

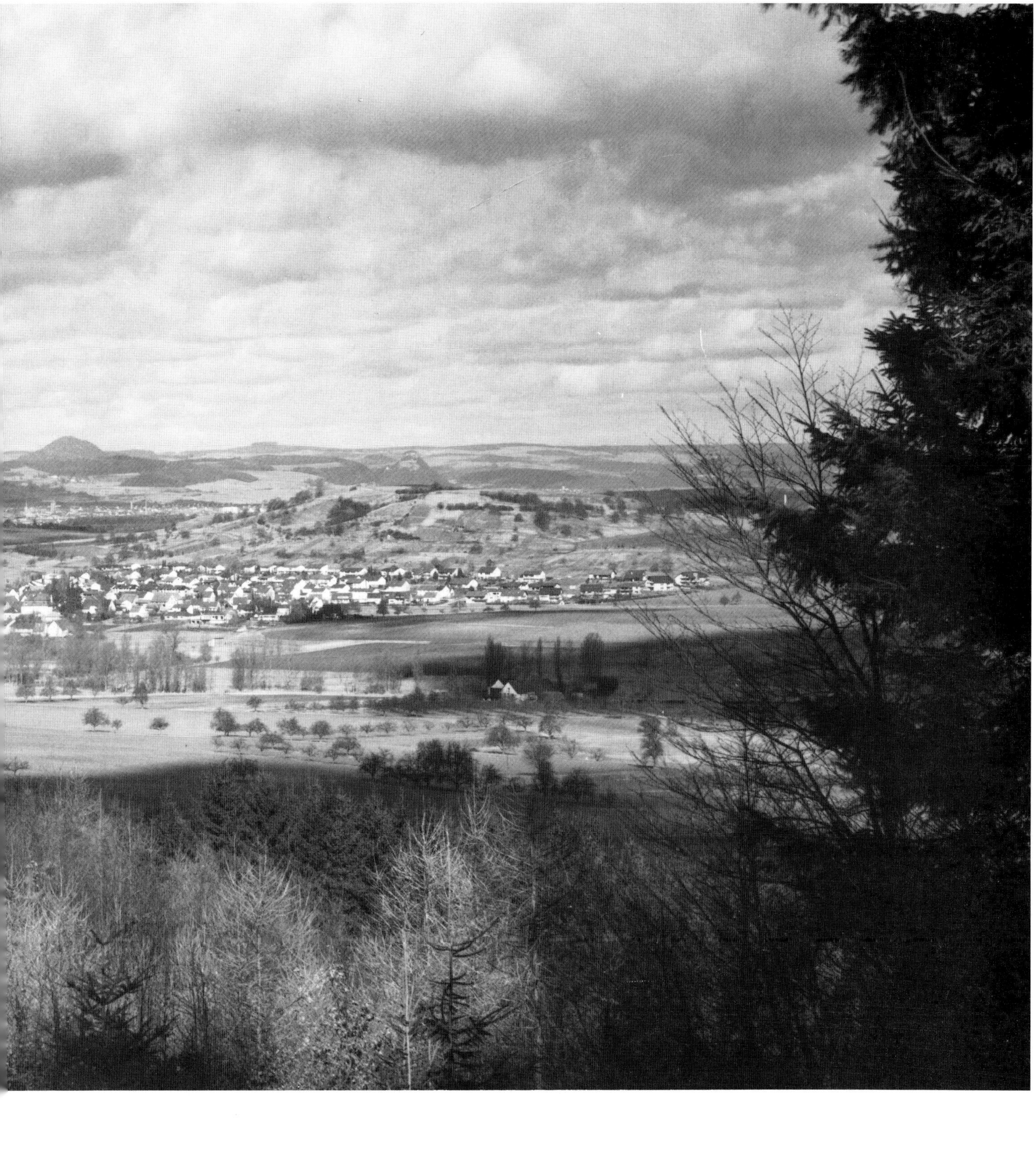

ruinen und einem jetzt aufgelassenen Steinbruch am 844 m aufragenden Nordgipfel, der durch die fast senkrecht aufsteigenden Basaltsäulen sehenswert ist, die den westlichen Hegau beherrschende Erhebung. In die Reihe der Basaltschlotfüllungen gehört auch der 846 m hohe Hohenhewen, der Hausberg von Engen, der als mächtige Waldkuppe über Anselfingen aufragt und der Landschaft den Namen gegeben hat.

Im Osten des Hegaubeckens bestehen die Berge aus einzelnen, dicht bewaldeten Molassehöhen, die durch eiszeitliche Schmelzwasserrinnen untereinander und von dem östlich benachbarten Bodanrück getrennt sind. Mit Höhenlagen von 632 m am Kirnberg und 639 m auf der Homburger Höhe westlich Wahlwies erheben sie sich beträchtlich über die eiszeitlichen Schotterflächen und Beckentonablagerungen westlich des Zeller Sees und Gnadensees, die Höhenlagen zwischen 400 und 430 m einnehmen. Der Schienerberg, der das Hegaubecken nach Süden abschließt, überragt die ihn zangenförmig von Osten umgreifenden westlichen Arme des Bodensees, des Zeller Sees im Norden und des Untersees im Süden. Im Norden, wo das über 700 m aufragende Bergmassiv steil abbricht, wurde er durch die Worblinger Gletscherzunge, im Westen durch das von einem Schmelzwasserstrom geschaffene Tal herausmodelliert, das den Rauhenberg abtrennt. Gesteine der Oberen Süßwassermolasse, auf der ältere Schotter der Günz- und Mindeleiszeiten sowie jüngere Grundmoränenschotter und Endmoränenreste der Würmeiszeit verbreitet sind, bauen den nach Süden stufenförmig zum Hochrhein abfallenden Bergrücken auf.

Am Bodenseebecken, dessen ausgedehnte Wasserflächen einen wesentlichen und charakteristischen Bestandteil der Landschaft im Kreisgebiet bilden, hat der Landkreis nur im westlichen Abschnitt Anteil. Zu ihm gehören die westlichen Zweigbecken mit ihren Uferregionen. Den Obersee, der als ausgedehntes Zungenbecken des Rheingletschers ausgeformt wurde, berührt er im westlichen Abschnitt der Konstanzer Bucht, die durch einen vom Thurgauer Seerücken zum Bodanrück ziehenden Endmoränenwall abgeschlossen wird, auf dem sich die alte Bischofsstadt Konstanz ansiedelte. Der Molasserücken des Bodanrücks bildet ein stark bewaldetes Berg- und Hügelland, das an der Oberfläche von einem reichen eiszeitlichen Formenschatz überprägt ist. Von Schmelzwasserrinnen getrennte Drumlins, die als vom Eis überflossene, walrückenförmige Schotter- und Moränenhügel zu verstehen sind, Toteislöcher, das Zungenbecken des Mindelsees sowie würmeiszeitliche Grundmoränenschotter und Endmoränenwälle bestimmen die Oberflächenform und das Kleinrelief dieses Berglandes zwischen Überlinger See und Gnadensee. Im Norden steil zum tiefen Zungenbecken des Überlinger Sees abbrechend, senkt es sich auf der mit vielen Drumlinrücken und Eiszeitschottern überdeckten Südseite sanfter zum Gnadensee ab. Seinem flacheren Südrand sind am Ufer würmeiszeitliche Beckentone, Seekreide und Schnecklisande vorgelagert, die in größerer flächenhafter Verbreitung den Untergrund des Wollmatinger Rieds bilden, das als Nistplatz und Lebensraum auch seltener Wasservögel dient. Strandwälle unter den ausgedehnten Schilf- und Riedgrasflächen zeigen dort frühere Uferstreifen an. Schnecklisande und Beckentone bauen ferner die Halbinsel Mettnau bei Radolfzell auf, die den Gnadensee und Zeller See scheidet. Im Gegensatz zu dem langgestreckten und von steilen Molassewänden eingerahmten und vom Gletscher übertieften Überlinger See sind der Gnadensee, Zeller See und der vom Rhein durchflossene Untersee nur flache Seebecken, aus denen die durch einen künstlichen Straßendamm mit dem Bodanrück verbundene Insel Reichenau emporragt. Ihre über 400 m ansteigenden höchsten Erhebungen bestehen aus zwei Drumlinrücken. Mit den in die Christianisierungszeit zurückreichenden Kirchen, den durch das milde Seeklima begünstigten Garten- und Frühgemüsekulturen, von denen große Teile im Unterglasanbau betrieben werden, bildet die Insel eine Kulturlandschaft ganz eigener Prägung. Auch der Überlinger See hat mit der Mainau, deren Kern aus Oberer Süßwassermolasse aufgebaut ist, eine Insel. Ihr besonderer kulturhistorischer Reiz ist in ihrem ehemaligen barocken Deutschordensschloß begründet, das über die badische Fürstenfamilie und das schwedische Königshaus in den Besitz des Grafen Bernadotte gelangte. Er nutzte das milde Bodenseeklima zur Anlage der berühmten Blumengärten mit einheimischen, subtropischen und tropischen Pflanzenbeständen.

Im ehemaligen Steinbruch am Hohenstoffeln tritt der schwarze Basalt deutlich zutage

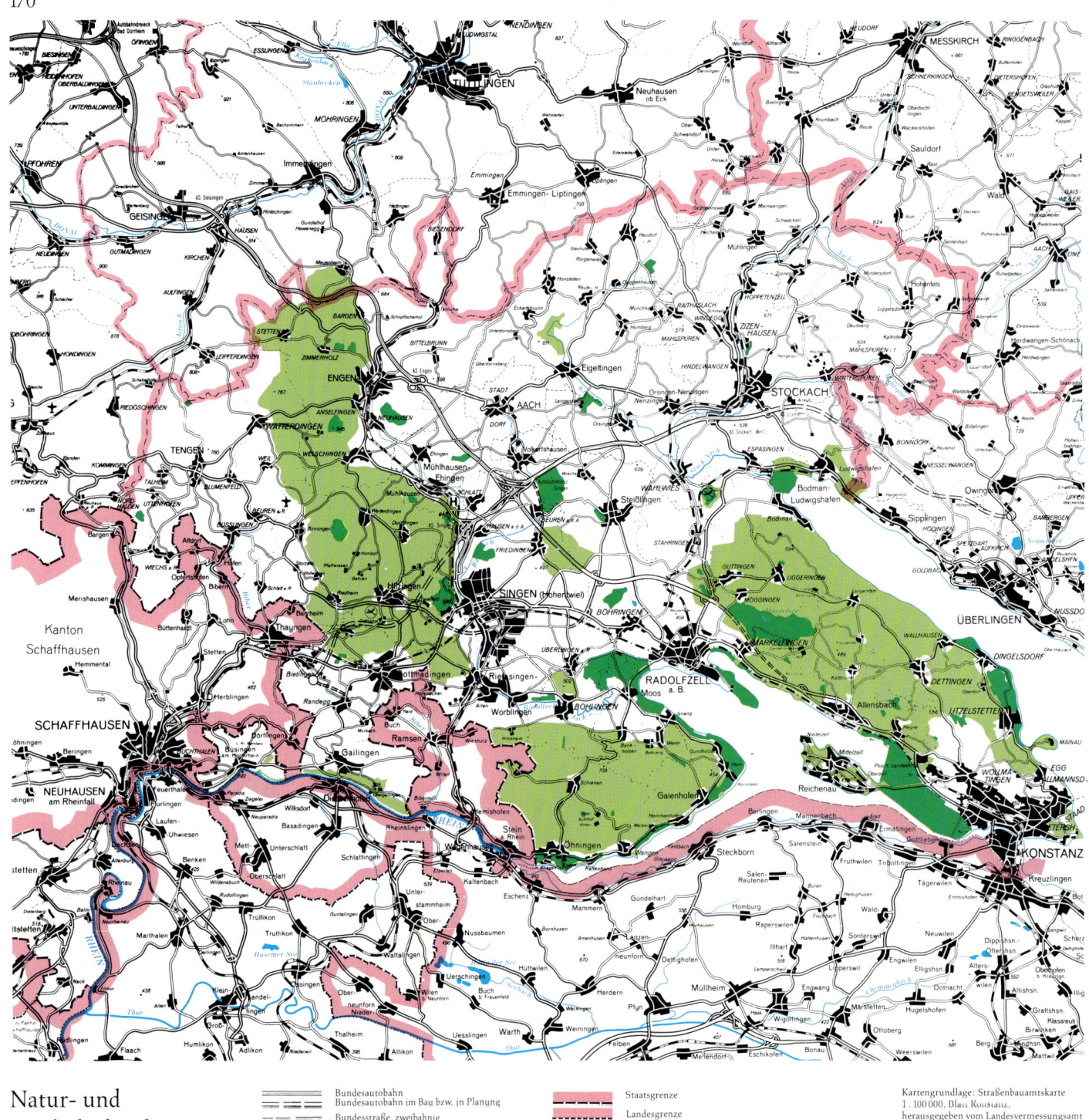

Natur- und Landschaftsschutz im Landkreis Konstanz

Zeichenerklärung:

- Bundesautobahn
- Bundesautobahn im Bau bzw. in Planung
- Bundesstraße, zweibahnig
- Bundesstraße im Bau bzw. in Planung
- Landesstraße
- Landesstraße im Bau bzw. in Planung
- Kreisstraße
- Gemeindestraße u. sonstige Straße
- Straße, für den öffentlichen Verkehr gesperrt
- Siedlungsfläche
- Staatsgrenze
- Landesgrenze
- Reg.-Bezirksgrenze
- Stadt- bzw. Landkreisgrenze
- Gemeindegrenze
- Landschaftsschutzgebiet
- Naturschutzgebiet

Maßstab 1 : 150 000

Kartengrundlage: Straßenbauamtskarte 1 : 100 000, Blatt Konstanz, herausgegeben vom Landesvermessungsamt Baden-Württemberg, Büchsenstraße 54, 7000 Stuttgart 1. Vervielfältigung genehmigt unter Az.: 5. 12/199. Thematisch ergänzt durch Landratsamt Konstanz.

Naturkundliche Streifzüge

HERMANN FIX

Der Naturfreund, der den Kreis Konstanz durchwandert oder auch nur durchfährt, erkennt an der Vielgestaltigkeit der Landschaft mit ihren Seeufern, Hügelketten, Bergrücken, Ebenen, Kegelbergen, Höhenzügen, Schluchten und Waldtälern, wie auch an den vielen kleinen Seen, Rieden, Toteislöchern, Wäldern und Trockenrasenhängen, die sich zwischen den Siedlungen und landwirtschaftlich genutzten Flächen behaupten konnten, daß er hier eine naturgeschichtlich vielgestaltige Landschaft außergewöhnlicher Art vor sich hat, wie dies nur selten auf so begrenztem Raum anzutreffen ist.

Kein Wunder, daß sich uns der Kreis Konstanz auch in der Statistik als der Kreis des Landes Baden-Württemberg ausweisen kann, der die meisten Naturschutzgebiete und ausgedehnte Landschaftsschutzgebiete sein eigen nennen kann. An die 40 Naturschutzgebiete, einige davon noch in Planung befindlich, können wir aufzählen. Das sind über 4% der Gesamtfläche des Kreises, was ihn damit als den Landkreis mit der höchsten Naturschutzdichte aufweist.

Auch bezüglich des Landschaftsschutzes steht der Landkreis mit 220 Quadratkilometern – das sind knapp 31% der Kreisfläche – immerhin an sechster Stelle unter den baden-württembergischen Landkreisen.

In der Zusammenfassung von Natur- und Landschaftsschutzgebieten erreicht der Landkreis Konstanz damit nahezu 30% seiner Fläche.

Grundlegend für diese Vorzüge des Kreises Konstanz sind einmal seine geologische Struktur, zum anderen seine klimatischen Besonderheiten mit der Spanne von ausgeglichenem Seeklima, das auf der Insel Mainau eine mediterrane bis subtropische Vegetation gedeihen läßt, bis zu den Trockenrasen der Hegaualb mit ihren fast kontinentalen Klimaverhältnissen, wo arktische, alpine und Steppenrelikte bis auf 800 m Höhe anzutreffen sind.

Das Seeufer war immer bevorzugtes Siedlungsgebiet seit Menschen hier leben. Dies wird vor allem durch die Funde vieler ehemaliger Pfahlbausiedlungen belegt. Geschützte Lage, Wasser und Fischfang mögen u. a. zum Verweilen gelockt haben.

Heute ist das Seeufer leider weitgehend bebaut, privatisiert, mit Ankerplätzen, Campingplätzen und Strandbädern belegt, so daß man mancherorts kaum noch ausgedehntere Uferwanderungen durchführen kann, ohne auf Verbotsschilder und Zäune zu stoßen. Ausnahmen bilden hier teilweise das Höri-Ufer und das steil abfallende Molasseufer zwischen Bodman und Wallhausen, wo auf einsamen Ufer- oder Höhenwegen dieser wildromantische Uferstreifen nur durch Fußwanderung erlebt werden kann.

Die Bestrebungen des Kreises, die Ufergebiete »durchgängiger« zu gestalten, sind anerkennenswert, wenngleich hier oft fast unüberwindlich erscheinende Hindernisse im Weg liegen.

Ein besonderes Augenmerk sollte der Naturfreund dem mit dem Europadiplom ausgezeichneten Naturschutzgebiet Wollmatinger Ried und Gierenmoos widmen. Neben der einmaligen

Flora mit Sumpfgladiole, Mehlprimel, Fettkraut, vier Enzianarten, Sommerdrehwurz und einigen Knabenkräutern, vor allem das Wanzen-Knabenkraut, liegt die Hauptbedeutung des Riedes im Bereich der Vogelwelt. Hier muß auf die jeweilige spezielle Literatur verwiesen werden (»Die Vögel des Bodenseegebietes«, herausgegeben von der ornithologischen Arbeitsgemeinschaft Bodensee).

Eine besonders auffallende Begebenheit sei erwähnt: Die Dreikantmuschel, vor einiger Zeit in den Bodensee eingeschleppt, gab durch ihre rapide Vermehrung zu allerlei Befürchtungen Anlaß. Die Natur half sich selbst: Wasservögel, vor allem Reiherenten und Tafelenten, aber auch Bleßhühner, häuften sich von Jahr zu Jahr zur Überwinterung am Bodensee. Wenn es früher einige Tausend waren, wurden es schließlich schier unübersehbare Mengen. In manchen Jahren zählte man über 200.000! Die Enten tauchen bis 20 m Tiefe und bringen ganze Klumpen von Dreikantmuscheln an die Wasseroberfläche, um sie zu verzehren. Früher überwinterte die Hauptmasse dieser Vögel an südlicher gelegenen Seen. Niemand macht sich heute noch Sorgen wegen dieser Dreikantmuschelinvasion! Auf dem Seerhein und vor allem bei Öhningen können jeden Winter diese Vogelschwärme beobachtet werden.

Massenbestände der Sibirischen Schwertlilie, kleine Blüten auf langen, schlanken Stielen, kann man im Uferbereich des Gnadensees heute noch antreffen.

Ein außergewöhnliches Naturschutzgebiet stellt auch die Halbinsel Mettnau bei Radolfzell dar, wo alljährlich Tausende von Zugvögeln beringt werden. Hier, wie auch im Wollmatinger Ried finden regelmäßig Führungen durch den Bund für Vogelschutz statt. Das Wollmatinger Ried darf nur mit Führung betreten werden.

Der Bodanrück, der sich in NW-SO-Richtung von Stahringen bis Konstanz als über 20 km lange und ca. 7 km breite Landzunge zwischen Gnadensee und Überlinger See erstreckt, ist recht unterschiedlich gestaltet. Die bereits erwähnten felsigen und schluchtenreichen Molasseausbildungen gegen das Überlinger Seeufer lenken Besiedelung und Verkehr in den überwiegend glazial gestalteten Uferbereich des Gnadensees.

Hier gibt es verständlicherweise Probleme, vor allem verkehrstechnischer Art: die Zugangsmöglichkeiten nach der Kreisstadt Konstanz, die nun einmal, ganz am Ostende des Landkreises, in einem appendixartigen Sack liegt. Kreisverwaltung, Schulzentren, Universität und die Passage über den Seerhein nach der Schweiz saugen den Verkehr geradezu hinein in diesen »Staubsaugersack«. Daß es hier zwischen Verkehrsplanern und Kommunen einerseits sowie Natur- und Landschaftsschutz andererseits zu vertretbaren Kompromissen kommen muß, liegt auf der Hand.

Die Marienschlucht, eine durch Holztreppenanlagen gut begehbare Tobelbildung, führt von Langenrain (Golfparkplatz) vorbei an der Ruine Kargegg durch Molassesandstein hinunter bis an das Überlinger Seeufer, von wo entlang der steil abfallenden Sandsteinwände der Fußpfad nach Bodman oder nach Wallhausen gewählt werden kann. Viele kleinere Schluchten, alle bewaldet, passieren wir dabei. Vor allem das Frühjahr, wenn die lichten Baumkronen Sicht und Sonneneinstrahlung begünstigen, oder der Herbst mit seinem bunten Laubgemisch aus Buche, Eiche, Ahorn und Esche sind für ein Begehen der Marienschlucht besonders zu empfehlen.

Blick vom Mägdeberg auf den Hohenhewen. Davor das Dorf Welschingen. Im Hintergrund Neuhausen, Anselfingen und die Stadt Engen

Auf der Wanderkarte 1:50.000 können wir ohne große Schwierigkeit die Hinterlassenschaft der letzten Eiszeit ausmachen: Eine große Anzahl in Fließrichtung des Gletschers ausgerichtete Drumlins, meist bewaldet, wechseln mit Feuchtgebieten, Rieden, Tümpeln und Bachläufen, an denen eine üppige Sumpfflora und -fauna anzutreffen ist. Eiszeitliche Schmelzwasserläufe und Toteislöcher, auch Sölle genannt, entstanden beim Gletscherrückzug, wobei abgebrochene Gletscherteile mit Kies, Sand und Ton einsedimentiert wurden. Nach allmählichem Abschmelzen des Eisklotzes entstanden Löcher, die sich mit Wasser füllten und später zum Teil verlandeten.

Der Mindelsee bei Markelfingen, eine weitgehend eiszeitliche Bildung wie auch der Bodensee selbst, hat ein schattiges südliches Ufer, wo man am Weg unter dem Dach eines prächtigen Laubwaldes Aronstab, Waldgeißbart und Christophskraut findet, während das sonnenbestrahlte Nordufer und vor allem das Mindelseeried im Osten eine kostbare Ufer- und Sumpfvegetation bergen: Knabenkräuter verschiedener Art, Glanzwurz, Händelwurz, Sommerdrehwurz, Prachtnelke, Sumpf-Greiskraut, Sonnentau, Fieberklee, Schlauchenzian, Wollgras und Weiße Seerose. Berühmt wurde der Mindelsee auch durch die dort lebenden riesigen Welse mit einem Gewicht bis zu zwei Zentnern!

Böhringer See, Litzelsee und Buchenseen sind Toteislöcher, wobei einer der letztgenannten mit einem Schwingrasen umgeben ist, ein Refugium für Fieberklee, Sumpf-Läusekraut, Rundblättriger Sonnentau, Weiße Sumpfwurz und Glanzwurz nebst vielen Libellenarten und anderen Wasserinsekten, die natürlich auch in den bereits erwähnten Ried- und Seengebieten in erfreulicher Artenvielfalt anzutreffen sind.

Der Schienerberg, ein Molassehorst mit aufsitzenden älteren und jüngeren Deckenschottern der Günz- und Mindeleiszeit, ist weitgehend ein Waldgebiet mit herrlichen Wanderrouten. Die feuchten Hänge und Schluchten tragen auf teilweise kalkfreiem Boden typische Vertreter saurer Böden wie Adlerfarn und Heidelbeere. Ein reizendes kleines Hochmoor birgt sogar Torfmoos und Sonnentau.

Ein Naturdenkmal besonderer Art bilden die Öhninger Steinbrüche 100 Meter nördlich des Obersalenhofes. In den feingeschichteten Kalken, die in einem Maarsee abgelagert wurden, fand man eine reichhaltige fossile Fauna und Flora, die etwa 12 Millionen Jahre alt sein dürfte. Über 800 versteinerte Insekten- und Pflanzenarten, wie auch Schildkröten, Reptilien und Lurche fanden im letzten und vorletzten Jahrhundert Einzug in die Museen der ganzen Erde. Der bedeutendste Fund war das Skelett eines Riesensalamanders, der von Johannes Jakobus Scheuchzer 1726 zunächst fälschlicherweise als »das Beingerüst eines in der Sintflut umgekommenen Sünders« identifiziert wurde. Mögen wir heute diesen Irrtum eines Wissenschaftlers auch belächeln, müssen wir ihm doch zugestehen, daß seine Ansicht, die Fossilien seien einmal echte Lebewesen gewesen, für die damalige Zeit sehr fortschrittlich war. Glaubte man doch zuvor seit 2.000 Jahren, es handle sich um im Gestein entstandene Gebilde, die nur nicht zum Leben erweckt werden konnten!

Der Firstweg führt entlang der Grenze zur Schweiz (Personalausweis mitnehmen), von der Schrotzburg – etwa 6 km – zum Herrentisch, von wo man einen grandiosen Blick über das

Die Hegauer Aach vor der bewaldeten Kulisse des Hohentwiels

gesamte Hegauer Kegelbergland und das Singener Becken bis zur Hegaualb am Horizont hat. Vom Fuß des Schienerberges kann man diesen einmaligen Aussichtspunkt in direktem Anstieg in einer halben Stunde erreichen.

Im Ostteil fällt der Schienerberg in abwechslungsreicher Gliederung zur Höri ab. Hier reiht sich dem Seeufer entlang von Moos über Horn und Gaienhofen bis Öhningen ein Naturschutzgebiet an das andere. Dahinter liegen blühende Gärten und Obstplantagen.

Übersehen wir die Hochrheinlandschaft nicht, an der der Kreis Konstanz mit Gailingen und der Exklave Büsingen Anteil hat. Auf dem Weg nach oder von Schaffhausen sollte man einmal statt der B 34 das Sträßchen über Büsingen, Gailingen, Ramsen wählen, oder man wandere den »Sonntagsweg«, vielleicht auch nur ein Teilstück, von Öhningen den Rhein entlang. Die Rückfahrt kann dann mit dem Schiff erfolgen.

Die Radolfzeller Aach – der treffendere Name wäre zwar »Hegauer Aach« – bezieht ihr Wasser bekanntlich »auf dunklen Wegen« von der Donau. Im Aachtopf, der Karstquelle mit überwiegend versickertem Donauwasser, sprudeln durchschnittlich 10.000 Liter Wasser pro Sekunde aus den tiefen Spalten und Höhlen des Weißen Jura. Die grünen Polster im Aachtopf werden vom Frühlings-Wasserstern, einer seltenen Wasserpflanze, gebildet.

Eiszeitliche Stauseen ließen zwischen Volkertshausen und Beuren das Weitenried und zwischen Hausen und Singen das Hausener Aachried entstehen. Beide Naturschutzgebiete sind weitläufige Vogelbrutplätze. Hier brüten noch Bekassine, Braunkehlchen, Wachtel, Grauammer, Kiebitz und Nachtigall. An pflanzlichen Besonderheiten seien erwähnt: Wollgras, Sibirische Schwertlilie, Gelbe Schwertlilie, Lungenenzian, Fleischfarbenes-, Geflecktes- und Kleines Knabenkraut.

Unterhalb Bohlingen fließt die Aach in Mäandern neben Altwasserarmen durch die dortige geschützte Riedlandschaft bis zur Mündung in den Zeller See. Schilfwände begleiten den Fluß. Rohrkolben, Sibirische und Gelbe Schwertlilien, Sumpf-Herzblatt und Lungen-Enzian säumen seine Ufer, und Gelbe Teichrosen blühen im Wasser neben Flutendem Hahnenfuß.

Das Hegauer Kegelbergland bildet mit seinen Deckentuffen, Phonolith- und Basaltbergen die so typische Kernlandschaft des Hegaus. Erosionskräfte des Wassers haben diese Schlotfüllungen im Laufe der letzten Jahrmillionen aus ursprünglich 200–300 m höher aufgeschichteten Molasse- und Aschenlagen herausmodelliert. Die Felswände der Kegelberge wie auch die Tufflagen sind heute hervorragende Standorte seltener Pflanzen und Tiere wie auch Fundstellen interessanter Mineralien.

Vor Jahrtausenden wanderten vor den Gletschern der Würmeiszeit her alpine Pflanzen und Tiere in unseren Raum, die während der fast totalen Vergletscherung der Alpen selbst in einem eisfreien Tundrengebiet zwischen alpiner und skandinavischer Vereisung überleben konnten. Eine bunte alpine Flora mit der dazugehörigen Insektenwelt müssen damals die Felswände der Hegauberge besiedelt haben. Neben überwiegend Moosen und Flechten werden Steinbrechgewächse, Edelweiß, Enziane und Aurikel, Alpenrosen, Alpenglöckchen und vieles, was die Alpen in ihrer heutigen Gletscherregion noch zeigen, damals die Juwelen unter den Pflanzen jener Kältesteppe gewesen sein.

Von links oben nach rechts unten: Frauenschuh, Brandköpfiges
Knabenkraut (»Bränderle«), Bienenraswurz, Küchenschelle,
Krebsbachtal, Kriechender Seidelbast (»Reckhölderle«),
Bergsteinkraut am Hohentwiel, Natrolith (geschliffen) vom
Hohentwiel, Heidenhöhlen bei Stockach

Der Hohentwiel ist sowohl historisch als auch naturgeschichtlich der bedeutendste Hegauberg. Der in klingenden Scherben verwitternde Phonolith (Klingstein), eine magmatische Gesteinsschmelze von hellgraugrüner bis braungrauschwarzer Farbe, enthält in der feinkristallinen Grundmasse seidigglänzende, leistenförmige Sanidine, sechsseitige, hellgraue Nepheline und unregelmäßige, rundliche, graubräunliche Hauyn-Flecken. Gelegentlich findet man darin auch Augit, Hornblende und Biotit. Die natriumreiche Gesteinsschmelze bildete bei der Erkaltung in Spalten rosettig angeordneten weißen, gelben und braunroten Natrolith, ein hydrothermal entstandenes Natriumaluminiumsilikat sowie millimetergroße Analcimkristalle (Hauptvorkommen am Nordwesthang im ehemaligen Steinbruch hinter dem Hohentwielfriedhof).

Recht interessant sind die Deckentuffe im Süden und Südwesten (Rebbaugebiet). Hier kann man in den verhärteten ehemaligen Aschenauswürfen neben Glimmerplättchen und Lapillis (Vulkankügelchen) Gesteinsbrocken als Auswürflinge aus dem Untergrund finden. Nicht selten sind Molasse-, Jura- und Triasgesteine wie auch roter Granit aus etwa 2000 m Tiefe.

Die Flora des Hohentwiels, vor allem in seinen unzugänglichen Felspartien, ist eine ganz außergewöhnliche Reliktflora mit alpinen Pflanzen der Eiszeit (z. B. Felsenbirne, Alpen-Heckenrose, Traubensteinbrech, Niedriges Habichtskraut, Dickblättriges Fettblatt, Immergrünes Felsenblümchen) sowie mediterranen und pontisch-sarmatischen Elementen der nacheiszeitlichen Steppenzeit (z. B. Bergsteinkraut, Küchenschelle, Kreuzenzian, Blauer Lattich, Zwergmispel, Ährige Graslilie, Goldaster, Blutroter Storchschnabel, Flügelginster, Aufrechter Ziest). Darüber hinaus finden wir als sogenannte Burggartenflüchter das duftende Geißblatt, den orientalischen Ysop, und vielleicht ist auch der Schildampfer hierzu zählen.

Besonderer Erwähnung bedarf es, daß im Naturschutzgebiet Hohentwiel die Wege nicht verlassen und keine Pflanzen, Tiere oder Mineralien mitgenommen werden dürfen. Dies ist bei der beträchtlichen Besucherzahl eine dringliche und auch verständliche Anordnung.

Auch der Hohenkrähen und der Mägdeberg gehören zu den phonolithischen Vulkanruinen; letzterer mit einem besonders gut erhaltenen Burggärtlein (Taglilien, Iris und Pontischer Wermuth).

Zwischen Hohenkrähen und Mägdeberg sind deutlich zwei erhabene vulkanische Tuffhöcker erkennbar, Offerenbühl und Schüsselbühl. Auch hier kann ein Sammler reichlich Auswürflinge finden.

Der kleinste phonolithische Hegauvulkan ist zwischen Hohentwiel und Hilzingen, neben dem Staufen, der Gönnersbohl.

Die höchsten und auch ältesten Hegauberge, Hohenstoffeln, Hohenhewen und Neuhewen sowie das Höwenegg und der Wartenberg, bestehen aus Basalt und Basalttuff. Der Neuhewen mit dem Stettener Schlößchen ist mit 867 m die höchste Erhebung des Landkreises. Aus basaltischen Gesteinen bestehen auch noch weitere 30 Schlote und Gänge, die die Erdoberfläche erreichten. Die feinkristalline Grundmasse des schwarzblaugrauen, blockig verwitternden Basaltgesteins enthält vereinzelt Einsprenglinge von glasiggrünen Olivinen und Augit. In Spalten und Klüften kristallisierten gelegentlich Kalzite sowie verschiedene Zeolithmineralien aus.

Laubwald auf dem Bodanrück

Der Hohenhewen kann im Süden von Welschingen über den Ludwig-Finckh-Weg, im Nordosten vom Parkplatz bei der Allmend-Hütte oberhalb Anselfingen oder vom Parkplatz nordwestlich des Berges (Zugang von der Watterdinger Straße) bestiegen werden. Die Basaltschlotfüllung erhebt sich in einem Tuff-Ring über der Juranagelfluh der Oberen Süßwassermolasse, die den Sockel des Berges bildet. Neben schwarzgrauen Basaltblöcken begegnen wir, vor allem am Ringpfad über den Abstürzen der Ostseite, schlackenartigen, porösen, oft rotbraun gefärbten Basalttuffbrocken. Am südlichen Basalthang gedeiht auf einer unbewaldeten inselförmigen Schrägfläche eine ausgeprägte Steppenheideflora mit Felsenbirne, Hirschwurz, Schwalbenwurz, Edelgamander, Aufrechter Ziest, Blutroter Storchschnabel, Flügelginster und verschiedenen Seggenarten.

Im Süden trifft man versteckt im Gebüsch, unterhalb der Grenze Basalt-Nagelfluh, auf eine Gipslage mit kleinen Gipskristallen. Es handelt sich wahrscheinlich um eine Solfatarenbildung. Vom Gipfel des Berges kann man eine der schönsten Aussichten im Hegau genießen.

Am Hohenstoffeln sind im Gipfelbereich, vor allem aber im ehemaligen Steinbruch an der Nordseite deutlich Basalte in sechsecksäulenförmiger Anordnung zu sehen. Der ehemalige Hauptgipfel fiel noch dem Steinbruchbetrieb zum Opfer, bis schließlich nach zähem Ringen Ludwig Finckh bei der damaligen Reichsregierung durchsetzen konnte, daß der Berg 1939 unter Naturschutz kam und der Steinbruch eingestellt werden mußte.

Sehr empfehlenswert ist neben dem Gipfelanstieg mit herrlicher Aussicht auch der Rundweg um den Berg. Der eindringliche Knoblauchgeruch in den Wäldern rührt übrigens von Massenbeständen des Bärlauchs mit seinen maiglöckchenähnlichen Blättern her. Neben Kornelkirsche, Seidelbast, Ackergoldstern und Lungenkraut begegnen wir häufig dem Christophskraut, dem Waldgeißbart und der Türkenbundlilie. Leider werden die schönen ursprünglichen Laubholzmischwälder immer mehr durch Fichtenmonokulturen verdrängt, wodurch viele Pflanzenbesonderheiten, wie das Bleichgelbe Knabenkraut und das Mannsknabenkraut immer spärlicher anzutreffen sind.

Die Nordhegauer Waldtäler sind wenig bekannt, wenig begangen, aber voller Schönheit und Romantik! Hierzu gehören von West nach Ost: das Talbachtal oberhalb Engen mit Rehletal am Ramberg, Birtal, Kriegertal und Wolftal bei Biesendorf, ferner das Brudertal mit der Petersfelshöhle südlich Bittelbrunn, das Wasserburger Tal mit Zeilental und schließlich nördlich Eigeltingen das Krebsbachtal, das hinaufführt zur Tudoburg bei Honstetten. Weiter westlich kann man die Reihe noch ergänzen durch das Zimmerholzer Wildbachtal und das reizende Körbeltal entlang dem Körbelbach von Tengen nach Büßlingen, wo der Wasserlauf die Biber erreicht. Alle diese Täler sind teils recht tiefe Einschnitte in die Weißjurakalke, die im Nordwesten des Kreisgebietes auftauchen. Die zum Teil mächtigen und schroffen Felstürme – besonders eindrucksvoll im Wasserburger Tal – sind ehemalige Schwammriffe, deren sehr harter Kalk der Erosion des Wassers standhielt, während die weicheren umgebenden Kalke und Mergel ausgewaschen wurden.

Die Talhänge und Talsohlen wie auch die Trockenhänge darüber bergen kostbare Reliktpflanzen der Eis- und Steppenzeit. Über die Hälfte der in Deutschland vorkommenden etwa 60

Schäfer mit Herde auf rauhreifüberzogenem
Feld beim Hohenhewen

Orchideenarten, die meisten davon im Raum des Oberen Hegaus, darf der Kreis Konstanz beherbergen: Frauenschuh und Knabenkräuter, Waldvöglein, Pyramidenorchis und Sumpfwurzarten, Zweiblatt, Nestwurz, Waldhyazinthe und Ragwurzarten, Netzblatt, Händelwurz und Korallenwurz sind, teilweise sehr selten, einige Vertreter dieser Orchideengesellschaft.

Daneben sollte man aber die anderen floristischen Besonderheiten nicht übersehen. In den Waldschluchten blühen Seidelbast, Zahnwurz, Haselwurz und Hexenkraut, Märzenbecher, Lungenkraut, Moschuskraut und Maiglöckchen. An durchsonnteren Lagen erfreuen uns die blauen Sterne der Leberblümchen, das Scharbockskraut, Schlüsselblumen, Anemonen und Frühlingsplatterbse, Wintergrün- und Wolfsmilchgewächse. Und die sonnigen Trockenrasen schmücken sich neben vielen seltenen Gräsern mit Reckhölderle und Kugelblümchen, Wundklee, Hornklee und Hufeisenklee, Glockenblumen und Flockenblumen, Alant und Ochsenauge, Enziane und Gamanderarten, Sterndolde, Berghähnlein und Diptam, Silberdistel und Golddistel, Bergaster und Kreuzblümchen. Man kann kaum ein Ende finden beim Aufzählen der vielen Blumen, die in diesen Regionen vom Frühjahr bis in den Herbst hinein das Herz des Naturfreundes erfreuen.

Doch was wäre all die Pracht, würde die zugehörige Insektenwelt fehlen. Hier seien nur einige besondere Schmetterlingsarten erwähnt: Zitronenfalter und Fuchs, Tagpfauenauge und Trauermantelfalter, Kaisermantel und Admiral, Bläuling und Landkärtchen, und auf den Hügelkuppen und Höhen unserer Hegauberge erleben wir noch den Flug von Schwalbenschwanz und Segelfalter. Als Besonderheit an sehr heißen Standorten sei noch das Vorkommen eines Vertreters der Hautflügler, der mediterrane Schmetterlingshaft, erwähnt.

Nicht selten können wir in den feuchten Waldtälern des Bodanrück, des Schienerbergs und im Oberen Hegau dem Feuersalamander begegnen. In Steinbrüchen und Felspartien wie auch auf Trockenrasen huschen Zauneidechsen. Seltener sind, z. B. am Hohentwiel, die Mauereidechse, erkenntlich an der graubraunen Musterung, dem sehr langen Schwanz und den fast überlangen Fingern und Zehen, sowie die Glatt-Natter.

Die Stockacher Aach mit der Mahlspürer Aach entwässert den Norden des Landkreises mit dem Hohenfelser Land zum Überlinger See. Die Höhenlagen, meist über 600 m, sind abwechslungsreich gegliedert. Höhen und Taleinschnitte wechseln mit weitreichenden Hochlagen; und Wälder, Wiesen und Äcker vermitteln eine harmonische, befreiende Wechselwirkung der großräumigen Landschaft. Befreiend vor allem für Menschen, die ansonsten in der Enge und Hektik des geschäftigen Alltags leben müssen.

Ein eindrucksvoller Halbtagsausflug sei hier empfohlen: die Heidenhöhlen unmittelbar nördlich der früheren Kreisstadt Stockach. In der Nähe des Berlingerhofes können wir parken. Entlang einem Fußpfad erreichen wir die ehemaligen Wohnhöhlen, die vermutlich Menschen der Steinzeit in die fast senkrecht zur Stockacher Aach abfallenden Sandsteinfelsen der Oberen Meeresmolasse gegraben haben. Sicher haben hier Menschen öfters Zuflucht gesucht. Näheres ist über die Höhlen nicht bekannt. Ganz in der Nähe befindet sich ein Grobsandsteinaufschluß, wo man bei geduldigem Suchen 1–2 cm große Haifischzähne finden kann.

Zur ehemaligen Uferzone der Oberen Meeresmolasse gehören auch die Schalentrümmer-

Hohenstoffeln und Hohenhewen ragen aus dem Nebelmeer über der
winterlichen Hegaulandschaft

Verschneite und vereiste Uferzone am Überlinger See bei Ludwigshafen

kalke oder Randengrobkalke in den ehemaligen Steinbrüchen bei Wiechs, Tengen, Blumenfeld und Zimmerholz. Hier kann man neben durch die Brandung zertrümmerten Gehäusen ehemaliger Meerestiere, Haifischzähnen wie auch gut erhaltenen Versteinerungen von Austern, Turmschnecken und Seepocken finden, die hier im Miozän vor 20 Millionen Jahren lebten.

Die alte Poststraße auf den Tengen – Blumenfelder Randenhöhen bietet sich als einer der schönsten Panoramawege des Kreises an. Wir erreichen diese ehemalige Römerstraße unweit der Kreisgrenze im Westen, wenn wir von Watterdingen die Straße in Richtung Leipferdingen bis zum Parkplatz am Waldrand fahren. Dort kreuzt die Landstraße den alten Postweg, und wir haben die Wahl, ihm nach Südwesten bis auf die Höhen hinter Tengen zu folgen oder nach Nordosten zum Napoleonsplatz und von dort nach Engen oder zur Stettener Höhe weiterzuwandern. Herrliche Aussichten kann man hier über den Hegau und den Untersee bis zu den Schweizer-, Allgäuer- und österreichischen Alpen genießen. Vor allem bei Föhnwetter scheinen Tödi, Glärnisch, Säntis und Widderstein, manchmal sogar der Hochvogel und das Zugspitzmassiv zum Greifen nahe.

Zum Schluß noch einige weitere Hinweise auf exponierte Aussichtspunkte im Landkreis: Hohentwiel, Hohenstoffeln, Hohenhewen, Hegaublick oberhalb Engen-Zimmerholz, Windegg auf der Hegaualb, Homburg oberhalb Steißlingen oder Stahringen und der Friedinger Schloßberg.

Die Vor- und Frühgeschichte des Landkreises Konstanz

JÖRG AUFDERMAUER

Man kann den Hegau und den Bodanrück zwar fast mit einem Blick vom Konstanzer Münsterturm aus überblicken und sollte meinen, es müßte eigentlich ein Leichtes sein, die heimatliche Vor- und Frühgeschichte dieses kleinen, überschaubaren Gebiets ohne weiteres auf den wenigen zur Verfügung stehenden Buchseiten unterzubringen. Spätestens aber, wenn man angefangen hat, die umfangreichen archäologischen Sammlungen des Singener Hegaumuseums und des Konstanzer Rosgartenmuseums intensiver zu durchstöbern, scheint es ein aussichtsloses Unterfangen, ein auch nur annähernd zutreffendes Bild der heimatlichen kulturellen Entwicklung seit dem Ende der Eiszeit bis hin zu den Alamannen zu zeichnen. Es ist aber noch nicht einmal so sehr die Menge der Funde und Grabungsbefunde aus dem Landkreis, die eigentlich nach einem eigenen Buch über die hiesige Vor- und Frühgeschichte schreit, als vielmehr die Kompliziertheit der Materie. Der Hegau und das westliche Bodenseegebiet waren in allen Zeiten menschlicher Besiedlung ein Gebiet, durch das Handelswege aus allen Himmelsrichtungen führten, in dem sich Völkergruppen aus fast allen Nachbarräumen trafen und vermischten und den heute auf ihren Spuren wandelnden Archäologen das Forschen dadurch recht schwer, allerdings auch besonders interessant machten.

Erschwerend für die gestellte Aufgabe ist zudem, daß mit Sicherheit der größere Teil der tatsächlich im Boden liegenden Gräber und Siedlungsreste noch unentdeckt unter dickem Hangschutt oder anderen Erosions- und Sedimentationsböden verborgen liegt und wohl auch nicht so schnell, wenn überhaupt, vom Bagger freigelegt wird. Wir sind heute noch weit davon entfernt, das Neben- und Nacheinander und die gegenseitige Beeinflussung der verschiedenen Kulturen im Hegau und am westlichen Bodensee exakt beschreiben zu können. Die im folgenden Text gebrauchten Bezeichnungen für Kulturen und Kulturgruppen (»Bandkeramik«, »Michelsberger Kultur« usw.) sind insofern mit Vorsicht zu genießen, als sie nicht unbedingt in sich geschlossene ethnische Einheiten (Stämme, Völker) bezeichnen, sondern in aller Regel Begriffe sind, mit denen man regional und zeitlich voneinander abgrenzbare Kulturerscheinungen meist materieller Art (Keramikgruppen, Waffen-, Schmuckgruppen) zusammenfaßt. Es ist möglich, daß sich hinter diesen Keramik-, Schmuck-, Waffen- und anderen Gruppen ethnische Einheiten verbergen, vor allem dann, wenn sich verschiedene zeit- und raumgleiche Elementgruppen bündeln. Aber zunächst sind die herausgearbeiteten Elementgruppen (meist sind es Keramikgruppen) Hilfsmittel für die zeitliche und räumliche Gliederung des Fundstoffs und der mit ihm verbundenen übrigen Kulturelemente, wie Wirtschaftsform, soziale Struktur, Religion.

Die folgende knappe Abhandlung kann nur einen eher schemenhaften Umriß unserer vor- und frühgeschichtlichen Vergangenheit bieten.

Die Altsteinzeit (Paläolithikum)
Vor etwa 3 Millionen Jahren wurden in Afrika von menschenartigen Primaten (Menschenaffen) die ersten, noch sehr primitiven Steingeräte hergestellt. Die ältesten bisher in Mitteleuropa gefundenen Steinwerkzeuge und Menschenreste sind 600.000 bis 700.000 Jahre alt (Homo Heidelbergensis u. a.). Die »Neandertaler« (70000–35000 v. Chr.), die unter anderem auch auf der Schwäbischen Alb lebten, verfügten über ein schon recht hoch spezialisiertes Geräteinventar. Aus der Art, wie sie ihre Toten begruben, kann man schließen, daß sie an ein Weiterleben nach dem Tode glaubten.

Etwa 35000 v. Chr. wurden die Neandertaler vom »Homo Sapiens« (»Cro-Magnon-Mensch«) abgelöst, der anders als der (körperlich) primitiv wirkende Neandertaler uns heutigen Menschen sehr ähnlich sah und unser direkter Vorfahre ist.

Wie in den Jahrhunderttausenden vorher lebten auch die Cro-Magnon-Menschen von der Jagd und vom Sammeln von Früchten. Allerdings benutzten sie nun andere Steingeräte als die Neandertaler: Statt mit den zu Geräten zugehauenen Feuersteinknollen der Neandertaler arbeiteten und jagten sie mit Geräten, die aus den Steinklingen angefertigt wurden, die man vorher von aufgesammelten Feuersteinknollen abgeschlagen hatte. Im wesentlichen neu waren auch Werkzeuge und Waffen aus Knochen, Geweih und Mammutelfenbein und Schmuckgegenstände aus Elfenbein und Gagat (fossiles Holz). Neu waren auch kleine, kunstvoll gearbeitete Tierplastiken und erste Menschendarstellungen aus Mammutelfenbein.

Das Auftauchen der Cro-Magnon-Menschen und der mit ihnen verbundenen wesentlichen Neuerungen veranlaßten die Archäologen, diesen jüngsten Zeitabschnitt der Altsteinzeit durch die Bezeichnung »Jungpaläolithikum« (33000 – 9500 v. Chr.) vom »Mittelpaläolithikum« der Neandertalerzeit deutlich abzugrenzen.

Aus der zweiten Hälfte dieses Jungpaläolithikums, aus der Stufe »Magdalénien«, stammen die ältesten Spuren menschlicher Besiedlung des Hegaus.

Die Jäger und Sammler der *Magdalénien-Kultur* im Hegau (11000 – 9000 v. Chr.)
Im Hegau und dem unmittelbar angrenzenden Schweizer Raum kennen wir bisher nur sehr wenige Plätze, an denen die späteiszeitlichen Jäger der Magdalénien-Kultur ihre Spuren hinterlassen haben: In und bei der Petersfels- und der benachbarten Gnirshöhle im Brudertal bei Engen, dann am Bildstockfelsen des Wasserburger Tals, außerdem im Kessler Loch, beim Schweizerbild und an der Rosenhalde, alle drei Stellen im Raum Schaffhausen–Thayngen/Schweiz. Die genannten Fundstellen liegen in engen Tälern am Südostrand des Juras, der etwa auf der Linie Schaffhausen–Engen aus der eiszeitlichen Schotterebene des Hegaus aufsteigt. Mit Sicherheit gibt es weitere bisher noch nicht entdeckte Siedlungsplätze, die unter Sedimenten und Schwemmböden verborgen liegen.

Die ersten Jäger des Hegaus kamen in ein bereits eisfreies, vor allem mit Gräsern und Kräutern dicht bewachsenes Land. Mammute, wollhaarige Nashörner und die Höhlenbären waren weitgehend ausgestorben. Aber die in größeren Herden das Land durchstreifenden Ren- und Wildpferdherden, dazu noch Schneehasen, Eisfüchse, seltener Hirsche, Wisente, Elche und

Archäologen bei Grabungsarbeiten am Petersfels, einer späteiszeitlichen Jäger-Station der Magdalénien-Kultur (um 10.000 v. Chr.)

Wölfe, boten eine ausreichende Nahrungsgrundlage für kleinere bis mittelgroße Menschengruppen. Aus den fischreichen Bächen angelte man Fische. Vogeleier, viele wildwachsende Kräuter und allerlei Pilze ergänzten die durchaus gar nicht immer so eintönige Speisekarte der damaligen Zeit.

Höhlen und überhängende Felswände (Abris) dienten den Menschen in der Regel nur als Aufenthaltsorte während ihrer Jagdzüge. Man zog das Wohnen in Zelten aus Tierfellen vor. Die Zelte konnten schnell abgebaut werden, wenn die Ren- und Wildpferdherden weiterzogen und die Menschen ihnen folgen mußten.

Die Kleidung bestand aus Hose, Jacke, Kopf- und Fußbekleidung, die man aus den Fellen der erlegten Tiere nähte.

Wichtigstes Rohmaterial für die Werkzeuge und Waffen war der Feuerstein, den man an den Talhängen und in den Bachschottern des Juras als Steinknollen auflesen konnte. Die Geräte wurden in der für das Jungpaläolithikum typischen Technik hergestellt: Mit einem kurzen, harten Schlag trennte man lange, schmale Klingen von den Feuersteinkernen und fertigte dann aus den Klingen die zur Jagd und für die tägliche Arbeit benötigten Geräte. Meist gebrauchte Gerätetypen waren: Kratzer mit bogenförmiger Arbeitskante, mit denen man Felle von Fett und Haaren säubern konnte. Mit Bohrern mit kürzeren oder längeren Spitzen konnte man die Ösen feiner Nähnadeln aus Knochen bohren. Die sogenannten Rückenmesser setzte man hintereinander in hölzerne Lanzenschäfte und erhielt so eine sehr wirkungsvolle Waffe. Die Funktion der sehr häufigen Stichel mit schraubenzieherartig zugearbeitetem Ende ist unklar (Holzbearbeitung?).

Neben den Steingeräten fertigte man zahlreiche Geräte aus Knochen: Feine Nähnadeln mit Ösen, Lanzenspitzen mit abgeschrägter Basis, Harpunen, Speerschleudern und sogenannte Lochstäbe, die vermutlich zum Strecken von Lanzenschäften verwendet wurden.

Von Menschen der Magdalénien-Kultur wurden die berühmten Felsmalereien südfranzösischer und nordspanischer Höhlen (Altamira) geschaffen. Felsmalereien wurden bei uns zwar noch nicht entdeckt. Es gibt aber eine größere Zahl von Kleinkunstwerken aus fast allen Wohnplätzen unseres Raumes: In Gagatplättchen (fossiles, hartes Holz), Tierknochen, Knochengeräte geritzte Darstellungen von Tieren (Rentiere, Pferdeköpfe, Fische) und geometrische Ornamente, selten Darstellungen von Frauen. Berühmt sind die aus Gagat geschnitzten, 3–4 cm großen, stilisierten Frauenfigürchen aus dem Petersfels (»Venusfiguren«), die wohl als Anhänger dienten.

Als Halsschmuck oder Schmuckbesatz auf der Fellkleidung dienten kleine aufgesammelte Fossilien (Ammoniten, Haifischzähne, Muscheln, Schnecken).

Die bisher am intensivsten erforschte Siedlungsstelle des Hegaus ist die Petersfels-Höhle bei Engen und das außerhalb der Höhle anschließende Hang- und Talbodenareal. Schon in den Dreißiger Jahren hatte Postrat Peters Zehntausende von Holz- und Steingeräten und Abfallstücken ausgegraben, leider ohne dabei auf die Schichtzugehörigkeit der Funde zu achten. 1974 bis 79 führte das Tübinger Institut für Urgeschichte mehrere Grabungen durch, die zur Differenzierung des Petersfels-Magdalénien in zehn »Begehungshorizonte« führten, d. h. es wird möglich sein, an Hand der auf die verschiedenen Horizonte aufteilbaren neuen Grabungsfunde kulturelle Entwicklungslinien der Magdalénien-Kultur herauszuarbeiten.

Auf dem Talgrund dicht unterhalb der Höhle entdeckten die Ausgräber Spuren von Zelten aus Tierfellen.

Die mittlere Steinzeit (Mesolithikum, 9000 – 5500 v. Chr.)
Erst in den späten zwanziger Jahren dieses Jahrhunderts wurden durch Hans Reinerth die ersten mittelsteinzeitlichen Siedlungsplätze im westlichen Bodenseeraum entdeckt. 1953 listete Reinerth »76 gesicherte Wohnplätze der mittleren Steinzeit am Bodensee« auf. Fast alle liegen bei der 400 m Höhenlinie, die das damalige Bodenseeufer markiert. Seit 1956 beging dann Paul Weber, Bodman, regelmäßig die Fundstellen Reinerths und eigene, selbst entdeckte Plätze und sammelte im Lauf der Jahre ein umfangreiches Fundmaterial auf, etwa 80.000 Werkzeuge und Abschläge (Abfallmaterial) aus Feuerstein, die er alle nach Fundstellen beschriftete und katalogisierte. Ein großer Teil der Fundplätze Reinerths schied dabei als Siedlungsplätze aus, es handelte sich bei den meisten dieser Fundstellen um allenfalls kurzfristig von den Jägern auf ihren Jagdzügen benutzte Rastplätze. Dank der unermüdlichen und peniblen Arbeit von Paul Weber war es dem Tübinger Archäologen Wolfgang Taute möglich, die umfangreichste Privatsammlung mesolithischer Artefakte Süddeutschlands wissenschaftlich auszuwerten und das Fundmaterial im Vergleich mit sicher datierbaren Steinwerkzeugen aus Höhlengrabungen auf der Schwäbischen Alb absolutzeitlich zu gliedern. Nach den bisher publizierten Forschungsergebnissen Tautes, unter anderem in der 1977 im Thorbecke Verlag erschienenen Monografie »Bodman, Dorf, Kaiserpfalz, Adel«, stammen die meisten der von Paul Weber begangenen 9 Siedlungsplätze aus dem früheren Mesolithikum der Zeit zwischen etwa 8000 und 6500 v. Chr.

Aus der dann folgenden Fundleere im späten Mesolithikum, also bis etwa 5800 v. Chr. (die absoluten Daten sind mit einiger Vorsicht zu betrachten, neue Forschungsergebnisse können sie verändern, am wahrscheinlichsten weiter nach unten), leitet Taute die Möglichkeit ab, daß das um die Mitte des 6. Jahrtausends einsetzende feucht-warme Klima des Atlantikums und die damit verbundene stärkere Bewaldung die Lebensbedingungen so stark verschlechterte, daß die Bevölkerungsdichte am Bodensee und in weiten Bereichen Süddeutschlands rapide zurückging.

Aus der Zeit nach 5800 v. Chr. gibt es dann wieder Steingeräte, die zum Teil auf den alten Siedlungsplätzen gefunden wurden (Böhringen, Espasingen, Bohlingen, Konstanz, Dingelsdorf), zum geringeren Teil an Plätzen aufgesammelt wurden, die früher noch nicht besiedelt gewesen waren. Ein Vergleich dieses späten Fundmaterials mit jungsteinzeitlichen Steinwerkzeugen der Pfahlbausiedlungen hat jedoch eindeutige Einflüsse der jungsteinzeitlichen Gerätetechnik und der Werkzeugformen auf die Geräteherstellung der »spätmesolithischen« Siedlungen ergeben. Wann und auf welchem Wege die Beeinflussung stattfand, ist eine noch zu klärende Frage. Ob es sich nun bei den Siedlern der »spätmesolithischen« Siedlungen noch um Jäger und Sammler oder schon um jungsteinzeitliche Ackerbauern gehandelt hat, läßt sich

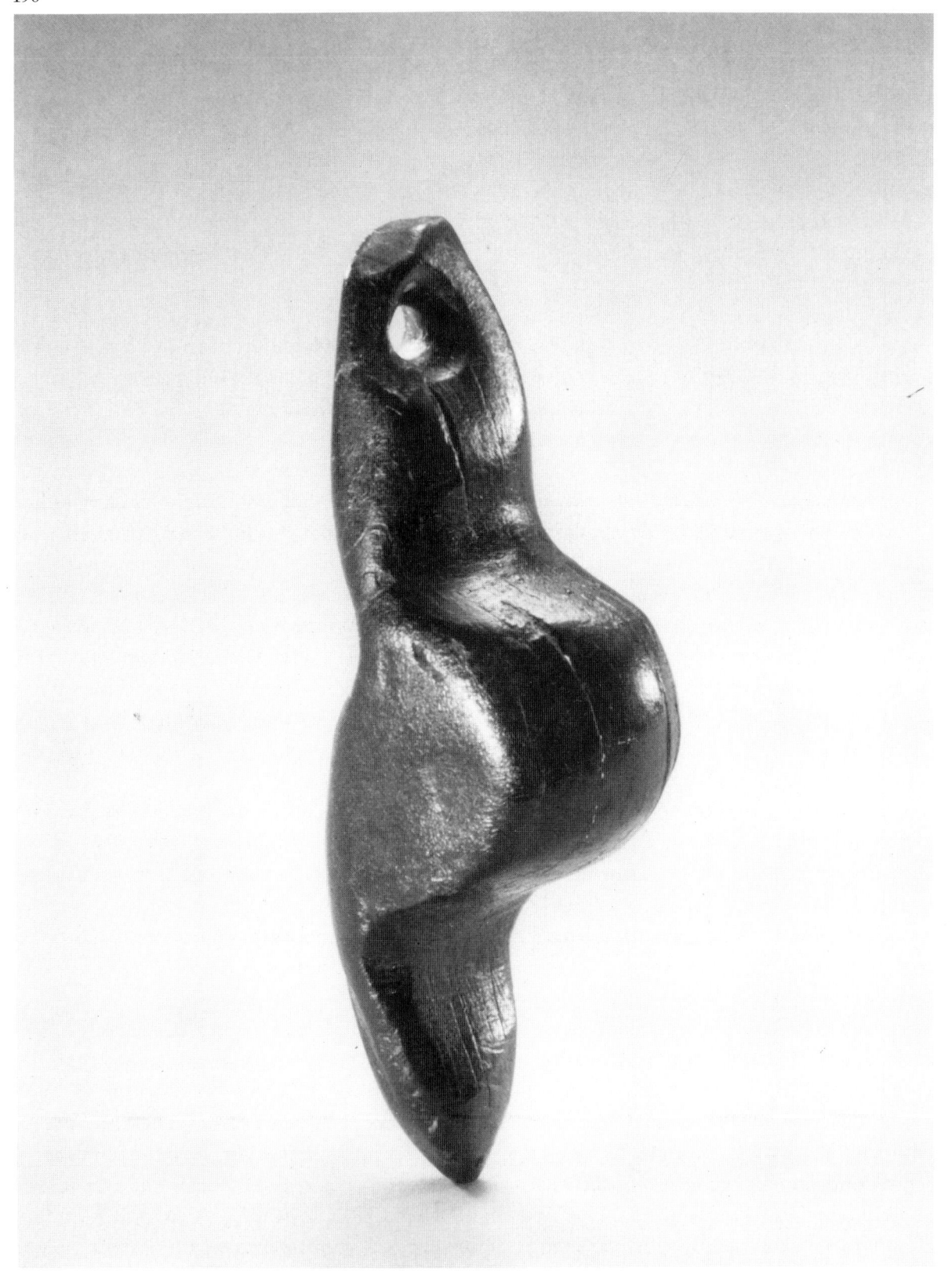

Gagatfigur (Venusfigur) vom Petersfels bei Engen

ohne Ausgrabungen nicht klären. Zwei für die jungsteinzeitlichen Pfahlbaudörfer charakteristische Elemente scheinen jedenfalls zu fehlen: aus Felsgestein geschliffene Steinbeile und Tongefäße. Abgesehen von den jungsteinzeitlichen Gerätetypen (zweiflächig bearbeitete, typisch jungsteinzeitliche Pfeilspitzen und andere Feuersteingeräte) steht das übrige Feuersteinmaterial mit seinen überwiegend kleinen, mikrolithischen Gerätetypen noch weitgehend in der Tradition der mittelsteinzeitlichen Geräteherstellung. Daß die Bewohner ackerbautreibende Menschengruppen gekannt haben müssen, scheint indes sicher. Daß sie selbst schon Ackerbau trieben, ist zumindest möglich.

Die Menschen der mittleren Steinzeit lebten noch ausschließlich von der Jagd (ähnliches Wild wie heute), dem Fischfang und dem Sammeln von wilden Früchten. Möglicherweise haben sie schon in festen Siedlungen gewohnt. Wahrscheinlicher ist, daß sie sich den sich verändernden Jagdbedingungen anpaßten und je nach Bedarf (Jahreszeit?) zwischen immer wieder aufgesuchten Wohnplätzen wechselten.

Die eiszeitlichen Steppen und Tundren waren verschwunden. In dem zunächst warmen und trockenen Klima breiteten sich lockere Birken- und Kiefernwälder aus, die dann in der bereits erwähnten warmen und feuchten Zeit ab Mitte des 6. Jahrtausends in dichteren Eichenmischwald übergingen.

Die Veränderung der Umwelt zwang die Jäger, ihre Waffen und Geräte den neuen Verhältnissen anzupassen. Wie zur Zeit des Magdalénien wurden die Steingeräte aus Feuersteinklingen hergestellt, die man von einem Kern abschlug. Ein Teil der Gerätetypen der Altsteinzeit (Kratzer, Schaber) wurde mit einigen Veränderungen weiter hergestellt. Vorherrschend waren, anders als im Paläolithikum, sehr kleine, zum Teil nur daumennagelgroße Steingeräte (Mikrolithe), die man als Pfeilspitzen in Holzschäfte einsetzte, als Einsätze in Harpunen oder anderen Geräten aus Holz verwendete.

Über den Siedlungs- und Hausbau wissen wir fast nichts. Man vermutet kleine Siedlungen aus Stangenzelten, die für den Wechsel des Wohnplatzes leicht ab- und aufzubauen waren.

Die Jungsteinzeit (Neolithikum, 5500 – 1800 v. Chr.)
Schon um 7000 v. Chr. wurde im Raum zwischen dem Iran und Palästina Ackerbau und Viehzucht betrieben. Die Vorratswirtschaft ließ die Menschen seßhaft werden, es entstanden größere Dörfer und schon sehr früh große Städte (Jericho, um 6000 bereits eine blühende Stadt). Von dort breitete sich der Ackerbau einerseits über Afrika und Frankreich, andererseits über die Balkanländer und donauaufwärts unter anderem bis in den südwestdeutschen Raum aus. Inwieweit mit der Ausbreitung des Ackerbaus echte Wanderbewegungen von Menschengruppen verbunden waren, ist eine noch umstrittene Frage. Es ist wohl beides anzunehmen: Übernahme der Vorratswirtschaft durch ortsansässige Jägergruppen nach dem Kontakt mit Ackerbauern und Einwanderung von Ackerbauern in die Lebensräume der mittelsteinzeitlichen Jäger und Sammler.

Die keramik- und steinbeillosen »spätmesolithischen« Gruppen, die möglicherweise schon Ackerbau trieben, wurden bereits erwähnt.

Mit Sicherheit waren die Menschen der sogenannten *bandkeramischen Kultur* (6. Jahrtausend v. Chr.) Bauern und Viehzüchter. Sie siedelten fast ausschließlich auf fruchtbaren Böden, besonders gern auf trockenen Lößböden. Von östlichen Räumen kommend breitete sich die bandkeramische Kultur unter anderem in die fruchtbaren Gebiete des mittleren Rheins (große Dörfer bei Köln) und des oberen Rheins (Kaiserstuhl) aus. Sehr wahrscheinlich haben wir es mit echten Wanderbewegungen kleinerer und größerer Menschengruppen zu tun.

Mindestens zwei bandkeramische Gruppen erreichten auch den Hegau: Beim Bau der Autobahn wurden nordwestlich von Singen zwei bandkeramische Dörfer angeschnitten (Twielfeld »Forsterbahn« und Singen »Scharmenseewadel«). Die Grabungen waren bei der Niederschrift dieses Artikels noch nicht beendet, aber auf beiden Plätzen waren bereits zahlreiche große, bis zu 25 m lange, 5 – 6 m breite typische »bandkeramische Langhäuser« freigelegt worden. Die Häuser besaßen Wände aus Flechtwerk mit Lehmverputz, die Dächer wurden von drei Reihen von Pfosten getragen. Zahlreiche Tonscherben trugen die für die Bandkeramik typische geritzte bandförmige Verzierung (daher der Name Bandkeramik). In dem feuchten Lehmboden außergewöhnlich zahlreich und gut erhaltene Knochen von zahmen und von Jagdtieren werden Aufschlüsse über Art und Umfang von Viehzucht und Jagd geben. Die Siedlung Twielfeld lag am Rand eines kleineren Sees, auf dessen Grund unter einer dicken Torfschicht, die sich nach dem Ende der Besiedlung gebildet hat, mit großer Wahrscheinlichkeit eine Fülle weiterer Fundobjekte, möglicherweise aus organischem Material, zu finden sein wird. Am Ende der

Rekonstruktion eines bandkeramischen Hauses

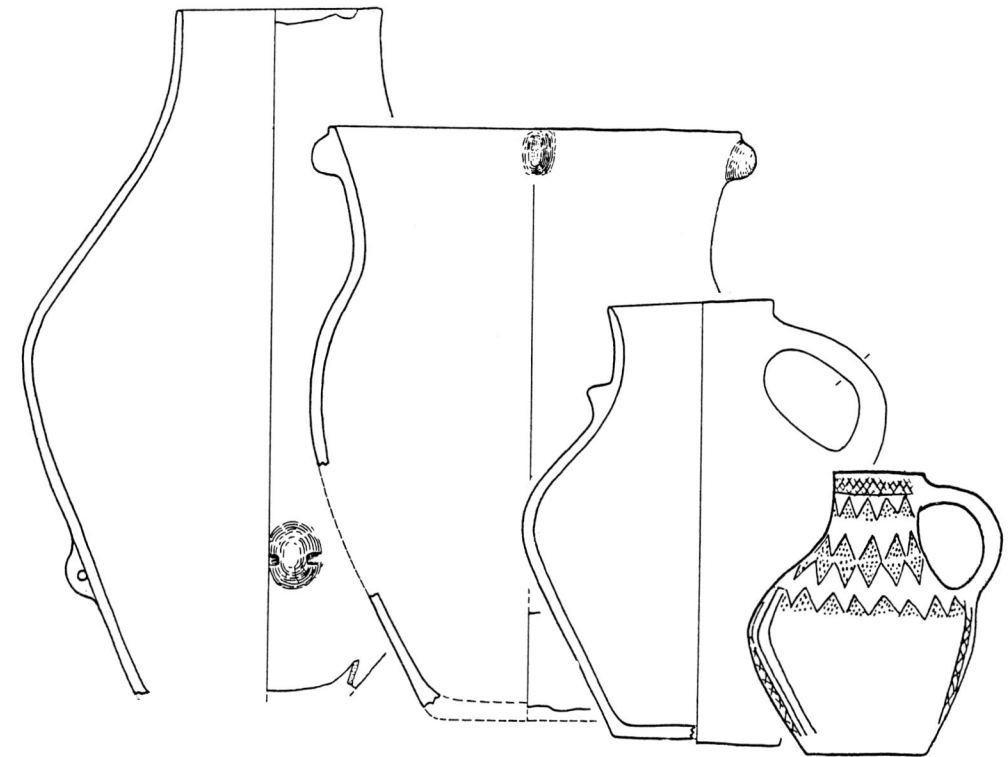

Strichzeichnungen von jungsteinzeitlicher Keramik verschiedener
Kulturgruppen am Bodenseeufer (Seite 193 und 194)

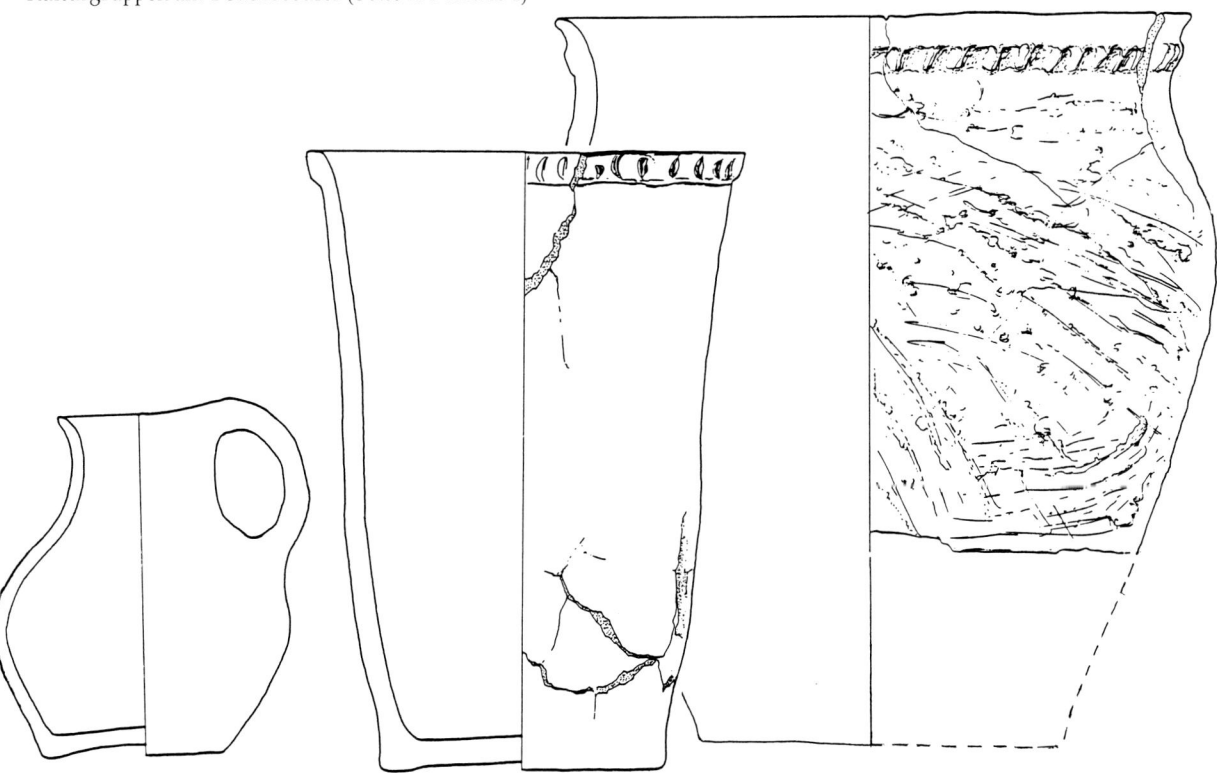

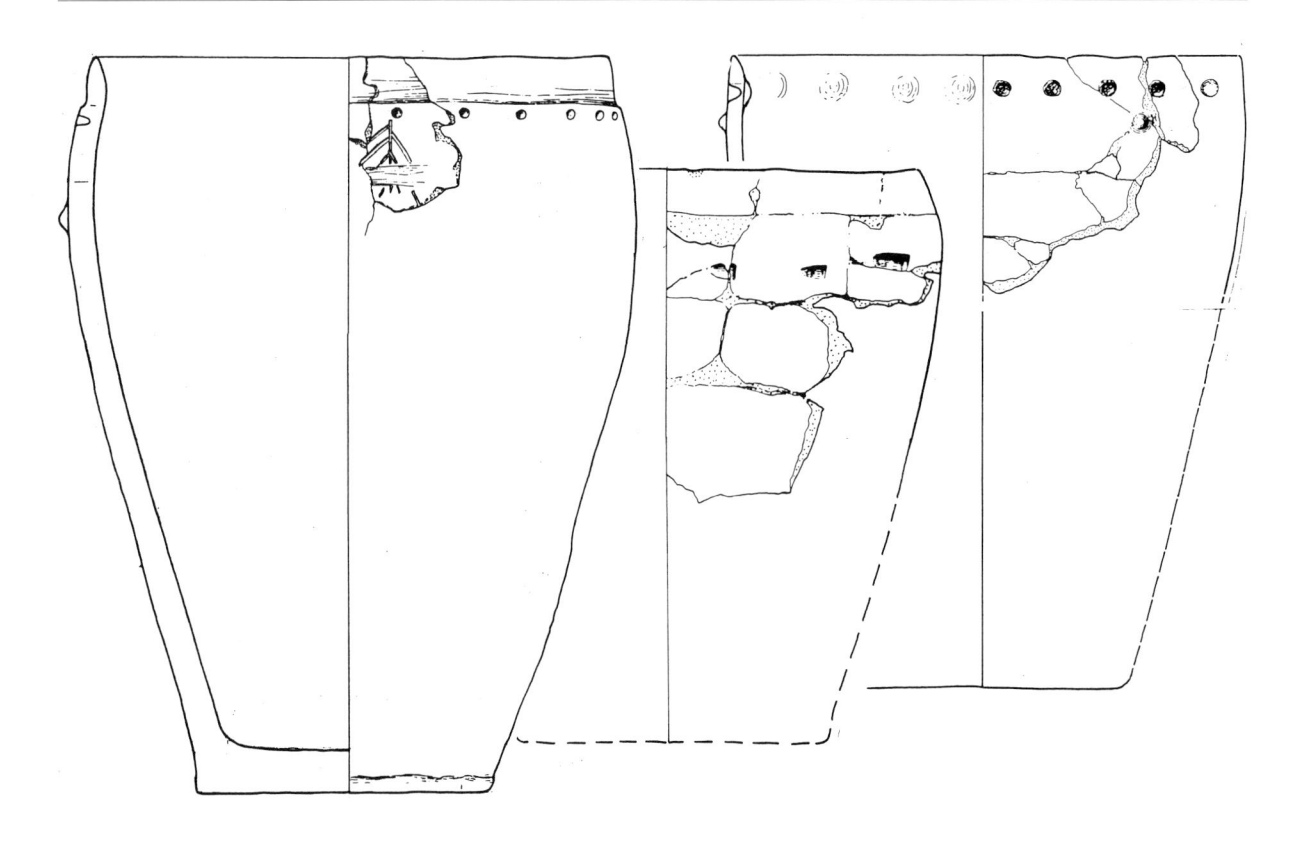

Ausgrabungen wird es möglich sein, zum ersten Mal im südwestdeutschen Raum wesentliche Aussagen über Haus- und Siedlungsbau, über das tägliche Leben, die Wirtschaftsform, Flora und Fauna zur Zeit der frühen Bauern machen zu können.

Das wichtigste Hilfsmaterial für die Gliederung des Neolithikums in Kulturgruppen (besser: Keramikgruppen, s. o.) ist die Keramik. Sie taucht im allgemeinen zusammen mit dem Ackerbau auf (die Jäger der mittleren und der Altsteinzeit kannten noch keine Tongefäße). Die Formen und Verzierungen der Gefäße waren in allen vorgeschichtlichen Kulturperioden starken Modeschwankungen unterworfen. Sie veränderten sich als Produkte eines nicht nur auf Zweckmäßigkeit ausgerichteten Kunsthandwerks viel schneller und stärker als die optisch uninteressanteren Steinwerkzeuge, die man über lange Zeiträume hinweg in kaum abgewandelten Formen (Typen) herstellte.

Da die Veränderungen der Keramik in aller Regel in einem engeren oder auch weiteren regionalen Bereich überraschend einheitlich erfolgten, kann man sogenannte Keramikgruppen räumlich und vor allem zeitlich gegeneinander abgrenzen, ohne allerdings, wie eingangs schon erwähnt, hinter diesen Keramikgruppen zwangsläufig nun auch in sich geschlossene Volks- oder Stammesgruppen postulieren zu dürfen. Das Auftauchen einer neuen Keramikgruppe kann, wie gesagt, mit fremden Einwanderern zusammenhängen (diese Möglichkeit gewinnt an Wahrscheinlichkeit, wenn zusammen mit der neuen Keramik auch andere fremde Kulturelemente auftauchen), das Neue kann aber auch von ortsansässigen Töpfern, die bei den Nachbarn oder bei Händlern die neuen Gefäße gesehen haben, nachgemacht worden sein.

Im Hegau und am westlichen Bodensee unterscheidet man nun eine ganze Reihe solcher Keramik- oder Kulturgruppen: Die älteste ist die bereits beschriebene *Bandkeramik* des sechsten Jahrtausends v. Chr. Das zeitliche Verhältnis der Bandkeramik zu den ebenfalls schon beschriebenen *mesolithisch-neolithischen, keramiklosen Gruppen*, die möglicherweise auch schon Ackerbau betrieben haben (s. o.), müßte näher untersucht werden.

Aus der Zeit des älteren keramikführenden Neolithikums sind im Landkreis Konstanz außer den beiden bandkeramischen Siedlungen beim Hohentwiel nur sehr wenige Siedlungsplätze bekannt, unter anderem eine Siedlung mit »*Stichbandkeramik*« nahe der bandkeramischen Siedlung Singen »Scharmenseewadel«, ebenfalls auf der Autobahntrasse nordöstlich des Hohentwiels. In Mühlhausen wurde eine kleine Grabung in einer Siedlung der »*Großgartacher*« Kultur durchgeführt. Großgartacher und Stichbandkeramik scheinen die Bandkeramik abzulösen, Scherbenfunde beider Keramikgruppen in der bandkeramischen Siedlung Twielfeld »Forsterbahn« lassen hoffen, daß es im Lauf der Grabung gelingt, das zeitliche Verhältnis von Bandkeramik, Stichbandkeramik und Großgartacher Kultur an diesem Platz klären zu können. Genauere Daten erhofft man sich von einer Reihe von C 14-Datierungen von Holzkohleproben aus allen drei Siedlungsplätzen. (Radiocarbonmethode, die auf der Messung des Radioaktivitätsverlustes von 14-C-Isotopen des Kohlenstoffs beruht).

Aus der Zeit nach der bandkeramischen und der Großgartacher Kultur, aus dem sogenannten *Jungneolithikum*, sind außerhalb des Bodenseeufers ebenfalls nur sehr wenige Siedlungsplätze bekannt, so aus Höhlen und unter Felsüberhängen (Abris) des Juras im Wasserburger und im Brudertal bei Engen, Siedlungsplätze bei Anselfingen, Binningen, Hilzingen, Singen und am Hohenkrähen. Grabungen wurden nur sehr wenige und nur sehr oberflächlich durchgeführt (neolithische Scherben fand Postrat Peters bei seinen Grabungen im Petersfels und unter Felsüberhängen bei Engen). Soweit das wenige Fundmaterial erhalten ist, läßt es sich mit den Funden aus den Pfahlbausiedlungen des Bodensees vergleichen. Das heißt, nicht nur das Bodenseeufer sondern auch das Binnenland war wohl von den gleichen jungneolithischen Bauern besiedelt, wenn auch wahrscheinlich in erheblich geringerem Umfang als das Seeufer.

So locker die Besiedlung des inneren Hegaus zur Zeit des Jungneolithikums möglicherweise war, so dicht war das Bodenseeufer besiedelt. An den meisten Ufern des westlichen Bodensees reihen sich am Überlinger See, am Gnaden- und Zeller See und am Untersee die *Pfahlbausiedlungen* der Stein- und der Bronzezeit aneinander. Ein großer Teil war schon im letzten Jahrhundert entdeckt worden. Die Pfahlfelder waren, soweit sie nicht vom Uferschlamm bedeckt sind, leicht zu finden, besonders zur Winterszeit bei niedrigem Wasserstand. Heute dürften die meisten Pfahlbausiedlungen des Bodensees, insgesamt etwa 90 Siedlungen, bekannt und dank der Forschungsarbeit des 1979 gegründeten Hemmenhofener »Forschungsprojekts Bodensee-Oberschwaben« des Landesdenkmalamtes vermessen und kartiert sein. Das Projekt wurde ins Leben gerufen, als man erkennen mußte, daß die Zerstörung der Pfahlbaudörfer durch den Bau von Bootshäfen und Stegen, durch die rapide fortschreitende Erosion der Uferböden nach dem

Rückgang des schützenden Schilfgürtels und durch überhand nehmende (streng verbotene) Wühlereien beutesüchtiger »Sammler« in den Kulturschichten Ausmaße angenommen hatte, die in absehbarer Zeit die letzten Forschungsmöglichkeiten zunichte gemacht hätten. In einigen Siedlungen wurden und werden derzeit Grabungen durchgeführt, die Aufschlüsse über Alter, Erhaltungszustand, Haus- und Siedlungsbau, Wirtschaftsform, kulturelle Entwicklung und Beziehung zu Nachbarkulturen geben werden und bereits gegeben haben. Die bisherigen, bereits sehr umfangreichen Ergebnisse des Forschungsprojekts können hier nicht wiedergegeben werden. Der interessierte Laie findet sie aber ohne Mühe in Fach- und populärwissenschaftlichen Publikationen, unter anderem in: »Archäologische Ausgrabungen in Baden-Württemberg«, Jahrgänge 1981–84 (K. Theiss-Verlag) und in »Pfahlbauten«, Kleine Schriften zur Kenntnis der Vorgeschichte Südwestdeutschlands, Nr. 1, 1981 (Gesellschaft f. Vor- und Frühgeschichte in Württemberg und Hohenzollern).

Die frühen Ackerbauern des Hegaus (Bandkeramik, Stichbandkeramik, Großgartach) haben offensichtlich das Bodenseeufer noch gemieden. Einige wenige Scherbenfunde in Kulturschichten der Pfahlbausiedlungen lassen vermuten, daß eine unbekannt große Zahl (wohl nur wenige) von Pfahlbausiedlungen in der Zeit der *Rössener Kultur* gegründet wurde, einer Nachfolgekultur der band- und stichbandkeramischen Gruppen, deren Spuren man auch im Hegau an einigen wenigen Plätzen gefunden hat. Ein großer Teil der Pfahlbausiedlungen gehört zur *Michelsberger Kultur*, die sich um 3800 v. Chr. von Norden herkommend bis an den Bodensee ausgebreitet hat und hier auf die nordschweizer *Pfyner Kultur* traf. Etwas früher als die Michelsberg-Pfyner Siedlungen wurden um 4000 v. Chr. zwei Siedlungen in *Hornstaad* und Hemmenhofen gegründet. In den untersten Kulturschichten von Hornstaad fand man Keramik, die den Anfang der nordschweizerischen Pfyner Kultur markiert.

Neue Forschungsergebnisse deuten darauf hin, daß zumindest hinter einem Teil dieser unterschiedlichen Keramik- oder Kulturgruppen Einwanderer aus Zentren verschiedener Kulturen standen, die aus allen Himmelsrichtungen an den Bodensee kamen und sich mehr oder weniger stark bei der kulturellen Weiterentwicklung gegenseitig beeinflußten.

Im *Spätneolithikum*, der Zeit zwischen etwa 2800 und 1800 v. Chr., verkümmerte die vorher überwiegend feine und reich verzierte Keramik zur groben, blumentopfartigen, kaum verzierten Keramik der *Horgener Kultur*, einer Kultur, die aus nordschweizerischem Raum an den westlichen Bodensee gelangte. Muster aus Schnüren, die in den weichen, noch nicht gebrannten Ton gedrückt wurden, sind charakteristisch für die *Schnurkeramik*, einer in Südwestdeutschland und der Schweiz zwischen 2600 und 2400 v. Chr. weit verbreiteten endneolithischen Kultur, die am Bodensee aber nur an einigen Stellen ihre Spuren in Form von typischen Tonscherben auf der Oberfläche älterer Kulturschichten hinterlassen hat und die nur ganz selten, so in Hornstaad, eine eigene Kulturschicht über älteren jungsteinzeitlichen Pfahlbauschichten bilden konnte.

Allen stein- und bronzezeitlichen Pfahlbausiedlungen ist gemeinsam, daß ihre Überreste heute weitgehend unter der Wasseroberfläche liegen. Einige reichen auf das Ufer hinauf, einige wenige liegen ganz auf dem heutigen trockenen Ufer. Stellenweise liegen verschieden alte Siedlungsschichten übereinander, zum Teil durch sterile Seekreideschichten voneinander getrennt, die sich während der Besiedlungspausen über den Kulturschichten abgelagert haben. In diesen weitgehend von der Luft abgeschlossenen Schichten hat sich organisches Material in aller Regel hervorragend erhalten. Die vor allem in den letzten Jahren durch das Hemmenhofener Forschungsprojekt durchgeführten Grabungen haben dank dieser vorzüglichen Erhaltungsbedingungen ein nahezu vollständiges Bild der damaligen Pflanzen- und Tierwelt geliefert: Man baute an oder sammelte: wilde Beeren, Nüsse, Steinobst, Saatweizen, Emmer, Einkorn, mehrzeilige Gerste, Lein, Schlafmohn, später auch Dinkel. Im Boden stecken die vollständig erhaltenen Holzpfähle der Pfahlbauhäuser, deren Fällungsdatum man mittels der dendrochronologischen Datierungsmethode (Jahresringchronologie) ermitteln kann. Die Grabungen haben außerdem eine Fülle von Daten geliefert, aus denen man heute schon ein recht genaues Bild der Haus- und Siedlungsform und der Gerätetechnik zusammenbauen kann:

Die Dörfer waren so nahe wie möglich ans Ufer gebaut. Am Bodenseeufer wurden die Häuser hochwassersicher auf Pfählen errichtet (daher der Name Pfahlbausiedlungen). Bei Hochwasser im Sommer standen die Pfähle im Wasser, bei Niedrigwasser im Winter war der Boden

Blick auf ein freigelegtes Pfahlfeld eines Pfahlbaudorfes

unter den Häusern trocken. Bis zu 4 m lange Dachständer (Pfosten) mit Gabelenden für den Firstbalken trugen das Dach. Unten waren die Pfähle in sogenannte Flecklinge (Querbretter) eingezapft, die das Einsinken des Oberbaus in den weichen Seegrund verhinderten.

Wie in der Alt- und der Mittelsteinzeit wurde weiterhin Feuerstein zu Bohrern, Schabern, Messern und Pfeilspitzen verarbeitet. Hinzu kamen in der Jungsteinzeit Steinbeile, die man aus aufgesammelten Geröllen in die gewünschte Form schliff. Die Beile wurden mit einem Zwischenfutter aus Hirschgeweih in hölzerne Schäfte eingesetzt. Mit den Steinbeilen war es möglich, große Waldflächen zu roden.

In den Grabungen wurden auch zahlreiche Textilreste ans Tageslicht befördert. Als Rohmaterial dienten Flachs, Bast, Rindenstreifen und Binsen. Feinere Stoffe wurden auf Webstühlen hergestellt, gröbere Textilien knüpfte man als Zwirngeflechte meist aus freier Hand.

Auch Geräte und Gefäße aus Holz und Knochen (Schalen, Handwerksgeräte, Beilschäfte) haben sich, anders als im Landesinneren, gut erhalten.

Die Bronzezeit (1800 – 750 v. Chr.)
Schon in den Pfahlbausiedlungen des Jungneolithikums waren gelegentlich Schmuckgegenstände und Geräte aus Kupfer gefunden worden. In der Bronzezeit wurde das weiche Kupfer durch die härtere Kupfer-Zinn-Legierung Bronze ersetzt. Man benutzte zwar auch weiterhin noch Steinwerkzeuge, die Bronze wurde jedoch das wichtigste Rohmaterial für die Herstellung von Dolchen, Beilklingen und von anderen Arbeitsgeräten und von Schmuckgegenständen.

Die Wirtschaftsform blieb im wesentlichen die gleiche wie die der Steinzeit, aber zum ersten Mal lassen sich Veränderungen in der Sozialstruktur der Bevölkerung nachweisen. Unterschiedlich reich ausgestattete Gräber deuten auf eine reicher und wahrscheinlich auch mächtiger werdende Oberschicht.

Den ersten Anstoß für den Siegeszug der Bronze dürften kleine Menschengruppen der *frühen Bronzezeit* gegeben haben, die aus östlichen Räumen kommend unter anderem auch in den Hegau gelangten (frühbronzezeitlicher Friedhof der Singener Nordstadt, Gräber am Westrand des ehemaligen Binninger Sees) und dort inmitten der ortsansässigen spätneolithischen Ackerbauern ihre Siedlungen gründeten. Die meisten frühbronzezeitlichen Funde stammen aus Gräbern. Die Siedlungen des Landesinnern außerhalb des Bodenseeufers sind noch kaum erforscht. Die Masse der bisher geborgenen frühbronzezeitlichen Fundstücke stammt aus den wenigen bronzezeitlichen Pfahlbausiedlungen des Bodensees.

Die Metalltechnik war noch nicht sehr hoch entwickelt. Man beschränkte sich auf das Schmieden von Blechen zu Dolchblättern, Beilklingen, Pfriemen, spiralförmigen Drahtarmbändern, einfachen Drahthalsringen, Haarnadeln mit ritzverzierten, rund oder dreieckig gehämmerten, flachen Köpfen (Scheibenkopfnadeln).

Mit der Weiterentwicklung der Metalltechnik, vor allem mit der Entwicklung und Vervollkommnung der Gußtechnik, wurden mit Beginn der *mittleren* oder *Hügelgräberbronzezeit* um 1700 v. Chr. die einfachen gehämmerten Blechformen der frühen Bronzezeit durch gegossene, immer komplizierter gebaute Geräte, Waffen und Schmuckformen (Nadeln, Armbänder) ersetzt. In der Hügelgräberbronzezeit tauchte zum ersten Mal das Schwert auf. Es wurde nicht nur zur wichtigsten Waffe, sondern man formte es als den stolzesten Besitz des Mannes liebevoll und verzierte es mit Ritzverzierungen. Ähnlich wie die anderen Erzeugnisse des damaligen Kunsthandwerks, vor allem die Keramik und der Schmuck, wurden die Schwerter nicht nur technisch weiterentwickelt, sondern modischen Strömungen folgend in Form und Verzierung immer wieder verändert. Neben der Keramik und dem Schmuck bilden die Schwerter mit ihren häufigen und über weite Räume sich annähernd gleichzeitig vollziehenden Veränderungen eine willkommene Möglichkeit, die Bronzezeit in zeitliche Stufen zu untergliedern und an Einzelelementen der Formen und Verzierungen Einflüsse von Handelsverbindungen bis weit in den Mittelmeerraum hinein nachweisen zu können.

Ihren Höhepunkt erreichte die Bronzegußtechnik in der *späten Bronzezeit* (Urnenfelderzeit, 1250–750 v. Chr.) mit der Herstellung komplizierter Hohlformen, wie etwa von Schmucknadeln mit runden, hohlen Köpfen, in einem Stück gegossenen Vollgriffschwertern (der Griff der mittelbronzezeitlichen Schwerter bestand aus einer flachen Griffplatte, auf die man einen Griff aus organischem Material nietete).

Die Bevölkerungsdichte nahm in der Bronzezeit allmählich zu und stieg mit Beginn der späten Bronzezeit rapide an. Auf zahlreichen Gemarkungen des Hegaus wurden spätbronzezeitliche Siedlungen gefunden (bei Bauarbeiten, beim Kiesabbau, seltener bei Begehungen von Feldfluren).

Wohl infolge einer Klimaverschlechterung zogen sich die Menschen zu Beginn der Bronzezeit weitgehend vom Ufer des Bodensees zurück (wohl mit ein Grund für die Zunahme der Siedlungsplätze im Binnenland). Von den annähernd 90 bekannten steinzeitlichen Pfahlbausiedlungen waren nur noch wenige während der Bronzezeit besiedelt, die meisten waren am Ende der Steinzeit verlassen worden.

Über den bronzezeitlichen Haus- und Siedlungsbau unseres Raums wissen wir nur sehr wenig. Die einzigen durch Grabungsbefunde gesicherten Erkenntnisse stammen aus Grabungen speziell des Forschungsprojekts Bodensee-Oberschwaben in Pfahlbausiedlungen. In den Pfahlbaudörfern scheint man in der Bronzezeit Häuser in Blockbautechnik den früher üblichen

Spätbronzezeitliches Schwert aus Engen

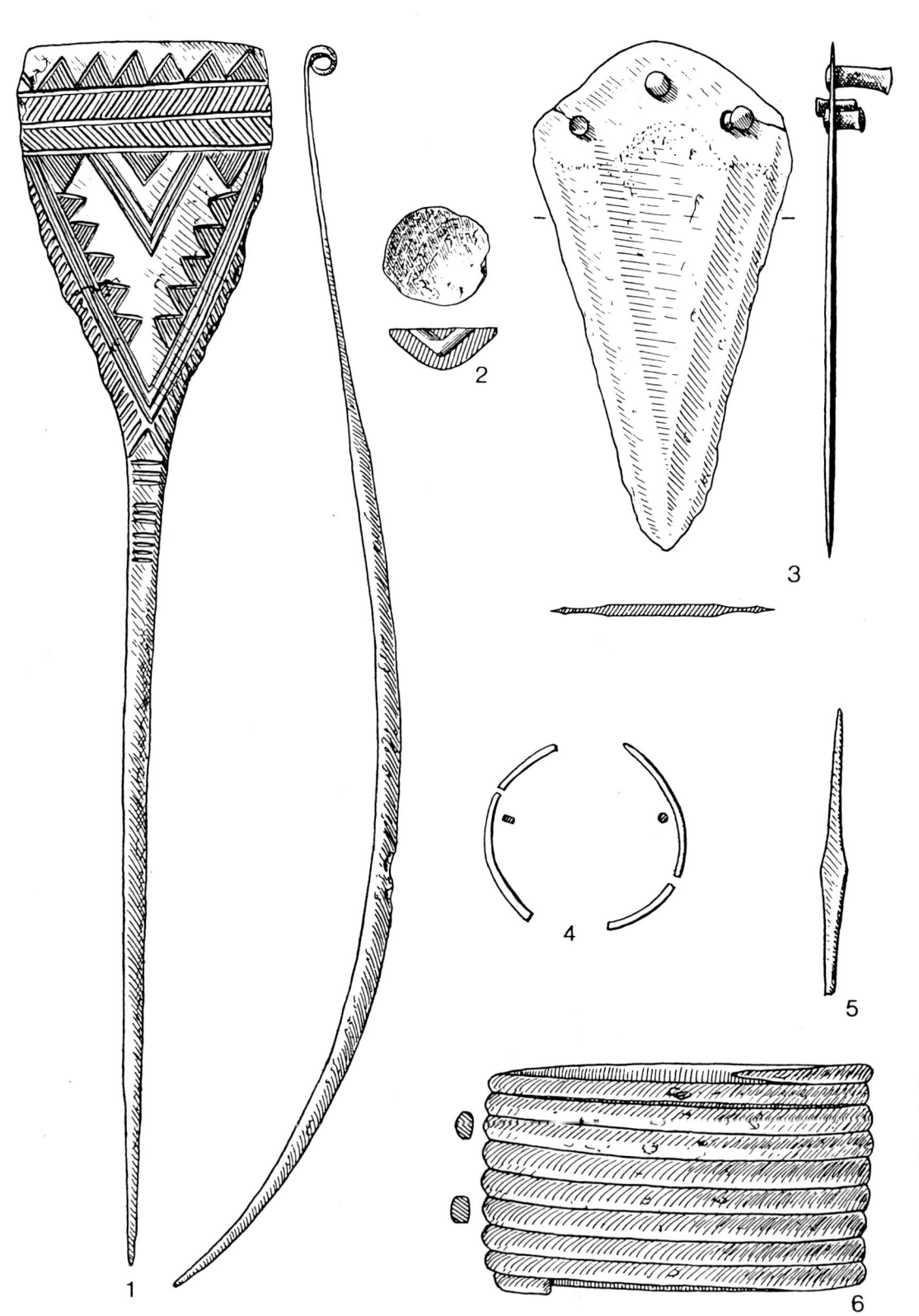

Strichzeichnungen früh-
bronzezeitlicher Metall-
funde aus Singener Grä-
bern

Flechtwerkhäusern vorgezogen zu haben. Wie weit man die am Bodensee gewonnenen Erkenntnisse auf das Landesinnere übertragen kann, müßten Grabungen in der einen oder anderen Binnenlandsiedlung zeigen.

In der späten Bronzezeit kann man überall im süddeutschen Raum Höhensiedlungen beobachten. Eine solche Höhensiedlung, die möglicherweise Schutz vor Angreifern bieten sollte, liegt oberhalb von Bodman, auf der topografischen Karte 1:25.000, Blatt Nr. 8.220 Überlingen eingetragen unter dem Namen »Bodenburg«. Als erster grub 1887 Freiherr Leopold von Bodman in der Bodenburg, in der Hoffnung, dort eine Kaiserpfalz zu finden. Alfons Beck, damals Lehrer in Liggeringen, beging die Siedlung intensiv und grub in mehreren Suchschnitten Scherben, Hüttenlehm (Lehmverputz von Hauswänden) und Gruben aus. Die kleinen Grabungen brachten jedoch keine Aufschlüsse über den Aufbau der Siedlung und der Häuser.

Das Totenbrauchtum veränderte sich während der Bronzezeit wiederholt: Die »Kolonisatoren« der frühen Bronzezeit begruben ihre Toten unverbrannt in »Hockerstellung«, d. h. in Seitenlage mit angezogenen Knien. Die Holzsärge wurden in den Boden eingetieft und mit einer Steinpackung zugedeckt. In der mittleren Bronzezeit wurden die Toten ähnlich wie gelegentlich schon in der späten Jungsteinzeit (Schnurkeramik) in Grabhügeln unverbrannt begraben. Mit Beginn der späten Bronzezeit um 1200 v. Chr. kam der Hügel wieder aus der Mode. Die Toten wurden nun verbrannt, der »Leichenbrand« in einer Urne gesammelt und die Urne zusammen mit weiteren Gefäß- und anderen Beigaben in einem Holzsarg in einem einfachen Erdgrab beigesetzt. Im Lauf der spätbronzezeitlichen Entwicklung wurde die Zahl der mit ins Grab gegebenen Tongefäße immer höher, in besonders reichen Gräbern (Friedhof der Singener Nordstadt) zählte man bis zu 50 feintonige, gut gebrannte, mit geometrischen Ritzverzierungen sorgfältig verzierte Tongefäße. Gegen Ende der späten Bronzezeit kam wiederum der Grabhügel auf, der während der folgenden Hallstattzeit die Hauptbestattungsform bildete.

Die Hallstattzeit (frühe Eisenzeit, 750–450 v. Chr.)
Schon während der späten Bronzezeit begann man bei der Herstellung von Schwertern da und dort die Bronze durch Eisen zu ersetzen. Das älteste Eisenschwert des Hegaus stammt aus einem spätbronzezeitlichen Grab der Singener Nordstadt und dürfte durch einen Händler hierher gekommen sein. Bis ans Ende der späten Bronzezeit wurden jedoch die meisten Waffen und Metallgeräte weiterhin aus Bronze gefertigt, nicht nur bei uns, sondern allgemein im südwesteuropäischen Raum.

Das änderte sich fast schlagartig um die Mitte des 8. Jahrhunderts v. Chr. Alle Waffen und fast alle Arbeitsgeräte wurden nun aus Eisen hergestellt. Aus Bronze und aus Edelmetallen arbeitete man nur noch die meisten metallenen Teile der Tracht, Teile des Zaumzeugs der Pferde und den Schmuck.

So bedeutungsvoll das Eisen für die Weiterentwicklung der Technik war, wichtiger für die kulturelle Entwicklung waren soziale Umschichtungsprozesse, die schon in der späten Bronzezeit eingesetzt hatten, sich nun aber erheblich verstärkten und beschleunigten. Weite Teile des osteuropäischen und kleinasiatischen Raums wurden gegen die Mitte des achten vorchristlichen Jahrhunderts von den Kimmeriern mit Krieg überzogen, die unter dem Druck der aus den östlichen Steppen drängenden Skythen vom Nordufer des Schwarzen Meeres aus nach Westen auswichen. Sie gelangten unter anderem bis in das Ostalpengebiet, nach Bayern und nach Norditalien. Unser Raum blieb zwar verschont, aber die Angst vor den fremden Reitervölkern ging auch bei uns um und war einer der Motoren für die Herausbildung einer immer mächtiger werdenden Führungsschicht, die in der Lage war, die Verteidigung des heimatlichen Raums wirkungsvoller als in früheren Zeiten zu organisieren. Befestigte Burgen (Heuneburg bei Hundersingen an der Donau, Breisacher Münsterberg) und überreich ausgestattete Fürstengräber in mächtigen Grabhügeln (u. a. im Raum Stuttgart) sind die Zeugen für die Existenz von Herrschaftssystemen, die man durchaus mit den Fürstentümern späterer Zeiten vergleichen kann. Mangels schriftlicher Nachrichten wissen wir allerdings außer dem wenigen, was man aus den Ausgrabungen ablesen kann, nichts über die damaligen Herrschaftsstrukturen. Auch der aufblühende Handel mit Rohmaterialien, vor allem mit Salz, trug zur Konzentration von Macht und Reichtum bei einigen wenigen sicher wesentlich bei.

Im Hegau und am westlichen Bodensee wurden bisher noch keine Burganlagen und »Fürstengräber« gefunden, aber man kann auch bei uns an den unterschiedlich reich ausgestatteten Gräbern deutlich eine kleine wohlhabendere Oberschicht erkennen, die nicht nur in besser ausgestatteten Gräbern, sondern auch unter auffallend großen Grabhügeln bestattet wurde.

Die Wirtschaftsform veränderte sich gegenüber der Bronzezeit nur unwesentlich. Aus der Tatsache, daß nun auch weniger fruchtbare Böden besiedelt wurden und daß man offensichtlich gerne in kleinen Einzelhöfen oder kleinen Weilern, weniger häufig in dorfähnlichen Siedlungen lebte, schließt man, daß in verstärktem Maße Viehzucht betrieben wurde. Kleine, oft nur 15–20 m breite Siedlungsplätze, wahrscheinlich Plätze, an denen kleine Gehöfte gestanden hatten, kennen wir vom Osthang des Mägdebergs bei Mühlhausen, aus dem Ried zwischen Dettingen und Mühlhalden und auf dem »Großen Felsen« bei Schloß Langenstein.

Die Vorliebe für das Wohnen in kleinen Höfen ist wohl auch Schuld daran, daß wir aus dem Landkreis Konstanz insgesamt höchstens zehn Siedlungsplätze kennen. Sie sind archäologisch sehr schwer nachzuweisen und werden bei Erdarbeiten nur zu leicht übersehen. Das Bodenseeufer war nun völlig unbesiedelt, die letzten Pfahlbaudörfer waren Ende der späten Bronzezeit verlassen worden.

Die Siedlungsdichte im Landesinnern muß jedoch recht stark gewesen sein, denn wir kennen eine große Zahl von Grabhügelfeldern in fast allen Räumen des Landkreises. Allerdings kann man aus der Zahl der bekannten Grabhügel nicht ohne weiteres auf die Bevölkerungsdichte schließen, denn sie sind fast ausschließlich nur in den bis heute ununterbrochen bewaldeten Gebieten erhalten, im Ackerland dagegen in aller Regel im Lauf der Jahrhunderte abgeackert worden. Auch die vielfach geäußerte Meinung, die Bevölkerung müsse während der Hallstattzeit erheblich zugenommen haben, trifft zwar sicher zu, aber wie stark der Zuwachs war, ist nicht mit Sicherheit zu entscheiden. Die eisenzeitlichen Grabhügel sind sehr viel leichter zu entdecken als die unterirdischen Erdgräber früherer Perioden, die man eigentlich nur bei Erdarbeiten findet.

Grabkeramik (bunte »Alb-Hegau-Keramik«) der Hallstattzeit aus
Nenzingen

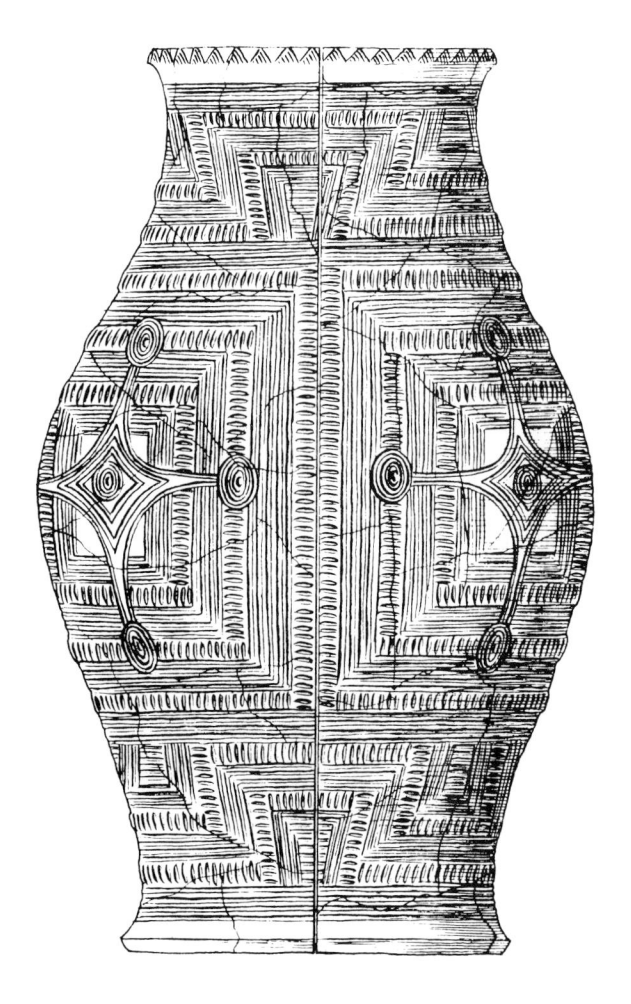

Strichzeichnung eines »Tonnenarm-
bandes« der späten Hallstattzeit
Unten: Rekonstruktion eines hallstattzeitlichen Bauernhofes

Die Toten wurden in der ersten Hälfte der Hallstattzeit (Stufe Hallstatt C, 750 – 550 v. Chr.) in aller Regel wie zur späten Bronzezeit verbrannt. Die unverbrannten Knochenreste (Leichenbrand) wurden in einer Urne gesammelt, die Urne zusammen mit weiteren Beigaben (Tongefäße, selten Schmuck, Eisenschwert, ein kleines, geschlachtetes Schwein) auf dem Verbrennungsplatz unter einer Steinpackung und darübergewölbtem Hügel in einer Holzkiste beigesetzt. In den Hügel grub man später weitere Gräber (Nachbestattungen).

Auffallendste Beigaben sind in der frühen Hallstattzeit die im sogenannten Alb-Hegau-Stil prachtvoll verzierten, erstmalig in der Vorgeschichte mehrfarbig bemalten (schwarz, rot, weiß) Tongefäße, die ausschließlich für den Totenkult, nicht für den täglichen Gebrauch hergestellt wurden. Metallgegenstände finden sich in den Brandgräbern selten.

Mit Beginn der Stufe Hallstatt D um die Mitte des 6. Jahrhunderts v. Chr. ging man von der Brand- zur Körperbestattung über, bestattete aber weiterhin in Grabhügeln. (Flachgräber gab es zwar auch in der Hallstattzeit, bisweilen zwischen den Grabhügeln, aber sehr selten). Allerdings baute man in aller Regel keine neuen Grabhügel mehr, sondern grub die Gräber in schon vorhandene frühhallstattzeitliche Hügel.

Auch die Beigabensitte änderte sich: Statt der prachtvollen Keramik gab man nun überwiegend metallenen Schmuck und Waffen ins Grab. Das Schwert kam außer Mode und wurde durch den Dolch und durch die Lanze ersetzt; hin und wieder findet man auch eiserne Pfeilspitzen in den Gräbern. Wagen (Statussymbol der gehobenen Gesellschaftsschicht, praktischer Gebrauch nicht nachgewiesen) und Pferde gewannen unter dem Einfluß der östlichen Reitervölker an Bedeutung.

Den Handelsbeziehungen zu den Hochkulturen der Alten Welt verdanken wir die ersten schriftlichen Hinweise auf die Träger der Hallstattkultur, die *Kelten*. Griechische Schriftsteller berichteten um die Mitte des 6. Jahrhunderts von den Kelten, die unter anderem an den Quellen der Donau, also in unserer Heimat, lebten. Die über weite Gebiete recht einheitliche Hallstattkultur (gleiche Gefäßformen, Waffen, Trachtelemente, Grabsitten, Wirtschaftsform, soziale Struktur) läßt sich gegen andersartige Nachbarkulturen geografisch abgrenzen: Sie umfaßte etwa den Raum zwischen den Alpen, dem nördlichen Hessen, Ostfrankreich und dem östlichen Österreich. Man bezeichnet deshalb nicht nur die bei den griechischen Schriftstellern genännten Räume, sondern das gesamte Verbreitungsgebiet der Hallstattkultur als keltisch. Mehr als den Namen der Kelten haben uns die Griechen allerdings nicht überliefert, so daß wir bei der Erforschung der Hallstattkultur ganz auf die Archäologie angewiesen sind.

Die Latènezeit (späte Eisenzeit, 450 – 15 v. Chr.)
Der Übergang von der Hallstatt- zur Latènezeit vollzog sich wie der Übergang von der späten Bronzezeit zur Hallstattzeit unter dem Einfluß fremder Kulturen des Ostens und des Südens bruchlos. Die Bevölkerung blieb die gleiche in unserem Raum. Nach einer im ganzen gesehen ruhigen Zeit ohne große Völkerbewegungen in der frühen Hallstattzeit begannen im späten 5. Jahrhundert v. Chr. die Kelten von ihren Siedlungsräumen nördlich der Alpen aus mit ihren

Raub- und Eroberungszügen, die zunächst vor allem das südliche Italien, dann aber große Teile der Alten Welt und Mittel- und Westeuropas in Angst und Schrecken versetzten.

Möglicherweise sind diese Keltenwanderungen die Ursache für den auch im Hegau zu beobachtenden deutlichen Rückgang der Bevölkerungszahl gegen Ende des 5. vorchristlichen Jahrhunderts. Latènezeitliche Siedlungen und Friedhöfe sind im Landkreis Konstanz (und nicht nur hier) bisher nur an ganz wenigen Stellen gefunden worden (Kiesgrube Kohler südlich von Anselfingen, Singener Nordstadt, Konstanzer Altstadt, Rielasingen). Zudem stammen alle bekannten Fundstellen aus der frühen und mittleren Latènezeit. Spätkeltische Keramik hat man bisher nur mit einigen wenigen Fundstücken in der Kiesgrube Kohler, Anselfingen, und in größerer Menge im Konstanzer Altstadtbereich gefunden. Abgesehen von der noch nicht untersuchten keltischen Siedlung Konstanz, über deren Größe und Form wir noch keine Aussagen machen können, liegt die nächste größere spätlatènezeitliche Siedlung, das »Oppidum« (= stadtähnliche Ansiedlung mit Holz-Erde-Mauer) Rheinau-Altenburg, in einer Rheinschlinge westlich von Schaffhausen.

Die Wirtschafts- und Gesellschaftsform dürfte annähernd die gleiche gewesen sein wie in der vorausgegangenen Hallstattzeit.

Die Toten wurden wie in der späten Hallstattzeit unverbrannt beigesetzt, ganz zu Anfang gelegentlich noch als Nachbestattungen in hallstattzeitlichen Grabhügeln, dann aber ausschließlich in flachen Erdgräbern in Friedhöfen. Die Ausstattung der Toten mit Trachtzubehör und Waffen, selten auch mit Tongefäßen, war im großen und ganzen die gleiche wie in der späteren Hallstattzeit, lediglich die Formen der Grabbeigaben waren verändert und das eine oder andere hallstattzeitliche Element verschwand, etwa der Dolch, an dessen Stelle wieder das Schwert trat. Die Ausstattung der Toten wirkt einfacher, spartanischer.

Die römische Zeit (15 v. Chr – 260 n. Chr.)

Im Jahr 15 v. Chr. besetzten die beiden römischen Brüder Drusus und Tiberius (der spätere Kaiser Tiberius) die heutige Ost- und Westschweiz. In der ersten Hälfte des ersten Jahrhunderts n. Chr. wurde dann das rechtsrheinische Gebiet bis hin zu Donau und Neckar dem römischen Reich einverleibt.

Zeugen der römischen Herrschaft in unserem Raum sind die Spuren einer römischen Zivilsiedlung in der Konstanzer Altstadt und bei Orsingen, sowie eine Reihe römischer Gutshöfe (Wollmatingen, Stöckenhof östlich des Mindelsees, Bodman, Homberg, Mindersdorf, Eigeltingen, Eckartsbrunn, Bargen, Watterdingen, Tengen, Büßlingen-Zoll, Büßlingen »Lohgaß«, Randegg) und auf Schweizer Gebiet der Rheinübergang bei Stein am Rhein, mit spätrömischem Kastell und die zugehörige Zivilsiedlung bei Eschenz. Ob es in Konstanz auch ein Kastell gegeben hat, wie in der Fachliteratur zu lesen ist, ist seit der Überprüfung der bisherigen, sporadischen Grabungsbefunde durch H. Stather zumindest sehr fraglich geworden. H. Stather hat verschiedentlich über seine Forschungsergebnisse berichtet, eine das Thema erweiternde Dissertation ist in Vorbereitung.

Auch über die römische Siedlung von Orsingen ist wenig bekannt. In der älteren Literatur

Römische Terra-sigillata-Keramik
aus der Konstanzer Altstadt

wird sie als Gutshof geführt. Unter günstigen Beobachtungsverhältnissen lassen sich aber umfangreiche Trockenspuren von größeren Steinbauten im Getreide erkennen.

Die Fundamente eines Teils eines dieser Gebäude wurde vor einigen Jahren ausgegraben. Im letzten Jahrhundert wurde ein offensichtlich sehr aufwendig gebautes Badegebäude freigelegt und dann wieder zugedeckt. Beim Bau eines Möbelhauses wurden vor einigen Jahren die Grundrisse eines »gallo-römischen Umgangstempels« und zweier weiterer, kleinerer Heiligtümer freigelegt. Tempel dieses Typs, die von keltischen, nicht römischen Bewohnern größerer Siedlungen am Rand der Siedlung gebaut werden durften (so auch in Arae Flavise, Rottweil), findet man nie in Gutshöfen. Die Siedlung von Orsingen lag wahrscheinlich an einer Kreuzung zweier wichtiger Fernstraßen, die einerseits von Konstanz nach Hüfingen (Brigobanne), andererseits vom Rheinübergang bei Stein in Richtung Donau führten. Beide Straßen sind allerdings archäologisch noch nicht nachgewiesen.

Die Gutshöfe hatten das römische Heer mit Nahrungsmitteln zu versorgen. Sie wurden von verdienten Soldaten und deren Knechten und Sklaven bewirtschaftet.

Die einzige systematische Plangrabung wurde im römischen *Gutshof Büßlingen »Lohgaß«* durchgeführt, der auf Betreiben der Stadt Tengen mit Mitteln des Arbeitsamtes (Arbeitsbeschaffungsmaßnahmen), des Landesdenkmalamtes und mit Unterstützung der Flurbereinigungsbehörde vollständig ausgegraben wurde. Die Grabung wird derzeit in einer Dissertation ausgewertet und demnächst publiziert. Der Gutshof liegt etwa 1,8 km südöstlich von Büßlingen, dicht östlich der Gemeindeverbindungsstraße Büßlingen – Storzeln. Er wurde in den Jahren 1977–83 ausgegraben und bis auf zwei Wirtschaftsgebäude in seinen Grundmauern als Freilichtmuseum restauriert.

Der Gewannname »Hochstraß« in unmittelbarer Nähe deutet auf eine dicht westlich vorbeiziehende, archäologisch allerdings noch nicht nachgewiesene, möglicherweise von Stein am Rhein kommende römische Straße, die weiter nach Hüfingen oder Schleitheim geführt haben könnte.

Flächenmäßig gesehen gehört der Hof zu den größeren Gutshöfen Baden-Württembergs. Die Ausstattung ist jedoch bescheiden, rein zweckmäßig und entspricht dem Durchschnittsstandard eines typischen, ganz auf die Landwirtschaft hin orientierten Hofs mit weitgehender Selbstversorgung auch im technischen Bereich. Er umfaßte neun Steingebäude: Das Hauptwohnhaus (Herrenhaus) war einstöckig, der Innenhof nicht überdacht. Die Ecktürme saßen nicht wie üblich vor der Eingangsfront, sondern waren in den annähernd quadratischen Grundriß des Hauses einbezogen. Die Eingangshalle war nicht offen, besaß keine Säulen, sondern diente als geschlossener, wahrscheinlich mehrfach unterteilter Wohnraum. Unterfußbodenheizungen gab es nur in zwei kleinen Räumen. Gegenüber dem Haupteingang des Herrenhauses steht ein verhältnismäßig großer *Tempel* mit Cella und davorliegender, offener Eingangshalle, deren Dach von nicht gefundenen, möglicherweise hölzernen Säulen getragen wurde. Das geräumige, vierräumige *Badehaus* mit angebautem, wahrscheinlich hölzernem Heizschuppen, entspricht mit einem Kalt- und Warmwasserbecken und Unterfußbodenheizung in zwei Räumen dem Durchschnittstyp einer römischen Badeanlage auf dem Land. Wenige Mör-

Plan des ausgegrabenen römischen Gutshofs bei Tengen-Büßlingen: Herrenhaus (1), Handwerkerhaus (Schmiedehaus) (5), Tempel (2), Badehaus (3), Wirtschaftsgebäude (4, 6, 7, 8, 9)

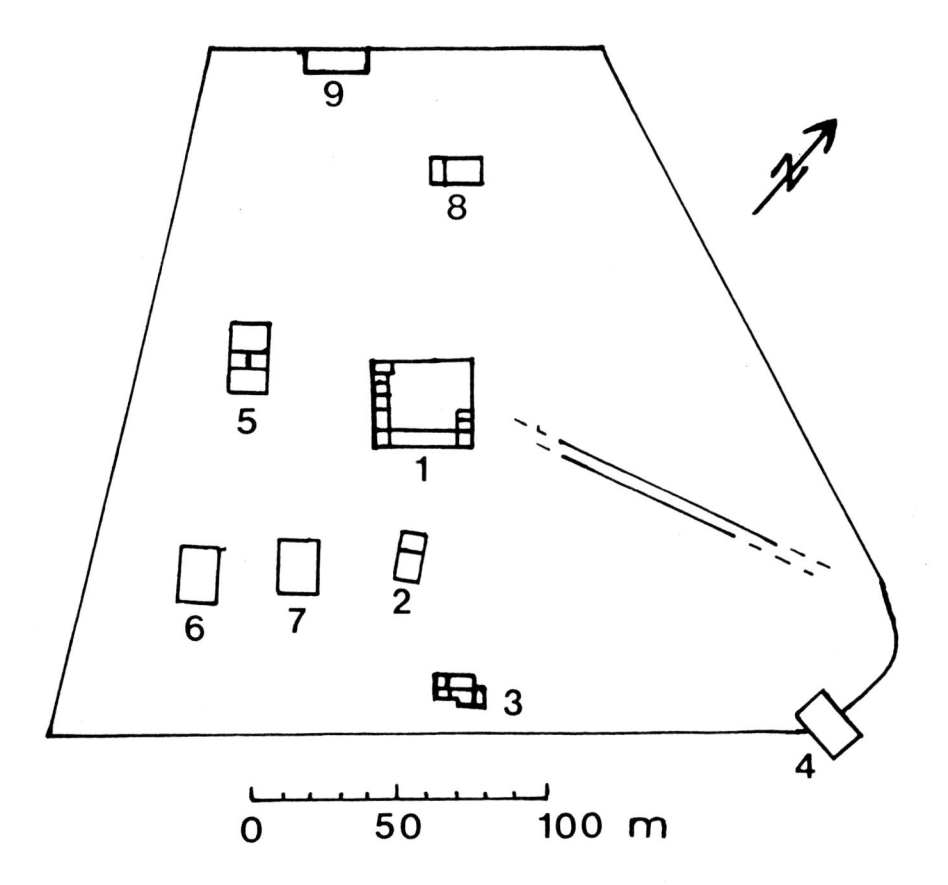

Rekonstruktion des gallo-römischen Umgangstempels in Orsingen

telbrocken mit Spuren von Bemalung lassen auf bemalte Innenwände schließen. Westlich des Herrenhauses steht ein mehrräumiges, auffallend solide gebautes Haus über der Sickerstückung eines Vorgängerbaus. Reste von Schmelzöfen und Funde von Eisenschlacken deuten auf eine *Schmiede*. Die übrigen Gebäude dürften *Wirtschaftsgebäude* gewesen sein. Der Hof wurde von einer schmalen, niedrigen *Mauer* eingeschlossen, die nur noch partiell nachweisbar ist. Zwischen dem Herrenhaus und der südöstlichen Hofecke verlief ein gepflasterter, durch den Ackerbau weitgehend zerstörter *Wirtschaftsweg*, der wahrscheinlich mit Kalkplatten abgedeckt war.

Alle Gebäude sind aus Stein errichtet. Erhalten waren in der Regel nur die Sickerstückungen (lockeres Steingeröll in einem Graben unter den Grundmauern), hin und wieder Teile der Grundmauern, selten eine bis zwei Lagen des aufgehenden Mauerwerks. Als Baumaterial verwendete man unbehauene eiszeitliche Gerölle und für einige Gebäudekanten, hin und wieder auch für Teile der Hauswände, rechteckig zugehauene Kalksteine. Gebaut wurde in der üblichen Zweischalentechnik, ohne große Sorgfalt.

Ein im Mauerversturz eines Wirtschaftsgebäudes gefundener Münzschatz von annähernd 100 Silbermünzen deutet auf ein gewaltsames Ende des Gutshofes nach der Mitte des 3. Jahrhunderts n. Chr., kurz vor der Überrennung des römischen Grenzlimes durch die Alamannen. Die älteste Keramik (Terra-Sigillata) datiert vom Ende des ersten Jahrhunderts n. Chr.

Die alamannische Zeit

Noch vor der Mitte des 3. nachchristlichen Jahrhunderts, Jahre vor dem Fall des römischen Grenzlimes 259/60 n. Chr. wurden viele römische Gutshöfe in Südwestdeutschland von ihren Bewohnern verlassen. Die Alamannen hatten seit Beginn des 3. Jahrhunderts die Grenze bedrängt, es war ihnen verschiedentlich gelungen, den Limes zu durchbrechen und das dahinterliegende römische Decumatland zu verunsichern. Die Römer konnten die Eindringlinge zwar immer wieder vertreiben, aber das Leben hinter der Grenze war für die römische Landbevölkerung zusehends unsicherer geworden.

Im Jahr 259/60 scheint das Land zwischen Rhein und Neckar nur noch dünn besiedelt gewesen zu sein. Trotzdem vollzog sich die alamannische Landnahme des südwestdeutschen Raums nur sehr zögernd. Im Landkreis Konstanz kann man einen nahtlosen, fließenden Übergang von der römischen in die germanische, frühmittelalterliche Besiedlung lediglich für die Stadt Konstanz selbst vermuten.

Die meisten alamannischen Siedlungen unseres Raums wurden im 6. Jahrhundert gegründet. Das älteste bisher gefundene Alamannengrab, das Grab eines wohlhabenden Mannes, wurde auf Gemarkung Hilzingen ausgegraben und stammt aus den letzten Jahren des 5. Jahrhunderts. Eindeutige Spuren eines alamannischen Dorfs ließen sich bisher nirgendwo im Landkreis nachweisen. Die frühen Siedlungen liegen unter den heutigen Ortskernen und sind durch die spätere Überbauung weitgehend zerstört. Auf fast allen Gemarkungen wurden aber alamannische Friedhöfe gefunden und einige von ihnen teilweise ausgegraben. Die meisten Gräber stammen aus dem 6. und 7. Jahrhundert. Im 8. Jahrhundert waren die Alamannen weitgehend christianisiert, den Toten wurden keine Beigaben mehr mit ins Grab gegeben, mit denen man die Gräber datieren könnte, und es wurden oft neue Friedhöfe neben der Dorfkirche angelegt.

Bis zur entscheidenden Schlacht 496 n. Chr., in der sie endgültig den Franken unterlagen, konnten die Alamannen ihr Gebiet nach und nach bis an den Lech, nach Worms, Aschaffenburg, Besançon und in das Schweizer Mittelland ausdehnen. Nach der Niederlage gelangten die nördlicheren alamannischen Gebiete unter die Oberhoheit der fränkischen Könige. Der Süden, darunter unser Raum, blieb bis 746 (vernichtende Niederlage gegen die Franken bei Cannstadt) verhältnismäßig selbständig.

Die alamannische Gesellschaft war ständisch gegliedert: An der Spitze standen bis 496 die alamannischen Könige, danach die Merowingerkönige. Unter ihnen standen die alamannischen Herzöge, die über Regionen unbekannter Größe regierten. An der Spitze der Dorfgemeinschaft stand der Dorfadel. Es folgten die freien und halbfreien Bauern und die unfreien Knechte und Sklaven. Wie stark die Abhängigkeitsverhältnisse und die Macht der Herzöge und des Adels waren, ist eine weitgehend offene Frage.

Römischer Gutshof in Büßlingen: Haus 5 (Schmiedehaus)
während der Ausgrabung

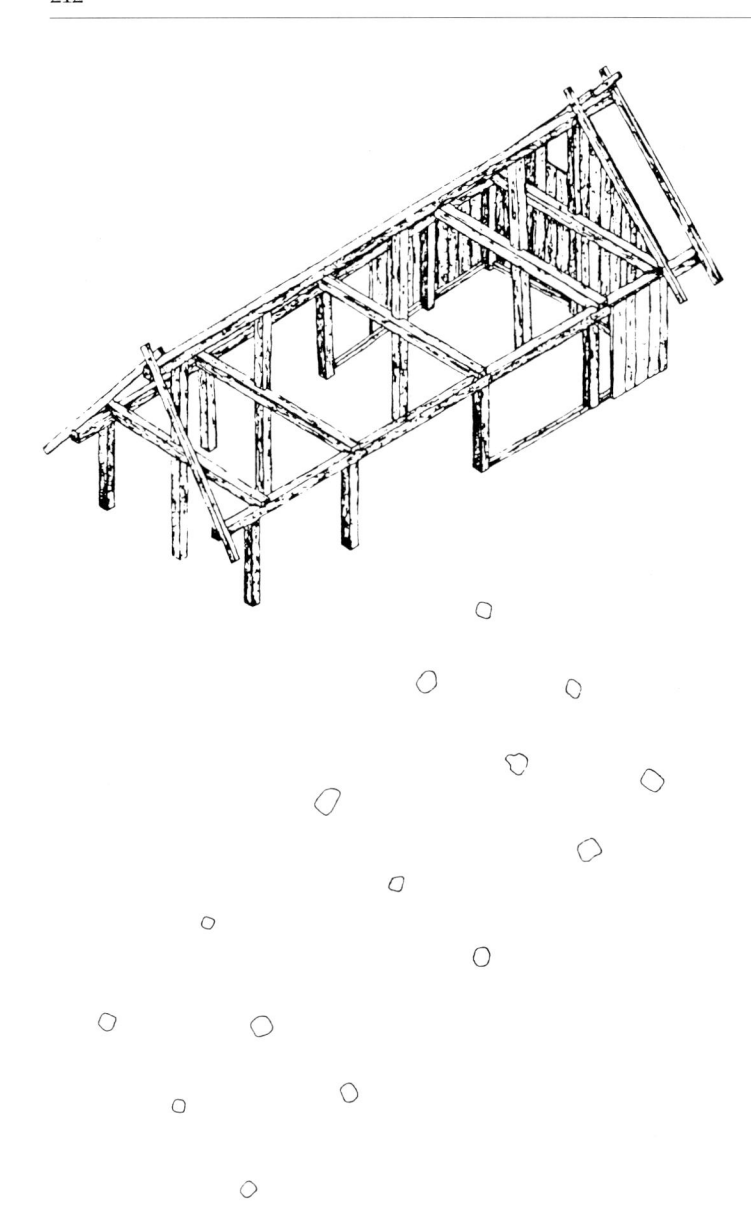

Rekonstruktion eines
alamannischen Langhauses

Rekonstruktion eines
alamannischen Grubenhauses

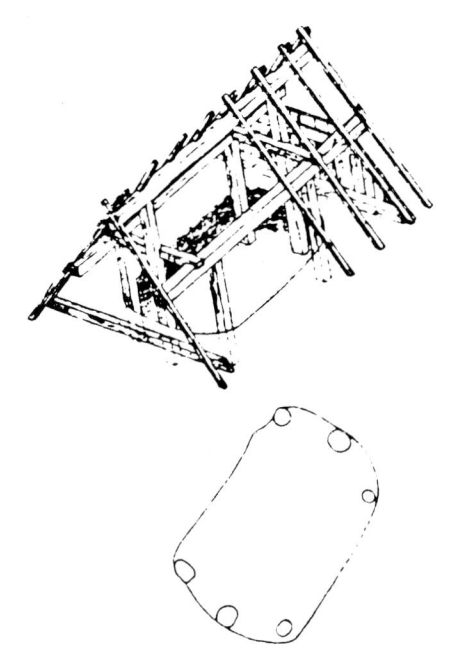

Besonders schöne Funde aus alamannischen Adelsgräbern bei
Radolfzell-Güttingen

Die Alamannen lebten in zunächst kleinen Dorfgemeinschaften. Anders als die Römer bauten sie ihre Häuser nicht aus Stein sondern aus Holz. Das Hauptgebäude war ein bis zu 15 m langes und 5–6 m breites Langhaus, das in der Regel wohl auch das Vieh beherbergte. Reichere Dorfbewohner, meist der Dorfadel, besaßen neben Häusern, die ausschließlich dem Wohnen dienten, noch Gebäude für das Vieh, für Webereien und andere Werkstätten. Ein Teil dieser Nebengebäude war etwa einen Meter in den Boden eingetieft (»Grubenhäuser«), 2 bis 3 x 4 bis 6 m groß, mit einem bis auf oder dicht über den Boden reichenden Dach überdeckt.

Über die vorchristliche Religion der Alamannen wissen wir wenig. Die Ausstattung der Toten mit Waffen, Schmuck, Keramik, Kleidung lassen auf den Glauben an ein Weiterleben im Jenseits schließen. Eine Runeninschrift auf einem Schmuckstück läßt vermuten, daß die wichtigsten germanischen Gottheiten, Wodan und Donar, auch von den Alamannen verehrt wurden.

Wichtigster Ausgangspunkt der christlichen Alamannenmission in Südwestdeutschland (Columban, Gallus) war Konstanz, das um 600 Bischofssitz wurde. In den Gräbern des 7. Jahrhunderts findet man, wenn auch nicht sehr häufig, christliche Amulette (goldene Kreuze auf der Brust, Kreuze auf Fingerringen, Fibeln, Zierscheiben).

Zu der Zeit, als die Alamannen den römischen Grenzlimes durchbrachen, verbrannten sie ihre Toten. Im Lauf des 5. Jahrhunderts ging man zur Erdbestattung über und zur Anlage von großen Friedhöfen. Die einfachen Dorfbewohner erhielten kleine Grabgruben, die von Steinplatten ausgekleidet und abgedeckt sein konnten. Als Särge dienten ausgehöhlte Baumstämme oder Brettersärge. Der Dorfadel bestattete seine Toten mit reichen Beigaben zunächst auf dem gleichen Friedhof, aber meistens räumlich abgesetzt in größeren Schachtgräbern mit großräumigen, teilweise hausartigen Holzkammern. Nach der Christianisierung begrub man die vornehmen Toten bei oder in der Kirche (anfangs kleine Holzkirchen in Friedhofsnähe).

Die Grabbeigaben bieten einen wenn auch bescheidenen Einblick in das handwerkliche Können der Alamannen: Bronzegießer, Goldschmiede, Drechsler gaben sich große Mühe, nicht nur den Schmuck und die Waffen, sondern auch einfache Gebrauchsgüter des täglichen Lebens kunstvoll zu gestalten und zu verzieren.

Einen großen Teil des heutigen Wissens über die Alamannen verdanken wir der archäologischen Forschung. Wichtige Elemente des Rechtssystems, des täglichen Lebens, des sozialen Aufbaus der Gesellschaft lieferten außerdem Sammlungen rechtlicher Vorschriften, die im 7. Jahrhundert (Pactus legis Alamannorum) und im 8. Jahrhundert (Lex Alamannorum) niedergeschrieben wurden.

Vom historischen Hegau zum Landkreis Konstanz

FRANZ GÖTZ

Das Gebiet des Landkreises Konstanz liegt am Westrand des Bodensees, umschließt im Osten den Seeteil »Untersee« auf drei Seiten und im Westen den Hegau mit seinen eigenartig geformten, vulkanischen Kegelbergen. Im Süden ist die Grenze des Landkreises Konstanz gleichzeitig Staatsgrenze zwischen der Bundesrepublik Deutschland und der Schweiz.

Seine heutige *Gestalt und Größe* erhielt der Landkreis Konstanz durch die am 1. Januar 1973 in Kraft getretene Kreisreform in Baden-Württemberg. Damals wurde dem Landkreis Konstanz der südliche Teil des aufgehobenen Landkreises Stockach mit der Amtsstadt Stockach zugeschlagen. Durch diese Maßnahme vergrößerte sich die Fläche des Landkreises Konstanz von rund 51.900 ha auf 81.779 ha. Die Bevölkerung wuchs von 193.000 auf ca. 230.000 Einwohner.

Ein unbeabsichtigtes Ergebnis dieser Änderung der Kreisgrenzen im westlichen Bodenseegebiet ist für Historiker und traditionsbewußte Kreisbewohner gleichermaßen von Interesse: Der neue Landkreis Konstanz ist nahezu deckungsgleich mit der *Hegau-Grafschaft* des frühen und hohen Mittelalters und der dieses Herrschaftsgebilde ablösenden Landgrafschaft Nellenburg. Eine Geschichte des neuen, seit 1973 bestehenden Landkreises Konstanz ist deshalb auch eine Geschichte des historischen Raumes »Hegau«.

Daß dieses Gebiet schon seit dem Ende der letzten Eiszeit als ideales Siedlungsland erkannt und während aller vor- und frühgeschichtlichen Epochen von den Menschen genutzt und in eine der bedeutendsten Kulturlandschaften Südwesteuropas umgewandelt wurde, hat Jörg Aufdermauer im vorangehenden Beitrag dargelegt.

Im Mittelalter wurde der Hegau als Teil des Bodenseeraumes erneut eine *politische und kulturelle Kernlandschaft*.

Die Alemannen, ein Volksverband germanischer Teilstämme der Sueben (= Schwaben), die in der 2. Hälfte des 3. Jahrhunderts die römische Grenzbefestigung des Limes durchbrochen hatten und nach und nach in Richtung Donau, Rhein, Bodensee und Iller vorgedrungen waren, haben im Hegau erst seit dem 6. Jahrhundert feste Siedlungen angelegt. Um dieselbe Zeit entstand aus einer Vielzahl kleinerer Herrschaften ein alle Alemannen umfassendes Herzogtum. Der Hegau-Bodensee bildete darin ein wichtiges Macht- und Besitzzentrum. Hier lag ein umfangreiches, dem Alemannenherzog gehörendes Fiskalgut, die *»Herzogs-Höri«*, deren Name später mit den Besitzungen der Konstanzer Bischöfe auf der Halbinsel zwischen Radolfzeller See und Rheinausfluß in Verbindung gebracht wurde, wo er bis heute als geographische Bezeichnung weiterlebt (Höri = das ursprünglich dem Herzog, später dem Bischof von Konstanz »gehörende« Gebiet). Mittelpunkt dieses herzoglichen Hausgutes war *Bodman*: Wirtschaftshof, Verwaltungssitz und namengebender Ort für den Bodensee (= Bodman-See).

Krypta des Konstanzer Münsters, um 1000

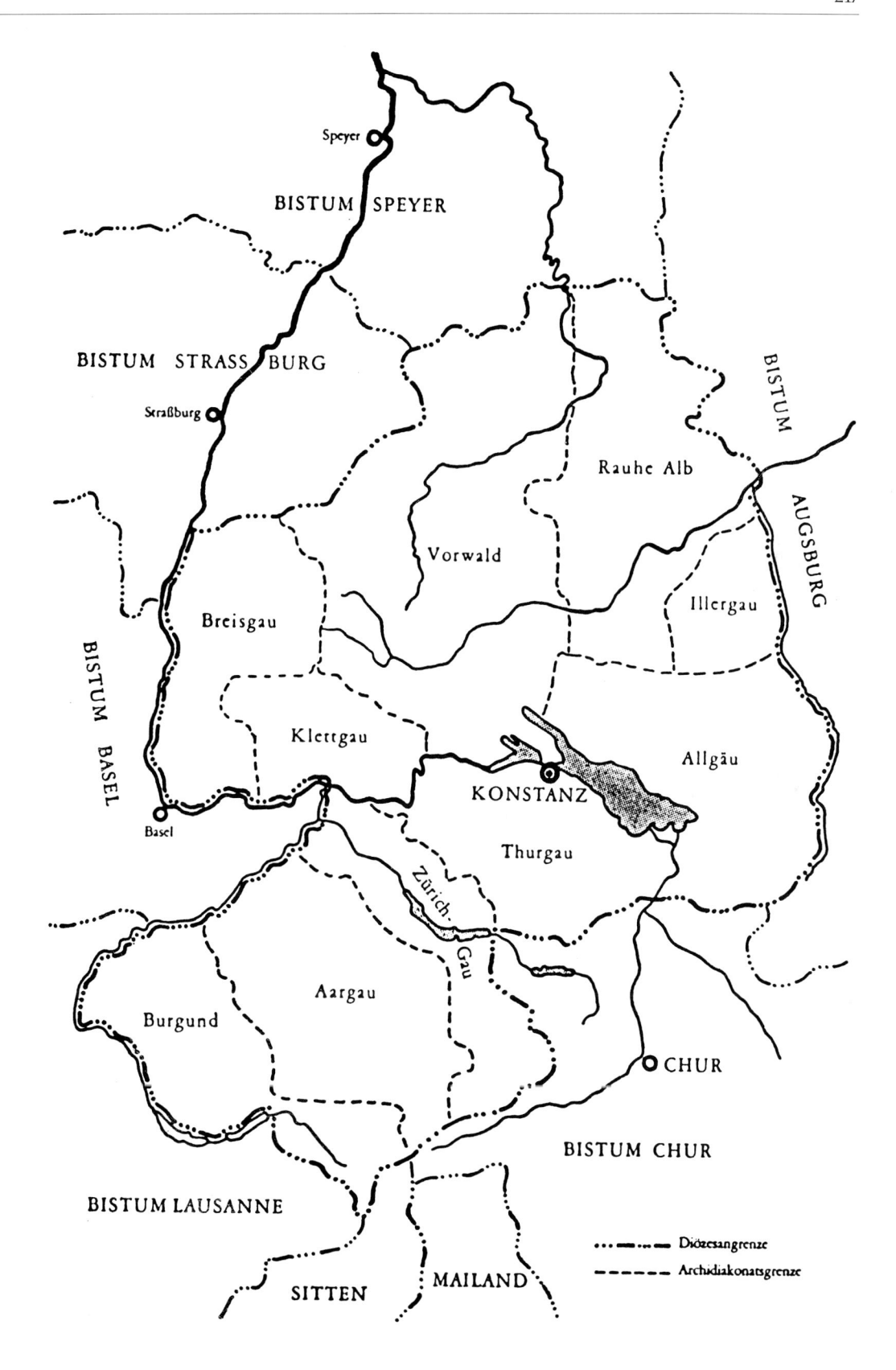

Die Grenzen des Bistums Konstanz und die Archidiakonatsbezirke

······—— Diözesangrenze
– – – – Archidiakonatsgrenze

Ankunft Pirmins auf der Reichenau und Schlangenvertreibung.
Tafelbild von 1624 im Marienmünster zu Reichenau-Mittelzell.
Das Bild verbindet die Gründungslegende von 724 mit der Darstellung
der wichtigsten Reichenauer Bauten aus der Zeit um 1624

Gegen Ende des 6. Jahrhunderts begann die *Christianisierung der Alemannen*. Die ersten, die sich zum neuen Glauben bekehrten, waren alemannische Adelige, die von den Franken die christliche Heilsbotschaft übernommen hatten. Sie stifteten Kirchen, statteten diese mit Vermögen aus und setzten Priester ein. So entstanden die ersten Pfarreien im Land der Alemannen. Alle diese Kirchen gehörten zum *Bistum Konstanz*, das um 590 n. Chr. gegründet wurde und bis 1821 als umfangreichste Diözese im deutschsprachigen Raum bestanden hat. Das Bistum Konstanz umfaßte im Süden den größten Teil der alemannischen Schweiz und grenzte im Norden an das Bistum Speyer, im Westen an Basel und Straßburg, im Osten an Augsburg.

Zwei Jahrzehnte nach der wohl auf Initiative des alemannischen Herzogs erfolgten Gründung des Bistums Konstanz kamen iro-schottische Mönche unter der Leitung des Abtes Kolumban an den Bodensee, um bei der Christianisierung der Alemannen mitzuhelfen. In der Schar dieser Mönche befand sich auch Gallus, der 612 als Einsiedler ins obere Tal der Steinach zog und dort später mit einigen Gleichgesinnten ein kleines bescheidenes Kloster erbaute: *St. Gallen*. Mehr als ein Jahrhundert danach, im Jahr 724, gründete der fränkische Hausmeier Karl Martell das Kloster auf der *Reichenau*; Pirmin wurde der erste Abt des Inselklosters.

Beide Klöster, das um 744 vom hl. Otmar nach der Benediktinerregel reformierte *St. Gallen* und die *Abtei Reichenau*, waren für Jahrhunderte religiöse, politische und kulturelle Zentren nicht nur des Bodenseeraumes, sondern des ganzen christlichen Abendlandes, und beide Klöster hatten viele Besitzungen, Einkünfte und Rechte im Hegau. Zur Ausstattung des Inselklo-

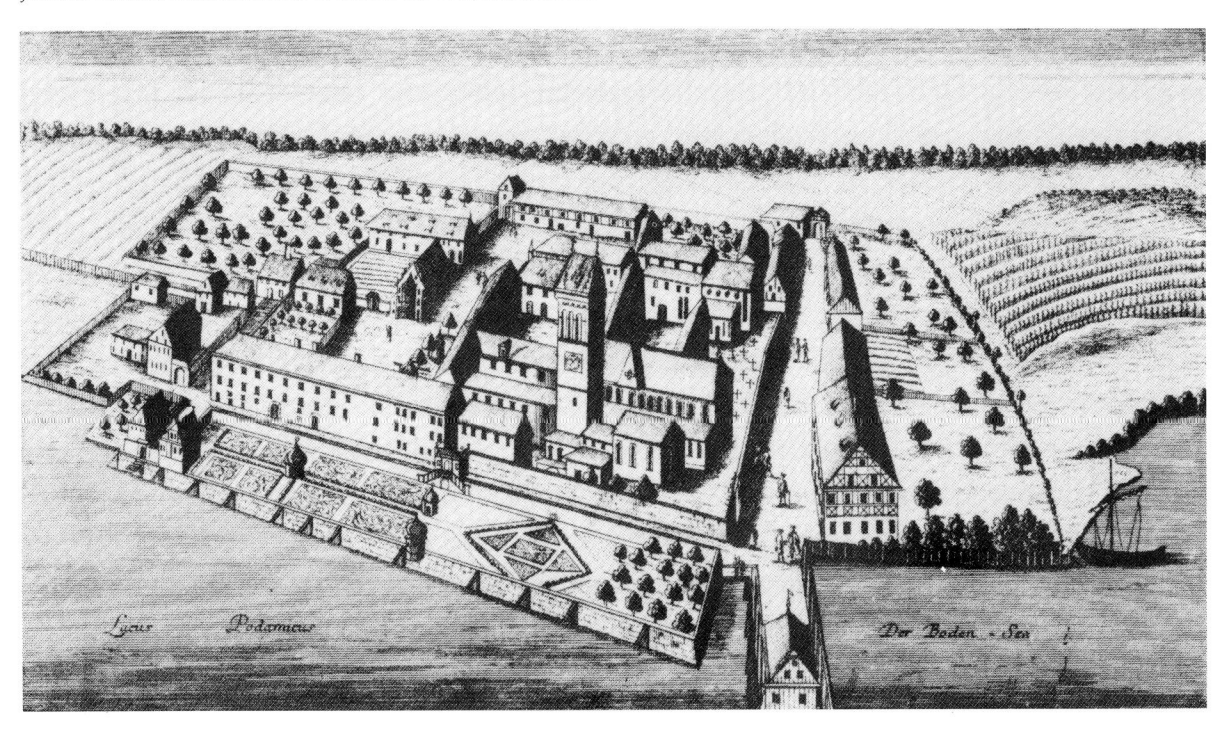

Ansicht des Klosters Petershausen. Kupferstich von
Johann Gottfried Böck aus der 1. Hälfte des 18. Jahrhunderts

sters Reichenau verwendete Karl Martell vor allem Güter des mittlerweile dem fränkischen Krongut zugeschlagenen Fiskus Bodman; denn in der ersten Hälfte des 8. Jahrhunderts hatten die fränkischen Machthaber Pippin der Mittlere und Karl Martell den südlichen Teil Alemanniens unterworfen und dem zentralistisch regierten Frankenreich eingegliedert. Mehrere Aufstände alemannischer Adeliger endeten im Jahr 746 mit deren Verurteilung und Hinrichtung. Damit war der *Untergang des alemannischen Herzogtums* besiegelt. Das in kleinere Herrschaftsbereiche eingeteilte ehemalige Herzogtum regierten von nun an vom fränkischen König eingesetzte, beamtete Grafen, wobei man teilweise die in vorfränkische Zeit zurückreichenden, ursprünglich alemannische Hochadelsherrschaften bezeichnenden Gaunamen beließ. Der *Name des Hegaus* (pagus Egauensis, bzw. Hegaugensis) ist für das 8. Jahrhundert in Urkunden der Jahre 787 und 788 belegt. Die Gaubezeichnung »Hegau« ist wohl von der vordeutschen Wurzel kev(en) = Bergrücken abgeleitet, die auch im Bergnamen Hohen-Hewen (bei Engen) steckt. Der alemannische Herzogshof in *Bodman* wurde von den Franken in eine *Königspfalz* umgewandelt. Sie spielte in der Karolingerzeit und noch während der Regierung König Konrads I. eine wichtige Rolle als Verwaltungssitz und zeitweiliger Aufenthalt von fünf Königen und Kaisern: Kaiser Ludwig der Fromme, König Ludwig der Deutsche, Kaiser Karl III. (der Dicke) sowie die Könige Ludwig das Kind und Konrad I. weilten zwischen 839 und 912 zum Teil wiederholt in ihrer Pfalz Bodman.

Kreuzgangflügel des ehemaligen Dominikanerklosters in Konstanz, des jetzigen »Insel-Hotels«

Umritt Martins V. durch Konstanz nach seiner Wahl zum Papst (1417). Bild aus der Chronik des Konstanzer Konzils von Ulrich Richental

Neben der militärischen Eroberung und politischen Erschließung Alemanniens im 8. Jahrhundert lief ein verstärkter Ausbau des Landes, eine Erweiterung des Siedlungsnetzes.

Zur Beschleunigung der Einschmelzung der Alemannen in das Frankenreich trugen die Übertragung politischer Ämter an den keineswegs ganz entmachteten alemannischen Adel und die Verbindung fränkischer und alemannischer Adelsfamilien durch Heiraten bei.

Trotzdem blieb es das Ziel des einheimischen Adels, das 746 abgeschaffte *Herzogtum* wiederzuerrichten. Dies gelang schließlich im Jahr 917, als schwäbisch-alemannische Adelige den Grafen Burkhard aus dem Geschlecht der Hunfridinger zum Herzog der Alemannen oder der Schwaben, wie seit dem 10. Jahrhundert der gebräuchlichere Ausdruck lautete, auszurufen. Aus dem Niedergang der Karolingerherrschaft war so *das schwäbische (alemannische) Stammesherzogtum* neu erstanden.

Zeitweiliger Aufenthaltsort der Schwabenherzöge im Hegau war während des 10. Jahrhunderts die Burg auf dem *Hohentwiel*. Parallel zur politischen Entwicklung ist eine *kirchliche Schwerpunktbildung* im westlichen Bodenseegebiet festzustellen. Allein zwischen Konstanz und Schaffhausen (also sowohl auf heute deutschem als auch auf schweizerischem Gebiet) wurden vom 8. bis ins 12. Jahrhundert 20 Klöster und Stifte gegründet. Neben der bereits erwähnten berühmten Benediktinerabtei Reichenau (724) sind es die weiteren benediktinischen Klöster Schienen (um 830), Öhningen (965), Petershausen bei Konstanz (983), St. Georgen in Stein am Rhein (um 1005 vom Hohentwiel, wo das Kloster 970 entstand, nach Stein verlegt), Allerheiligen in Schaffhausen (1050), Wagenhausen (1083) und der Benediktinerinnenkonvent St. Agnes in Schaffhausen (1080).

Die restlichen geistlichen Korporationen waren Chorherrenstifte in Kreuzlingen, Konstanz, auf der Reichenau und in Radolfzell. Eine der ältesten klösterlichen Niederlassungen befand sich im kleinen *Hoppetenzell* bei Stockach, das früher Adalungszell hieß und im 8. und 9. Jahrhundert eine Außenstation des Klosters St. Denis bei Paris war. Im Testament des Abtes Fulrad von St. Denis, um 777 verfaßt, steht geschrieben, daß Adalung die nach ihm benannte Adalungszelle im Hegau, »wo die Gebeine des hl. Georg ruhen«, dem Abt Fulrad von St. Denis übergeben habe. St. Georg ist noch heute der Kirchenpatron in dem später nach dem »Hoppeter«, dem Frosch, umbenannten Dorf. Im Jahr 866 bestätigte König Ludwig der Deutsche diese Schenkung, dann hören wir nichts mehr von dieser geistlichen Institution. Immerhin, diese beiden urkundlichen Belege werfen ein Licht auf Zusammenhänge von abendländischer Weite, in die unsere Landschaft damals einbezogen war.

In späteren Jahrhunderten kamen *andere Ordensniederlassungen* dazu, solche der Dominikaner, Franziskaner und Augustiner in Konstanz, mehrere Frauenklöster in Konstanz, auf dem Bodanrück, auf der Höri, in Engen, in Feldbach bei Steckborn, St. Katharinental bei Diessenhofen und Paradies bei Schaffhausen, die Deutschordenskommende Mainau, die Jesuiten in Konstanz sowie die Kapuziner in Konstanz, Engen, Radolfzell und Stockach.

Zur Zeit, als die Staufer Herzöge von Schwaben wurden (1079), begann der auch das Bodenseegebiet verheerende *Investiturstreit*. Jahrelang trugen die Anhänger des Königs einerseits und des Papstes andererseits ihre Gegensätze mit Waffengewalt aus. Nachdem *die Staufer* jedoch die deutsche Königskrone gewonnen (1138) und schließlich die Kaiserkrone erlangt hatten (1155), machten sie das Herzogtum Schwaben zum Kernland des hochmittelalterlichen Reiches. Das Bodenseegebiet spielte im staufischen Machtgefüge, insbesondere im Hinblick auf die Italienpolitik, eine hervorragende Rolle als Zugang zu den Alpenpässen. Die alten *Bodenseestädte* blühten auf, neue wurden gegründet. Sie erlangten nicht nur als Tagungsorte, sondern auch als Warenumschlagsplätze eine Vorzugsstellung. Die aufkommende Leinwandproduktion und der vorwiegend über Konstanz, St. Gallen und einige oberschwäbische Städte laufende Leinwandhandel, aber auch der Handel mit Eisenwaren, Wein und Getreide sowie mit Salz förderten die wirtschaftliche Prosperität der zahlreichen Städte rings um den Bodensee.

Das ganze Bodenseegebiet und Oberschwaben waren damals eine große »Heimindustrielandschaft«, die überwiegend von der Herstellung von Leinen und seit der Mitte des 14. Jahrhunderts darüber hinaus von der Barchentweberei geprägt wurde. Veredelungs- und Verladeplatz für diese Erzeugnisse war – wie bereits betont – schon seit dem 12. Jahrhundert – neben Ulm und Augsburg – unbestreitbar Konstanz. Von den Städten im Konstanzer Kreisgebiet erreichte allerdings nur *Konstanz* selbst schon im Mittelalter als Bischofssitz, Reichsstadt (bis 1548) und Wirtschaftsmetropole mit weitreichenden Handelsbeziehungen eine außerordentliche Bedeutung. Alle anderen Städte hatten zwar ihre besonderen Eigenheiten und eine gewisse Mittelpunktfunktion für einen kleinen Umkreis, blieben aber, trotz mancher Privilegien, die sie im Lauf der Zeit erhalten hatten, doch recht bescheidene Gemeinwesen, deren Bürger sich vom Handwerk, von der Landwirtschaft und vom Handel mit landwirtschaftlichen Produkten ernährten. *Radolfzell*, als Reichenauer Markt im Jahr 1100 gegründet und seit 1300 österreichisch, verfügte als einzige der Städte im Hegau über ein mehrere Dörfer umfassendes Territorium, war Wallfahrtsort und Sitz der Vereinigung der Reichsritter im Hegau.

Die nellenburgische, seit 1465 österreichische Stadt *Stockach* war Sitz eines Oberamtes und eines Landgerichtes und erlangte später auch als wichtige Poststation eine gewisse Vorzugsstellung. *Aach, Engen, Tengen und Blumenfeld* waren Ackerbürgerstädtchen. Aach kannte man darüberhinaus als gern gewählten Adels-Wohnplatz, Engen als Beamtenstädtchen mit einem im Mittelalter überdurchschnittlichen Anteil an herrschaftlichen Bediensteten. *Singen am Hohentwiel*, in der 2. Hälfte des 19. Jahrhunderts als Verkehrsknotenpunkt und Wirtschaftszentrum schnell gewachsen, erhielt erst 1899 Stadtrechte.

Keine der alten Städte konnte sich zur Hauptstadt des Hegaus entwickeln, Konstanz und das seit 1501 schweizerische Schaffhausen lagen zu sehr an der Peripherie, die anderen waren zu klein und unbedeutend.
In die Rolle der »Hegau-Hauptstadt« wuchs erst in jüngster Zeit die Stadt Singen hinein.

Neben der städtisch-bürgerlichen trat seit der Stauferzeit auch die *höfisch-ritterliche Kultur* stark in Erscheinung. So wurde das Herzogtum Schwaben – und darin wiederum das Bodenseegebiet in hervorragender Weise – nicht nur ein kloster- und städtereiches, sondern auch ein *burgenreiches Land*.

Auf nahezu jedem Hegauberg stand einstmals eine Burg. Mit Ausnahme des Hohenklingen über dem Schweizerstädtchen Stein am Rhein sind alle diese Burgen im Schweizerkrieg (1499),

224

Konstanzer Weberfresken im Haus »Zur Kunkel« (um 1300). Die Bilder zeigen die Flachsbereitung und Leinenweberei, die Anfertigung einer Umhängetasche, das Wirken von Gürteln und die Seidenfadenbereitung (daraus die Einzelszene links). Die letzten vier Bilder künden vom Feierabend mit Gebet, Toilette, Ruhe und Schwitzbad

im Bauernkrieg (1524/25) oder während des Dreißigjährigen Krieges (1618/1648) zerstört worden oder sie sind allmählich zerfallen oder abgebrochen worden. Zuletzt fiel im Jahr 1800 der im 16. und 17. Jahrhundert zur Festung ausgebaute Hohentwiel.
Erhalten blieben jedoch zahlreiche *Schlösser* in Städten und Dörfern des Hegaus.

Mit dem *Untergang der Staufer* (1268) erlosch auch das Herzogtum Schwaben, und keine starke politische Kraft stellte sich mehr einer vielfältigen Territorialbildung im deutschen Südwesten entgegen.

Der Bodenseeraum verlor seine Bedeutung als zentrale politische Landschaft. Nur noch einmal, während des *Konstanzer Konzils* von 1414–1418, wurden das Bodenseegebiet und seine Metropole Mittelpunkte abendländischer Politik.

Der Grund für die *territoriale Aufsplitterung* nach dem Ende der Stauferherrschaft wurde bereits durch das Weiterwirken der alten alemannischen Hochadelsfamilien unter oder neben den fränkischen Grafen gelegt. Innerhalb der alten Gaue entstanden neue Grafschaften. Gerade diese Grafenfamilien waren aber – mehr noch als die Herzöge – kraft ihrer militärischen und richterlichen Befugnisse und dank ihres großen Grundbesitzes die eigentlichen politischen Führer in Schwaben. Damit wurde eine Entwicklung eingeleitet, die schließlich zur *Bildung kleiner und kleinster Territorien* führte; denn nicht nur die Grafen, sondern auch freiherrliche Familien, Bischöfe und Äbte, aber auch der niedere, ritterbürtige Adel und – nicht zu vergessen – die durch ihr wirtschaftliches Gewicht selbstbewußt gewordenen größeren Städte strebten nach Machtvermehrung und Unabhängigkeit und versuchten, ihre Herrschaftsbezirke zu selbständigen Kleinstaaten auszubauen. Es ist deshalb kennzeichnend für die Geschichte des südwestdeutschen Raumes, daß es hier nie zu einer dauerhaften, das ganze alemannisch-schwäbische Land umfassenden und durchdringenden zentralen Regierung gekommen ist, wie in anderen deutschen Landschaften. Nirgendwo im Reich war die politische Landkarte bunter als im Südwesten.

Die Versuche der *Habsburger*, im späten Mittelalter das schwäbische Herzogtum wiederherzustellen und sich in Südwestdeutschland eine starke Hausmacht zu schaffen, die zugleich eine stabile territoriale Verbindung zwischen den neu gewonnenen Ländern im Osten des Reiches (Österreich, Kärnten, Steiermark und Krain) und den alten Stammlanden im Elsaß, rechts des Oberrheins und in der Nordschweiz sein sollte, sind in den Anfängen steckengeblieben. *Österreichisch-Schwaben* war zwar bis zum Ende des 15. Jahrhunderts zu einem beträchtlichen Umfang angewachsen, doch fehlte es diesem Territorium an der inneren und äußeren Geschlossenheit.

Die Reste der durch mehrere Exemtionen schon früh ausgehöhlten *Hegaugrafschaft* waren im 13. Jahrhundert den Grafen von Veringen-Nellenburg übertragen worden. Diese vereinigten die Rechte der alten, nun als *Landgrafschaft* bezeichneten und in ihrer Rechtsform veränderten Hegaugrafschaft mit ihrer eigenen allodialen *Grafschaft Nellenburg* und begannen, aus diesen Rechtstiteln und ihren Besitzungen im Hegau ein Territorium aufzubauen. Dieses Unterfangen blieb jedoch Stückwerk, da andere Adelige sowie Klöster und Städte, von der (land-)gräflichen Jurisdiktion befreit, eigene Territorien im Hegau bildeten.

Rückgebäude des Konstanzer Rathauses, ein prächtiger
Renaissancebau von 1592 mit Hof und Laubengang

Die Grafen von Nellenburg, im 10. Jahrhundert Grafen des Zürich- und des Thurgaues, Edelvögte der Klöster Einsiedeln und Reichenau und vermutlich mit dem alten alemannischen Herzogshaus verwandt, hatten zu Beginn des 11. Jahrhunderts im Hegau umfangreichen Besitz erworben, um die Mitte des 11. Jahrhunderts den Markt und das Kloster Allerheiligen in Schaffhausen gegründet sowie bei der Siedlung Stockach eine Burg erbaut (1056 erstmals urkundlich erwähnt), nach der sie sich fortan nannten.

Nach dem Tode des letzten Nellenburgers aus der Linie Veringen-Nellenburg im Jahr 1422 gelangten sowohl die Grafschaft Nellenburg, also der Teil der Landgrafschaft, in dem die alte Grundherrschaft der Nellenburger lag, als auch die Landgrafschaft im Hegau an die Freiherren von Tengen, die diesen Besitz jedoch bereits 1465 um 37.905 Goldgulden an Erzherzog Sigmund von Österreich verkauften. Die Herrschaft des Hauses Habsburg währte mit einer kurzen Unterbrechung bis zum Jahr 1805.

Als Österreich die *Landgrafschaft Nellenburg* übernahm, war ihr Umfang, verglichen mit dem der alten karolingischen Hegaugrafschaft, stark zusammengeschmolzen. Im Laufe der Jahrhunderte waren Gebiete, die ehemals zur Hegaugrafschaft gehörten, selbständig geworden, und im verbliebenen Rest hatten mancherlei Sonderrechte Geltung. Eine volle nellenburgische Landeshoheit konnte sich somit nur in einem eng umgrenzten Gebiet der ehemaligen Hegaugrafschaft, nämlich im wesentlichen in den alten nellenburgischen Besitzungen, den in 9 Ämtern zusammengefaßten Kameralorten rings um die Stammburg Nellenburg und die Stadt Stockach, und in den meisten der sogenannten »neukollektablen Orten«, die in die nellenburgische Landschaftskasse steuerten, ausbilden. Hierzu zählten auch die österreichischen Städte Aach, Stockach und Radolfzell.

Nellenburgische Verwaltungs- und Gerichtsorgane waren das österreichische Oberamt und das »Kaiserliche Landgericht im Hegau und Madach«. Die Verwaltungsbehörde, bestehend aus einem Landvogt und drei Oberamtsräten, von denen der erste den Posten des Landrichters, der zweite den des Rentmeisters und der dritte den des Landschreibers bekleidete, hatte ihren Sitz in Stockach, und zwar in dem zweimal (während des 30-jährigen Krieges und 1704) zerstörten und 1706 wiedererrichteten Amtshaus, das von 1844 bis 1977 als Rathaus diente.

Das nellenburgische Oberamt sorgte für die Sicherheit des Verkehrs, erhob Zölle, stellte Pässe aus, erteilte Hausbau- und Wirtschaftskonzessionen, beaufsichtigte das Markt- und Gewichtswesen, das Bäcker-, Metzger- und Müllergewerbe, erließ Verordnungen in Forst- und Jagdsachen und wachte über die Einhaltung der nellenburgischen Hoheitsrechte.

Das Landgericht, das früher an verschiedenen Orten im Hegau tagte – z. B. im 14. Jahrhundert mehrfach in Eigeltingen – trat später nur noch in Stockach zusammen und zwar zunächst auf einem freien Platz vor dem Meßkircher Tor, seit der Mitte des 18. Jahrhunderts im Rathaus oder in der Landgerichtskanzlei.

Zu den Kompetenzen des kaiserlichen Landgerichtes im Hegau und Madach gehörte die Verhandlung todeswürdiger Verbrechen und sonstiger schwerer Vergehen. Das Landgericht war außerdem in Zivilsachen als zweite Instanz gegenüber den Herrschafts- und Niedergerichten zuständig.

Ansicht der Stadt Engen von Martin Menrad (1636–1707). Das Gemälde entstand zwischen 1688 und 1690 und hängt heute im Schloß Heiligenberg
Rechts: Ausschnitt aus der Bodenseekarte Tibians von 1603

Politische Konkurrenten Österreichs im Hegau waren vor allem der Bischof von Konstanz, die Abtei Reichenau und einige andere Klöster (Petershausen, St. Georgen in Stein am Rhein, Allerheiligen in Schaffhausen und Salem im Linzgau), ferner die Inhaber der Herrschaften Engen und Tengen, der Deutschritterorden, die Korporation der Reichsritterschaft im Hegau, die Herzöge von Württemberg als Inhaber des Hohentwiels und die Schweizer Eidgenossen.

Der Schwerpunkt der *bischöflich-konstanzischen Grundherrschaften und Territorialrechte im Hegau* lag auf der Bodensee-Halbinsel Höri mit dem Schienerberg zwischen Radolfzell und Stein am Rhein. Zu den Besitzungen des Konstanzer Bischofs zählten die Dörfer Gaienhofen, Horn, Gundholzen, Weiler, Bettnang und die Hälfte von Iznang, ferner die Herrschaft Bohlingen mit dem gleichnamigen Hauptort im unteren Aachtal und den Dörfern Bankholzen, Moos und der anderen Hälfte von Iznang. Blutbann und Hochgericht für beide Herrschaften Gaienhofen und Bohlingen erwarb der Bischof als österreichisches Lehen. Seit dem 18. Jahrhundert bildeten die Obervogteien Gaienhofen und Bohlingen eine Verwaltungseinheit. Weitere Erwerbungen des Konstanzer Bischofs im Hegau waren 1534 Dorf und Augustinerchorherrenstift Öhningen (gegründet 965) und 1540 die Benediktinerabtei Reichenau mit Gütern und Rechten in zahlreichen Hegauorten, insbesondere in Allensbach, Wollmatingen, Kaltbrunn und Markelfingen am Nordufer des Untersees.

Der Bischof von Konstanz, der sich seitdem auch »Herr der Reichenau« nannte, richtete nach Aufhebung der freien Abtei auf der Bodenseeinsel ein kleines Priorat ein, das dort bis 1757 bestanden hat.

Als Bestandteil der Reichenau (seit Beginn des 10. Jahrhunderts) wurde auch das um 830 gestiftete Kloster Schienen dem Bistum Konstanz inkorporiert.

Am nördlichen Unterseeufer kam Ende des 16. Jahrhunderts noch Hegne an den Bischof von Konstanz. 1610 wurde die Herrschaft Rosenegg mit Rielasingen, 1749 die Herrschaft Homburg mit Stahringen bischöflich-konstanzischer Besitz.

Die Reichenauer Gründung Radolfzell (826 Erbauung der Radolts-Zelle, 1100 Marktrecht, 1267 Stadterhebung) war schon um 1300 österreichisch geworden.

Zur österreichischen Landstadt degradiert wurde 1548 auch *Konstanz*. Die kirchliche, politische und wirtschaftliche Metropole des Bodenseeraumes während des Mittelalters hatte ihre Reichsfreiheit als Folge des Schmalkaldischen Krieges verloren.

Der Deutschritterorden, der 1272 auf der Insel Mainau eine Kommende einrichtete, bildete zunächst auf der Nordseite des Bodanrücks ein eigenes Territorium und konnte 1488 noch die Herrschaften Blumenfeld und Tengen-Hinterburg erwerben.

Die vordere Stadt Tengen und den Hauptteil der Burganlage sowie einige Dörfer behielten die Freiherren von Tengen bis 1522; dann kaufte Österreich die vordere Herrschaft, vereinigte sie 1534 mit der Landgrafschaft Nellenburg und verpfändete sie 1651 an die Freiherren von Rost. Fürst Johann Weikard von Auersperg, seit 1663 im Pfandlehensbesitz von Tengen, ließ seine »Miniaturherrschaft« 1664 zur »gefürsteten Grafschaft« erheben. Tengen war ein Musterbeispiel für die im deutschen Südwesten verschiedentlich bis zum Exzeß getriebene Kleinstaaterei.

Ein eigenes Territorium bildete der *Hewen'sche Besitzkomplex mit der Stadt Engen*, zahlreichen Dörfern und Höfen im oberen Hegau sowie den Burgen Hohenhewen, Neuhewen, Hewenegg und Harperg/Hardberg (Tudoburg), der über die Grafen von Lupfen und die Marschälle von Pappenheim 1639 an die Grafen und späteren Fürsten von Fürstenberg gelangte.

Die in der *Ritter-Gesellschaft zum St. Georgenschild* zusammengeschlossenen adeligen Familien im Hegau hatten in Radolfzell, im sogenannten Ritterschaftshaus (dem heutigen Amtsgericht), ihre Versammlungsräume, eine Verwaltungsbehörde und eine eigene Ritterschaftskasse, in welche die einzelnen Mitglieder die Steuer abzuführen hatten. Außer der Steuer- und Militärhoheit besaß die Rittergenossenschaft – von einigen Ausnahmen abgesehen – keine weiteren landesherrlichen Rechte. Die Besitzungen der Reichsritterschaft im Hegau, insgesamt 25 Herrschaften und Rittergüter, gehörten zur Landgrafschaft Nellenburg, die Hegauer Adeligen waren jedoch in ihren Herrschaften Orts- und Niedergerichtsherren. Mehrere Verträge, von denen der erste im Jahr 1497 abgeschlossen wurde, legten im einzelnen die Rechte Österreichs als Inhaberin der Landgrafschaft Nellenburg und die Befugnisse der Reichsritterschaft im Hegau fest.

Eine *württembergische Exklave* inmitten österreichischer Besitzungen war seit 1538 die *Festung Hohentwiel*, die während des Dreißigjährigen Krieges unter ihrem Kommandanten Konrad Widerholt einer fünfmaligen Belagerung standhielt.

Schloß Langenstein (1570–1604); Ansicht der Hofseite
Linke Seite: Belagerung der Festung Hohentwiel im Jahr 1641. Kupferstich von Matthäus Merian

Das sogenannte »Ritterschaftshaus« in Radolfzell, von 1609–1805
Versammlungsort und Verwaltungssitz der Hegau-Ritterschaft, jetzt
Amtsgericht und Notariat. Daneben die Stadtapotheke von 1688/89

Gräflich von Bodman'sches Schloß in Bodman. Seefront nach dem
Umbau von 1907/09
Dahinter auf der Höhe: Schloß und Wallfahrtskapelle Frauenberg

In der Landgrafschaft Nellenburg lagen auch zahlreiche *zu Schaffhausen und zu Zürich gehörende Dörfer*, die nach und nach auf Grund mehrerer Verträge mit Österreich in das Territorium dieser beiden schweizerischen Städte eingegliedert wurden. Damit wurde die durch den für die Eidgenossen siegreichen Schwabenkrieg des Jahres 1499 militärisch gesicherte Nordgrenze der Schweiz arrondiert und konsolidiert.

Die Reformation konnte sich trotz gewisser Anfangserfolge im Konstanzer Kreisgebiet nicht durchsetzen. Die Stadt Konstanz hatte sich zwar der neuen Lehre angeschlossen, mit dem Verlust ihrer Reichsfreiheit im Jahr 1548 mußte die nunmehr österreichische Landstadt jedoch den katholischen Glauben wieder annehmen. Nur in Büsingen konnte sich die Reformation, 1529/34 durch die Schaffhauser Niedergerichtsherrschaft eingeführt, auf Dauer halten. Auch der Hohentwiel blieb als Besitz der Herzöge von Württemberg beim protestantischen Bekenntnis.

Religiöse Motive, wirtschaftliche Unzufriedenheit, soziale Deklassierung und die militärischen Erfolge der benachbarten Eidgenossen in ihrem Kampf um Autonomie lösten den *Bauernkrieg* aus.

Vom Herbst 1524 bis zum Juni 1525 beherrschten die auf 10.000 Mann angewachsenen Bauernscharen die Szene am westlichen Bodensee und im Hegau, wenn auch die unbesiegten Besatzungen der Städte Stockach und Radolfzell ab und zu ausbrachen und einige Dörfer anzündeten. Als jedoch Ende Juni 1525 das Kriegsvolk des Schwäbischen Bundes anrückte, schwand den Bauern der Mut; obwohl sie nun zu Konzessionen bereit waren, fanden sie bei den siegesgewissen österreichischen Kommissaren und Hauptleuten kein Gehör. Diese waren entschlossen, die Waffen entscheiden zu lassen. In zwei Gefechten bei Steißlingen und bei Hilzingen, wo der Krieg im Hegau neun Monate zuvor begonnen hatte, wurden die Bauern geschlagen und zur bedingungslosen Kapitulation gezwungen.

Szene aus dem Bauernkrieg: Adeliger Herr inmitten aufständischer Bauern (Petrarca-Meister)

Noch schlimmere Wunden als der Bauernkrieg schlug der unselige *Dreißigjährige Krieg* dem Land am Bodensee. Vor allem seit 1632 wurde der Hegau zum Kriegsschauplatz. Mehr als eineinhalb Jahrzehnte zogen sich die Kriegshandlungen hin. Die Truppen der feindlichen Parteien streiften plündernd, mordend und brennend durch das Land. Dazu kamen die ständigen Belästigungen der kaiserlich-katholischen Hegaubewohner durch die Besatzung der württembergisch-protestantischen Festung Hohentwiel unter ihrem Kommandanten Konrad Widerholt.

Die traurige Bilanz nach 30 Kriegsjahren: Verwüstung des Landes, Entvölkerung und Vernichtung zahlreicher Dörfer und die Zerstörung fast aller Burgen, sofern sie nicht schon in früheren Kriegen ausgebrannt und geschleift worden waren.

Nach dem Dreißigjährigen Krieg wurde zum Wiederaufbau der verwüsteten und entvölkerten Orte in der Landgrafschaft Nellenburg auch Juden die Ansiedlung erlaubt. So entwickelten sich in den reichsritterschaftlichen Orten Gailingen, Randegg, Wangen und Worblingen blühende *jüdische Gemeinden*.

In einer langen, nur durch den Spanischen Erbfolgekrieg und die in seinem Verlauf zu beklagende totale *Zerstörung der Stadt Stockach* (1704) unterbrochenen Friedenszeit erlebten im *Zeitalter des Barock und des Rokoko* auch am Bodensee vornehmlich die von geistlichen Herren regierten Kleinstaaten nochmals eine späte Blüte. Zahlreiche prachtvolle Kirchen, Klöster und Schlösser sind Zeugen jener letzten großen Kulturepoche vor dem Ende des alten Reiches.

Nach dem 1. und 2. Koalitionskrieg, unter dessen Folgen die Bevölkerung des Hegaus wiederum arg zu leiden hatte, *wurde die politische Landkarte des deutschen Südwestens radikal bereinigt.* Das buntfarbene Konglomerat mannigfacher deutscher Herrschaftsgebilde im westlichen Bodenseegebiet fiel zwischen 1803 und 1810 an Baden (von 1803–1806 Kurfürstentum, 1806–1918 Großherzogtum). Die Schaffung größerer staatlicher Einheiten ging Hand in Hand mit einer politischen, rechtlichen und kirchlichen »Flurbereinigung«. Die Klöster und bischöflichen Hochstifte wurden säkularisiert, ihre reichen Besitzungen verstaatlicht, neue Diözesen entstanden anstelle des 1821 aufgehobenen Bistums Konstanz, schrittweise hob man die Vorrechte der Feudalherren auf und löste die ihnen zustehenden Gefälle ab. So ist im Grunde in den Städten und Dörfern am Bodensee das Mittelalter erst zu Beginn des vorigen Jahrhunderts zu Ende gegangen.

Die enorme Vergrößerung des badischen Staates innerhalb weniger Jahre machte eine *Neuordnung der Verwaltungsgliederung* notwendig. So gab es 1810 im Gebiet des heutigen Landkreises Konstanz 12 Ämter, von denen allerdings 7 noch im selben Jahr oder kurz danach aufgehoben wurden. Es blieben die Bezirksämter Blumenfeld, Engen, Konstanz, Radolfzell und Stockach. Im Zuge mehrfacher Änderungen der Verwaltungsorganisation wurden 1857 der Amtsbezirk Blumenfeld dem Amtsbezirk Engen, 1872 der Amtsbezirk Radolfzell dem Amtsbezirk Konstanz und 1936 der größte Teil des Amtsbezirks Engen ebenfalls dem Amtsbezirk Konstanz zugeteilt. Das baden-württembergische Kreisreformgesetz vom 26. Juli 1971 brachte am 31. Dezember 1972 auch das Ende des Landkreises Stockach. Das Kreisgebiet wurde »geviertelt«, wobei der größte Teil, nämlich der Verwaltungsraum Stockach, dem Landkreis Konstanz zugeschlagen wurde, während kleinere Teile zu den Landkreisen Tuttlingen, Zollernalb und Sigmaringen kamen. Außerdem erhielt der Landkreis Konstanz fünf ehemals zum Landkreis Sigmaringen gehörende Gemeinden, die sich zur neuen Gemeinde Hohenfels zusammengeschlossen haben.

Das 19. Jahrhundert war durch *politische Volksbewegungen* und durch *wirtschaftliche Aufschwünge* im Gefolge von Eisenbahnbau und Industrialisierung geprägt.

Der schon im Keim erstickte *Juliaufstand des Jahres 1809* in Stockach und in den Nachbargemeinden richtete sich gegen das unpopuläre Regiment der Württemberger, denen Ende 1805 die vormals österreichische Landgrafschaft Nellenburg zugeteilt worden war. Durch die Abtretung dieses Gebietes an das Großherzogtum Baden 1810 wurden die Spannungen abgebaut. Gut besuchte republikanische Volksversammlungen in mehreren Gemeinden des Hegaus bildeten den Auftakt zur *Revolution der Jahre 1848 und 1849*. Bereits am 9. März 1848 hatte der Redakteur der »Konstanzer Seeblätter«, Josef Fickler, in Stockach die Deutsche Republik ausgerufen, was Friedrich Hecker einen Monat später in Konstanz wiederholte. Von Konstanz aus marschierten dann im April 1848 die Revolutionäre über Stockach, Engen nach Donaueschingen und zogen von dort, mittlerweile auf etwa 1.000 Mann angewachsen, über den Schwarzwald nach Kandern, wo sie am 20. April von Regierungstruppen besiegt wurden. Als 1849 das badische Oberland von bayerischem, hessischem, österreichischem, preußischem und württembergischem Militär besetzt wurde, war es aus mit dem Traum von einer deutschen Republik.

In den fünfziger Jahren begannen in Baden die z. T. erbittert geführten Auseinandersetzungen zwischen der »katholischen Bewegung« und den staatlichen Organen wegen deren massiver Einflußnahme auf das kirchliche Leben. Der »*badische Kirchenkampf*« und in dessen Gefolge der »*Kulturkampf*« in Preußen und im Reich zog sich bis 1880 hin und endete schließlich mit dem Erstarken des politischen Katholizismus und mit einem allmählichen Abbau der meisten Kulturkampfbestimmungen, die auf die Zerstörung der kirchlichen Hierarchie und auf die Einführung einer nationalen Staatskirche abgezielt hatten.

Ein Brennpunkt dieses Kirchenkampfes war das badische Bodenseegebiet, wo Männer wie der Radolfzeller Kaplan und spätere Stadtpfarrer Friedrich Werber, der Konstanzer Stiftungsverwalter Karl Edelmann, der Bodmaner Arzt Dr. Schachleiter und der Steißlinger Baron Roderich von Stotzingen neben vielen anderen für die katholische Sache kämpften. Publikationsorgan des politischen Katholizismus am See war die Zeitung »Freie Stimme«, die seit 1865 in Radolfzell gedruckt wurde.

Die »*sozialistische Bewegung*« konnte im badischen Bodenseegebiet erst seit etwa 1890 allmählich Boden gewinnen, vornehmlich unter der gewerblichen und industriellen Arbeiterschaft in Konstanz, Radolfzell, Singen, Gottmadingen und Volkertshausen. Besonders rührig war der SPD-Ortsverein in Singen, der immer wieder Versammlungen mit Gastrednern in Singen und auf dem Hohentwiel veranstaltete. In Konstanz fand am 9. Juli 1905 eine wichtige Tagung der internationalen Sozialdemokratie statt.

Alte Grabsteine auf dem Friedhof der ehemaligen jüdischen
Gemeinde in Gailingen

Der Stimmenanteil der Sozialdemokraten im Landkreis Konstanz bei Landtags- und Reichstagswahlen schwankte vor dem Ersten Weltkrieg zwischen 10 % und 15 % und überstieg auch in der Weimarer Republik nie 20 %. Stellten zunächst die Nationalliberalen die meisten Reichstags- und Landtagsabgeordneten, so dominierten seit dem Ende des 19. Jahrhunderts die Zentrumsabgeordneten. Der erste sozialdemokratische Abgeordnete aus dem Konstanzer Kreisgebiet zog 1919 in den badischen Landtag ein.

Wichtig für die *Gewerbe- und Industrieentwicklung* im Gebiet des Landkreises Konstanz war der Flußlauf der ca. 30 km langen Radolfzeller Aach, die das ganze Jahr hindurch in nahezu konstanter Höhe nutzbare Wasserkraft liefert. So entstanden in *Volkertshausen* 1683/84 ein Eisenhammerwerk und 1707/08 eine Papiermühle. Das Eisenhammerwerk und die Reste der 1847 abgebrannten Papiermühle verkaufte Graf Ludwig von Langenstein im Jahr 1856 an die Baumwollspinnerei und -weberei Arlen (Firma ten Brink).

Eine alte Papiermühle stand früher auch in *Stockach*, eine Hammerschmiede in Stockach-Rißtorf, eine Eisenschmelze im Stockacher Stadtteil *Zizenhausen*.

Im Jahr 1750 war auch in *Aach* eine Papiermühle errichtet worden. Die Papierproduktion wurde 1884 eingestellt, das Fabrikareal zehn Jahre später (1894) ebenfalls an die Baumwollspinnerei und -weberei Arlen verkauft.

In *Singen* wurde im Jahr 1783 auf einer Aachinsel eine Tabakfabrik eröffnet, die 1824 durch eine Steingutfabrik und 1838 durch eine Zuckerfabrik ersetzt wurde. Nach einem Brand im Jahr 1842 kam das Fabrikareal 1845 an die Baumwollspinnerei Trötschler und Wolff aus Todtnau, die spätere Baumwollspinnerei Trötschler & Cie., die bis 1928 produzierte. Als weitere Industrieansiedlung an der Aach ist die 1834 erfolgte Gründung der Maschinen-Weberei Chrismar & Cie., die spätere Baumwollspinnerei und -weberei *Arlen*, zu nennen.

Früher gab es 14 Wasserkraftwerke an der Aach, heute sind es immerhin noch 6.

Neben dem Vorhandensein nutzbarer Wasserkräfte waren für den raschen *Aufstieg Singens zum Industriezentrum* noch folgende Gründe maßgebend: ein großes Reservoir an Arbeitskräften, die wegen der Realteilung keine ausreichende Existenzgrundlage mehr in der Landwirtschaft hatten, ein umfangreiches preisgünstiges Kiesgelände als idealer Baugrund für Fabrikanlagen, der Beitritt Badens zum Deutschen Zollverein (1836), der zahlreiche Schweizer Unternehmer veranlaßte, im Zollvereinsgebiet, entlang der Grenze von Konstanz bis Lörrach, festen Fuß zu fassen, und die Eröffnung von Eisenbahnlinien (ab 1863), die Singen zum Verkehrsknotenpunkt werden ließen. So entstanden in Singen nacheinander die drei Großfirmen Maggi (1887), Georg Fischer AG (1894) und Aluminiumwalzwerke (1912).

In der Stadt Konstanz begann die eigentliche *Industrialisierung* mit der Niederlassung von »Genfer Fabrikanten« seit 1785, die in jenen Jahren aus politischen Gründen die Heimat hatten verlassen müssen. Durch die Einrichtung von mehreren Textilfabriken, einer Uhren- und Emaillefabrik sollten der Konstanzer Bevölkerung neue Erwerbsmöglichkeiten eröffnet werden. Während die meisten dieser Betriebe schon bald wieder eingingen, führen Textilunternehmen wie Gabriel Herosé (gegründet 1812) die Tradition bis heute fort. Dazu kamen in Konstanz

Raddampfschiff »Schaffhausen« an der Konstanzer Rheinbrücke, als letzter Bodensee-Raddampfer 1967 außer Dienst gestellt

Lokomotive vor der ehemaligen, 1865 erbauten Villa Bosch in Radolfzell.
Lithographie von G. Gagg

vor allem Betriebe der metallverarbeitenden und der chemisch-pharmazeutischen Industrie sowie der Elektrotechnik.

Unter den frühen Gründungen von Industriebetrieben außerhalb von Konstanz und Singen wären neben den bereits genannten Firmen vor allem folgende noch bestehende bedeutende Unternehmen zu erwähnen: in *Gottmadingen* die Landmaschinenfabrik Fahr (jetzt KHD-Fahr, 1870 gegründet), in *Radolfzell* die Pumpenfabrik Allweiler (1860 in Singen gegründet, 1876 nach Radolfzell verlegt) und die Trikotwerke Schiesser (1875 gegründet, mit Filialen u. a. in *Stockach*, seit 1890, und in *Engen*, seit 1896).

Starke Einbrüche in die erfreuliche Entwicklung des Konstanzer Kreisgebietes brachten *die beiden Weltkriege* und *die Diktatur der Nationalsozialisten*. Blieb unsere Gegend im Ersten Weltkrieg vor direkten Kriegseinwirkungen noch nahezu verschont, so beliefen sich die Kriegsschäden im Zweiten Weltkrieg auf über 10 %. Tausende von Gefallenen, Vermißten, Verwundeten und Heimatvertriebenen, die gewaltsame Auslöschung der jüdischen Gemeinden in Gailingen, Randegg und Wangen, die Zwangsbeschäftigung von KZ-Insassen in Radolfzell, die Schikanierung der Bevölkerung durch die Funktionäre eines Gewaltregimes und die materielle Not vieler Menschen in der unmittelbaren Nachkriegszeit gehören zur erschütternden negativen Bilanz jener Zeit, der als hoffnungsvolle positive Aspekte die Verweigerung und der Widerstand einer gar nicht so geringen Zahl mutiger Frauen und Männer in der Nazizeit und die Hilfsbereitschaft des Auslands, insbesondere der Schweizer Nachbarn, in den ersten Nachkriegsjahren gegenübergestellt werden können. Die Besetzung des Kreisgebietes durch französische Truppen im April 1945 beendete die 12 Jahre dauernde Epoche des sogenannten »Dritten Reiches«.

Ein ungebrochener Wiederaufbauwille, amerikanische Unterstützungen, eine 1948 eingeführte neue Währung und das System der sozialen Marktwirtschaft ermöglichten nach der extremen Notsituation in der unmittelbaren Nachkriegszeit auch im westlichen Bodenseeraum einen *Neuanfang*. Die Güterproduktion stieg, der Wohnungsbau florierte, der allgemeine Wohlstand wuchs, leistungsfähige Straßen erschlossen den Landkreis und die Autobahn Stuttgart–Bodensee half mit, den Landkreis Konstanz in seiner geographischen Randlage aufzuwerten und an zentrale Regionen besser anzubinden. Daß man es darüber hinaus verstanden hat, diese wirtschaftlich-materielle Aufwärtsentwicklung durch vielfältige wissenschaftliche und kulturelle Maßnahmen und Aktivitäten zu flankieren, davon zeugen die neue Universität Konstanz, ein großes schulisches Angebot, zahlreiche außerschulische Bildungseinrichtungen, Theater, Konzerte, Musikschulen, Bibliotheken, Archive, Museen, Galerien, Kunstausstellungen und viele andere wissenschaftliche und kulturelle Institutionen, Vereine und Veranstaltungen.

Krypta in der St. Georgs-Kirche in Reichenau-Oberzell (Ende 9. Jahrhundert)

Kulturdenkmale in Vergangenheit und Gegenwart

HERBERT BERNER

Der Landkreis Konstanz ist nicht nur durch seine landschaftliche Vielfalt geprägt, sondern auch durch seine große geschichtliche Vergangenheit. So wenig jedoch dieses Gebiet landschaftlich eine homogene Einheit bildet, so wenig einheitlich ist auch seine Geschichte. Dies erkennt leicht, wer mit offenen Augen umblickt. Von der Romanik über die Gotik, Barock und Rokoko, Klassizismus und Biedermeier, Jugendstil bis hin zu Postmoderne und zeitgenössischer Architektur können wir diese Stil- und Ausdrucksformen an guten, oft sogar beispielhaften Objekten studieren. Burgen, Schlösser und Wohntürme verschiedenster Art und Zweckbestimmung auf den Bergkuppen, in der Ebene, in den Städten und Dörfern zeugen von ritterlichem Leben und wohlhabenden Patriziern. Hierzulande finden wir auch nahezu alle gemeindlichen Typen vom Einzelhof, salemischer Grangie (Münchhöf und Madach), Weiler, Bauerndorf, Judendörfer (Gailingen, Randegg, Wangen, Worblingen), Klein- und Burgstädten (Aach, Engen, Tengen, Blumenfeld und Allensbach), die vorderösterreichische Landstadt Radolfzell, eine fürstenbergische (Engen) und eine vorderösterreich-nellenburgische Amtsstadt (Stockach) bis zur ehrwürdigen Bischofs- und Reichsstadt Konstanz. All diesen historisch und kulturgeschichtlich so bedeutsamen Stätten steht als Antithese der modernen Sachlichkeit die junge, überaus rasch gewachsene Industriestadt Singen mit den ähnlich strukturierten Gemeinden Gottmadingen und Rielasingen-Worblingen gegenüber. Welch reizvolle Spannung liegt doch in diesen Gegebenheiten!

Kunstgeschichtliche Bestandsaufnahme

Unter solchen Umständen überrascht es nicht, daß eine sehr große Anzahl kunstgeschichtlicher Veröffentlichungen vorliegen, die sich mit Einzelobjekten befassen oder die Denkmale einer Gemeinde beschreiben, wie in den letzten Jahren etwa für Konstanz, Engen, Radolfzell, Bodman, Öhningen, Langenstein, Reichenau, Möggingen und Bohlingen geschehen. Zusammenfassende und übersichtliche Beschreibungen der Kunstdenkmäler im Landkreis Konstanz verdanken wir vornehmlich zwei Kunsthistorikern, die mit einem zeitlichen Abstand von annähernd 100 Jahren jeweils nach den Maßgaben und Regeln ihrer Zeit grundlegende Inventare erstellt haben.

Der erste war der Freiburger Kirchenhistoriker mit dem Spezialgebiet »Christliche Archäologie« *Franz Xaver Kraus* (1840–1901), der 1887 das umfängliche und reich bebilderte Werk »Die Kunstdenkmäler des Kreises Konstanz« im Auftrag des Großherzoglichen Ministeriums für Justiz, Kultus und Unterricht herausgegeben hat; zum Kreis Konstanz gehörten damals die Ämter Engen, Konstanz, Meßkirch, Pfullendorf, Stockach und Überlingen. Auch der andere

Kunsthistoriker ist kein Sohn dieser Landschaft: *Friedrich Thöne* (1907–1975) kam aus Wolfenbüttel und ließ sich 1960 in Diessenhofen nieder; er hatte seine Dissertation dem Schaffhauser Künstler Tobias Stimmer gewidmet. Im Auftrage des Jan Thorbecke-Verlages erschien 1962 sein Führer zu Kunst- und Geschichtsstätten im Landkreis Konstanz und den angrenzenden Schweizer Gebieten »Vom Bodensee zum Rheinfall«, 1975 in dritter, um die Gemeinden des ehemaligen Landkreises Stockach erweiterter und neubearbeiteter Fassung herausgekommen. In Band I der Amtlichen Kreisbeschreibung »Der Landkreis Konstanz« (1968) veröffentlichte er eine Kunstgeschichte des Landkreises (65 S.). Auch die Bau- und Kunstgeschichte der ehemaligen Augustiner-Chorherrenpropstei Öhningen und der Burgen Oberstaad und Kattenhorn (1966) stammt aus seiner Feder. – Ebenso behandelt die bis jetzt in zwei Bänden vorliegende »Kunstgeschichte des Bodenseeraumes« von *Albert Knoepfli* sehr ausführlich die Kunstdenkmäler (Baukunst, Malerei und Plastik) in unserem Landkreis.

Im folgenden wollen wir den Versuch wagen, einen Überblick über die Geschichte der Denkmalpflege in unserem Landkreis zu geben und einige Probleme und Themen anzusprechen, die vor dem Hintergrund hiesiger Faktoren noch gar nicht oder kaum in der Literatur behandelt worden sind. Darüber hinaus mögen unsere Ausführungen dazu anregen, anhand von Kunstführern unseren Landkreis und seine Bau- und Kunstdenkmale näher und besser kennenzulernen. Es lohnt sich. Vielleicht fühlt sich auch mancher Leser angesprochen, auf seinem Platz und mit seinen Möglichkeiten für die Erhaltung und Pflege dieser Kulturgüter einzutreten.

Künstler, Baumeister, Kunsthandwerker

Die Grenzen des Landkreises, die glücklicherweise in etwa mit jenen des historischen Hegaus übereinstimmen, waren und sind keine kulturellen Scheidewände, auch nicht zu den benachbarten Schweizer Kantonen oder nach Vorarlberg. Als beherrschendes Kunstzentrum tritt Konstanz hervor, dessen Malern, Bildhauern, Goldschmieden, Baumeistern und Kunsthandwerkern wir an vielen Orten begegnen. Beispielhaft seien genannt die Bildhauer *Hans Morinck* (um 1555–1616) und die Bildhauerfamilie *Schenck* (18. Jahrhundert), die Maler *Johann Christophorus Storer* (1611–1671), *Franz Josef Spiegler* (1691–1757), *Jacob Carl Stauder* (1694–1756), *Franz Ludwig Hermann* (1723–1791), die *Mosbrugger-Familie* (1760–1869) und *Marie Ellenrieder* (1791–1863). Der Fürstbischof ließ Kirchen, Schlösser und Amtshäuser in Konstanz, auf der Reichenau und in seinen Besitzungen auf der Höri (Öhningen, Gaienhofen, Bohlingen) sowie in Rielasingen errichten; bischöfliche Wappen schmücken viele Renaissance- und Barockgebäude. Die Äbte der Reichenau waren in der Blütezeit des Klosters Bauherren der Kirchen auf der Insel, zu Schienen, Obergailingen sowie der Burgen zu Radolfzell, Magdeberg und Schopflen. Die Reichsabtei Petershausen erbaute die Propstei (heute Rathaus) und die Rokoko-Kirche zu Hilzingen; sie holte hierzu den berühmten Baumeister *Peter Thumb* (1681–1766). Auch andere Vorarlberger Baumeister wie die Mitglieder der Familie *Beer* und Stukkateure (*Hans Georg Gigl*, †1765), die Familie *Schmuzer* (17./18. Jahrhundert), arbeiteten in vielen Kirchen und Schlössern. Die Deutschordenskommende Mainau ließ 1578/80 Schloß Blumenfeld erweitern und im 18. Jahrhundert Schloß und Schloßkirche Mainau, Schloß Hohenfels, die Kapelle Dingelsdorf-Oberhofen sowie die Pfarrkirche Liggersdorf durch ihren Baumeister *Johann Kaspar Bagnato* (1696–1757) barockisieren. In den Herrschaften Hewen (Engen), Langenstein und Bodman vor allem entfaltete sich eine eigenständige Bau- und Kunsttätigkeit. Von Salem aus wirkten die *Feuchtmayr* und *Dirr* insbesondere im »oberen Hegau«, die Werkstätte der *Zürn* in Überlingen lieferte bedeutende Arbeiten, und auch die Ulmer Schule ist mit guten Werken vertreten. Der in Worblingen geborene *Johann Georg Wieland* (1742–1802), Schwiegersohn von Georg Dirr, wurde ein bekannter Barockbildhauer (Worblingen, Stockach); der aus Radolfzell stammende *Matthias Rauchmiller* (1645–1686) errang in Österreich und Böhmen künstlerischen Ruhm; er schuf 1681 in Prag für die Karlsbrücke über die Moldau die uns allen vertraute Statue des hl. Nepomuk, deren Nachbildungen wir auf Brücken und vor Kirchen begegnen (Beispiele in Singen, Radolfzell, Blumenfeld, Rielasingen).

Kirchliche Baudenkmale

Das wohl bedeutendste und vielschichtigste kirchliche Kunstdenkmal ist das *Münster ULF in Konstanz*, die ehemalige Domkirche des bis 1821 bestehenden Bistums. Es geht in seinen Anfängen auf die Zeit um 600 zurück und wurde 1052 nach einem Einsturz unter Einbeziehung älterer Teile in seiner heutigen Größe neu erbaut. Spätere Jahrhunderte haben mit Anbauten, Umbauten, Restaurierungen und Ausstattungsstücken ihre Spuren an und in dem Bauwerk hinterlassen, etwa das 12. Jahrhundert Teile des Nordturms, das 13./14. Jahrhundert u. a. Südturm, Mauritius-Rotunde (Hl. Grab) und Kreuzgangflügel. Einen besonderen Aufschwung in Architektur, Plastik und Malerei brachte die Zeit nach dem Konstanzer Konzil 1414–1418, in der u. a. die Seitenschiffe eingewölbt wurden und eine Reihe von Kapellen und das Chorgestühl entstanden. Die Orgelbühne ist ein Werk des 16. Jahrhunderts, das 17. Jahrhundert errichtete die Mittelschiffgewölbe, dem 18. Jahrhundert ist die innere Umgestaltung der Ostteile zu verdanken, das 19. Jahrhundert war die Zeit großer Restaurierungen und des Baus des Westturms. So erscheint uns das Konstanzer Münster als ein in langer Zeit gewachsenes Ganzes von besonderer künstlerischer und kunstgeschichtlicher Wertigkeit und von außerordentlichem historischem Rang (Leben mit Geschichte, Denkmalpflege in Baden-Württemberg, 1984).

Gliedern wir die Kirchenbau- und Kunstdenkmale nach baugeschichtlichen Epochen, so nennen wir in Auswahl und in Anlehnung an Friedrich Thöne für die *Romanik* die Reichenauer Kirchen; die Wallfahrtskirche Schienen; die Bergkirche St. Michael in Büsingen; die ehemalige Jakobskirche in Welschingen (mehrere Reliefs um 1200–1250 am Untergeschoß des Turms; an der Nordwand des Chores Wandmalereien um 1350); die trotz aller Umbauten immer noch spätromanische Stadtkirche von Engen und die Kapelle zu Obergailingen. Von diesen Kirchen gehört die *St.-Georgs-Kirche* in *Reichenau-Oberzell* zu den hervorragendsten kultur- und baugeschichtlichen Kostbarkeiten des Abendlandes. Die spätkarolingische dreischiffige Säulenbasilika mit einer Krypta unter der Querhaus- und Ostchoranlage wurde unter dem berühmten Reichenauer Abt Heitto III. (888–913, seit 891 auch Erzbischof von Mainz und Erzkanzler des Reiches) wohl nach 896 erbaut und erhielt rund ein Jahrhundert danach während der Regierungszeit des Abtes Witigowo (985–997) ihren größten Schatz: Darstellungen von Wundertaten Jesu auf acht großflächigen Wandbildern. – Spätere An- und Umbauten des 11. Jahrhunderts, der Gotik und des Barock sowie mehrfache Übermalungen und Freilegungen des Ottonischen Bilderzyklus – wohl die kunstgeschichtlich bedeutendsten Kirchenfresken aus der Zeit vor der Jahrtausendwende nördlich der Alpen – haben die bauliche und künstlerische Substanz der Kirche des 9./10. Jahrhunderts nicht wesentlich verändert. Die vom Landesdenkmalamt Baden-Württemberg durchgeführten Sanierungen (Erhaltungsmaßnahmen) des großartigen Bilderzyklus dauern von 1982 bis 1987; sie werden unterstützt vom Verein der Freunde der Kirche St. Georg in Reichenau-Oberzell e. V. (gegründet 1982).

Für die *Gotik* sind an erster Stelle aufzuführen das ehemalige Dominikanerkloster zu Konstanz, das jetzige Insel-Hotel; die bereits im Jahre 613 erwähnte ehemalige Stifts- und Pfarrkirche St. Stephan zu Konstanz (in ihrer heutigen Gestalt eine um 1430 errichtete spätgotische Basilika); das Radolfzeller Liebfrauen-Münster, eine dreischiffige Basilika; St. Leodegar in Friedingen (Wandmalereien); die spätgotische Remigius-Kirche zu Steißlingen; die Laurentius-Kirche in Markelfingen (Wandmalereien) und die Pankratius-Pfarrkirche Bohlingen mit zeitgenössischen Glasfenstern von Robert Seyfried.

Renaissance und Spätrenaissance
Die Blasius-Kapelle zu Kattenhorn (im spätgotischen Burgturm); die Konstanzer Jesuiten-Kirche; die Stiftskirche Öhningen; die Pfarrkirche St. Mauritius zu Weiterdingen (14 wertvolle Epitaphien, Gruft der Herren von Hornstein); Johanniter-Kapelle (Sakristei) der Pfarrkirche Orsingen mit Grablege derer von Raitenau, dabei das kostbare Grabmal der Helena von Raitenau-Hohenems von Hans Morinck (1595).

Barock und Spätbarock
Pfarrkirche St. Michael in Hindelwangen und Loreto-Kapelle zu Stockach; Wallfahrtskirche Rorgenwies; die Kirche St. Verena in Mahlspüren im Tal; die reich ausgestattete Kirche St. Peter und Paul in Mainwangen sowie die Kapelle St. Martin außerhalb von Nenzingen mit reichem, leider aus Sicherheitsgründen verlagertem Inventar; die Mainau-Schloßkapelle St. Marien (Bagnato, Feuchtmayr) und die Pfarrkirche St. Nikolaus in Allensbach.

Rokoko
An erster Stelle die *St. Peter und Paul Kirche zu Hilzingen*, eine der schönsten deutschen Rokoko-Dorfkirchen, und gleichwohl vor wenigen Jahren noch in weiterem Umkreis kaum bekannt, die Peter Thumb 1747–1749 im Auftrage des Klosters Petershausen erbaute. An diesem »Kunstwerk aus einem Guß« nach den Intentionen des genialen Baumeisters, das gleichzeitig mit der Birnau entstand, wirkten mit der Stukkateur Hans Georg Gigl, die Maler Franz Ludwig Hermann und Benedikt Gambs. Die von Johann Kaspar Bagnato umgebauten Kirchen in Liggersdorf (Konrad und Damian), die Kapelle St. Leodegar in Kalkofen, die Pfarrkirche St.

Gotisches südliches Seitenschiff und romanische Langhaussäulen im
Konstanzer Münster

Ehemalige Propsteikirche in Schienen, Pfeilerbasilika aus dem
10. oder 11. Jahrhundert
Rechte Seite: Chor und Apsis der Stifts- und Pfarrkirche St. Peter
und Paul in Reichenau-Niederzell: Wandbilder aus dem 1. Drittel des
12. Jahrhunderts, gotisches Fenster des 15. Jahrhunderts und
Rokokostuck von 1756/57

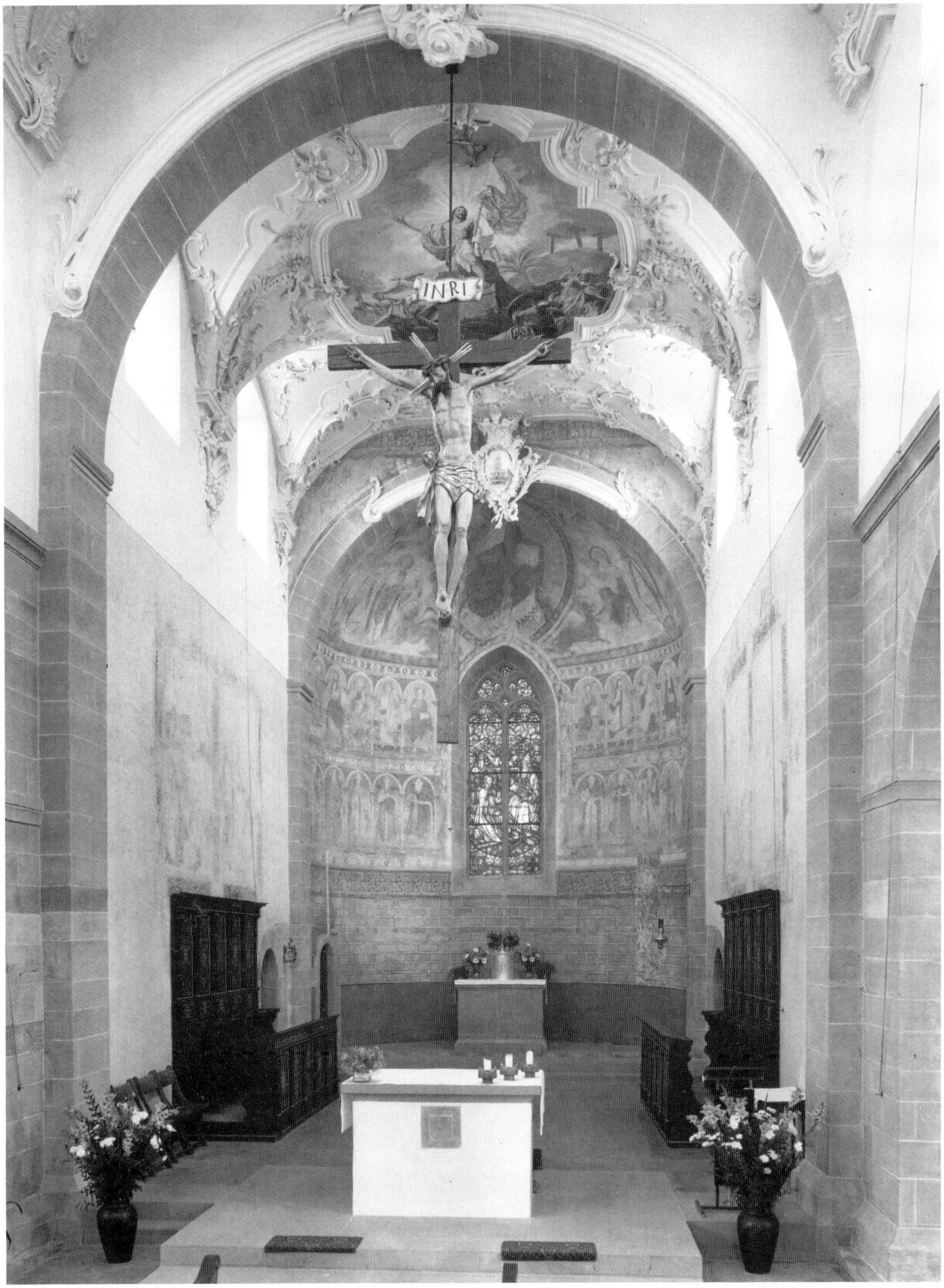
INRI

St. Nikolauskapelle in Obergailingen (ca. 1100/1150) neben dem Fachwerkbau des Obergailinger Hofgutes

St. Blasiuskapelle in Kattenhorn von 1520 mit Wappen des Konstanzer Bischofs Markus Sittikus von Altems (Hohenems) und zweimal dem Wappen des Augustinerchorherrenstiftes Öhningen auf dem 1583 erstellten rechteckigen Westvorbau

Verena in Dettingen und die von Bagnato 1747 erbaute Heilig-Kreuz-Kapelle in Dingelsdorf-Oberdorf. Reizend und im Grundriß mit der Birnau verwandt die kleine Wendelinskapelle in Beuren a. d. Aach, die Heilig-Grab-Kapelle bei Weiterdingen und die Hausherrenkapelle im Radolfzeller Münster.

19. und 20. Jahrhundert
Hier sind zu nennen die schlichte klassizistische Kirche St. Agatha und Katharina zu Hausen a. d. Aach (1826/27); die neugotisch erweiterte und umgebaute Pfarrkirche St. Peter und Paul zu Bodman (1884) mit Gruftkapelle von 1610; die neugotischen Pfarrkirchen zu Blumenfeld, Worblingen, Mindersdorf und Gailingen sowie die Luther-Kirchen zu Konstanz und Singen, die neuromanische Herz-Jesu-Kirche zu Singen (mit den von Emil Wachter entworfenen Wandteppichen, 1982) und die 1931 erbaute Christus-Kirche von Gottmadingen. Im neuklassizistischen Stil erbaute Julius Hitzel – Konstanz die Kirche St. Verena zu Wiechs am Randen. Zeitgenössische kirchliche Architektur bieten etwa die neue Pfarr- und Wallfahrtskirche St. Jakobus von Welschingen (1971–73), die beiden Kirchen St. Bartholomäus (1962) in Rielasingen und St. Stephan (1963 ff.) in Arlen von Justus Dahinden sowie die evangelische Markus-Kirche in Singen mit den leuchtenden Beton-Glasfenstern von Curth Georg Becker (1959).

Kath. Pfarrkirche St. Oswald in Stockach. Neubau von 1932/33, Turmunterbau von 1402, Zwiebelhaube von 1733

Land der Burgen und Schlösser

Der Landkreis Konstanz bzw. im übertragenen Sinn der Hegau ist auch eine Landschaft der Burgen und Schlösser. Am frühesten – vor dem Jahre 1000 – werden genannt der doppelgipflige Hohenstoffeln (corona imperii), im späten Mittelalter gekrönt von 3 Burgen, sowie der *Hohentwiel*. Dieser trutzige Berg mit seinen eigenwilligen Konturen und unzugänglich anmutenden Felswänden trägt eine der größten deutschen Festungsruinen (9,92 ha). Schon in der Ur- und Frühgeschichte war der uneinnehmbare Felsklotz eine Zufluchtsstätte der Menschen; die ältesten Fundstücke gehen bis in das Spätneolithikum (Glockenbecherkultur) zurück. Wegen der intensiven mittelalterlichen Bebauung haben sich keine intakten Reste vorgeschichtlicher oder – wie man vermuten kann – römischer Anlagen erhalten. Im 10. Jahrhundert, dem Beginn der schriftlichen Überlieferung, war der Hohentwiel eine herzogliche Pfalz und für rund 40 Jahre Sitz eines dem hl. Georg geweihten Klosters, das um 1005 nach Stein am Rhein verlegt wurde. Nach dieser großen Zeit gelangte der Hohentwiel in den Besitz mehrerer Adelsgeschlechter. Im Jahr 1521 erwarb Herzog Ulrich von Wirtemberg die mittelalterliche Burg, die in den nächsten Jahrzehnten zu einer mächtigen Festung um- und ausgebaut wurde. Die Befestigungen weisen eine auffallende Ähnlichkeit mit den gleichzeitig ausgeführten des Hohenasperg und von Hohentübingen auf. Wohl am Platz der einstigen herzoglichen Pfalz und mittelalterlichen Ritterburg wurde von 1552–1568 in der Oberen Festung die zweigeschossige Fürstenburg unter Einbeziehung älterer Bauteile errichtet. Vermutlich in die zweite Hälfte des 16. Jahrhunderts ist der »Große Turm«, das Rondell Augusta zu datieren, mit großer Wahrscheinlichkeit nach Plänen der 1527 erschienenen Befestigungslehre Albrecht Dürers vollendet. – Auf Befehl Napoleons mußte die Festung 1800/01 geschleift werden.

Die meisten Burgen wurden auf den Bergen und steilen Anhöhen des Hegaus in der Stauferzeit vom 11. bis 13. Jahrhundert errichtet. Nur die Burgen Schopfeln, Riedheim, Oberstaad und Möggingen waren Wasserburgen. Es fällt auf, daß vielfach ein meist quadratischer, bis zu 5 Stockwerken hoher, mit meterdicken Mauern versehener Wohnturm am Beginn der Baugeschichte unserer Burgen steht; die Fundamente eines solchen Turmes hat man im Pfarrgarten zu Mühlhausen gefunden, der Mögginger Wohnturm wurde abgetragen. Erhalten sind diese Türme in Oberstaad (Nachbildung des benachbarten Hohenklingen?) und Riedheim, als Ruinen auf dem Neuhewen, oberhalb der Aachquelle, Alt-Bodman (hier diente der Pallas zugleich als Bergfried und Wohnturm), Kargegg und Tengen, ferner die Tudoburg; im nahen Dorf Honstetten steht noch ein in Ortsmitte um 1100/50 erbauter Burgturm (Rest eines Wirtschaftshofes?). Die Burgen Blumenfeld, Krenkingen-Engen und Langenstein waren ursprünglich nur auf Felsen errichtete Turmburgen (Wohntürme), an und um die im Laufe der Jahrhunderte die Burg- und späteren Schloßherren bauliche Erweiterungen anfügten. Die meisten Burgen nutzen unzugängliche, steile, von jeglichem Baum- und Strauchbewuchs freigehaltene und daher leicht zu verteidigende Bergkuppen und Hügel, deren Topographie die Anlage der Befestigung bestimmte; einige wurden bereits im 15. Jahrhundert, die allermeisten im 30jährigen Krieg zerstört: Hohenhewen, Heilsperg, Hohenkrähen, Staufen, Kargegg, Schrotzburg, Homboll,

Dettingen, Gebsenstein, Homburg und Wasserburg; die Nellenburg bei Stockach wurde 1782/ 1783, der Mägdeberg um 1770/74 aufgegeben und wegen Baufälligkeit abgebrochen. Als einige wenige mittelalterliche Befestigungen blieben, wenn auch nur in später veränderter Form, Hohenfriedingen (erbaut um 1190, Wiederaufbau 1651), die Wasserburg Möggingen und Schloß Kattenhorn (1487) erhalten.

In der *Renaissance* entstanden, zum Teil durch Umbauten, mehr Profanbauten als Kirchen, so etwa – wiederum in Auswahl – die Schlösser Randegg, Schlatt unter Krähen, Gaienhofen, das sogenannte »Schlößle« in Büßlingen, Königsegg auf der Insel Reichenau, der Burghof bei Wallhausen sowie Schloß Hegne (1594/95), seit 1892 Provinzhaus der Barmherzigen Schwestern vom Heiligen Kreuz. Die mächtige Schloßanlage von Langenstein beeindruckt durch ihren zwar nicht einheitlichen, aber doch überwiegend späten Renaissance-Stil.

Als spätbarocke schöne Schlösser sind nur zu nennen das 1739/46 von I. C. Bagnato erbaute Deutschordensschloß Mainau sowie das 1740/68 von F. A. und I. C. Bagnato umgebaute Schloß Hohenfels (älteste Teile 2. Hälfte des 16. Jahrhunderts, zuvor mittelalterliche Höhenburg). Einfachere, sparsame Barockschlösser stehen in Weiterdingen, Freudental, Langenrain, Worblingen, Zizenhausen, Steißlingen, Binningen, Bietingen, Gailingen, Mühlingen, Bohlingen (Umbau 1760, jetzt Gasthaus »Krone«), Rickelshausen bei Böhringen und Mühlhausen (Gasthaus »Adler«). Das heutige Schloß Bodman geht auf einen Bau von 1760 zurück, der 1830 erweitert wurde und erst 1907/09 seine heutige Form erhielt. Das Schloß in Singen wurde 1809/10 erbaut. Auch Schloß Marbach (erste Erwähnung 1291) wurde 1829 gänzlich umgebaut, die Rheinburg in Gailingen ist ein spätklassizistischer Bau von 1866.

Will man all diese Hegau-Schlösser charakterisieren, so fällt vor allem auf die bescheidene, zurückhaltende Repräsentation und der auf das nützliche und bequeme Wohnen gerichtete Zweck. Großartige oder gar prunkvolle, luxuriöse Herrensitze sucht man hierzulande vergebens. Man sollte diese »Schlösser« zutreffender als herrschaftliche Wohnsitze bezeichnen.

Wieviele Bau- und Kunstdenkmale gibt es wohl?

Das Landesdenkmalamt schätzt die Zahl der Kunst- und Kulturdenkmale in Baden-Württemberg auf rund 80.000. Wieviele davon sich im Landkreis Konstanz befinden, wurde bisher noch nicht exakt ermittelt. Ohne die Stadt Konstanz und den Verwaltungsraum Stockach sind es nach einer 1963–1966 erstellten Liste der Denkmalobjekte etwa 800, aber die Liste ist veraltet und wurde deshalb fortgeschrieben. In der Stadt Singen z. B. führt diese Liste nur 11 Gebäude auf; heute aber stehen über 130 unter Denkmalschutz, da man inzwischen auch Häuser und Bauten des endenden 19. Jahrhunderts bis in die 20er Jahre unseres Jahrhunderts hinein als erhaltens- und schützenswert betrachtet. Singen dürfte allerdings ein untypisches Beispiel sein. In Radolfzell wurden – außer den Resten der Stadtmauer des 12.–18. Jahrhunderts – 57 Baudenkmale erfaßt; heute sind es ca. 330; in Engen, das weitgehend sein historisches Gesicht bewahren konnte, waren es 42 Baudenkmale, heute wohl über 200. Wahrscheinlich dürfte die Zahl der Kunst- und Kulturdenkmale ca. 6.000 betragen, davon in Konstanz an die 3.000.

Das Städtchen Blumenfeld mit Renaissanceschloß und neugotischer Kirche

Heilig-Grab-Kapelle (1694–99) an der alten Straße von Weiterdingen
nach Hilzingen
Rechte Seite: Schrein der hl. Fortunata (14./15. Jahrhundert) in der
Schatzkammer des Reichenauer Münsters

257

258

Marientod, Holzschnitzwerk von 1484 in der Pfarrkirche Stockach-
Winterspüren
Linke Seite: Mariae Krönung in Verbindung mit dem Schutzmantel-
motiv. Holzrelief in der Schloßkapelle Langenstein. Meister des
Andelsbacher Altars, bzw. Syrlin-Schule (um 1500)

Reliquiar der hl. Ottilie (um 1590) in der Pfarr- und Wallfahrtskirche Randegg

Hl. Zeno, Büsten-
reliquiar (um 1600)
im Radolfzeller
Münsterschatz

262

Helena von Raitenau geb. Gräfin von Hohenems (gestorben 1586). Deckplatte ihres von Hans Morinck geschaffenen Grabmals in der Pfarrkirche Orsingen
Daneben: Grabmal des 1620 gestorbenen Balthasar von Hornstein in der Pfarrkirche zu Weiterdingen, geschaffen von Jörg Zürn
Rechte Seite: Gnadenstuhl. Relief von Hans Morinck (1555–1616) im Rathaus der Stadt Aach

263

Marienaltar von Hans Ulrich Glöckler (1610) in der Pfarrkirche Stockach-Hindelwangen

Rosenkranzaltar, evtl. von Chr. D. Schenck (1669) mit Ergänzungen (um 1730) in der Pfarrkirche in Stockach-Mahlspüren im Tal

265

Hausherrenaltar von D. H. Herberger und Fr. J. Spiegler (um 1745) im Radolfzeller Münster

Linker Seitenaltar von J. A. Feuchtmayer und G. B. Götz in der Pfarrkirche Mühlingen

Die Apostelfürsten Petrus und Paulus, Barockfiguren in der Pfarrkirche St. Peter und Paul in Singen
Rechte Seite: Scheffelschlößchen auf der Halbinsel Mettnau bei Radolfzell, von 1876–86 zeitweiliger Wohnsitz des Dichters Joseph Viktor von Scheffel. Davor Marmorbüste des Dichters. Heute beherbergt das Scheffelschlößchen u. a. die Verwaltung der Mettnau-Kur

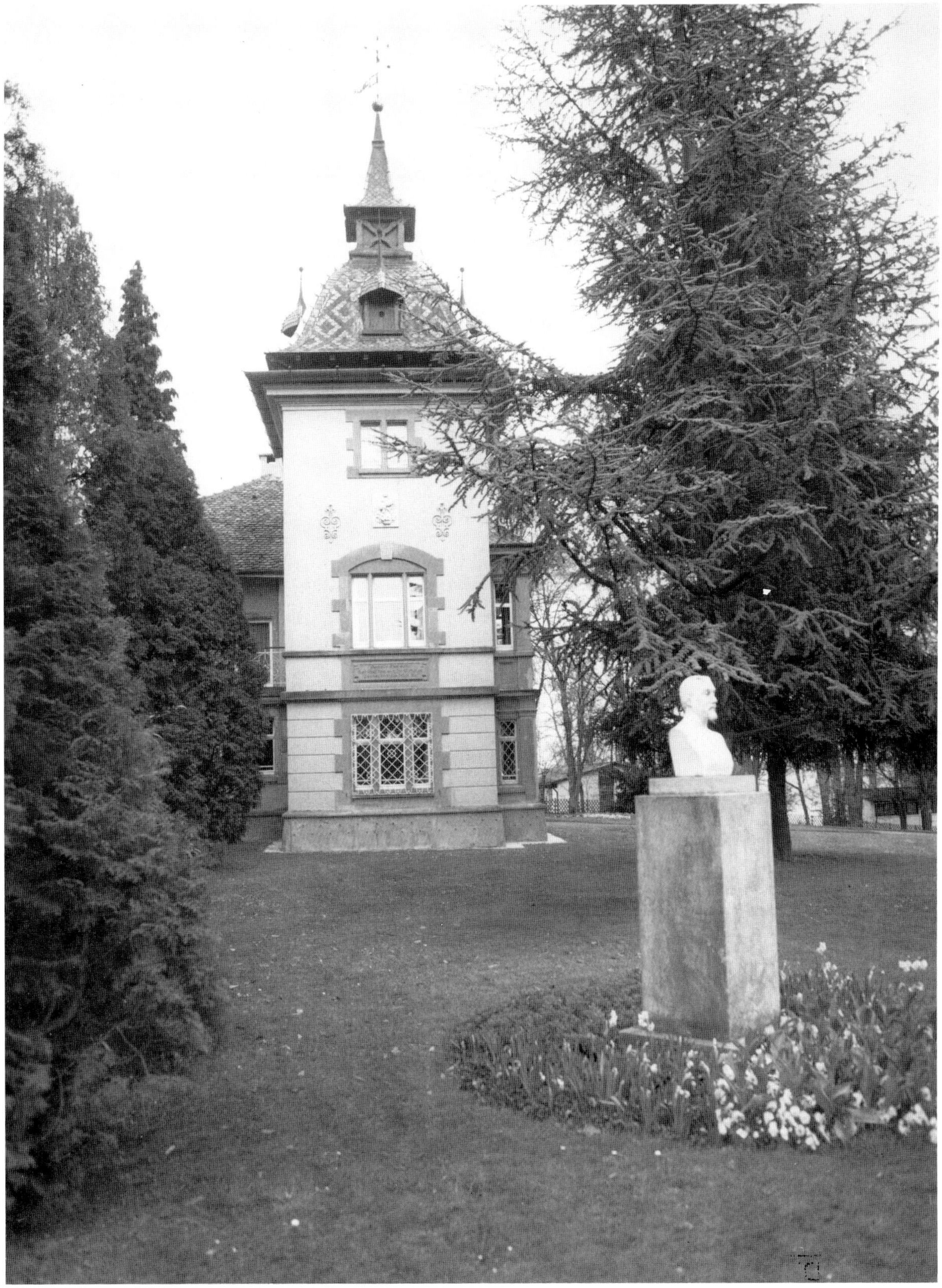

Kriege und Brandkatastrophen

Im großen und ganzen blieb unser Gebiet – abgesehen von Demolierungen der meisten Burgen im 30jährigen Krieg – im Laufe der Jahrhunderte vor verheerenden Kriegszerstörungen verschont. Nur Stockach als einzige Ausnahme fiel 1704 im bayrisch-französischen Erbfolgekrieg vollständig den Flammen zum Opfer. Auch Aach erlitt in den französischen Koalitionskriegen 1799 große Zerstörungen und zählte 1806 nur noch 30 Häuser; 1884 vernichtete ein Brand neben Rat- und Kaplaneihaus wenigstens 12 weitere Gebäude. Größere Brandkatastrophen in Radolfzell (1825, 1899, 1909) und Engen (1911) fallen denkmalpflegerisch nicht so sehr ins Gewicht.

Verluste wegen Geringschätzung

Kulturdenkmale wurden allüberall und so auch hier in neuerer Zeit als Geschichtszeugnisse gesehen und als solche erhalten; sie unterlagen damit allerdings auch dem Wandel des Geschichtsverständnisses, der Geschichtsbetrachtung mit der möglichen Konsequenz, als entbehrlich oder überflüssig angesehen zu werden. Dafür lassen sich viele aufschlußreiche Beispiele anführen. So bewertete z. B. Franz Xaver Kraus die Kunst des Barock und Rokoko abschätzig und gering als »verzopft«. Von der Hilzinger Kirche wußte er nur zu berichten: »1747 im Zopfstil gebaut, ehemalige Dependance von Petershausen; Bemalung und Stucco von leidlicher Güte, im Geschmack des damaligen italienischen Rococo. In derselben eine silbergetriebene Statuette des hl. Vitus in seinem Kessel, geringe Arbeit des 18. Jahrhunderts . . . wahrscheinlich aus Petershausen stammende Paramente des 18. Jahrhunderts ohne Kunstwerth; dasselbe gilt von dem 1704 gezeichneten kupfernen Weihwasserkessel. An der Orgelbühne schönes Eisengitter (18. Jh.). Ein Oelberg auf dem Kirchhof, werthloser Zopf.« Erst um 1890 begann die Wiederentdeckung von Barock, Rokoko und Klassizismus; den eigentlichen Durchbruch zu seiner Anerkennung als gültigen und eigenständigen Kunststil bewirkte das grundlegende Buch »Südwestdeutsche Kirchenmalerei des Barock« (1930) von Hermann Ginter (1889–1966); Ginter wirkte von 1920–1934 als Pfarrer in Ludwigshafen am See und nochmals 1946–1949 in Güttingen bei Radolfzell.

Ähnlich urteilte man noch bis in die letzten Jahre über den Jugendstil (letztes Jahrzehnt des 19. Jahrhunderts bis zum Ersten Weltkrieg) und die Bauten des Historismus, die mit einer gewissen Stilverspätung bis in die 30er Jahre hinein errichtet wurden. Die Baudokumente aus der Zeit der Weimarer Republik mit ihrem formalen Reichtum und dem Reiz handwerklicher Fertigung wurden als scheinbar anonyme Altbauten bis in die jüngste Vergangenheit gering geachtet und fielen oft genug der Spitzhacke zum Opfer.

Das 19. Jahrhundert räumte in Konstanz auf

Gewissermaßen auf einem Parallelgleis mit dieser geistigen Einstellung der damaligen aufgeklärten und realistisch denkenden Menschen zu Kultur- und Geschichtsdenkmalen der Vergangenheit vermochten sich konkurrierend handfeste wirtschaftliche und verkehrspolitische Interessen je nach Zeit und Umständen mehr oder minder leicht durchzusetzen. Paul Motz beschrieb diesen Sachverhalt sehr anschaulich in seiner Einführung zum Bildband »Das alte Konstanz in Bildern des Hofphotographen Wolf aus den Jahren 1860–1918« (Verlag Friedrich Stadler, Konstanz 1966). Im Hinblick auf den von Helmut Maurer 1973 erstmals vorgestellten Befund, daß Konstanz im 10. Jahrhundert – Felix Mater Constantia – baulich und nach den Kirchenpatrozinien von den Konstanzer ottonischen Bischöfen der Ewigen Stadt Rom nachgebildet worden ist, empfinden wir den Verlust so vieler bedeutender Bauten und Kirchen besonders schmerzlich. Zu Beginn des 16. Jahrhunderts war die Ummauerung der Stadt, durch 30 Tore und Wehrtürme gesichert, etwa 3.000 m lang, die Mauern – ohne die krönenden Zinnen – rund 12 m hoch und 1,30 m dick; davor lag der 18 m breite, von See und Rhein gespeiste Wassergraben. Nur zwei Türme und ein Tor blieben neben kümmerlichen Resten der Umwallung erhalten. Die Zerstörungen begannen im ersten Drittel des 19. Jahrhunderts, als die einem Brand zum Opfer gefallenen Anbauten des Münsters auf der Nordseite (dabei u. a. die Hälfte des Kreuzganges und die bischöfliche Pfalz) nach dem »fast einstimmigen Wunsch der Constanzer Einwohner« 1830 endgültig abgebrochen wurden. Im gleichen Jahr wurde der Turm von St. Johann, 1831 die romanische Kirche der ehemaligen Benediktinerabtei Petershausen und 1839 die St.-Lorenz-Kirche am Obermarkt zerstört.

»Die Kirche von St. Johann und St. Paul wurden profaniert und im Kirchenschiff Brauereien eingerichtet. Der Turm von St. Paul wurde niedergelegt und St. Jodokus in der Kreuzlinger Vorstadt in ein Wohnhaus umgebaut. Nachdem um 1820 das Klostergebäude von St. Peter an der Fahr abgebrochen worden war, wurde die Kirche Wohnhaus und später Internat des Klosters Zoffingen. Der Abbruch der Stadtbefestigung begann mit dem Dammtor 1828 und mit dem Aberhagken, dem städtischen Werkhof. Damit wurde der Weg zum Hafen frei. Der badische Staat erklärte sich zur Übernahme der Baukosten für den Hafen bereit, nachdem die Stadt Steinmaterial der Stadtbefestigung im Wert von über 26.000 Gulden zur Verfügung gestellt hatte. So wurden das Paradieser Tor 1837, das Schottentor 1839 und Teile der Stadtmauer geopfert. Die Wälle der österreichischen Befestigungen wurden zu Auffüllungen verwendet. . . . Die einschneidensten Veränderungen brachte der Bahnbau 1858–1863 mit sich, die bis heute das Bild der Seeseite bestimmen. Es war für die damalige Zeit eine selbstverständliche Forderung, Bahn und Hafen, besonders wegen des Güterumschlags, an einer Stelle zu vereinigen. Zu diesem Zwecke mußte das Ufergelände der Raueneck verwendet werden. Der Hafen wurde verkleinert. Die Promenade auf der oberen Mauer und der Jesuitengraben vom Kaufhaus bis zum Rhein wurden für Bahn und Straße aufgefüllt. Eine neue eiserne, formschöne Eisenbahn- und Straßenbrücke über den Rhein veränderte auch hier die Rheinufer durch Auffüllungen . . . Dem Eisenbahnbau mußten 1862–1864 außer der Stadtmauer am Raueneck eine Reihe von Bauten weichen: Das Kapuzinerkloster, das nach dem 30jährigen Krieg an die Markstätte verlegt worden war, das Kornhaus auf der Markstätte und der Gasthof ›Zum Weißen Kreuz‹ neben dem Kaufhaus.«

Niederlegung von Bauten in Radolfzell, Stockach und Engen

In ähnlicher Weise und aus gleichen Gründen wurden in *Radolfzell* vornehmlich im Zusammenhang mit dem Bau der Eisenbahn, aber auch um Unterhaltskosten einzusparen oder Zufahrtswege verbreitern zu können, alle Stadttore, die meisten Türme (von sieben blieben nur der Schützen-, Höll- und Pulverturm erhalten) sowie die Bastionen, Auslugzinnen und Schanzen und viele weitere Gebäude im 19. Jahrhundert abgebrochen. Beim See- oder Dammtor (niedergelegt 1862/63) standen der Salzhof und das Gredhaus (Kauf- und Stapelhaus der Stadt mit Landungstreppe = gradus), die 1868/69 abgetragen wurden. Der vor der Ostseite der Stadtbefestigung gelegene Stadtgraben wurde nach 1922 in einen beschaulich-erholsamen Stadtgarten verwandelt, den Ludwig Finckh einmal als den »schönsten Wartesaal Deutschlands« gepriesen hat. In Radolfzell wirkte sich der Eisenbahnbau nicht so nachteilig aus für die Erhaltung der alten Bausubstanz wie in Konstanz. Zu beklagen aus heutiger Sicht ist die Führung der Trasse am Seeufer. Abgesehen davon, daß man in der Planungsphase sogar einmal erwogen hatte, die Eisenbahn auf einem Damm durch den Untersee um die Stadt zu führen, entschied man sich für die jetzige Trasse in der freilich vergeblichen Hoffnung auf einen vermehrten Güteraustausch zwischen Lastschiffen und Eisenbahn, aber auch im Hinblick auf die damals wertlosen, weil wirtschaftlich nicht nutzbaren Ufergrundstücke. An Fremdenverkehr, Bäder, Freizeitanlagen und Erhaltung alter Stadtansichten dachte man vor 120 Jahren noch nicht.

In *Stockach* mußte man sich nach 1704 beim Wiederaufbau der Stadtbefestigung aus geldlichen Gründen mit »notdürftigstem Flickwerk« begnügen. Nach Rekonstruktionen aus alten Karten und Ansichten führten zwei Tore in die auf einem Bergsporn gelegene Stadt, das 1830 abgebrochene Obertor und das bereits 1809 wegen Baufälligkeit und Verkehrsbehinderung niedergelegte Untere Tor an der Kirchhalde; die Stadtmauer verstärkten zwei mächtige Rundtürme, der für Verteidigungszwecke ausgebaute Salmannsweilerhof und etwa vier kleinere Türme, die – und das war zu Beginn des 19. Jahrhunderts klar erkennbar – ihren ursprünglichen Zweck als Schutz für das Stadtinnere fast völlig verloren hatten. »In Rücksicht auf malerische Effekte kann man die Niederlegung der beiden Stadttore beklagen . . . mit ihrem Verschwinden und dem allmählichen Absinken der Stadtmauer hat, rein baulich gesehen, das Mittelalter mit seinem romantischen Gewinkel von Toren und Brücken, Brustwehren und Zinnen, Gräben und Wällen in seinen letzten Zeugen auch hier vor den Forderungen der neuen Zeit kapituliert« (Hans Wagner).

Das ebenfalls auf einem Bergsporn erbaute *Engen*, dessen Stadtbefestigung weitgehend auf gewachsenem Kalkfelsen steht, wurde von fünf Toren und einigen um 1500 geschaffenen Halbrundtürmen (von denen nur der Schützenturm beim Rathaus mit Zeltdach sich in unsere Zeit hinüber retten konnte) geschützt. Um die Kosten für Reparation und laufende Unterhaltung zu sparen, wurden seit 1823 die ruinösen Stadttore abgetragen; wer auf der Stadtmauer ein Haus errichtet hatte, mußte auch den zugehörigen Mauerabschnitt in Ordnung halten. Im Zuge der Engener Stadtsanierung wurde 1974–1980 die Stadtmauer zwischen Schützenturm und Pfarrkirche als Aussichtsgang mit moderner Treppenanlage erneuert.

Die beiden Randenstädte *Blumenfeld* und *Tengen* blieben von kriegerischen Einwirkungen verschont. Verkehrsferne und wirtschaftliche Stagnation boten keinen Anreiz für bauliche Investitionen, und so konnten diese alten Stadtensembles von tiefgreifenden Veränderungen bewahrt bleiben.

Singen – alte Siedlung, junge Stadt

Ganz anders verlief die Entwicklung in Singen, das sich vor allem dank des in den 60er Jahren des vorigen Jahrhunderts entstandenen Eisenbahnkreuzes innerhalb weniger Jahrzehnte aus einem Hegauer Bauerndorf in eine junge aufstrebende Stadt (1899) verwandelte. Hier griff die in weitem Bogen um das Dorf geführte Eisenbahntrasse die überlieferte Bausubstanz nicht an, und der Bau der neuen Stadt (heutige City) erfolgte ab den 70er Jahren des 19. Jahrhunderts in östlicher und südlicher Richtung auf freiem Feld im damals üblichen historischen Stil mit Jugendstilelementen und nachfolgend der sachlich-soliden, betont rationalen Architektur der Weimarer Zeit. Singen ist eine der ganz wenigen Städte, wenn nicht die einzige Stadt unseres Landes, in der nach dem Ersten Weltkrieg die Bautätigkeit fortdauerte: Unterbringung der ausgewiesenen Deutschschweizer, Expansion der schweizerischen Industrie bis zur Weltwirtschaftskrise sowie vorher und danach Wohnungsbau als Maßnahme und Notbremse gegen die Arbeitslosigkeit. Heute noch sind ganze Straßenzüge mit Wohngebäuden von hoher Bauqualität in den nördlich und östlich an die City angrenzenden Stadtteilen erhalten, errichtet durch private Bauherren und die in Singen besonders aktiven Baugenossenschaften, deren älteste bereits 1874 gegründet wurde. Unter den Architekten befinden sich so bedeutende Persönlichkeiten wie Prof. Wilhelm Albert Bauder (1853–1930) aus Stuttgart (Hohentwielfestspielhalle 1906, leider 1918 abgebrochen; Kurhotel Waldeck 1908/09, heute Hausmeisterwohnung der Waldeckschule) und Prof. Dr. h. c. Hermann Billing (1867–1946) aus Karlsruhe, der 1926 bis 1928 das Singener Krankenhaus erbaut hat.

Das schachbrettartige, quadratische Straßennetz der Innenstadt rührt davon her, daß man die im Zusammenhang mit einer Feldbereinigung zwischen 1862–1878 angelegten Feldwege nunmehr als Straßenzüge für das Neubaugebiet verwendete und ausbaute. Seit den 50er Jahren unseres Jahrhunderts mußten sehr viele dieser meist zwei- oder dreigeschossigen, mit Hausgärten versehenen Wohnhäuser modernen Geschäftsbauten, Banken, Parksilos und großen Kaufhäusern weichen, weil sich der Handel und das Geschäftsleben in der »City« zu konzentrieren begannen und die alten Häuser keine entsprechende Rendite abwarfen. Das markanteste dieser 1965 dem Abbruch überantworteten Gebäude war das in Verbindung mit den Hohentwielfestspielen 1906 von dem Radolfzeller Architekten Ferdinand Finus erbaute Central-Hotel »Schweizer Hof«. In neuester Zeit wird erfreulicherweise dieser Trend gebremst; eine behutsame Sanierung der Innenstadt versucht, eine Symbiose des Baubestandes der ersten städtischen Jahrzehnte mit den jüngsten Schöpfungen der Architekten zu erzielen.

Das alte Dorf – heute umgrenzt etwa durch die Schaffhauser Straße, die Aach bis zum Schlachthof und im Osten durch die Hauptstraße – steht nur noch in Resten, obwohl die neue

Stadtkern von Singen

Stadt daran anschließend in östlicher, nördlicher und südlicher Richtung erbaut wurde. Es unterscheidet sich nicht nur durch den vorherrschend bäuerlichen, handwerklichen Charakter der niederen Häuser unter breiten Dächern, sondern auch durch die in Bögen dahinziehenden organisch gewachsenen Straßen und Gassen. Allmählich geriet das alte Dorf mit seinen mehr als 50 Bauernhöfen in Konkurrenz zur attraktiveren jungen Stadt und wegen des Funktionswandels der Gemeinde in die Isolierung mit nachfolgend teilweisem Verfall. Die klassizistische Pfarrkirche St. Peter und Paul (erbaut 1778–81 von Josef Ferdinand Bickel) wurde schon früh in den Bau der neuen Stadt (Ekkehardstraße, Scheffel- und Freiheitstraße) mit einbezogen, ein Teil des Dorfkerns mußte schon Ende des 19. Jahrhunderts dem Ausbau der Hauptstraße weichen, und 1957 wurden 12 Bauern- und Geschäftshäuser abgebrochen, um Platz für das neue Rathaus (1960) zu schaffen. In den Jahren danach fielen noch einige Dutzend dieser alten Häuser an der Schloßstraße (das 1809 im Zopfstil erbaute Gräfliche Schloß mit seinem Park blieben davon unberührt), an der Linden-, Schmied- und Mühlenstraße, in der Zinkengasse sowie im Gebiet westlich des Rathauses zur Aach (Parkplätze) dem Abbruch zum Opfer, weil sie baufällig geworden waren oder Verkehrs- und Bauplanungen im Wege standen. Abgebrochen wurde 1960/61 auch das alte, 1782–84 erbaute Schul- und Rathaus. An die dörflichen Zeiten erinnert nur noch das Fachwerkhaus Helff (1622), die Gasthäuser »Kreuz« (um 1800) und »Sonne« (1717) sowie die 1953 erweiterte Pfarrkirche St. Peter und Paul mit dem um 1740 erbauten Pfarrhaus, in dem 1800 die Kapitulation der Festung Hohentwiel unterzeichnet wurde.

Aufbruch der Denkmalpflege

Um die Mitte des 19. Jahrhunderts setzte sich in der Öffentlichkeit dank der verdienstvollen Tätigkeit von Geschichts- und Altertumsvereinen die Meinung und Überzeugung durch, daß die Kunst- und Baudenkmale staatlicher Fürsorge dringend bedürfen. In Baden war dies der 1844 gegründete »Alterthumsverein für das Großherzogtum Baden«, der sich zusammen mit den württembergischen und anderen Vereinen in deutschen Ländern dem »Gesamtverein der deutschen Geschichts- und Alterthumsvereine« anschloß, der auf seiner Jahrestagung 1852 in Dresden den Beschluß faßte, die verschiedenen deutschen Regierungen zu ersuchen, Konservatoren zur Überwachung der geschichtlichen Denkmäler zu bestellen. Im Großherzogtum Baden hatte der Mitbegründer und Direktor des Alterthumsvereins, August von Bayer (1803–1875), bereits 1851 beim zuständigen Großherzoglichen Innenministerium die Errichtung einer besonderen Staatsstelle für die »Erhaltung des vaterländischen Alterthums« angeregt; am 3. März 1853 beauftragte das Großherzogliche Staatsministerium den aus Rorschach stammenden großherzoglichen Hofmaler von Bayer, der bereits im Dezember 1852 zum Conservator ernannt worden war, mit der Wahrnehmung der Aufgaben eines Conservators der Kunstdenkmale. Der 3. März 1853 ist also das Gründungsdatum des Badischen Denkmalamtes (Denkmalpflege in Baden-Württemberg, Nachrichtenblatt des Landesdenkmalamtes, Sonderheft 2/1983).

Es ist nun nicht unsere Aufgabe, die weitere Entwicklung des Badischen Denkmalamtes, dem seit 1882 die Erzdiözese einen Konservator der kirchlichen Altertümer zur Seite stellte, zu beschreiben. 1935 wurde das Landesamt für Denkmalpflege in die zwei Bereiche Denkmalpflege und Ur- und Frühgeschichte geteilt, seit 1952/53 Staatliches Amt für Denkmalpflege und Staatliches Amt für Ur- und Frühgeschichte in Freiburg, die 1972 zusammen mit den entsprechenden Ämtern in den übrigen Regierungsbezirken im neu errichteten Landesdenkmalamt Baden-Württemberg organisatorisch zusammengefaßt wurden. Für den Landkreis Konstanz scheint – aus welchen Gründen auch immer – seit Jahrzehnten bis zum Inkrafttreten des Denkmalschutzgesetzes vom 25. Mai 1971 ein Sonderstatus derart gegolten zu haben, daß die Konservatoren häufig, wenn nicht regelmäßig, die Leiter des Bezirksbauamtes (Staatliches Hochbauamt) Konstanz mit der Durchführung denkmalpflegerischer Arbeiten und Aufgaben beauftragt haben. Dazu bot das in vieler Hinsicht bahnbrechende Badische Denkmalschutzgesetz von 1949 die Möglichkeit durch die Schaffung örtlicher Denkmalschutzorgane. In allen Kreisen folgten qualifizierte Persönlichkeiten der Aufforderung des Badischen Ministeriums des Kultus und Unterrichts, das Ehrenamt des Leiters der Kreisstelle für Denkmalpflege und Heimatschutz zu übernehmen. So kam es, daß im Landkreis Konstanz wie in dem räumlich größeren Dienstbezirk des Staatlichen Hochbauamtes daher diese leitenden Beamten de facto die Repräsentanten und Vollzugsorgane der staatlichen Denkmalpflege waren.

Unter den Konstanzer Dienstvorständen sind vor allem zwei hervorzuheben: Emil Reisser und Franz Hitzel.

Die Aera Emil Reisser und Franz Hitzel

Der aus Walldorf bei Heidelberg stammende Emil Reisser (1878–1943) studierte Bau- und Kunstgeschichte in München und Karlsruhe und leitete von 1911–1940 die Bezirksbauinspektion bzw. das Bezirksbauamt Konstanz – das heutige Staatliche Hochbauamt. Mitte der 20er Jahre wandte er sich in Aufsätzen gegen die Be- oder Verbauung des Bodenseeufers, die einem »Mangel an Zusammengehörigkeitsgefühl entspringt«, und geiselte das »schrankenlose Ausdehnungsbedürfnis«, die Verwendung moderner Baustoffe, die Zersiedelung der Ufer durch »charakterlose neuere Bauten«. Sein Wirken in seinem Dienstbereich war von diesen Überzeugungen geprägt. 1916 übernahm er die Renovation des Konstanzer Münsters, 1920 die von St. Stefan. Er veranlaßte 1925 die erste Renovierung des alten Reichenauer Ammannhauses und später den Umbau zu einem Rathaus der Gemeindeverwaltung. Hohe und bleibende Verdienste hat sich Reisser um die Erforschung der Baugeschichte des Reichenauer Münsters und die Renovierung von St. Peter und Paul in Niederzell (1938) erworben. 1939 verhinderte er die Überbauung des Areals der Klosterkirche Petershausen durch eine »Ehrenwache« und renovierte 1940 den Konstanzer Ratssaal. Es ist bewundernswert, wieviele archäologische und denkmalpflegerische Initiativen und Maßnahmen Reisser neben seinem Amt als Vorstand des Bezirksbauamtes Konstanz ergriffen und durchgeführt hat. (Michael Müller: »Dr. Emil Reisser zum 40. Todestag. Leiter des Konstanzer Bezirksbauamtes – Denkmalpfleger unserer Heimat – Archäologe«. In: Hegau 40/1983, S. 234–240).

Professor Franz Hitzel, geboren 1912 in Konstanz, studierte Architektur an der Technischen Universität München und war danach als Diplom-Ingenieur und Architekt bis zum Ausbruch des Krieges im badischen Finanzministerium in Karlsruhe tätig. Schwerkriegsbeschädigt aus russischer Gefangenschaft entlassen, war er von 1945–1977 Leiter des Staatlichen Hochbauamtes Konstanz; als Mitbegründer der Hochbauabteilung an der Staatlichen Ingenieurschule Konstanz (seit 1971 Fachhochschule für Ingenieure) nahm er seit 1947 einen Lehrauftrag im Fach Baugeschichte wahr. So führte er die Nachwuchsarchitekten, die zu 70 % in der engeren Bodenseeheimat wirken, in die Probleme der Denkmalpflege ein. 1965 wurde Hitzel als Vertreter der Kreisdenkmalpflege in den 1949 geschaffenen Denkmalrat berufen; von 1949–1972, d. h. bis zum Inkrafttreten des neuen Denkmalschutzgesetzes, versah Franz Hitzel das Ehrenamt des Leiters der Kreisstelle für Denkmalschutz und Heimatschutz in den Landkreisen Konstanz und Überlingen. – Einen Überblick über Hitzels Tätigkeit als Denkmalpfleger vermitteln das Nachrichtenblatt der Denkmalpflege in Baden-Württemberg vom April/Juni 1970 (Jahrgang 13/2) und der Aufsatz von Konrad Finckh: »20 Jahre Denkmalpflege im Kreis Konstanz (1949–1969)« in der Zeitschrift Hegau 27/28, 1970/71, S. 408–414. Hervorheben möchten wir die durch ihn veranlaßte Aufnahme der schützenswerten Baudenkmale für den Landkreis Konstanz (1963) und die Stadt Konstanz (1962/63) samt einer Ergänzungsliste der Bauten des 19./20. Jahrhunderts, die 1972 fertiggestellt wurde. Er veranlaßte weiter eine Foto-Inventarisation (26 Bände), eine großartige Dokumentation von bleibendem Wert für die Nachwelt. Aus der Fülle der von Franz Hitzel durchgeführten Restaurierungen nennen wir das Münster ULF in Konstanz (1962 begonnen, bis 1977 ca. 12 Mio. DM); das Münster zu Reichenau-Mittelzell (1963–1970), das Radolfzeller Ritterschaftshaus, den Burgstall von Riedheim, die Dominikaner-Kirche mit berühmten Miniatur-Marterfresken aus der Zeit um 1330 mit neuentdeckten großflächigen Wandbildern des ausgehenden 13. Jahrhunderts, heute Saal des Insel-Hotels Konstanz, sowie das Landgerichtsgebäude, einer der schönsten Domherrenhöfe in Konstanz (1612–1621). Nach der Eingliederung der württembergischen Exklave Hohentwiel in die Gemarkung Singen begannen unter Hitzels Leitung alsbald die ersten wichtigen Instandsetzungen der Festungsruine.

Fach- und Schutzbehörden der Denkmalpflege

Das neue, ab 1. Januar 1982 rechtswirksame Denkmalschutzgesetz übernahm die badische Tradition der ehrenamtlichen Denkmalpfleger – leider – nicht.
Zwar können die Denkmalschutzbehörden zu ihrer Unterstützung Beauftragte einsetzen, aber diese haben keinen rechtlichen eigenständigen Wirkungsbereich, sondern können nur vorbereitend für die Entscheidungen der Behörde tätig werden: Der Staat verzichtet nicht auf die Wahrnehmung der dem Beauftragten überlassenen Funktion (Dörge, Das Recht der Denkmalpflege in Baden-Württemberg, 1971, S. 121, 125). Denkmalschutzbehörden sind also und verstehen sich als Verwaltungsbehörden mit obrigkeitlichen Befugnissen.
Nachdem noch in der bis 1984 gültigen Fassung des Denkmalschutzgesetzes die Landratsäm-

ter die unteren Denkmalschutzbehörden für den gesamten Landkreis waren, sind jetzt, nach Inkrafttreten des Neufassungsgesetzes zum Denkmalschutzgesetz vom 6. Dezember 1983 die unteren Baurechtsbehörden auch untere Denkmalschutzbehörden. Das bedeutet also, daß das Landratsamt, die Großen Kreisstädte und die Verwaltungsgemeinschaften dieser Qualität den Denkmalschutz als Pflichtaufgabe nach Weisung wahrnehmen. Das jetzt geltende Gesetz bietet eine Reihe von Klauseln zur Lösung von Interessenskonflikten, wenn untere Denkmalschutzbehörden selbst als Eigentümer oder Besitzer von Kulturdenkmalen betroffen sind. Darüber hinaus ist jetzt die Geldbuße für Zuwiderhandlungen gegen die Bestimmungen des Denkmalschutzgesetzes auf 500.000 DM im Höchstmaß festgelegt.

Das Landesdenkmalamt mit seinen Konservatoren für die verschiedenen denkmalpflegerischen Bereiche überwacht als Fachbehörde den Zustand der Kulturdenkmale und liefert den Denkmalschutzbehörden die fachkonservatorische Beratung. Es beteiligt sich ferner als Träger öffentlicher Belange insbesondere bei der Ortsplanung und Sanierung, berät die Eigentümer von Kulturdenkmalen und überwacht Instandsetzungsmaßnahmen. Besonders fällt ins Gewicht die Gewährung von Zuschüssen für Erhaltungsmaßnahmen (denkmalpflegerischer Mehraufwand). Darüber hinaus hat das Landesdenkmalamt wichtige Mitwirkungsfunktionen bei der Entscheidungsfindung der Denkmalschutzbehörde; die unteren Denkmalschutzbehörden können ihre Entscheidungen nur im Einvernehmen mit dem Landesdenkmalamt treffen. Die obersten und die höheren Denkmalschutzbehörden entscheiden nach Anhörung des Landesdenkmalamtes. Allerdings ist letztlich – auch wenn Zielkonflikte zwischen Denkmalschutz und anderen Kriterien vorliegen – alleinige Entscheidungsbehörde die höhere Denkmalschutzbehörde, die freilich – das ist faktisch so gewachsen – sehr großen Wert auf die Stellungnahme des Landesdenkmalamtes legt.

Kulturdenkmale als authentische Geschichtszeugnisse gehören zu jenen Ressourcen in unserer baulichen Umwelt, die unersetzlich und unvermehrbar sind. »Denkmalerhaltung wird deshalb auch künftig immer eine Auseinandersetzung bleiben, Auseinandersetzung zwischen der begründeten Verantwortungsnotwendigkeit der Gegenwart und den nicht minder legitimen Belangen der Kulturdenkmale, d. h. einer fortwirkenden Vergangenheit.« (Prof. Dr. August Gebeßler, Denkmalpflege durch die Landkreise, in »Kultur und Landkreis«, hg. vom Landkreistag B.-W. 1984).

August Gebeßler, der Präsident des Landesdenkmalamtes, beschreibt die Aufgaben der Landkreise im Kulturdenkmalbereich wie folgt:
1. Funktion als Untere Denkmalschutzbehörde.
2. Finanzielle Förderung denkmalpflegerischer Maßnahmen im Landkreis.
3. Vielfältig mögliche Aktivitäten zur Förderung und Motivierung der Denkmalbewußtheit.

Dazu wäre noch anzumerken, daß der Landkreis Konstanz seit vielen Jahren zu den vom Landesdenkmalamt und von vielen Gemeinden gewährten Zuschüssen im Kreishaushaltsplan 120.000 DM für die erhaltende Denkmalerneuerung bereitstellt, wobei die materielle Entlastung der Denkmaleigner weniger bedeutsam sein dürfte als die damit verbundene öffentliche

Anerkennung. Die Denkmalbewußtheit im Landkreis könnte freilich nach den guten Erfahrungen in Bayern und neuerdings im Landkreis Ravensburg durch die Bestellung eines Heimatpflegers noch erheblich verbessert werden. Einmal ginge es darum, insbesondere den Handwerkern und Architekten Hinweise und Anregungen für denkmalgerechte Maßnahmen bei Umbauten und Erneuerungen zu geben, zum anderen sollten die Möglichkeiten oder schon vorhandene Ergebnisse der Heimatforschung bei der Beurteilung der Denkmalwürdigkeit einzelner Objekte vermehrt ausgewertet und zum Tragen kommen. Der örtliche Sachverstand, Lokalkenntnis, Informationsvorsprung (z. B. bei Planungen oder Besitzänderungen) würden den räumlich weit entfernten und mit zu vielen Aufgaben überbelasteten Fachbehörden eine größere Effizienz verschaffen. Der Heimatpfleger in einem so geschichtsträchtigen und denkmalreichen Landkreis wie dem unserigen könnte also ein wertvoller Mittler und Vermittler für die Fach- und Schutzbehörden der Denkmalpflege sein. Die rechtliche Voraussetzung dafür scheint schon gegeben zu sein. Nicht nur das alte Badische Denkmalschutzgesetz hat den Heimatpfleger dieser Prägung anerkannt, sondern auch im jetzt geltenden Denkmalschutzgesetz ist ein Weg eröffnet: Auch jetzt können sich die Denkmalschutzbehörden der schon erwähnten ehrenamtlichen Beauftragten der Denkmalschutzbehörden bedienen; allerdings bedürfte die Belebung dieser Vorschrift im geschilderten Sinne der Ergänzung, daß die Denkmalschutzbehörden, auch die unteren, jetzt solche ehrenamtlichen Kräfte motivieren und engagieren können, und nicht mehr dazu auf die Initiative anderer Stellen angewiesen sind.

Veränderungen der Siedlungsweise seit 1950

Bis zum Jahre 1950 bewahrten unsere Gemeinden im wesentlichen ihr aus alter Zeit überkommenes Stadt- und Ortsbild. Die großen Ausnahmen bilden lediglich Konstanz und Singen, wo die Einwohnerzahlen schon seit der Jahrhundertwende im Vergleich zu den Gemeinden im übrigen Landkreis überdurchschnittlich wuchsen. So stiegen die Einwohnerzahlen in Konstanz von 24.000 im Jahre 1900 auf 36.000 im Jahre 1933, 43.000 im Jahre 1950 und auf 68.800 (allerdings mit Eingemeindungen) im Jahre 1984. Davon war jedoch die linksrheinische Altstadt kaum berührt; die Stadt Konstanz hatte und hat nur rechtsrheinisch Möglichkeiten der baulichen Erweiterung. Auf die besondere Singener Situation wurde bereits hingewiesen; in dem Zusammenhang ist es wichtig, sich an die im ganzen Lande außergewöhnliche Bevölkerungszunahme in dieser Stadt von 1.674 im Jahre 1861 auf 33.267 im Jahre 1961 und nochmals auf 46.409 im Jahre 1970 zu erinnern. Ganz allgemein läßt sich feststellen, daß die Zeit zwischen 1950–1970 die für die Veränderung besonders des Dorfbildes entscheidenden Jahre gewesen sind; Gottmadingen z. B. wuchs von 3.460 auf 9.056, Hilzingen von 1.587 auf 5.134, Eigeltingen von 931 auf 2.937 Einwohner. Dieser Befund gilt im Grunde genommen für alle verkehrsgünstig gelegenen Orte.

Mehrere Ursachen bewirkten und begünstigten eine solche Entwicklung: Eingliederung der Heimatvertriebenen, die Folgen des sogenannten Wirtschaftswunders, besonders im Einzugsbereich wirtschaftlicher Zentren, und in neuester Zeit der gestiegene Wohnkomfort. Mit einiger Vorsicht lassen sich die dadurch ausgelösten Veränderungen wie folgt skizzieren: Im Zeichen der Wohnungsnot, aber auch einer nicht wegzuleugnenden allgemeinen Wachstumseuphorie dominiert in und bei den Industriestandorten bis weit in die 70er Jahre hinein der soziale Wohnungsbau, errichten Städte und Gemeinden, Baugenossenschaften, Firmen und örtliche Bauherren mehrgeschossige Wohnblocks in moderner Bautechnik (Beton) von meist langweiliger, nicht selten durch Baumpflanzungen kaschierter Gleichförmigkeit, die sich sehr zu ihrem Nachteil unterscheiden von den schönen Siedlungen und Wohnanlagen der Gründerzeit und der Weimarer Republik. Ebenso nimmt auch der private Wohnungsbau mit Hilfe von Bausparkassen und öffentlichen Baudarlehen bedeutend zu, wobei zumeist die Zweckmäßigkeit, die Funktionalität und nicht die Schönheit der Architektur im Vordergrund stehen. Dieser im weitesten Sinne genormte Wohnungsbau fordert dann noch Entsprechung in einer häufigen Überbetonung der Verkehrserschließung in den Neubaugebieten, die sich an die alten Dorfkerne und Stadtzentren anschließen.

Die nur flüchtig skizzierte Veränderung der Siedlungsweise läßt sich statistisch belegen. Im Landkreis stieg die Siedlungsfläche, bezogen auf die Gemeindefläche, von 1965 bis 1978 im Durchschnitt von 8,7 auf 11,8 % an. Gewiß sind die Zahlen nach dem Umweltbericht 1984 sehr unterschiedlich, schwanken 1978 zwischen 3,3 % (Eigeltingen) und 34,8 % (Konstanz); Singen weist 21,0 %, Radolfzell 16,1 % auf. Zugleich beobachten wir hauptsächlich in Konstanz und in Singen eine auffallende Bevölkerungsverschiebung aus dem Stadtkern in die Außenbezirke (Stadtteile) und Nachbargemeinden. So wächst z. B. im Zeitraum von 1970–1984 die Einwohnerzahl von Konstanz trotz starkem Abzug von Ausländern und erhöhter Sterblichkeit dank des Aufschwungs durch die Universität von 62.120 auf 68.261 bei gleichzeitigem Rückgang in der linksrheinischen Altstadt von rund 17.000 auf 15.000. In Singen, das rund 23.000 Arbeitsplätze bereithält, wirkt sich dieser derzeit rückläufige Trend viel krasser aus: Von 1974 bis 1983 geht die Einwohnerzahl von 48.017 auf 44.388 zurück, wobei die Kernstadt allein 4.605 Personen verliert, 5 Stadtteile indessen rund 570 Einwohner gewinnen. Hauptsächliche Nutznießer dieser Entwicklung sind die Nachbargemeinden Mühlhausen-Ehingen, Hilzingen, Rielasingen-Worblingen und Steißlingen, die ihre Einwohnerzahl von 1950 bis 1984 verdoppeln, ja sogar verdreifachen. Die Region Singen stellt diesbezüglich einen Sonderfall im Landkreis dar. Aus der beschriebenen Siedlungsentwicklung ergibt sich jedoch eine nachhaltige Veränderung der Dorfbilder, der ländlichen Strukturen, es entsteht eine neuartige und zugleich eigenartige Stadt-Umlandbeziehung.

Natürlich hat das alles seine guten und berechtigten Gründe: Der Wunsch nach eigenem Haus und Garten in landschaftlich reizvoller Umgebung und ländlicher Stille ist verständlich. Eine Voraussetzung für diese Entwicklung liegt in der ungewöhnlichen, längst selbstverständlich gewordenen Mobilität unserer Gesellschaft: Das Kraftfahrzeug ermöglicht es, in kurzer Zeit – schneller als der Stadtbewohner zu Fuß oder mit dem öffentlichen Verkehrsmittel – von den umliegenden Dörfern an den Arbeitsplatz in der Stadt zu gelangen. Auch tüchtige Gastronomen zogen daraus die Konsequenz: Viele Landgasthöfe mit rustikalem Speiseangebot (Vesper) in weit entfernten Bauerndörfern auf dem Schienerberg und Bodanrück oder in entlegenen, sorgsam und mit Geschmack für diesen neuen Zweck restaurierten Mühlen (z. B. Alte Rheinmühle in Büsingen, Lochmühle bei Eigeltingen, Alte Mühle in Blumenfeld) erfreuen sich eines regen Zuspruchs.

Rathäuser und Schulhäuser

Im Zusammenhang mit diesen Veränderungen wollen wir auf zwei Gebäudetypen aufmerksam machen, denen wir selbst in den kleinsten Dörfern begegnen, nämlich dem Rathaus und dem Schulhaus.

Neben den Kirchen als den bedeutendsten Baudenkmalen in unseren Gemeinden treten zunächst die Rathäuser als steingewordene Symbole der gemeindlichen Selbstverwaltung und des bürgerschaftlichen Selbstverständnisses hervor. Auch sie haben oft eine lange Geschichte. Am augenscheinlichsten ist dies in der ehemaligen Reichsstadt *Konstanz* der Fall, deren Renaissance-Rathaus mit herrlichem Innenhof und den Fresken des Historienmalers Ferdinand Wagner (1864) eines der schönsten Rathäuser des Bodenseeraumes sein dürfte. Das 1733 hier von Johann Michael Beer umgebaute Alte Rathaus am Fischmarkt (spätgotisches Doppelportal) dient heute noch Verwaltungszwecken. Auch das spätgotische *Engener Rathaus* mit seinem Hans Kraut von Villingen zugeschriebenen Ofen (1559) im Ratssaal ist eines der wenigen historischen Rathäuser, wie auch jenes von *Eigeltingen* in dem vielleicht schönsten Fachwerkhaus des Hegaus (1726). *Hilzingen* konnte sein Rathaus im ehemaligen barocken Propsteigebäude des Klosters Petershausen, *Öhningen* im ehemaligen Augustiner-Chorherrenstift (Mitte 17. Jahrhundert) unterbringen. Die Inselgemeinde *Reichenau* richtete in den letzten Jahren im Alten Rathaus mit romanischem massiven Untergeschoß und einem Fachwerkobergeschoß (um 1540) das Heimatmuseum ein und bezog mit ihrer Verwaltung den Südflügel der ehemaligen Klostergebäude (1605–1610). Das *Stockacher Rathaus* befand sich seit 1820 im ehemaligen nellenburgischen Oberamtsgebäude und seit 1977 in dem vom Landkreis Konstanz erworbenen Landratsamtsgebäude, das noch kurz vor der Auflösung des Landkreises in ansprechend zeitgenössischer Architektur erbaut und bezogen worden ist. Die *Radolfzeller* errichteten anstelle des 1847 abgerissenen Korn- und Rathauses (1421) im Jahre 1847/48 das neue Rathaus mit vielen Rundbogenfenstern im Anklang an den Stil des Dogen-Palastes in Venedig. Die Stadt *Aach* verlegte ihr Rathaus 1922 vom alten Ratsgebäude auf dem Berg (1650) in das neue Rathaus in Aach-Dorf. Auch *Allensbach* besitzt ein altes Rathaus von 1750/52; das *Gottmadinger Rathaus* befindet sich seit 1914 im ehemaligen herrschaftlichen Amtshaus, dem im 15. Jahrhundert errichteten später mehrfach umgebauten Schloß, das die Gemeinde 1886 erworben hat. Die Gemeinde *Zizenhausen* konnte 1936 das Schloß der Herren von Buol-Mühlingen-Zizenhausen in ihren Besitz bringen und nutzt es als Rathaus. Das *Rielasinger Rathaus* ist im Kern das – inzwischen erweiterte – ehemalige herrschaftliche Wohnhaus der Fabrikantenfamilie ten Brink (1878); *Steißlingen* erstellte 1837/39 ein Schul- und Rathaus, das 1895/96 durch einen Rathausneubau ersetzt wurde, zuletzt 1975/77 umgebaut und erweitert.

Im Laufe der letzten 25 Jahre wurden – vor allem nach der Gemeindereform – einige neue

Rathäuser im Stil der Zeit erbaut, um die größer gewordenen Verwaltungen an einem Orte zusammenzufassen oder überhaupt erst einmal unterzubringen. Für die neueste Bauentwicklung fehlen freilich noch kunstgeschichtliche Begriffe und Wertungen. So bezog die Stadt *Singen*, deren Verwaltung in 7 Häusern arbeitete, im Jahre 1960 das neue, von Stadtbaurat Dipl.-Ing. Hannes Ott erbaute Rathaus, dessen vom Stil der italienischen Renaissance beeinflußte Architektur Rücksicht nimmt auf Schloß und Kirche; im Ratssaal befindet sich das bedeutende Fresko »Krieg und Frieden« von Otto Dix. Neue ansprechende und repräsentative Rathäuser erbauten die Gemeinden Mühlhausen–Ehingen in *Mühlhausen* (1978), *Gaienhofen* (1963, erweitert 1976), *Tengen* (1976 im Zusammenhang mit der Verlegung der Bundesstraße und dem 1977 erfolgten Abbruch des alten Rathauses von 1894), Orsingen–Nenzingen in *Nenzingen* (1979), *Gailingen* (1967 grundlegender Umbau des Rat- und Schulhauses aus der Mitte des 19. Jh.), *Moos* (1960), *Volkertshausen* (1969), *Bodman* (1964/65), *Ludwigshafen* (1966) und *Mühlingen* (1979, Umbau des ehemaligen Gasthauses Kreuz zum Rathaus).

Ein Verwaltungsgebäude von besonderer Aktualität ist das 1982/83 in Konstanz im Areal des ehemaligen Benediktinerklosters Petershausen errichtete neue, klar gegliederte *Landratsamtsgebäude* mit Bodenseehalle (bis dahin in dem 1892 bezogenen Großh. Bezirksamt an der Laube in Konstanz), das architektonisch an der Schwelle zur Postmoderne steht; die Außengestaltung läßt die vorzüglichen Details im Inneren nicht erkennen. Architekten: Dipl.-Ing. E. F. Krieger, Dipl.-Ing. L. Greulich, Architekten BDA, Darmstadt.

In den Städten errichtete man seit der Gründerzeit stattliche *Schulgebäude* in historisch-eklektizistischem Stil (Tegginerschule *Radolfzell*, Ekkehardschule *Singen*, Humboldt-Gymnasium *Konstanz* und die Schulgebäude von *Bodman* und *Zizenhausen*) oder brachte die Schulen in ehemaligen Klöstern unter (Stefanschule *Konstanz; Öhningen* (neue Schule 1962, aber heute noch zwei Klassen im ehemaligen Stiftsgebäude, *Schienen, Engen*). Auf dem Lande waren in der Regel im 19. Jahrhundert Schule und Gemeindeverwaltung (oft mit der Lehrerwohnung) in einem Gebäude, eben dem Schul- und Rathaus untergebracht (so auch in *Singen* bis 1901).

Viele Gemeinden erbauten zwischen 1900 und 1930 eigene, größere und nach Aussehen gediegene Schulen. Fast alle Gemeinden aber erweiterten bzw. modernisierten Ende der 50er Jahre bis zu Beginn der 70er Jahre ihre alten Schulgebäude und errichteten neue Schulen nach dem kreiskommunalen Schulhausbauförderungsprogramm von 1958 mit Zuschüssen des Landkreises. Für möglichst wenig Geld sollte ein möglichst großes Raumvolumen entstehen; die Schule galt damals noch als Statussymbol der dörflichen Eigenständigkeit. Die meisten dieser nüchternen, architektonisch nur an der Funktion orientierten Gebäude stammen aus den Jahren 1959–1966 – wenige Jahre vor Inkrafttreten der Schulentwicklungspläne und der Gemeindereform! Heute dienen die zum größten Teil ihrer Aufgabe beraubten ehemaligen Zwergschulen den verschiedensten Zwecken oder stehen leer. Die Schüler werden zum Unterricht in die Grund- und Hauptschulen der Zentralschulorte gefahren, wo äußerlich unverkennbare Schulgebäude für alle Schularten einschließlich der fachlich breit gegliederten Berufsschulen mit der heute erforderlichen didaktischen Einrichtung bereitstehen. Von den nur summarisch beschriebenen Schulen hebt sich die *Universität Konstanz* mit ihrer lebendigen, mit Farbe und abstrakten Skulpturen belebten Architektur deutlich und wohltuend ab: Es ist ein gelungener Versuch, vom Hörsaalbau der 50er/60er Jahre abzurücken hin zu einer den Benutzer nur anfänglich verwirrenden Konzentration der Räume.

Schutz der Altstädte (Ensembleschutz)

Unter solch ungünstigen Gegebenheiten kommt dem Schutz von noch intakten Gesamtanlagen durch die Denkmalpflege ein erhöhter Stellenwert zu. Zwar ermöglichte bereits die Badische Landesbauordnung von 1907 die »Erhaltung und Ausgestaltung des architektonischen Charakters von Straßen und Plätzen«, doch haben – wie Wolfgang Stopfel nachgewiesen hat – nur Mannheim, Karlsruhe, Heidelberg und Freiburg Ensembleschutz betrieben. Erst das vorbildliche Südbadische »Landesgesetz zum Schutz der Kulturdenkmale« von 1949 betonte ausdrücklich die Notwendigkeit der Erhaltung geschichtlich und künstlerisch wertvoller Straßen- und Ortsbilder, worauf im Laufe von 22 Jahren 19 Gesamtanlagen in das Denkmalbuch eingetragen wurden, im Landkreis Konstanz jedoch keine einzige. Erst nach Inkrafttreten des jetzt geltenden »Gesetzes zum Schutz der Kulturdenkmale (Denkmalschutzgesetz)« vom 25. Mai 1971 sowie des Städtebauförderungsgesetzes vom 27. Juli 1971 sollte sich das ändern: 1979 Altstadt von Aach; 1980 Altstadt Engen; 1982 Altstadt Konstanz; 1985 Altstadt von Tengen. Eine Unterschutzstellung der Altstadt von Radolfzell ist beabsichtigt.

Aach

In exponierter Lage auf einer Bergkuppe am Rande des Schwäbischen Jura rund 70 m über dem Tal liegt die von einer Stadtmauer umschlossene Altstadt von Aach; das der Einwohnerzahl nach weitaus größere Dorf hingegen mit den beiden Siedlungsschwerpunkten Dorf und Oberdorf zieht sich der Talaue der Hegauer Aach entlang. Die Altstadt wird beherrscht und überragt vom Turm der Pfarrkirche St. Nikolaus mit einem staffelgiebelgeschmückten Satteldach (16. Jahrhundert). Auf den noch erhaltenen Fundamenten des Mauerrings sitzt eine Reihe von Häusern. Die Straße zieht durch die südliche Toranlage von 1688 längs der Stadtmauer an der äußeren Häuserreihe entlang, vorbei am ehemaligen Viehmarkt zur Stadtkirche (Schiff von 1736–38). An der Westecke der Stadtmauer liegen das ehemalige Kaplaneihaus (Mitte 18. Jahrhundert) sowie das Pfarrhaus aus dem Jahre 1614. Zahlreiche Brände, zuletzt der große Stadtbrand von 1884, ließen von den stattlichen bürgerlichen Wohnhäusern und den zahlreichen Adelssitzen nicht viel übrig. Heute stehen von den 53 Wohngebäuden 26 unter Denkmalschutz, weitere 11 Häuser sind als erhaltungswürdig eingestuft. Die Erhaltung und Sanierung der Altstadt ist in Aach in den vergangenen Jahren zur bedeutendsten kommunalpolitischen Aufgabe geworden. Bereits 1979 wurde auf Antrag der Stadtverwaltung das Erscheinungsbild des Stadtberges mit der Altstadt unter Ensembleschutz gestellt; seit 1984 ist dieser Bereich ausgewiesen als Sanierungsgebiet nach dem Städtebauförderungsgesetz. Aus Mitteln des Landessanierungsprogramms und aus Eigenmitteln der Stadt werden private und öffentliche Erneue-

Ein geschlossenes Bild bietet die weitgehend unversehrt erhaltene Altstadt von Engen

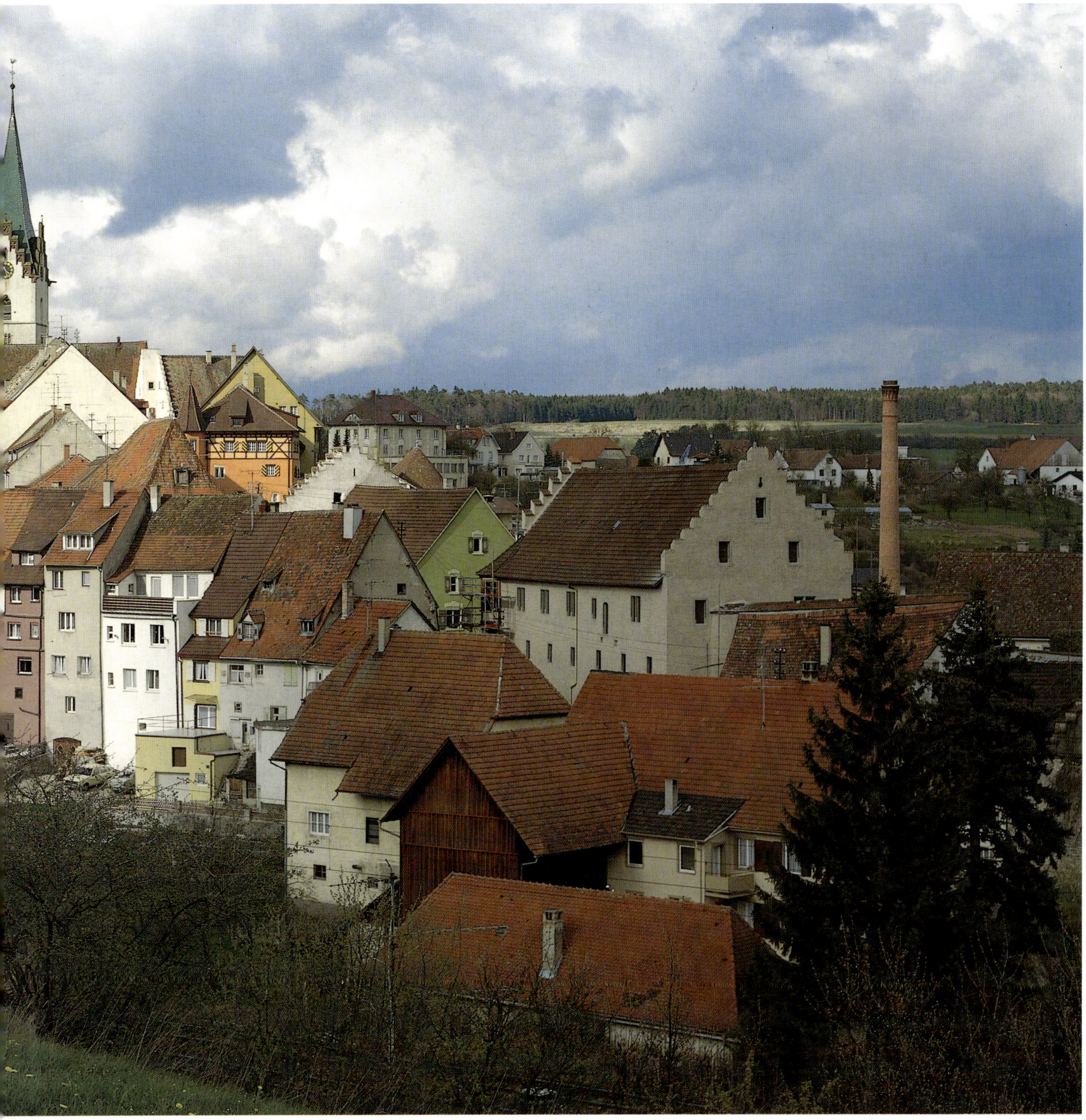

rungs- und Sanierungsmaßnahmen finanziell gefördert. Im Zusammenhang mit diesen Maßnahmen gelang es, die seit 1971 rückläufige Bevölkerungsbewegung, die von 1.510 auf 1.315 im Jahre 1977 zurückgegangen war, zu stoppen; im September 1984 waren es wieder 1.425 Einwohner.

Engen
Die 1976 begonnene Sanierung der Altstadt von Engen (7 ha, 179 Gebäude) verwandelte diese nach wenigen Jahren in ein »Hegauer Rothenburg«. Durch den Verlust ihrer Funktionen als Amtsstadt verfielen in den letzten Jahrzehnten Ansehen und damit die städtebauliche Substanz der Altstadt. Da kaum bauliche Veränderungen erfolgten, blieb das mittelalterliche Stadtbild bis heute nahezu unversehrt. So erschienen nach Verabschiedung des Städtebauförderungsgesetzes der historische Ortskern mit seinen ursprünglichen engen Gassen und Straßen für eine umfassende Sanierung geradezu prädestiniert. Sowohl die Altstadt als auch ihre unmittelbare Umgebung mit dem Übergang zu neuen Baugebieten folgt einer Gesamtkonzeption, die der Altstadt gestalterisch und funktionell ihre Bedeutung zurückgegeben hat; die Gebäuderenovierungen wie die Gestaltung der öffentlichen Flächen zeigen ein sehr hohe Niveau. Die Nutzung der außerordentlich aufgewerteten alten Bausubstanz durch Gastronomie, Einzelhandel, Dienstleistung und Wohnen leitete eine überaus positive Entwicklung zur Belebung der Altstadt ein – ein weiteres Argument für eine wohldurchdachte Altstadtsanierung im Sinne der Denkmalpflege. Besondere Fürsorge wird der Anbringung alter Wirtshausschilder und der Anlage zahlreicher Brunnen gewidmet: Marienbrunnen, Schillerplatzbrunnen, Narrenbrunnen, Vorstadtbrunnen und auf dem Marktplatz die Martinussäule von Jürgen Goertz (1984), die an den ersten Schutzpatron der Stadt erinnert und den uralten, aber stets aktuellen Martinsgedanken repräsentiert, nämlich den Auftrag zur Überwindung der Kluft zwischen arm und reich.

Konstanz
In Konstanz wurde die Unterschutzstellung der historischen Altstadt nach § 19 des Denkmalschutzgesetzes als flankierende Maßnahme zu der 1978 beschlossenen Stadtbildsatzung im Oktober 1981 beantragt und im März 1982 durch eine Rechtsverordnung des Regierungspräsidiums Freiburg im Breisgau vollzogen. Der räumliche Bereich der geschützten Gesamtanlage wird im Norden vom südlichen Rheinufer begrenzt, im Osten (einschließlich der Insel) von Konzil-, Bahnhof-, Bodan- und Wiesenstraße, im Süden von der Otto-Raggenbaß-Straße und der Schwedenschanze und im Westen in der Hauptsache von der Laube bis zum Pulverturm; es ist dies eine Fläche von rund 47,27 ha mit 941 Gebäuden. Mit Ausnahme der Niederburg erlebten hier die mittelalterlichen steinernen Häuser des 13.–16. Jahrhunderts – dabei auch einige Wohntürme – Ende des 18. Jahrhunderts unter dem Einfluß der französischen Architektur und des Klassizismus eine »Modernisierung« der Fassaden zugunsten einheitlicher Fensterachsen; auch frühere Jahrhunderte haben versucht, ihr Stilgefühl und ihre Auffassung von zeitgemäßer Architektur durchzusetzen. Von der großen Zahl bedeutender Baudenkmale können wir

nur wenige aufzählen: vorab das Münster, sodann die schon im 7. Jahrhundert erwähnte Pfarr- und ehemalige Stiftskirche St. Stefan und die Dreifaltigkeitskirche mit ihren von König Sigismund 1417 gestifteten Wandmalereien; ferner das 1388 begonnene Kaufhaus am Hafen (wegen der Wahl des Papstes Martin V. im Jahre 1417 »Konzil« genannt), ein mächtiges Gebäude und Wahrzeichen der Stadt, sowie das um 1380 erbaute, einem Zwinger ähnelnde Schnetztor, seit 1978 als Baudenkmal von nationaler Bedeutung anerkannt.

Tengen

Seit 1985 ist auch die Stadt Tengen auf Antrag des Stadtrates als Gesamtanlage dem Schutz des Denkmalschutzgesetzes unterstellt, und zwar das in seiner Grundrißgestaltung entstandene und durch mittelalterliche Architektur geprägte Erscheinungsbild des auf einem nach allen Seiten steil abfallenden Bergrücken erbauten Stadtkerns, nämlich Tengen-Stadt und Hinterburg (6,66 ha, 49 Gebäude). Auch hier blieb der Grundriß unverändert erhalten: Eine breite, platzartige Straße mit traufseitigen Häuserzeilen, die mit ihren Rückseiten auf der Stadtmauer aufsitzen. Innerhalb der Häuserfluchten ist die auerspergische Obervogtei, ein dreigeschossiges Gebäude mit Satteldach von 1748, durch Vorsprung und Höhe gegenüber den sonst nur zwei- und 1½geschossigen Wohngebäuden hervorgehoben. Nach Norden schließt das Stadttor mit ehemaligem Schul- und Rathaus die Platzanlage ab; eine Brücke führt nach Tengen-Dorf. Das dreigeschossige Torgebäude mit Satteldach ziert ein Glockenturm mit Glocke von 1692. Im Süden – ursprünglich durch einen Graben getrennt – haben sich von der einstigen Burganlage des 12. Jahrhunderts nur Teile des quadratischen Bergfrieds in Buckelquadern erhalten. Die ehemalige Burgkapelle St. Georg (um 1300) mit spitzen Chorbogen und einigen Spitzbogenfenstern wurde um 1720 barockisiert.

Die Stadt Tengen, wobei gemeint sind Tengen-Dorf, Tengen-Stadt und Tengen-Hinterburg, vermochte ebenfalls den Einwohnerschwund von 988 im Jahre 1961 auf 895 im Jahre 1970 aufzuhalten; 1984 waren es wieder 1.002 Einwohner.

Das nach Tengen eingegliederte Städtchen *Blumenfeld*, im 19. Jahrhundert sogar Amtsstadt (1807–1857), bietet durch seine Lage auf einer Felskuppe ein ungewöhnlich geschlossenes und malerisches Bild. Die Fläche beträgt nur 163,64 Ar mit 29 Gebäuden. Blumenfeld konnte bis in neuere Zeit nur über eine, die tiefe Biberschlucht überspannende Brücke mit dem Standbild des hl. Johann Nepomuk (1761) durch ein einziges Torhaus (um 1600) betreten werden. Der erhöht gelegene kleine Ortskern mit der architektonisch gut angepaßten neugotischen Pfarrkirche St. Michael (1907/08), dem zweigeschossigen Pfarrhaus mit Satteldach (1582) und dem ehemaligen klingenbergischen und danach Deutschordensschloß, einem dreigeschossigen Zweiflügelbau mit Satteldach und Staffelgiebel, wird umringt von den auf der alten Befestigung aufsitzenden Häusern. In den letzten Jahren wurde das seit 1886 unter Trägerschaft eines Bezirks-Armen- und Krankenhausverbandes als Altersheim verwendete Schloß mit reicher Renaissance-Ausstattung renoviert und durch moderne, der vorgegebenen Architektur sich unterordnende Anbauten erweitert. In Blumenfeld dürfte weder eine Sanierung noch ein Ensembleschutz notwendig sein aufgrund der klaren örtlichen Strukturen und Gegebenheiten.

Radolfzell
ist ebenfalls eine historisch gewachsene, mittelalterlich geprägte Altstadt mit überwiegend traufständigen Gebäuden in geschlossener Bauweise. In der Stadt wohnten in meist schmalen Häusern mit charakteristischen Dachgauben kleine Kaufleute und Handwerker, von denen die meisten auf den Weinbau und die Landwirtschaft angewiesen waren. Deshalb fehlt es an repräsentativen Bürgerhäusern. Ausnahmen: die Stadtapotheke von 1688, der Pfarrhof sowie einige Gasthäuser (»Krone«, »Lamm«) oder ehemalige Gasthäuser (»Löwen«, »Hirschen«, »Goldener Engel«, dieser jetzt wieder teilweise gastronomisch genutzt, »Alter Bären« und »Sonne-Post«). Selbst der Hegau-Adel, der in der sicheren Stadt häufig Satzbürgerrechte erwarb, begnügte sich bis auf die Grafen von Fürstenberg (»Untere Hölle«, erworben 1540) mit einfachen Wohnhäusern. Das gilt ebenso für die Wohnungen der Kleriker des ehemaligen Chorherrenstiftes vorwiegend in der Kirchgasse. Die »Obere Hölle« (1389 erstmals erwähnt) gehörte der Abtei Reichenau und bis 1661 dem Hochstift Konstanz, und das »Hohe Haus« diente als fürstenbergisches Amtshaus (jetzt Kaufhaus August Kratt, Höllstraße 12). Die Reichsritterschaft im Hegau unterhielt von 1609–1805 im sogenannten Ritterschaftshaus (jetzt Amtsgericht und Notariat) ihre Verwaltung. Daneben steht das 1848 erbaute Rathaus. Das Kloster Petershausen errichtete 1619 in der Seestraße einen stattlichen Klosterhof, später Alte Forstei genannt; gegenüber liegt der 1386 gegründete Heiliggeist-Spital (Bauten zweite Hälfte des 16. Jahrhunderts) mit einer gotischen Kapelle. Herausragende dominierende Gebäude der Altstadt sind das spätgotische dreischiffige Liebfrauenmünster (1436 ff.) mit seinem 1903 aufgeführten neugotischen Turm und der Renaissance-Bau des Österreichischen Schlößchens mit Treppengiebeln und zwei durch Zwiebelhauben abgeschlossenen Ecktürmen – heute die Stadtbücherei. Das unregelmäßige Rechteck des alten Stadtgrundrisses (rund 6,5 ha) mit seinen verwinkelten engen Gassen ist durch den Verlauf der Stadtmauer heute noch erkennbar. Die 244 Hauptgebäude mit 86 Nebengebäuden gehören überwiegend dem 18./19. Jahrhundert an, deren 1977 zügig begonnene Sanierung im wesentlichen abgeschlossen ist; auch die Quartiere und Plätze in der Fußgängerzone sind vortrefflich in passender Weise gestaltet worden. Glücklicherweise unterbrechen nur ganz wenige Neubauten oder Schaufensterumbauten die stilvoll-harmonische Flucht der Hausfassaden in den krummen, heimeligen Straßen und Gassen. Bei der Neubebauung des ehemaligen Obstbauareals (der Betrieb der 1922 gegründeten Obstbaugenossenschaft Bodensee eG in Radolfzell wurde verlegt) im Bereich der »Hölle« (von Halde) und der einstigen reichenauischen Burg gelang es 1983, unter Betonung des neuzeitlichen Charakters der Architektur, sich der Struktur des alten Stadtbildes (Geschossigkeit, Gebäudegrößen, Baumaterialien, Ausbildung der Dachlandschaft und der öffentlichen Straßenräume) unter Einbeziehung des Höllturms und der Stadtmauer beispielhaft und nachahmenswert anzupassen.

Stockach
Auch in Stockach begann das Landesdenkmalamt zusammen mit der Kommunalen Planungs- und Entwicklungsgesellschaft der Badischen Sparkassen (KSG) mit einer Bestandsaufnahme der Oberstadt, wo auf einer Gesamtfläche von 3,65 ha und 124 Grundstücken 1979 342 Ein-

Österreichisches Schlößchen in Radolfzell, 1620 als Stadtschloß für österreichische Erzherzöge begonnen, im 18. Jahrhundert fertiggestellt und dann als Rat- und Schulhaus benutzt, jetzt Stadtbibliothek

Besonders schönes Fachwerkhaus in Konstanz-Dingelsdorf (um 1690)

wohner lebten. Das Ergebnis war, daß das Altstadtgebiet in seiner Struktur erhalten werden soll, wobei es hier überwiegend um Objektsanierung, d. h. Instandsetzungen und Modernisierungen geht. Insbesondere wollen die Stockacher die Kleinteiligkeit der Fassaden erhalten. Ähnlich wie in Engen und Aach zieht sich auf der Oberkante des im Osten, Westen und Süden steil abfallenden Bergrückens die Stadtmauer dahin, die mit Häusern besetzt ist; am Steilhang selbst liegen teilweise Gärten. Die Bebauungsstruktur wird geprägt durch lange, schmale Grundstücke, die in der Breite voll überbaut sind. Durch das Qualitätsgefälle (Gebäude mit Hauptfront und Rückfront) bekommen die Straßen eine unterschiedliche Wertigkeit: Die Hauptstraße als Hauptachse besitzt eine beiderseits ausgeprägte Architektur, dabei die ehemalige Landvogtei (1756) von 1820–1977 Rathaus, das ehemalige Gasthaus »Weißes Kreuz«, erstmals erwähnt 1678, von 1806 bis 1969 Bezirksamt (Landratsamt) und das jüngst umgebaute Bürgerhaus »Adler-Post« (1921). In einer Seitenstraße steht der Salmannsweilerhof (nach 1704 erbaut). Die Pfarrstraße als Andienungsstraße bietet wenig architektonischen Reiz, die Kaufhausstraße hat Wohnhäuser und Geschäfte mit kleinstädtischem Charakter. Die Sanierung der Oberstadt nach dem Städtebauförderungsgesetz ist seit 1980 im Gang, ein Antrag auf Ensembleschutz wurde nicht gestellt. Auch in Stockach stieg die Einwohnerzahl der Kernstadt (einschließlich Oberstadt) von 1977 mit 6.634 auf 6.751 im Jahre 1984 an; in der Oberstadt mit derzeit 350 Einwohnern wird deren Zahl zunehmen.

Ortsbildpflege

Die vorstehenden Ausführungen sollen nun keineswegs den Eindruck erwecken, als ob Ensembleschutz ausschließlich in den Städten angesiedelt sei. Auch handelt es sich nicht immer und überall um Maßnahmen oder Aufgaben der Denkmalpflege, die gelegentlich mißverständlich mit Ortsbildpflege gleichgesetzt wird, welche mehr in den Zuständigkeitsbereich der auch in unserem Landkreis seit vielen Jahren engagiert betriebenen Ortsbildverschönerung (»Unser Dorf soll schöner werden«, Blumenschmuckwettbewerb u. ä.) gehört. In vielen Dörfern hat man damit begonnen, die Ortskerne zu »sanieren«, d. h., alte Bausubstanz wieder sichtbar zu machen, überputztes Fachwerk freizulegen und Grün- und Erholungsflächen anzubringen. Gute, nachahmenswerte Beispiele gibt es in Öhningen, Hemmenhofen, Bankholzen, in Mühlhausen, Eigeltingen, Dingelsdorf, Möggingen, Heudorf i. H., Ebringen und Steißlingen, wo es nur noch gelingen sollte, den im Landkreis einzigartigen Herrentorkel in die Ortskernanlage einzubeziehen. In Rielasingen kann man die Entstehung eines neuen, aus heutigem Selbstverständnis heraus geplanten Ortsmittelpunktes beobachten. Im allgemeinen kann man aber feststellen, daß alle unsere alten Dörfer schöner geworden sind.

Im Rahmen der Schlußveranstaltung des Bundeswettbewerbs »*Bürger, es geht um Deine Gemeinde*« in Berlin führte Bundespräsident Richard von Weizsäcker in seiner Rede aus, daß wir nach den Erfahrungen mit idealen, oft zu perfekten Entwürfen von Architekten und der deutlichen Veränderung in der Sozialstruktur der Innenstädte bis hin zu ihrer Verödung vorsichtig geworden sind, wenn wir uns daran machen, unsere Städte baulich zu verändern. Das haben auch die Beispiele im Landkreis Konstanz dargetan. »Wiederbelebung der Innenstädte und vorsichtige Stadterneuerung sind keine leichten Aufgaben. Wenn wir uns jetzt behutsam unseren Innenstädten zuwenden, vorsichtig und langsam einzelne Objekte und Straßenzüge erneuern, wenn neben dem guten, schutzwürdigen Überkommenen neue Bauten entstehen, die sich dem alten Maßstab anpassen, ist allen gedient – den Städten, die ihr mancherorts in Jahrhunderten gereiftes Gesicht mit allen liebenswerten Falten behalten durften, ebenso wie den Bewohnern, die in der Gemengelage eines in Jahrzehnten entstandenen sozialen Umfelds die Vorzüge des Herkömmlichen mit der Bequemlichkeit des modernen Wohnens verbinden. . . . Wir wollen keine genormten Quartiere, keine reproduzierbaren Straßenzüge oder Marktplätze. Solange sich die Aufgabe, einer Stadt ihr unverkennbares Gesicht zu erhalten, nur vor Ort und in einer nicht auf andere Städte übertragbaren Weise lösen läßt, sollten wir froh sein. Denn das Ergebnis mag uns im besten Falle das Gefühl vermitteln, in einer ganz unverwechselbaren Umwelt zu leben, eine Heimat zu haben, die gewachsen und einzigartig ist.« (Der Landkreis, Zeitschrift, März 1985).

Viele neue Bauten im Landkreis Konstanz sind mit modernen Kunstwerken geschmückt

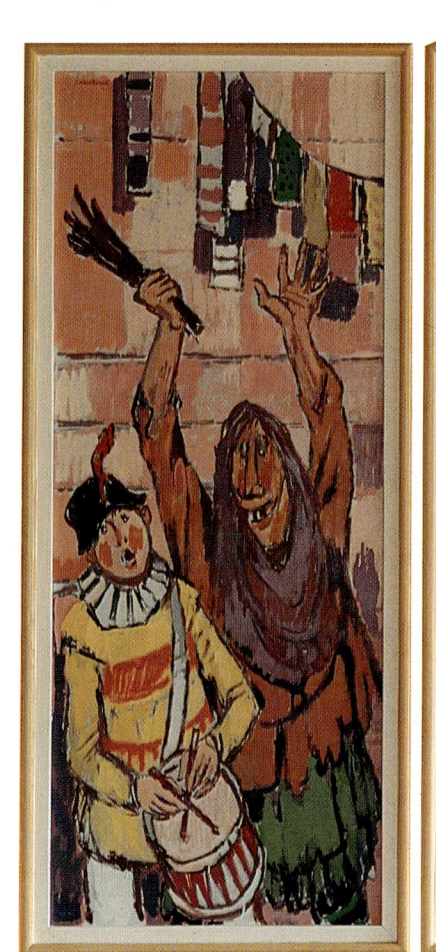

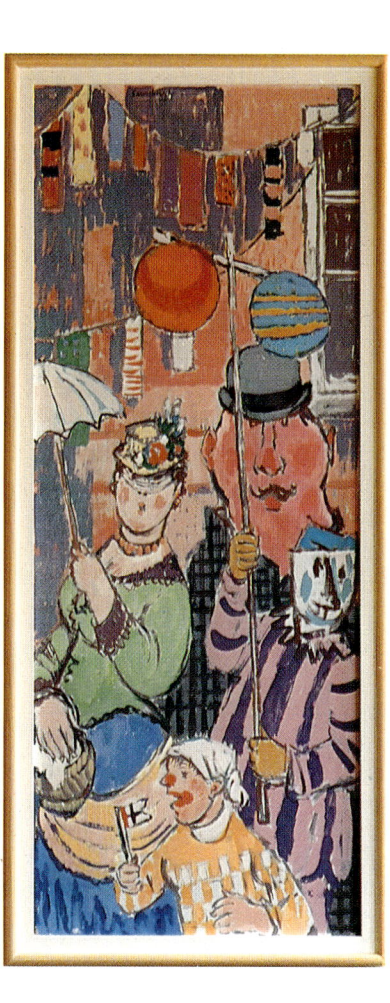

Fasnachts-Trilogie von Hans Sauerbruch, 1983,
im neuen Konstanzer Landratsamt

Wandbild »Krieg und Frieden« von Otto Dix im Ratssaal des Rathauses Singen/Htwl.
Rechte Seite: Betonglasfenster (Ausschnitt: himmlisches Jerusalem) von C. G. Becker in der evangelischen Markuskirche in Singen (1959)

295

Robert Seyfried: Aluminium-Plastik »Fruchttragender Baum« an einer Säule des Berufsschulzentrums des Landkreises Konstanz in Radolfzell (1982)

Unsere Städte und Dörfer (ihre Geschichte und ihre Sehenswürdigkeiten)

ACHIM FENNER UND FRANZ GÖTZ

Stadt Aach

AACH

446–640 m, Fläche: 1069 ha (davon 430 ha Wald und 428 ha landwirtschaftlich genutzt). Einwohner 1985: 1409. Beteiligte Gemeinde der Verwaltungsgemeinschaft Engen.

In unmittelbarer Nähe der Aachquelle dürfte schon im 6. Jahrhundert die alemannische »Villa Aha« mit einer Remigiuskirche (heute Friedhofskapelle) entstanden sein. Dieser Dorfsiedlung folgte später die Anlage eines befestigten Platzes auf dem »Aacher Stadtberg« (um 1150: »oppidum Ach in Hegovia«). Eine Burg auf einem weiteren Bergvorsprung über dem Aachtopf dürfte bereits um 1100 errichtet worden sein. Erbauer dieser vorwiegend der Straßensicherung dienenden vorstaufischen Feste (jetzt eine als »alter Turm« bezeichnete Ruine) war die freiadelige Familie derer von Aach. Um 1200 sind die für das Hochstift Konstanz tätig gewesenen Herren von Aach ausgestorben. Zuvor hatten sie jedoch ihre Güter und Rechte in Aach dem Konstanzer Domkapitel übergeben.

Bald nachdem Rudolf von Habsburg König und sein Vetter Rudolf von Habsburg-Laufenburg Bischof von Konstanz geworden waren (1273, bzw. 1274), scheinen die Rechte und Besitzungen des Hochstifts Konstanz in Aach größtenteils an Habsburg übergegangen zu sein. Am 7. 6. 1283 verlieh nämlich König Rudolf der damals seinen Söhnen gehörenden Ansiedlung Aach das Recht der habsburgischen Stadt Mengen. Dem Hochstift Konstanz blieb in Aach nur die Pfarrkirche St. Nikolaus, die später der Dompropstei inkorporiert wurde. Die eigentliche Stadt entwickelte sich in dem schon 1150 »oppidum« genannten, verhältnismäßig kleinen befestigten Bereich auf dem Aacher Berg. Nach 1300 hat Österreich die Stadt Aach immer wieder verpfändet, erst 1543 endgültig aus der Pfandschaft gelöst und dann der Landgrafschaft Nellenburg zugeteilt. Während dieser Zeit und danach war Aach ein bevorzugter Wohnplatz zahlreicher Adelsfamilien aus dem Hegau.

Mit der seit 1465 österreichischen Landgrafschaft Nellenburg kam Aach aufgrund der Bestimmungen des Preßburger Friedens vom 26. 12. 1805 an Württemberg und 1810 an Baden.

Die Abhaltung von Märkten sowie der Betrieb von Steinbrüchen und Mühlen, insbesondere einer Papiermühle, bescherten Aach ein bescheidenes Wirtschaftsleben. Der wirtschaftliche Mittelpunkt befand und befindet sich in der für Verkehr und Industrie günstiger gelegenen Unterstadt, in dem seit alters eingemeindeten Aach-Dorf, knapp unterhalb der kräftig sprudelnden Aach-Quelle, die vorwiegend durch Wasser der oberen Donau, das zwischen Immendingen und Fridingen versickert, gespeist wird.

An die spätmittelalterliche Stadtbefestigung der Oberstadt erinnern noch das untere Stadttor und Reste der Mauer. Die Häusergruppe des Städtchens wird überragt von dem mit vier Staffelgiebeln versehenen gotischen Turm der 1736–38 barockisierten Pfarrkirche. Bemerkenswert ist auch das 1614 erbaute Pfarrhaus mit dem Wappen des Salzburger

Erzbischofs und Konstanzer Dompropstes Marcus Sitticus von Hohenems. Andere alte Gebäude fielen mehreren Bränden im 19. Jahrhundert zum Opfer.

Friedhofskapelle St. Remigius, ehem. Pfarrkirche in Aach-Dorf mit romanischen und gotischen Bauteilen.

ALLENSBACH

395–598 m, Fläche: 2653 ha (davon 1159 ha Wald und 836 ha landwirtschaftlich genutzt), Einwohner 1985: 6156. Beteiligte Gemeinde der Verwaltungsgemeinschaft Konstanz.

Auf Gemarkung Allensbach wurden interessante prähistorische Funde, vor allem aus der Jungsteinzeit und aus der Hallstattzeit, gemacht. Anläßlich der Verlegung der B 33 wurden 1960/61 die letzten erhaltenen Hügel eines früher größeren Grabhügelfeldes ausgegraben. Die sehr schöne hallstattzeitliche Keramik aus den Gräbern ist im Naturmuseum Konstanz ausgestellt. Mit einigen anderen Orten am Untersee gehörte Allensbach zur Erstausstattung des 724 gegründeten Klosters Reichenau (724: Alaspach, abgeleitet vom Personennamen Alaholf). Als Anlegestelle der Reichenaufähre und als Marktflecken nahm Allensbach eine Sonderstellung ein. Der Allensbacher Markt zählte neben dem Konstanzer und Rorschacher zu den ältesten nachweisbaren im Bodenseegebiet. Allerdings scheint dieser weder nach der Gründung (um 998) noch nach der Erneuerung der Freiheiten 1075 sonderlich floriert zu haben, wohl hauptsächlich aus Mangel an Hinterland und wegen der Konstanzer Konkurrenz. Deshalb verlagerte sich der wirtschaftliche Schwerpunkt schließlich auf den 1100 in Radolfzell gegründeten zweiten Reichenauer Markt am Nordufer des Untersees. Der befestigte Flecken Allensbach behielt gleichwohl als Stapel- und Verladeplatz von Naturalabgaben an das Kloster Reichenau das ganze Mittelalter hindurch größere Bedeutung als die Nachbarorte.

Im Jahr 1525 wurde Allensbach von aufrührerischen Bauern eingenommen und verwüstet. Hundert Jahre später zerstörten und entvölkerten Brandkatastrophen, die Pest und der Dreißigjährige Krieg die kleine Stadt am See. Als Folge dieser schlimmen Ereignisse geriet die Stadteigenschaft von Allensbach in Vergessenheit. 1803 wurde Allensbach badisch.

Durch den Anschluß an die Bahnlinie Waldshut-Konstanz 1863, durch weitere günstige Verkehrsverbindungen, die wirtschaftliche Entwicklung im Raum Konstanz-Radolfzell-Singen und die zielstrebige Förderung des Fremdenverkehrs konnte Allensbach entscheidende Schritte in die Zukunft tun. In den Rahmen kommunaler Strukturverbesserungsmaßnahmen gehört auch die Errichtung von Gebäuden einer privaten Neurologischen Klinik in Allensbach. Das seit 1947 hier ansässige Institut für Demoskopie hat den Namen Allensbach weit über die Landesgrenzen hinaus bekannt gemacht. Der einstmals königlich privilegierte Markt der Abtei Reichenau hat wieder städtischen Charakter erlangt, wenn auch die offizielle Wiederverleihung des Rechtes zur Führung der Bezeichnung »Stadt« noch nicht erfolgt ist.

Spätgotische, im 18. Jahrhundert barockisierte Pfarrkirche St. Nikolaus mit schöner Barockausstattung. – Rathaus von 1750/52. – Heimatmuseum.

Rathaus der Gemeinde Allensbach

Hegne

In Hegne stand schon früh ein Reichenauer Fronhof (843 = »Hagene«, abgeleitet von hagan = Dornbusch oder hac = Hag). Seit der 2. Hälfte des 15. Jahrhunderts finden wir Schloß Hegne im Besitz verschiedener adeliger Familien; Hans Christoph von Knöringen verkaufte es um 1560 an den Bischöflich-Konstanzischen Geheimen Rat Stefan Wohlgemuet von Muetberg, der 1591 Schloß Hegne und den 1575 erworbenen Gemeinmärkerhof ohne Entschädigung an das Konstanzer Hochstift abtreten mußte. Bis zur Säkularisation blieb Hegne Eigentum des Hochstifts. Das zur Sommerresidenz der Konstanzer Bischöfe bestimmte Herrenhaus in Hegne wurde besonders vom Kardinal Andreas von Österreich (1589–1600) gerne bewohnt. Das mittelalterliche Schloßgebäude wurde unter seiner Regierung umgebaut und auch in den folgenden Jahrhunderten wiederholt verändert. 1866–78 war im Schloß eine Kreiswaisenanstalt und 1868–78 im Wirtschaftsgebäude eine Landwirtschaftsschule untergebracht; dann trat ein Werner de Werth aus Neuwied als Käufer auf und veränderte in den achtziger Jahren des letzten Jahrhunderts das Gebäude erheblich. Auch die wertvolle Schloßkapelle von 1594/95 fiel der Spitzhacke zum Opfer. Erhalten blieb u. a. die Umfassungsmauer mit zwei Ecktürmen an der Seeseite. 1892 verkaufte Werner de Werth Schloß Hegne dem Institut der barmherzigen Schwestern vom hl. Kreuz in Ingenbohl (Kanton Schwyz). Neben dem Schloß mit dazugehörigem Ökonomiebetrieb entstanden seit 1895 das eigentliche Kloster mit einer Kirche, 1908 das Exerzitienhaus St. Elisabeth (1969 renoviert) und 1926/27 das »Marianum« (Schule für Hauswirtschaft, Kinderpflegerinnen, Kindergärtnerinnen und Hortnerinnen), erweitert 1965–67. Außerdem wurde in den Jahren 1966/67 neben dem alten ein neues Exerzitienhaus errichtet. Hegne kam 1803 an Baden und wurde 1975 mit Allensbach vereinigt.

Adelheiden

Zwischen Hegne und Dettingen stand das 1373/74 gegründete und 1803 aufgehobene kleine Frauenkloster Adelheiden, das zunächst fünf Priestern, die nach der Benediktinerregel zusammenlebten, diente, schon bald aber in ein Augustinerinnenkloster umgewandelt wurde. Den Namen des ehem. Klosters Adelheiden trägt nur noch ein Bauernhof.

Ehemaliges Zoll- und Lagerhaus in Ludwigshafen

Kaltbrunn

Grabfunde der Urnenfelder- und der Hallstattzeit. Erste urkundliche Erwähnung: 724 »Caltaprunno«. Kaltbrunn gehörte bis 1540 dem Kloster Reichenau, dann bis zum Anfall an Baden (1803) dem Bischof von Konstanz. 1974 wurde Kaltbrunn nach Allensbach eingemeindet.

Barocke Kapelle St. Jakobus und Anna. – Gemeinmärkerhof aus der Zeit um 1720 (landwirtschaftliches Anwesen, erstmals 1354 urkundlich erwähnt, ehem. dem Kloster Reichenau, später dem Hochstift Konstanz gehörendes Lehengut), 3 km westlich von Kaltbrunn; dabei großer Wild- und Freizeitpark. – Türrainhof (oder Dürrainhof), 1361 erstmals erwähntes landwirtschaftliches Anwesen.

Langenrain

Spätmittelalterliche Rodungssiedlung, nachweislich seit 1288 im Besitz der Herren von Bodman, gehörte von 1515–1566 den Herren von Homburg, dann wieder den Herren von Bodman, kam 1655 durch Erbschaft an die Freiherren von Ulm zu Griesenberg und 1814 erneut an die Freiherren von Bodman. Langenrain wurde 1806 badisch und 1974 nach Allensbach eingemeindet.

Pfarrkirche St. Josef von 1690 mit wertvoller Barockausstattung aus der Zeit um 1740 und vielen Epitaphen aus dem 18. Jahrhundert. – Schloß von 1684/86.

Freudental

Das 1360 als »Froedental« erstmals urkundlich nachweisbare kleine Dorf gehörte zunächst den Herren von Bodman, dann von 1657 an dem Hans Jörg von Hallweil zu Blidegg und seinem Schwiegersohn Franz Dominik von Alten-Summerau und Praßberg, der auch das Schloß Freudental erbauen ließ. Es folgten seit 1746 wiederum die Herren von Bodman, die – abgesehen von Verpfändungen zwischen 1779 und 1804 – im Besitz der Grundherrschaft Freudental blieben. Freudental wurde 1938 nach Langenrain eingemeindet.

Das im Gegensatz zu seinem Namen auf einer Anhöhe gelegene Schloß Freudental wurde 1698–1700 anstelle eines zerstörten Vorgängerbaus vom Bischöflich Konstanzischen Oberhofmeister Franz Dominik, Vogt und Freiherr von Alten-Summerau und Praßberg erbaut. Es handelt sich um einen verputzten Backsteinbau in Rechteckform mit Satteldach. Im Innern reicher Barock-Stuck und Deckengemälde. Das Schloß wurde 1976 von der Familie von Bodman verkauft. Eine gründliche Renovierung ist geplant.

Kargegg

Als Flurname wird Egg schon 1273, als Burg 1370 erstmals urkundlich erwähnt; der Name Kargegg ist seit 1460 belegt. Im 14. Jahrhundert waren die Herren von Möggingen, im 15. Jahrhundert mehrere Konstanzer, Radolfzeller und Überlinger Bürger im Besitz der Burg, die Ende 1502 an die Herren von Bodman kam. Im Mai 1525 zerstörten 2000 Bauern aus dem Hegau die Feste Kargegg. Burgmarkung und der zugehörige Wirtschaftshof, beides noch heute Eigentum der Gräflichen Familie von Bodman, wurden 1924 nach Langenrain eingemeindet. – Beim Hof Kargegg seit 1965 großer Golfplatz.

BODMAN-LUDWIGSHAFEN

395–694 m, Fläche: 2803 ha (davon 1298 ha Wald und 918 ha landwirtschaftlich genutzt). Einwohner 1985: 3165. Beteiligte Gemeinde der Verwaltungsgemeinschaft Stockach.

Bodman

Das Bodenseeufer bei Bodman war seit der mittleren Steinzeit bevorzugtes Siedlungsgelände. Funde aus zwei Privatsammlungen, vor allem Steinwerkzeuge, befinden sich im ehemaligen Rathaus. Aus der jüngeren Steinzeit bis zum Ende der Bronzezeit datieren die auf Pfählen und Holzschwellen am Uferrand angelegten Pfahlbaustationen. In der Urnenfelderzeit entstand in der Nachbarschaft der Pfahlbauten die Fluchtburg »Bodenburg« auf der Berghöhe des Bodanrücks. Zwei Kilometer nordwestlich des Dorfes Bodman im Gewann »Auf Mauren« fand man schon im Jahr 1686 die Reste eines römischen Gutshofes. Die Alemannen gaben dem Ort die Bezeichnung »zi deme Podame«, d. h. im, am oder auf dem Boden, also auf der Uferzone zwischen den Hängen des Bodanrücks und dem See. Der Ortsname Bodman wurde schließlich maßgebend für die Benennung des ganzen Sees. Den einst von den Römern nach Bregenz »Lacus Brigantinus« geheißenen See nannte man seit dem 6. oder 7. Jahrhundert Bodmansee = Bodensee.

In jener Zeit war Bodman Mittelpunkt eines ausgedehnten Herrschaftsbereiches der Alemannenherzöge. In Bodman gab es wohl seit dem 6. Jahrhundert einen großen Wirtschaftshof, der für die herzoglich-alemannische Herrschaft im westlichen Bodenseeraum die ökonomische Grundlage gebildet hat. Bei diesem Hof stand vielleicht schon im 7. Jahrhundert eine Pfalz, ein herrschaftliches Wohn- und Verwaltungsgebäude. Nachweisen läßt sich eine Pfalz in Bodman allerdings erst seit Mitte des 8. Jahrhunderts. Nach dem Prozeß der fränkischen Grafen Ruthard und Warin gegen den St. Galler Abt Otmar wurde dieser 759 in Bodman inhaftiert. 839–912 hielten sich fünf Herrscher in ihrer Bodmaner Pfalz auf; einige kamen mehrmals, z. B. Kaiser Karl III. (genannt der Dicke), der auch den Weinbau in Bodman gefördert haben soll. Die Fundamente der ehemaligen Karolingerpfalz in Bodman, die zwischen der Pfarrkirche und dem Bodenseeufer stand, wurden in mehreren Grabungskampagnen teilweise freigelegt. Was man fand, bestätigte, daß es sich bei der Bodmaner Pfalz um keine große, für Reichsversammlungen geeignete Anla-

Evangelische Bergkirche St. Michael in Büsingen

ge, vielmehr um einen Verwaltungssitz, eine Versorgungseinrichtung für das Reisekönigtum und eine vorübergehende Residenz der Könige gehandelt hat. Im 10. Jahrhundert wurden die von fränkischen Grafen verwalteten, im Königsgutbezirk gelegenen Orte Bodman, Wahlwies und der Hohentwiel zu Ausgangspunkten für die Wiedererrichtung eines Herzogtums im deutschen Südwesten. Für das neue Herzogtum Schwaben blieben bis etwa zur Jahrtausendwende Pfalz und Königsgut Bodman noch von einiger Bedeutung. Dann aber verloren Bodman und die den Pfalzort umgebende Landschaft ihre zentrale Stellung in der »großen Politik«. Aus dem einst umfangreichen Besitzkomplex königlicher Güter im westlichen Bodenseegebiet waren ohnehin schon seit dem 8. Jahrhundert größere Stücke herausgebrochen und vornehmlich den Klöstern Reichenau und St. Gallen sowie dem Bischof von Konstanz geschenkt worden. Die Staufer scheinen dann um die Mitte des 12. Jahrhunderts versucht zu haben, die noch übriggebliebenen Bodmaner Reichsrechte und königlichen Besitzungen neu zu ordnen. Sie betrauten adelige Dienstmannen mit der Verwaltung des Reichsgutes in und um Bodman. Diese seit jener Zeit urkundlich belegten Reichsministerialen, die sich nach ihrem »Dienstsitz« »Herren von Bodman« nannten, erhielten im Jahr 1277 durch Rudolf von Habsburg alle Reichsrechte und den königlichen Hof in Bodman mit Herrschaftshaus (Pfalz), Wirtschaftsgebäuden, Ländereien und Einkünften als Pfand übertragen. Das Reich löste dieses Pfand nie mehr ein. Der Pfandbesitz ging, nachdem er durch die Nachfolger König Rudolfs mehrfach bestätigt worden war, etwa seit dem 15. Jahrhundert in unmittelbares Eigentum der Familie von Bodman über. Lediglich einige alte königliche Rechte, z. B. das Freigericht, die Hoch- und Blutgerichtsbarkeit in Bodman und das sogenannte Hunno-Fischereirecht im Konstanzer Trichter und im Seerhein zwischen Konstanz und Gottlieben, wurden nach wie vor als Reichslehen an die Herren von Bodman ausgegeben. Die alte karolingische Königspfalz dürfte vermutlich schon zwischen 1160 und 1170 durch ein staufisches Herrschaftshaus ersetzt worden sein, das den Rittern von Bodman als Amtssitz zugewiesen wurde. Anstelle dieses gegen Ende des 13. Jahrhunderts abgebrannten Gebäudes errichtete man zunächst das sogenannte Schloß Unterbodman (1639 zerstört), dann 1701/02 ein Barockschloß (1873 abgebrochen). Das jetzige Schloß wurde 1757/58 als Amtshaus erbaut, ab 1764 als herrschaftlicher Wohnsitz benützt und 1830/31 sowie 1907/09 erweitert.

Zusätzlich zu ihrer herrschaftlichen Behausung im Dorf Bodman erbauten die Herren von Bodman bald nach 1277 auf steiler Anhöhe über dem Dorf eine »neue Burg«. Diese wurde am 16. 9. 1307 durch Blitzschlag eingeäschert. Dabei fanden einige Mitglieder der Familie von Bodman und mehrere Angehörige des Hegauer Adels den Tod. Wenige Monate nach dem Unglück vergabte der Ritter Johannes von Bodman die Stätte, auf welcher seine alte Burg gestanden, mit dazugehörigen Gütern an das Kloster Salem, das dort eine Kapelle und eine Mönchsbehausung erbaute. Diese zum Gedächtnis der Brandopfer von 1307 errichtete Kirche »Unserer Lieben Frau« (Frauenberg) mit einem angebauten Wohngebäude wurde 1611–15 durch die noch erhaltene Anlage ersetzt. Der Frauenberg ist noch immer beliebtes Ausflugsziel und gern besuchter Wallfahrtsort. Nach der Katastrophe von 1307 erbauten die Herren von Bodman dem Frauenberg gegenüber eine weitere Burg (die jetzige Ruine Altbodman), die während des Dreißigjährigen Krieges am 15. 8. 1643 zerstört wurde. Die Ruine der Burg Altbodman ließ Dr. Johannes Graf von und zu Bodman 1956 sichern.

Die Herrschaft Bodman kam 1806, nachdem sie 340 Jahre lang zur österreichischen Landgrafschaft Nellenburg gehört hatte, an das Königreich Württemberg, 1810 an Baden. 1975 wurde Bodman mit Ludwigshafen vereinigt.

Im Dorf außer dem bereits genannten Schloß die Pfarrkirche St. Peter und Paul mit teils romanischem, teils gotischem Turm und 1889/91 neugotisch erweitertem Langhaus; angebaute Gruftkapelle von 1625 mit bemerkenswerten Epitaphen. Im Ortszentrum ferner Pfarrhaus von 1681/83 und ehem. Obervogteihaus (Forstei) von 1792/93. 2 Torkelgebäude (1753 und 1772) und nach altem Vorbild 1969/71 neu errichtetes Handels- und Hafengebäude (»Greth«). Am westl. Ortsende sog. Weilerkapelle (um 1700).

Ludwigshafen am Bodensee

Der früher Sernatingen genannte Ort erhielt 1826 zu Ehren des Großherzogtums Ludwig von Baden bei Anlegung des Bodenseehafens den Namen Ludwigshafen. Das alte Sernatingen, bei dem Pfahlbauten mit Kupfer- und Bronzegegenständen und die Reste eines römischen Hauses gefunden wurden, hat eine dem hl. Otmar geweihte Pfarrkirche. Das 1145 erstmals erwähnte Dorf war bis 1294 im Besitz der Herren von Bodman, die es an das Spital zu Überlingen verkauften. Von 1294 bis zum Beginn des 19. Jahrhunderts blieb das Überlinger Spital Orts- und wichtigster Grundherr.

Am 27. 5. 1525 weigerten sich zahlreiche Angehörige eines unter dem Befehl des Überlinger Bürgermeisters Jakob Kessenring stehenden Truppenkontingentes des Schwäbischen Bundes, gegen die aufständischen Bauern zu kämpfen. Sie wurden gefangengenommen, ihre Anführer gefoltert und hingerichtet. 1806 kam Sernatingen (Ludwigshafen) an Württemberg, 1810 an Baden. 1975 wurde durch die Vereinigung von Bodman und Ludwigshafen die neue Gemeinde Bodman-Ludwigshafen gebildet.

Moderne Pfarrkirche St. Otmar (1962) mit spätgotischem Chorturm sowie teils ebenfalls spätgotischer, teils barocker Ausstattung.

Am Hafen ehemaliges Zoll- und Lagergebäude von 1836/38, seit 1982 im Besitz der Gemeinde Bodman-Ludwigshafen.

BÜSINGEN

385–485 m, Fläche: 762 ha (davon 202 ha Wald und 355 ha landwirtschaftlich genutzt). Einwohner 1985: 1208. Beteiligte Gemeinde der Verwaltungsgemeinschaft Gottmadingen.

Auf der Gemarkung Büsingen Spuren früher Besiedlung seit der Bronzezeit. Erste urkundliche Nennung des wohl schon im 6./7. Jh. n. Chr. angelegten alemannischen Ortes: 1087 = Bousinga, abgeleitet vom Personennamen Buso.

Die auf dem Kirchberg oberhalb des Ortes Büsingen gelegene Michaelskirche, zu deren Pfarrsprengel bis ins 13. Jahrhundert auch Schaffhausen zählte, ist eine der ältesten christlichen Kultstätten im Hegau und am Hochrhein. 1090 schenkte Graf Burkhard von Nellenburg umfangreiche Güter in Büsingen dem von seinem Vater gegründeten Allerheiligenkloster in Schaffhausen. Seit 1361 besaßen die Herren von Klingenberg die Ortsherrschaft in Büsingen. Sie verpfändeten mit Zustimmung von Österreich als Lehensherrn 1437 Nutzungen und Gefälle sowie 1446 die Vogteirechte in Büsingen an das Frauenkloster St. Katharinental bei Dießenhofen. 1463 kam die Vogtei durch Kauf an den Bürgermeister Heinrich Barter von Schaffhausen und nach dem Aussterben der Barter an die Schaffhauser Bürgerfamilie der Junker im Thurn, die von 1535 bis ins 19. Jahrhundert Ortsherr in Büsingen war. Die Territorialhoheit, insbesondere die hohe Gerichtsbarkeit über Büsingen, behielt jedoch das Haus Habsburg sich vor. Als Österreich im Jahr 1770 seine landgräflichen Rechte über die Dörfer Ramsen und Dörflingen an Zürich verkaufte, von dem diese Orte 1798 an Schaffhausen kamen, wurde Büsingen zur Enklave in schweizerischem Gebiet. Mehrfache Kauf- bzw. Tauschverhandlungen zwischen Schaffhausen und Österreich führten nicht zum Ziel. 1805 fiel Büsingen an Württemberg, 1810 an Baden. Bereits im Jahr 1835 hatte Büsingen durch den Beitritt Badens zum Deutschen Zollverein eine zollrechtliche Sonderstellung erhalten und war Zollausschlußgebiet geworden. Das führte dazu, daß die Gemeinde Büsingen im Laufe des 19. Jahrhunderts sich wirtschaftlich immer mehr nach Schaffhausen ausrichtete. Durch die Aufhebung der schweizerischen Zollgrenze (Zollgürtel, Zollkordon um die Exklave Büsingen am 1. 1. 1947 wurde der Anschluß von Büsingen an das schweizerische Zollgebiet de facto vollzogen. Die rechtliche Anerkennung dieses Zollstatus brachte jedoch erst der deutsch-schweizerische Staatsvertrag vom 23. 11. 1964 über die Einbeziehung der Gemeinde Büsingen in das schweizerische Zollgebiet (1967 in Kraft getreten). Die Erwerbsbevölkerung von Büsingen ist überwiegend in der Schaffhauser Industrie tätig.

Evangelische Bergkirche St. Michael östlich von Büsingen auf einem Hügel in exponierter Lage, im 11. Jh. erbaut, mit quadratischem Altarraum und Turm zwischen 1200 und 1250. Großes, spätgotisches Maßwerkfenster. Verlängerung des Kirchenschiffs 1688. Seit 1835 Friedhofskapelle. Im Ortskern zahlreiche schöne Fachwerkhäuser, darunter das sog. »Junkerhaus« (um 1600), ehem. Wohnhaus der Schaffhauser Familie der Junker im Thurn, die von 1535 bis ins 19. Jahrhundert Ortsherren in Büsingen waren. – Beachtenswert auch das Hotel »Alte Rheinmühle«, ein stattlicher Fachwerkbau des 16./17. Jahrhunderts.

EIGELTINGEN

451–736 m, Fläche: 5929 ha (davon 2228 ha Wald und 3267 ha landwirtschaftlich genutzt). Einwohner 1985: 2742. Beteiligte Gemeinde der Verwaltungsgemeinschaft Stockach.

Neben Überresten aus der Urnenfelderzeit fanden sich viele römische Funde (insbesondere: villa rustica, Votivstein). Erste urkundliche Nennung: 764 = Aighceldincas, abgeleitet vom Personennamen Eicolt/Eigolt.

Der Ort dürfte als Schenkung vom Fiskus Bodman an das Kloster Reichenau gelangt sein. Früher Grundbesitz auch in den Händen des Klosters St. Gallen.

1331–1402 Teil des reichenauischen Lehens Langenstein. Danach Trennung der »oberen Burg Langenstein« vom Lehensverband mit Eigeltingen und Umwandlung des Lehens Eigeltingen in eine allodiale Ortsherrschaft. Wechselnde Besitzer, darunter die Herren von Stoffeln. Durch Verkauf gelangte Eigeltingen 1595 erneut an die Herrschaft Langenstein, verblieb dort bis 1806, kam dann an Württemberg und 1810 an Baden (Langenstein siehe Orsingen/Nenzingen).

Klassizistische Pfarrkirche St. Mauritius (1838 ff.) – »Hegi« – Schloß aus dem 16. Jahrhundert, ehem. Sitz der Ortsherrschaft, mehrfach umgestaltet, wird z. Zt. renoviert. – Rathaus von 1726, eines der schönsten Fachwerkhäuser im Hegau.

Dauenberg

Große Einzelhofanlage (erstmals 1455 urkundlich erwähnt), zu der lange Zeit ein Schlößchen gehörte. 1827 vom badischen Großherzog erworben, der das Hofgut der Herrschaft Langenstein zugeschlagen hat; 2 km nördlich von Eigeltingen.

Lochmühle

Vom 14. Jahrhundert bis 1540 dem Kloster Reichenau und danach bis 1803 den Bischöfen von Konstanz gehörende Lehenmühle, die 1850 in das Eigentum des damaligen Pächters überging. Die am Krebsbach nördlich des Dorfes im Jahr 1765 neu erbaute Lochmühle ist seit 1967 Gasthaus.

Unter-, Mittel- und Oberdornsberg

Hochmittelalterliche Rodungsinseln im Umkreis von 3–4 km um Eigeltingen. Ehemals reichenauscher Besitz, im 12./13. Jahrhundert schrittweise an das Kloster Salem gelangt. Diese großen Gutshöfe wurden 1673 dem salemischen Amtsbezirk Münchhöf unterstellt und kamen 1803 an Baden. Heute ist der Dornsberg im Besitz der Grafen Douglas auf Schloß Langenstein.

Heudorf im Hegau

Hügelgräber weisen auf eine Siedlung der Hallstattzeit hin. Erste urkundliche Erwähnung der vielleicht ins 9. Jahrhundert zurückgehenden Rodungssiedlung in einer päpstlichen Bulle von 1173.

Heudorf gehörte zur Landgrafschaft Nellenburg, war jedoch gelegentlich an Adelige verpfändet. Die Herren von Heudorf, die sich nach diesem Ort genannt haben und von 1262 bis ins 17. Jahrhundert nachweisbar sind, waren nellenburgische und bischöflich-konstanzische Dienstleute; sie erscheinen u. a. als zeitweilige Besitzer von Langenstein. Heudorf kam 1806 an Württemberg, 1810 an Baden und wurde 1975 mit Eigeltingen vereinigt.

Barocke Pfarrkirche St. Blasius und St. Georg mit romanischen und gotischen Bestandteilen von Vorgängerbauten.

Honstetten

Um 700 erhielt das Kloster St. Gallen Besitzungen in »Hohunstati« geschenkt. Das Kloster Aller-

Rathaus der Gemeinde Eigeltingen

heiligen in Schaffhausen gelangte durch die im 11./12. Jahrhundert nachweisbaren edelfreien Herren von Honstetten ebenfalls zu Besitz am Ort, der jedoch in der zweiten Hälfte des 14. Jahrhunderts an die Herren von Hewen überging. Später übten im »hochgelegenen Stetten« (662 m) die Grafen von Lupfen-Stühlingen und nach deren Aussterben (1582) die Marschälle von Pappenheim die Ortsherrenschaft aus. Von 1639–1806 gehörte der Ort zur fürstenbergischen Herrschaft Hewen und wurde dann badisch. Honstetten wurde 1974 nach Eigeltingen eingemeindet.

Pfarrkirche St. Peter und St. Katharina von 1819 mit mittelalterlichem Kirchturm; Figuren von J. A. Feuchtmayer (1737/38), ursprünglich für die einstige Orgel der Schloßkirche auf der Mainau gearbeitet. – Burgturm, wohl aus dem 12. Jahrhundert stammender, rechteckiger Massivbau aus kleinen Quadern mit Satteldach.

Tudoburg

Südlich von Honstetten liegt über dem Krebsbachtal die Ruine der Tudoburg, einst Sitz einer Adelsfamilie, deren einige zwischen 1050 und 1135 auftretende Mitglieder sich nach Honstetten, nach dem Nachbarort Reute und nach Wagenhausen bei Stein am Rhein nannten. Tuto von Wagenhausen, dessen Name später auf die als Harperg (Hardberg) bezeichnete Feste unweit Honstetten übertragen wurde, schenkte 1083 Güter zu Wagenhausen und anderen Orten dem Kloster Allerheiligen in Schaffhausen zur Gründung eines Klösterchens in Wagenhausen und nahm selbst, doch nicht für dauernd, das Ordenskleid. Das Klösterchen Wagenhausen wurde dem Konstanzer Bischof übergeben und von diesem der Abtei Petershausen unterstellt. Erst 1417 kam Wagenhausen wieder an das Kloster Allerheiligen und wurde als Priorat inkorporiert. Außer Tuto sind im 11. Jahrhundert mindestens noch vier weitere Angehörige der Familie in das Schaffhauser Allerheiligenkloster eingetreten. 1265 taucht ein zweites, mit dem ersten aber wohl nicht verwandtes Geschlecht von Honstetten auf. Schon vor 1362 ging die Tudoburg an die Herren von Hewen über und hatte danach die Herrschaftsgeschichte des Dorfes Honstetten. Wann die Tudoburg, bzw. die Burg Harperg zerstört wurde, ist nicht bekannt.

Eckartsbrunn

Bei der Kirche wurden 1910/12 Reste einer römischen Villa entdeckt. Die Siedlung »Eccardesbrunnen« ist ab dem 12. Jahrhundert bezeugt. Seit dem 15. Jahrhundert entsprechen die Herrschaftsverhältnisse ganz denen des 1,5 km nordöstlich gelegenen Honstetten.

Kapelle St. Kosmas und Damian mit Spätbarock-Altar.

Wasserburgerhof

Mit etwa 50 ha einer der größten Höfe im Hegau; 1,7 km südwestlich von Honstetten. Die Wasserburg (Wasso-Burg vom Personennamen Wasso) wurde zum Schutz reichenauischen Besitzes gebaut und 1441 in der Auseinandersetzung zwischen Hegauer Adeligen und schwäbischen Städten zerstört.

Münchhöf

Erste urkundliche Nennung 1370. Der Name Münchhöf erinnert an große Gutshöfe (Grangien) des Klosters Salem, die seit dem 12. Jahrhundert hier und in der Nachbarschaft standen. Die Eigenbewirtschaftung der Höfe wurde im 14./15. Jahrhundert aufgegeben, die umfangreichen, mitunter 120 ha übersteigenden Grangien in kleinere Hofgüter aufgeteilt und diese als Lehen ausgegeben. Die Salemer Besitzungen im Hegau wurden in einem Amtsbezirk zusammengefaßt, der seinen Mittelpunkt zunächst in Stockach (Salmansweiler Hof), von 1787 bis Ende 1802 in Münchhöf (»Schlößle«) hatte. Die Salemer Obervogtei Münchhöf umfaßte die Höfe Münchhöf, Ober- und Unterdornsberg, Madach, Gründelbuch, Ober- und Unterstohren, Brielholz, Hirschlanden, Notzenberg, Schweingruben, den Blumhof, den Weiler Homberg, das Dorf Mainwangen, die Reismühle bei Mühlingen, den Frauenberg über Bodman (seit 1309) sowie Liegenschaften in Stockach und in anderen Orten.

Nach langjährigen Verhandlungen war es im Jahr 1784 gelungen, die umstrittenen Rechtsverhältnisse in Münchhöf und in anderen salemischen Dörfern, Weilern und Höfen im Hegau in der Weise zu klären, daß Österreich der Reichsabtei Salem gegen Erlegung eines Kaufpreises in Höhe von 64 969 Gulden unter Vorbehalt der Territorialhoheit die volle niedere und hohe Gerichtsbarkeit, die Forstherrlichkeit, die große und kleine Jagd und die Befreiung vom nellenburgischen Landgericht in Stockach für ihren Herrschaftsbereich im Hegau übertrug, in welchem das Kloster Salem bis dahin nur die Niedergerichtsbarkeit ausüben durfte. Ende 1802 wurde das Kloster Salem aufgehoben. Seine Besitzungen gingen größtenteils als Entschädigung für linksrheinische Güterverluste an die Prinzen Friedrich und Ludwig von Baden. Einige ehemals salemische Höfe im Hegau sind über den Großherzog Ludwig von Baden und dessen Tochter in das Eigentum der Grafen Douglas auf Schloß Langenstein übergegangen. Münchhöf wurde 1975 nach Eigeltingen eingemeindet.

Herrenhaus, als Salemer Obervogteiamt und Wohnung der Obervögte (»Schloß«) 1705 erbaut, heute im Besitz der Fürstlich Hohenzoller'schen Familie.

Reute im Hegau

Die Rodungssiedlung des 10./11. Jahrhunderts wurde erstmals 1101 in einer Urkunde, mit der die Herren von Reute (Zweig der Herren von Honstetten) Grundbesitz an das Kloster Allerheiligen in

Schaffhausen übergaben, als »Rüti« erwähnt. Besitz und Rechte gingen später vom Kloster an die Stadt Schaffhausen über, bei der sie bis ins 19. Jahrhundert verblieben. Reute kam 1806 an Württemberg, 1810 an Baden und wurde 1973 nach Eigeltingen eingemeindet.

Kapelle St. Margaretha und Verena, barocküberformter Bau des 16. Jahrhunderts mit Spätbarockausstattung.

Rorgenwies

Wie in Heudorf fanden sich hier bedeutende hallstattzeitliche Spuren. Die als »Rorigenwisi« (= Wiese mit Röhricht) bezeichnete Rodungssiedlung gelangte durch eine Schenkung der Herren von Honstetten-Reute um 1150 an das Kloster Allerheiligen in Schaffhausen.

Im 14. Jahrhundert kam Rorgenwies vermutlich durch Annexion an die Grafen von Nellenburg. Von 1749–1806 war die Familie Gagg von Löwenberg Ortsherrin in Rorgenwies. Das 1806–10 württembergische und seit 1810 badische Rorgenwies wurde 1975 mit Eigeltingen vereinigt.

Spätgotische Pfarr- und Wallfahrtskirche Mariae Himmelfahrt mit romanischem Chorturm und barocker Ausstattung von 1720/30.

Zur ehemaligen Gemeinde Rorgenwies gehörten neben einigen Einzelhöfen die Weiler Glashütte (1693 = Glashüttenhof) und Guggenhausen (1465 = Blindenhausen, 1589 = Guggenhausen).

Marktplatz in Engen mit neuem Martinsbrunnen von Jürgen Goertz (Eichtersheim). Rechts Turm der kath. Stadtpfarrkirche

ENGEN

469–867 m, Fläche: 7046 ha (davon 2798 ha Wald und 3019 ha landwirtschaftlich genutzt). Einwohner 1985: 8608. Erfüllende Gemeinde der Verwaltungsgemeinschaft Engen.

Besiedlungsspuren reichen bis in die Jungsteinzeit zurück; Siedlungsreste fanden sich auch aus der jüngeren Urnenfelderkultur bzw. der Hallstattzeit. Der Ortsname kommt aus dem Althochdeutschen: Engi = enges Tal. Erste urkundliche Nennung des Namens Engen: 1086.

Südlich des Stadtteils Altdorf, einer in die Zeit der alemannischen Landnahme zurückreichenden Niederlassung, in der noch im 19. Jahrhundert eine dem hl. Martin geweihte romanische Pfarrkirche stand, entwickelte sich die zwischen 1240 und 1280 zur Stadt erhobene, 1289 erstmals als »civitas« bezeichnete Burgsiedlung Engen. Gründer und Herren der Stadt waren Angehörige des altadeligen Geschlechts derer von Engen-Hewen. Sie erbauten die Burgen Hohenhewen, Neuhewen und Junghewen (Hewenegg), zu denen sie noch eine Reihe weiterer fester Plätze erwerben konnten, so z. B. die Burg zu Neuhausen sowie die Festen Harperg (Tudoburg) und Wasserburg bei Honstetten. Von diesen Anlagen sind heute nur noch bescheidene Reste vorhanden. 1398 verpfändeten die Herren von Hewen ihre Herrschaft an Österreich, das sie 1404 an die Landgrafen von Lupfen-Stühlingen weiterverpfändete. Die jahrzehntelangen Streitigkeiten um den Besitz der Herrschaft Hewen und der Stadt Engen endeten 1477 mit dem förmlichen Verzicht des Peter von Hewen. Nach dem Erlöschen der Grafen von Lupfen 1582 kam die Herrschaft an die Erbmarschälle von Pappenheim, 1639 an die Grafen und späteren Fürsten von Fürstenberg und 1806 an Baden.

Nach erfolgreichen Verteidigungen von Engen 1441 (Feldzug schwäbischer Städte in den Hegau) und 1499 (Schweizerkrieg) wurde die Stadt im Bauernkrieg 1525 besetzt. Durch den Dreißigjährigen Krieg entstanden dem Gemeinwesen erhebliche Schäden, von denen es sich lange nicht erholte. Im 2. Koalitionskrieg fand am 3. 5. 1800 bei Engen zwischen Österreichern und Franzosen ein Gefecht statt. Bis 1936 war Engen badische Amtsstadt.

Das Rathaus stammt aus dem 15./16. Jahrhundert. Die Maria, St. Martin und dem Evangelisten Johannes geweihte Stadtkirche ist in ihrem Kern eine romanische Basilika aus dem 13. Jahrhundert; sie wurde in der Gotik, in der Renaissance und im Barock umgestaltet. Reichhaltige Ausstattung, u. a. Marientod (um 1490) und Epitaphe. – Im ehemaligen, 1333 gegründeten Frauenkloster St. Wolfgang ist heute u. a. das Heimatmuseum untergebracht. – Im Süden der Stadt erhebt sich weithin sichtbar das Krenkinger Schloß mit Bauteilen aus dem 16. Jahrhundert. – Vorbildliche Altstadtsanierung!

Anselfingen

Funde außerhalb des Dorfbereiches weisen in vorgeschichtliche Zeit. Insbesondere am Hang des Hohenhewen erstreckte sich während der Stein-, der Urnenfelder-, der Hallstatt- und der Latène-Zeit ein wichtiges Siedlungsgebiet. Die Entstehung des heutigen Dorfes Anselfingen fällt in die erste alemannische Siedlungsepoche, also ins 6./7. Jahrhundert nach Chr. Der Name ist vom Personennamen Ansolf abgeleitet.

Nach dem Ort nannten sich um 1100 edelfreie Herren von Anselfingen. Bekannter sind die späteren Ortsherren, die Freiherren von Hewen. Als zu ihrer Herrschaft Hewen gehöriges Dorf teilte Anselfingen deren Schicksal. 1975 wurde Anselfingen nach Engen eingemeindet.

Spätgotische, oft umgebaute Saalkirche St. Nikolaus und St. Pelagius mit Rechteckchor und Südturm.

Burgruine Hohenhewen

Auf dem für die umliegende Landschaft namengebenden Hohenhewen (Hegau = Hewen-Gau) erbauten die Freiherren von Engen-Hewen um die Mitte des 12. Jahrhunderts eine Burg. Diesem schwäbischen Geschlecht entstammten neben mehreren Domherren zwei Konstanzer Bischöfe, Burkart (1387–1398) und Heinrich (1436–1462), ferner der bekannte Feldhauptmann Georg von

Hewen, der sich in Diensten des Herzogs Ulrich von Württemberg hervortat und 1542 fiel.

Die Burg Hohenhewen wechselte zusammen mit der Stadt Engen mehrfach den Besitzer. 1639 wurde die Bergfeste Hohenhewen von bayerischen Truppen zerstört und danach nicht wieder aufgebaut.

Hausen am Ballenberg

Im Jahr 1100 erstmals erwähnte Hofgruppe, seit 1924 mit Anselfingen vereinigt.

Bargen

Im Zuge des Autobahnbaus fand man auf Gemarkung Bargen Überreste der Urnenfelder-, Hallstatt- und Latènezeit; eine umfangreiche Villenanlage stammt aus römischer Zeit.

Das heutige kleine Dorf im tiefen Taleinschnitt, dessen Name vom althochdeutschen »parac« = Heuhütte abgeleitet wird, geht auf eine frühmittelalterliche Siedlung zurück. In einer Urkunde von 1342 taucht der Name erstmals auf.

Spätestens im 14. Jahrhundert kam das Dorf zur Herrschaft Hewen und teilte dann deren Geschichte. 1971 wurde Bargen nach Engen eingemeindet.

Die spätbarocke St.-Antonius-Kapelle (1716/26) enthält im Kern Elemente eines spätgotischen Vorgängerbaus.

Schopfloch

Der Name des 1347 erstmals urkundlich erwähnten Hofgutes könnte vom althochdeutschen »scoph« = öde Gegend, Wald abgeleitet sein. Die Rodungssiedlung gehörte zur Herrschaft Hewen, kam zu Beginn des 17. Jahrhunderts an die Stadt Engen und befand sich von 1716–1803 im Besitz des Klosters Petershausen. 1925 wurde Schopfloch nach Bargen eingemeindet.

Biesendorf

Der kleine Ort auf der Hegaualb wird erstmals 1324 als »Buesendorf« urkundlich erwähnt. Der Name ist vom Personennamen Buso herzuleiten.

In dem wohl vor 1000 angelegten Ausbauort besaß das Kloster St. Blasien schon früh Grundbesitz. Seit spätestens 1347 gehörte das Dorf zur Herrschaft Hewen, deren Schicksale es teilte. Biesendorf wurde 1971 nach Engen eingemeindet.

Pfarrkirche St. Laurentius von 1607 mit spätbarocker Ausstattung.

Bittelbrunn

Bedeutende prähistorische Höhlenstationen auf Bittelbrunner Gemarkung waren die Petersfels- und die Gnirshöhle im Brudertal. In und bei diesen von Menschen der späten Altsteinzeit, der Magdalénienzeit, bewohnten Höhlen fand man in großer Zahl Stein- und Knochengeräte, Gravierungen von Rentieren und Wildpferden auf Knochenstäben sowie Schmuck und Frauenfigürchen aus Gagat. Die Funde sind im Singener Hegaumuseum ausgestellt. Weitere Siedlungsplätze des Bruder- und Wasserburger Tales bargen Kulturreste von der Jungsteinzeit bis in die römische Zeit. Im Ortsbereich von Bittelbrunn selbst gab es merowingerzeitliche Grabfunde.

Trotzdem ist die Entstehungszeit des 1339 erstmals urkundlich genannten heutigen Ortes Bittelbrunn (Name abgeleitet von althochdeutsch »biutel« = eingefaßte Quelle, Brunnenstube) ungewiß. Bittelbrunn gehörte bis 1806 zur Herrschaft Hewen und wurde 1971 nach Engen eingemeindet.

Neugotische Kapelle Mariae Geburt und St. Kilian (1909). – Schloß aus dem ausgehenden 16. Jahrhundert mit Treppengiebeln, heute katholisches Jugendheim.

Neuhausen

Trotz des als junge Wortbildung erscheinenden Namens dürfte Neuhausen (erwähnt seit 1093) auf eine alemannische Siedlung zurückgehen. Entsprechende Grabfunde sind auf der Gemarkung überliefert.

Nach dem Ort nannten sich mehrere Adelsfamilien, die zunächst hier die wichtigsten Grund- und Ortsherren waren. In ihrem Besitz befand sich auch eine 1328 erstmals genannte Burg, die im 17. Jahrhundert zerfallen ist. Seit 1628 gehörte das Dorf Neuhausen, das zeitweilig unter mehreren Ortsherren aufgeteilt war, ganz zur Herrschaft Hewen. Neuhausen wurde 1975 nach Engen eingemeindet.

Neuromanische St.-Blasius-Kapelle von 1876/1878.

Bei Neuhausen liegt das Naturschutzgebiet Schoren (Diptam und Orchideen).

Stetten

Eine zweifelsfreie urkundliche Erstnennung dieser hochmittelalterlichen Rodungssiedlung ist nicht möglich, da es zahlreiche Orte gleichen Namens gibt. Entstanden ist Stetten aus einem größeren Hof des Klosters St. Blasien, dessen Vögte seit dem 12. Jahrhundert die Herren von Hewen waren, die nördlich des Ortes auch die Burg Neuhewen erbauten. Dorf und Burg gelangten im 13. Jahrhundert an die Grafen von Hohenberg und verblieben – von einer kurzen Zugehörigkeit zu Habsburg abgesehen – bis 1344 in ihrer Hand. Danach Verpfändung an verschiedene Adelsfamilien. Ab 1374 im Besitz der Herren von Reischach. Im 17. Jahrhundert gelangte das der Reichsritterschaft inkorporierte Stetten mit der Herrschaft Neuhewen an das Haus Fürstenberg, das Ort und Burg 1671 an die Familie Ebinger von der Burg veräußerte, jedoch 1751 wieder zurückkaufte und in ihre Landgrafschaft Baar eingliederte. 1806 kam Stetten an Baden, 1975 wurde das Dorf nach Engen eingemeindet.

Pfarrkirche St. Sebastian und St. Johannes d. T. von 1740/45 mit Nordturm von 1905. – Burgruine Neuhewen (»Stettener Schlößchen«) auf dem höchsten Berg des Hegaus (869 m). Die Burg wurde 1639 zerstört. Erhalten sind vor allem Reste eines quadratischen Turmes mit Buckelquadern. Fernsicht über den Hegau und den Bodensee bis an die Alpen.

Welschingen

Auf Gemarkung Welschingen zahlreiche vorgeschichtliche Funde. Der Ort ist eine frühalemannische Siedlung. Sein Name (752 und 758 Walahischinga, 787 Walasinga villa) kann nicht eindeutig geklärt werden. Entweder ist er von einem Personennamen Walahizo abzuleiten oder er enthält einen Hinweis auf romanische (welsche) Besiedlung.

Ältester bekannter Grundherr in Welschingen war das Kloster St. Gallen. Spätestens seit dem 14. Jahrhundert gehörte Welschingen zur Herrschaft Hewen. 1975 wurde der am Südfuß des Hohenhewen gelegene Ort nach Engen eingemeindet.

Alte, im Grundbestand noch romanische Marienwallfahrtskirche St. Jakob. Umbauten in der Spätgotik, im Barock sowie im 19. und 20. Jahrhundert. Am romanischen Westturm Streuplastiken. Im Inneren gotische Fresken aus der Mitte des 14. Jahrhunderts. Moderne Pfarrkirche von 1974.

Zimmerholz

Die in einer geschützten Mulde im oberen Wildbachtal gelegene Ausbausiedlung des 9. bis 12. Jahrhunderts wird in einer auf 965 verfälschten Urkunde des 12. Jahrhunderts als »Zimberholz« bezeichnet. Früher Grundbesitz der Propstei Öhningen. Herren von Zimmerholz lassen sich als Eigenleute der Herren von Hewen und als Reichenauer Ministerialen im 13. und 14. Jahrhundert nachweisen. Eine 1517 erstmals erwähnte Burg in Zimmerholz, die lange den Herren von Reischach gehörte, wurde 1826 abgebrochen.

Spätestens seit 1351 war Zimmerholz ein Teil der Herrschaft Hewen. 1975 wurde Zimmerholz nach Engen eingemeindet.

Kirche St. Georg und St. Ulrich aus der Zeit um 1620 mit barocker Ausstattung.

GAIENHOFEN

395–620 m, Fläche: 1255 ha (davon 339 ha Wald und 685 ha landwirtschaftlich genutzt). Einwohner 1985: 4041. Sitz des Gemeindeverwaltungsverbandes Höri.

Steinzeitliche Funde und Pfahlbaureste in der Nähe der Schiffslände. Alemannengräber des 7./8. Jahrhunderts. Erste urkundliche Erwähnung: 1155 – »Gegenhoven« (vom Personennamen Gago).

Jahrhundertelang war Gaienhofen das Kernstück der bischöflich-konstanzischen Besitzungen im Höri. Von der alten Burg in Gaienhofen aus unternahmen die Kirchenfürsten ihre von Friedrich Barbarossa 1155 bestätigten Jagden in den ausgedehnten Wäldern des »Höri-Forstes«, und von hier aus verwalteten bis 1803 die adeligen Obervögte das kleine Territorium des Bischofs auf diesem paradiesischen Eiland, dessen Friede leider allzuoft durch kriegerische Ereignisse gestört wurde. Die bischöflich-konstanzische Vogtei in der Höri, bzw. das Amt Gaienhofen umfaßte außer dem Verwaltungsmittelpunkt Gaienhofen die Dörfer Horn, Hornstaad, Gundholzen, halb Iznang und Weiler, ferner die Höfe Unter- und Oberbalesheim sowie das Kloster Grünenberg. Der bischöflich-konstanzische Besitz in der Höri wurde 1803 säkularisiert und dem badischen Staat zugeschlagen.

Die »Veste Gaienhofen« wurde wohl im 12. Jahrhundert als bischöfliches Jagdschloß und Verwaltungssitz erbaut (am 21. Juni 1300 erstmals urkundlich erwähnt), diente in der Folgezeit, ebenso wie die Herrschaft Gaienhofen, den meist in Geldnot befindlichen Konstanzer Bischöfen wiederholt als Pfandobjekt, wurde jedoch immer wieder eingelöst. Die rote Kirchenfahne im Gemeindewappen von Gaienhofen erinnert an die Grafen von Montfort, die Ende des 15. Jh. vorübergehend Schloß und Herrschaft Gaienhofen besaßen.

1417 wurde im Schloß Gaienhofen der Sohn Konrads von Reischach und der Prinzessin Isabella von Mallorca von den Rittern Hans von Stuben und Heinrich von Randegg ermordet; während des Schweizer- oder Schwabenkrieges 1499 lag eine eidgenössische Besatzung im Schloß; im Bauernkrieg (1524–1525) bemächtigten sich die Untertanen des Schlosses Gaienhofen und scheinen es bis zur Niederwerfung des Aufstandes besetzt gehalten zu haben; während des Dreißigjährigen Krieges fand anno 1632 vor den Gestaden Gaienhofens ein denkwürdiges Seegefecht zwischen Kaiserlichen und Schweden um ein Beuteschiff statt; von Radolfzell aus unternahm im Jahr 1633 der in schwedischen Diensten stehende Oberst Johann Ludwig Zollikofer eine Strafexpedition in die Höri; auch Schloß und Dorf Gaienhofen wurden hierbei geplündert, beschädigt und teilweise verbrannt. Einige Monate lang benützte Zollikofer mit seinen Truppen das Schloß Gaienhofen als Stützpunkt für zahlreiche Pirataereien, bis schließlich am 8. November 1633 eine Schar Kaiserlicher nach kurzer Belagerung die Übergabe des Schlosses erzwang.

Unter Bischof Marquart Rudolf von Rodt (1689–1704) wurde das sicher nicht unversehrt aus dem Dreißigjährigen Krieg hervorgegangene Schloß durch Umbauten erheblich verändert und erhielt damals im wesentlichen sein jetziges Aussehen (Wappen über dem Eingang).

Die einstige, durch Mauer und Graben geschützte »Burg mit den neun Türmen«, von denen 1670 immerhin noch vier erhalten waren, die man dann bei der Renovation um 1700 auf zwei reduzierte, ist heute nur noch ein schlichter, dreigeschossiger Rechteckbau, nachdem 1854 die letzten Türme abgetragen worden waren. Die Instandsetzungsarbeiten nach einem Brand im Jahr 1925 haben das Aussehen des Schlosses kaum mehr verändert.

Im 19. Jahrhundert wechselte das Schloß häufig seinen Besitzer; von 1906–1945 war darin ein Landerziehungsheim für Mädchen untergebracht, und seit 1946 dient es der nach dem Zweiten Weltkrieg gegründeten »Ev. Internatsschule Schloß Gaienhofen – Ambrosius-Blarer-Gymnasium.«

Neben dem Schloß moderne Erweiterungsbauten des Ambrosius-Blarer-Gymnasiums (Ev. Internatsschule) aus den Jahren 1958 und 1961 und ev. Melanchthon-Kirche (1966/67).

St.-Mauritius-Kapelle (Filiale von Horn), um 1500 erbaute kleine Saalkirche mit dreiseitigem Chorschluß, Maßwerkfenstern und Dachreiter. Innen: Renaissance-Altar um 1600 mit Mariae Himmelfahrt im Blatt, seitlich hl. Katharina und hl. Mauritius, im Aufsatz Marienkrönung.

Stattliche Fachwerkhäuser des 18. und 19. Jahrhunderts. Hermann-Hesse-Haus.

Gundholzen

Pfahlbaureste und steinzeitliche Lesefunde. Frühe urkundliche Erwähnungen: 787 = »Gundihinhova«. 1180/81 = »Gundilshoven« (= Hofen des Gundolf).

Von 1535–1803 war Gundholzen Teil des bischöflich-konstanzischen Territoriums in der Höri. 1974 mit Gaienhofen vereinigt.

Rathaus der Gemeinde Gaienhofen, zugleich Sitz des Gemeindeverwaltungsverbandes Höri

Hemmenhofen

Funde aus der Steinzeit bei den Resten einer Pfahlbausiedlung nahe der Mündung des Mühlenbaches in den See und alemannisches Reihengräberfeld des 7. Jahrhunderts.

Erste urkundliche Erwähnung: 882 = »Hemminhovun« (vom Personennamen Hemmo abgeleitet).

Die Ortsherrschaft in Hemmenhofen wurde bereits 882 vom Konstanzer Bischof an das Kloster St. Gallen verkauft, von dem sie 1282/83 an das Zisterzienserinnenkloster Feldbach bei Steckborn am gegenüberliegenden Thurgauer Ufer (Schweiz) kam. Das 1848 aufgehobene Nonnenkloster hatte in Hemmenhofen Grundbesitz, bezog Zehnten und sonstige Gefälle und ließ hier bis 1805 durch seinen Vogt die niedere Gerichtsbarkeit ausüben. Die anderen Hoheitsrechte über das Dorf Hemmenhofen standen Österreich als Inhaber der Landgrafschaft Nellenburg zu. Das Forst- und Jagdrecht besaßen die Bischöfe von Konstanz als österreichisches Lehen. 1806 kam Hemmenhofen an Württemberg, 1810 an Baden. 1974 wurde das Dorf mit Gaienhofen vereinigt.

Kath. Pfarrkirche St. Agatha und St. Katharina: Spätgotische Saalkirche (um 1400, Neu- oder

Umbau um 1505) mit teilweise noch romanischem Chorturm. Zum Teil barocke Ausstattung. Kirche 1968/69 renoviert.

Zahlreiche schöne Fachwerkhäuser, insbesondere die »Höritaverne«, ein zu einem Restaurant umgebautes ehem. Bauernhaus mit Stall und Scheune; auch innen Fachwerk teilweise freigelegt; im Obergeschoß Reste einer Wandmalerei des 18. Jahrhunderts; ferner ehem. Zehntscheuer mit Torkel (Kelter) des Klosters Feldbach, datiert 1603; im Wohngeschoß an der Südseite alemannischer Fenstererker; innen Kassettendecken und Holztäferung.

Horn

Beim Ortsteil Hornstaad Ufersiedlung mit reichen steinzeitlichen Funden; unterhalb des Friedhofs bei der Kirche alemannische Reihengräber des 8. Jahrhunderts.

In der berühmten Barbarossaurkunde von 1155 für den Bischof von Konstanz ist Horn erstmals genannt (Horn = eine sich hornartig in den See erstreckende Landzunge). Das Dorf war von 1535–1803 Teil der bischöflich-konstanzischen Obervogtei Gaienhofen.

Horn wurde 1974 mit Gaienhofen vereinigt.

Einzigartig auf einer von der Friedhofsmauer umgrenzten Bergkuppe über dem Untersee liegende kath. Pfarrkirche St. Johann und St. Veit; spätgotische Saalkirche mit romanischem Mauerwerk und Fenster in der Südwestwand. Turm (wohl 1553) mit Treppengiebeln. Unter dem Konstanzer Bischof Johann Franz von Stauffenberg wurden 1717 Langhaus, Chor und Fenster verändert (Datum und Wappen des Bauherrn über dem Westportal). Reiche barocke Ausstattung und mehrere gute Grabdenkmäler. Besonders bemerkenswert zwei 1717 vom Konstanzer Domkapitel geschenkte spätgotische Altarflügel von Matth. Gutrecht d. Ä., um 1500: Verkündigung und Anbetung der Könige. Auf den Rückseiten die Heiligen Konrad, Bischof von Konstanz, Antonius der Einsiedler, Leonhard und Mauritius.

Pfarrhaus, um 1600, im 18. Jahrhundert umgebaut.

Schloß Hornstaad, unmittelbar am Seeufer stehendes, früher vermutlich durch einen Graben gesichertes zweigeschossiges Fachwerkhaus auf hohem massivem Kellersockel; an der Traufseite zur Straße Treppenturm mit Pultdach; rundbogiges Türgewände mit verfälschtem Datum (1316) und drei Allianzwappen des 17. und 18. Jahrhunderts (von unten nach oben): Von Sürgenstein und Roth von Schreckenstein, von Stuben und von Liebenfels, von Coppenhagen und von Stuben.

Das Schlößchen Hornstaad diente im 17. Jahrhundert den bischöflich-konstanzischen Obervögten zu Gaienhofen Johann Jakob von Liebenfels († 1664) und seinem gleichnamigen Sohn († 1685) sowie Johann Fidelis von Sürgenstein († 1700) als zeitweiliger Wohnsitz und gelangte dann an Verwandte dieser Obervögte, wie die Wappen über dem Eingang zum Treppenturm ausweisen. Von etwa 1800 an war das Schloß im Besitz der alteingesessenen Hornstaader Bauernfamilie Bruttel. Heute Restaurant.

In Horn schöne Fachwerkhäuser des 18. und 19. Jahrhunderts.

GAILINGEN

390–621 m, Fläche: 1317 ha (davon 673 ha Wald und 398 ha landwirtschaftlich genutzt). Einwohner 1985: 2391. Beteiligte Gemeinde der Verwaltungsgemeinschaft Gottmadingen.

Nicht nur die Namensform des 965 erstmals erwähnten Dorfes Gailingen läßt auf eine frühe alemannische Siedlung schließen, sondern auch die Rolle, die Gailingen jahrhundertelang als zentraler Kirchort spielte. Der Gailinger Pfarrsprengel umfaßte früher außer Gailingen selbst noch Obergailingen, Dörflingen, Randegg, Buch und Gottmadingen. Der »adelige Flecken« Gailingen zählte bis 1806 als reichsritterschaftlicher Ort zum Ritterkanton Hegau-Allgäu-Bodensee und kam dann an Baden. Von 1540 bis zu Beginn des 19. Jahrhunderts war allerdings ein Drittel der Orts- und Niedergerichtsherrschaft im Besitz der Stadt Schaffhausen. Eine rechtliche Sonderstellung hatte Obergailingen, das seit 1282 dem Dominikanerinnenkloster St. Katharinental bei Dießenhofen gehörte und eigene Gerichtsbarkeit hatte. Inhaber der Landeshoheit und der hohen Gerichtsbarkeit über Gailingen war von 1465 bis Ende 1805 das Haus Habsburg-Österreich. Mit Genehmigung der Ortsherren und des österreichischen Oberamtes in Stockach haben sich nach dem Dreißigjährigen Krieg einige jüdische Familien in Gailingen niedergelassen. Im Jahr 1734 war die Judengemeinde bereits auf 18 Familien angewachsen; noch vor 1800 wurde

Eichelklauberbrunnen von Robert Seyfried (Singen-Bohlingen); im Hintergrund Turm der kath. Pfarrkirche St. Dionysius

die erste Synagoge errichtet. Später entstanden in Gailingen eine israelitische Schule, ein Kranken- und Pfründnerhaus sowie ein Alters- und Gebrechlichenasyl für alle badischen Juden, die im Jahr 1950 vom Landkreis Konstanz erworbene heutige Alterspension Hochrhein. Die Blütezeit der jüdischen Gemeinde in Gailingen fällt in das 19. Jahrhundert. 1855 gab es in Gailingen 908 jüdische und 950 christliche Gemeindemitglieder. 1870–1884 hatte Gailingen einen jüdischen Bürgermeister, und seit 1877 wurden sämtliche Kinder des Dorfes in einer simultanen christlich-jüdischen Volksschule unterrichtet. Der Nationalsozialismus hat die blühende Gemeinschaft der Israeliten in Gailingen und das gut funktionierende Zusammenwirken des jüdischen und des christlichen Bevölkerungsteils gewaltsam zerstört. Am 22. Oktober 1940 wurden mehr als 200 Gailinger Juden in Konzentrationslager verschleppt. An die ehem. jüdische Gemeinde in Gailingen erinnert u. a. noch der gut gepflegte Judenfriedhof am nordwestlichen Ende des Dorfes. Nach dem Zweiten Weltkrieg hat Gailingen seine innere Struktur und seine äußere Gestalt grundlegend geändert, insbesondere dank der ständigen Erweiterung der Neurologischen Kliniken Professor Dr. Friedrich Georg Schmieder, die seit 1950 hier bestehen, und dem 1972 eröffneten Rehabilitationszentrum für hirnverletzte Kinder und Jugendliche (Jugendwerk Gailingen).

Pfarrkirche St. Dionysius, neugotischer Bau von 1907–11. Daneben Liebenfelsisches Schlößchen (um 1750/60). Über dem Hochrheinufer Villa Rheinburg, 1866/67 im Stil der Neo-Renaissance erbaut und jüngst renoviert.

Im Ortsteil Obergailingen romanische Nikolaus-Kapelle von ca. 1100/1150 mit späteren Veränderungen, die jedoch den ursprünglichen Charakter des Kirchleins kaum stören.

GOTTMADINGEN

414–569 m, Fläche: 2359 ha (davon 645 ha Wald und 1289 ha landwirtschaftlich genutzt). Einwohner 1985: 8626. Erfüllende Gemeinde der Verwaltungsgemeinschaft Gottmadingen.

Die Gemarkung ist reich an Funden aus der Bronze- und vor allem der Hallstattzeit. Eine frühe alemannische Siedlung ist durch ein Reihengräberfeld belegt. Der Ortsname »Gotemundingen«, wie er in einer auf das Jahr 965 verfälschten Urkunde des 12. Jahrhunderts auftritt, dürfte sich vom Personennamen Guotmuot herleiten.

Das Dorf Gottmadingen war Hauptort der kleinen Adelsherrschaft Heilsberg, die 1300–1520 den Herren von Randegg, 1520–1609 den Freiherren von Schellenberg, 1609–1660 den Vintler von Plätsch und ihren Schuldgläubigern, 1660–1676 dem Reichshofrat Dr. Michael Sonner und 1676–1813 den Freiherren von Deuring gehörte. Die Burg auf dem Heilsberg wurde dreimal zerstört: im Schwaben- oder Schweizerkrieg 1499, im Bauernkrieg 1525 und im Dreißigjährigen Krieg 1635.

Das ehem. Freiherrlich von Deuring'sche Schloß im Dorf Gottmadingen ist heute Rathaus der Gemeinde Gottmadingen. 1806 kam das Dorf an Württemberg, 1810 an Baden. Durch die Gründung der Landmaschinenfabrik Fahr (1870) ist Gottmadingen im Lauf von über hundert Jahren zu einer bedeutenden Industriegemeinde gewachsen. Christkönigskirche von 1931/32.

Bietingen

Als »villa quadicitur Puatinga« wurde Bietingen im Jahr 892 erstmals urkundlich erwähnt. Der Ortsname dürfte vom Personennamen »Puato« abgeleitet sein.

Die Klöster Rheinau und St. Blasien besaßen schon früh Grundbesitz am Ort, wovon im 17. Jahrhundert die Stadt Schaffhausen einen Großteil erwarb. Die Herren von Stoffeln waren – abgesehen von einer kurzen Zeit der Verpfändung des Ortes an die Deutschordenskommende Mainau (1540–1551) – als Vögte der Klöster St. Blasien und Petershausen vom 14. Jh. bis 1579 Ortsherren in Bietingen. Danach kam die Ortschaft durch Erbteilung an die Familie von Hornstein, die sie bis zur Mediatisierung (1806) behielt. 1806 kam das Dorf an Württemberg, 1810 an Baden. 1974 wurde Bietingen nach Gottmadingen eingemeindet.

Moderne Pfarrkirche St. Gallus von 1956/57 mit spätgotischem Turm von 1498. – Zweistöckiges Freiherrlich von Hornstein'sches Schlößchen von 1719/20.

Ebringen

Die Ursprünge des Ortes, dessen Name vom Personennamen »Ebur« oder »Eber« abgeleitet ist, dürften in alemannischer Zeit liegen. Er wird 1275 erstmals urkundlich genannt.

Das Kloster Reichenau und später der Konstanzer Bischof gaben den Ort als Lehen aus. 1275 kam Ebringen durch die Grafen von Nellenburg an die Brüder Heinrich und Martin von Randegg und gehörte seit etwa 1300 zu deren Herrschaft Heilsberg. Ebringen teilte die Geschicke dieser Herrschaft, gelangte 1806 an Württemberg und 1810 an Baden. Ebringen wurde 1971 nach Gottmadingen eingemeindet.

Kirche St. Johannes Baptist, St. Johannes Evangelist und hl. Afra, 1656 geweihte Saalkirche mit spätgotischem Kern. Turmaufsatz mit Zwiebelhaube aus der Zeit um 1720. Bemerkenswerte Barockausstattung.

Rathaus der Gemeinde Gottmadingen

Randegg

Eine Burg oder »befestigte Anlage« oberhalb der sogenannten Königsstraße nach Schaffhausen dürfte Ausgangspunkt einer Rodungssiedlung gewesen sein. Von »castrum Randec« spricht erstmals eine Urkunde des Jahres 1214. Bei dem Dorf am »Eck des Randen« fanden sich auch Spuren, die auf eine römische Ansiedlung hinweisen.

Schloß und Herrschaft Randegg, bis 1520 Stammsitz eines gleichnamigen Rittergeschlechts, war 1583–1609 in Händen Hans »des Gelehrten« von Schellenberg, eines durch seine Bildung hervorragenden Edelmannes; in seiner umfangreichen Bibliothek befand sich auch eine Zeitlang die berühmte Heidelberger Manesse-Liederhandschrift. Sein Vater Gebhard von Schellenberg hatte die Herrschaft 1556 und 1559 erworben und die 1214 erstmals erwähnte, 1441 durch Truppen schwäbischer Städte und 1499 durch die Schweizer zerstörte Burg wiederaufgebaut. Trotz zweier Brände 1639 und 1722 hat der Schellenberg-Bau den Charakter eines Renaissance-Schlosses behalten.

Nach dem Dreißigjährigen Krieg erhielten die damaligen Randegger Ortsherren die Genehmigung, Juden in ihrem Herrschaftsgebiet anzusiedeln. Die Judengemeinde in Randegg, die um die Mitte des 19. Jahrhunderts über 400 Mitglieder zählte, bestand bis zu ihrer gewaltsamen Vernichtung durch die Nationalsozialisten im Jahr 1940. Randegg kam 1806 an Württemberg, 1810 an Baden und wurde 1974 nach Gottmadingen eingemeindet.

Pfarr- und Wallfahrtskirche St. Ottilia, im 18. Jahrhundert barockisierte spätgotische Saalkirche. Im Kirchturm hängt die älteste Glocke Deutschlands aus dem Jahr 1209. – Das dreigeschossige Renaissance-Schloß (1567 ff.) mit runden Ecktürmen ist heute in Privatbesitz.

Aus einem 1864 eröffneten Randegger Bäderhotel entstand 1891 die Mineralwasserhandlung »Ottilienquelle«.

Der Weiler Murbach, 1209 erstmals urkundlich erwähnt, wurde 1934 mit Randegg vereinigt.

HILZINGEN

440–844 m, Fläche: 5302 ha (davon 983 ha Wald und 3488 ha landwirtschaftlich genutzt). Einwohner 1985: 6484. Einheitsgemeinde.

Grabfunde aus dem 4. Jahrhundert n. Chr. und die Form des Ortsnamens lassen den Schluß zu, daß Hilzingen zu den ältesten alemannischen Siedlungen im Hegau gerechnet werden kann. Im 10. Jahrhundert gehörte Hilzingen als Reichs- oder schwäbischer Herzogsbesitz zur Herzogsburg Hohentwiel. Aus den Urkunden über die Verlegung des Hohentwielklosters nach Stein am Rhein (1005) und dessen Unterstellung unter die Oberhoheit des Bischofs von Bamberg (1007) geht hervor, daß Hilzingen (1005 = Hiltegisinka) ganz oder überwiegend zur Grundausstattung dieses Klosters zählte. Anstelle der hochadligen Stiftsvögte (Zähringer, Hohenberger, Nellenburger und Habsburger) besorgten deren Ministerialen die eigentliche Verwaltung in Hilzingen. Diese saßen z. T. auf den benachbarten Burgen Gebsenstein und Staufen. Nach häufigem Wechsel im Besitz der lange Zeit in drei Teile getrennten Ortsherrschaft Hilzingen gelangte diese 1595 (ein Drittel) und 1609 (zwei Drittel) an Habsburg, das Hilzingen teils als Lehen, teils als Pfand an verschiedene Ortsherren ausgab. 1659 brachte das Kloster Petershausen bei Konstanz das Pfand Hilzingen um 60000 Gulden an sich. Doch erst 1722 gelang es, die Pfandschaft in ein Lehen umzuwandeln. 1723 gab dann das Bistum Bamberg als oberster Lehensherr dem Kloster Petershausen die Erlaubnis, Hilzingen gegen andere Güter als Eigentum zu erwerben. 1735 vergrößerte Petershausen seine Herrschaft Hilzingen durch die Erwerbung des Dorfes Riedheim. Der klösterliche Statthalter residierte bis Ende 1802 im Hilzinger Amtsgebäude, dem späteren Schloß und

Katholische Pfarrkirche St. Peter und Paul und Rathaus in Hilzingen

heutigen Rathaus. Diesem direkt gegenüber ließ Kloster Petershausen 1747–49 von Peter Thumb die herrliche spätbarocke Pfarrkirche St. Peter und Paul errichten. An die frühere Zugehörigkeit Hilzingens zum Kloster Petershausen erinnern außerdem noch der Kelhof, zwei Zehntscheuern und zwei Torkelgebäude. 1803–1813 bildete Hilzingen zusammen mit Riedheim einen eigenen badischen Amtsbezirk.

Auf der Hilzinger Kirchweih 1524 nahm der Bauernkrieg im Hegau seinen Anfang und hier fand er auch am 16. 7. 1525 nach einer Niederlage der Aufständischen sein Ende. Die im 16. Jahrhundert zerstörte oder aufgelassene, auf der Nordseite des Heilsbergs gelegene Burg Gebsenstein war im 13. Jahrhundert Sitz einer gleichnamigen Adelsfamilie und gehörte von 1275–1520 den Herren von Randegg.

Ob die 1171 erstmals urkundlich erwähnte Burg Staufen nordöstlich von Hilzingen ihren Namen vom Aussehen des Berges (stouf, stauf = Felsen in der Form eines gestürzten Bechers) erhalten hat oder ob diese Burg im 12. Jahrhundert von den Staufern erbaut wurde, ist ungeklärt. Seit 1381 war Österreich alleiniger Lehensherr über die Feste. Im Besitz des zeitweise dreigeteilten Burglehens lösten sich zahlreiche Adelsfamilien ab. Während der sogenannten Werdenberger Fehde war der Staufen Ausgangspunkt einer Belagerung des benachbarten Hohentwiel (1464). Die Burg wurde 1499 durch die Eidgenossen und erneut im Bauernkrieg 1525 verbrannt, schließlich durch Hans von Schellenberg noch einmal erstellt, im Dreißigjährigen Krieg vom Hohentwiel aus oder auch durch die ihn belagernden kaiserlichen Truppen zerstört. 1659–1802 war die Herrschaft Staufen mit dem Dorf Hilzingen zunächst als Pfand, dann als österreichisches Mannlehen im Besitz des Klosters Petershausen bei Konstanz.

Binningen

In Binningen wurden bedeutende alemannische Bodenfunde aus dem 6. bis 8. Jahrhundert gemacht. Die Fundstücke sind im Hegau-Museum in Singen ausgestellt.

Der 1275 erstmals urkundlich erwähnte Ortsname »Binningen« ist vom Personennamen Buno abgeleitet. Der Ort war alter Reichsbesitz und befand sich größtenteils zusammen mit der Burg Stoffeln als Lehen in der Hand der Herren von Stoffeln.

Die Ortsherrschaft ging im 16. Jahrhundert teilweise an die Familie von Hornstein über und war 1623 bis 1806 ganz in ihrem Besitz. Zu Binningen gehören der Weiler Hofwiesen (1300 erstmals urkundlich erwähnt) und der Hof Storzeln (seit 1382 nachweisbar). Binningen kam 1806 an Württemberg, 1810 an Baden und wurde 1974 nach Hilzingen eingemeindet.

Neugotische Pfarrkirche St. Blasius von 1905/ 1906; spätgotischer Turm mit romanischen Teilen. – Im barocken Stil erbautes Schloß (1706), heute Wohnsitz der Freiherrlichen Familie von Hornstein-Binningen.

Burgruine Hohenstoffeln

Hinter dem Dorf Binningen erhebt sich der Basaltberg Hohenstoffeln, den ehemals drei Burgen krönten. Im 11. und 12. Jahrhundert übten Angehörige des Hauses Pfullendorf-Ramsberg Grafenrechte im Hegau bzw. im Unterseegau aus. Einer von ihnen, Graf Ludwig, hatte seinen Sitz seit 1100 auf dem Stoffeln und nannte sich auch wiederholt nach diesem Berg (1056: »in Stofola« von althochdeutsch stophil = kleiner Fels). Zur Zeit des letzten und mächtigsten Pfullendorfers, des Grafen Rudolf, bildete die günstig gelegene Burg einen wichtigen Stützpunkt in dem von ihm geschaffenen »Machtdreieck« Pfullendorf/Ramsberg-Bregenz/Rheineck-Stoffeln (1160–70). Die Burg scheint jedoch schon damals nicht mehr von den Pfullendorfern bewohnt worden zu sein; vielmehr ist anzunehmen, daß die Grafen um jene Zeit bereits ein Dienstmannengeschlecht mit der Burghut betraut hatten (Herren von Stoffeln – »Altstoffler«, 1236–1399 urkundlich belegbar). Nach dem Erlöschen der »Altstoffler« gelangte die hintere Burg über mehrere Zwischenbesitzer im Jahre 1433 an die jüngere Stoffler-Linie aus dem Geschlecht der Herren von Homburg. Die Burg Vorderstoffeln war zunächst ebenfalls in Händen der »Altstoffler«, dann 1403–1623 im Besitz derer von Reischach und ging dann an die Herren von Hornstein über. Die dritte Burg, Mittelstoffeln, gehörte 1361–1579 den Neustofflern (Homburgern) und kam zusammen mit Hinterstoffeln über die Erben der jüngeren Stoffeln schließlich 1591 in den Alleinbesitz der Herren von Hornstein, die nach dem Erwerb von Vorderstoffeln im Jahre 1623 alle drei Burgen auf dem Hohenstoffeln besaßen. Bereits 1602 hatte Balthasar von Hornstein mit dem Neubau der hinteren und mittleren Burg begonnen. Doch schon am 21. 7. 1633 eroberte der Rheingraf Otto Ludwig mit 8000 Schweden und Württembergern die Burgen auf dem Hohenstoffeln, die auf Anordnung Herzog Eberhards von Württemberg alsbald geschleift wurden. 1924 Eingemeindung von Hohenstoffeln nach Binningen.

Der Basaltsteinbruch am Hohenstoffeln wurde nach langen Bemühungen, vor allem von Dr. Ludwig Finckh (gestorben 1964), im Jahr 1939 eingestellt. Der Berg Hohenstoffeln ist noch heute im Besitz der Freiherrlichen Familie von Hornstein.

Duchtlingen

764 wurde der Ort erstmals urkundlich als Duhtarinca erwähnt. Der Name dürfte vom Personennamen Duhtaro oder Duhtari abgeleitet sein. Die alemannische Siedlung war im 8. Jahrhundert im Besitz des Klosters St. Gallen, später zur Hälfte Lehen von Tengen, zur anderen Hälfte Eigengut der edelfreien Herren von Krähen, den späteren Herren von Friedingen. Nach mehreren Besitzwechseln gelangte Duchtlingen Anfang des 16. Jahrhunderts mit der Herrschaft Krähen an die Familie von Raitenau und kam über verschiedene Heiraten und Verkäufe schließlich 1747 an die Familie von Reischach-Immendingen, die bis 1806 die Ortsherrschaft besaß. 1806 kam das Dorf an Württemberg, 1810 an Baden und wurde 1970 nach Hilzingen eingemeindet.

Kirche St. Gallus und Rochus, angeblich 1445 erbaut, im 18. Jahrhundert barockisiert.

Burgruine Hohenkrähen

Auf dem Hohenkrähen, dessen Name wohl keltischen Ursprungs ist (»craig« = Fels), erbauten die Edlen von Krähen-Friedingen um 1180–90 eine Burg. Die im 12. und 13. Jahrhundert politisch einflußreiche Familie derer von Friedingen und Krähen erlebte im 15./16. Jahrhundert einen schlimmen Niedergang. Angehörigen des Geschlechtes war die günstig gelegene Feste Hohenkrähen Ausgangspunkt für ihre Raubzüge und sicherer Zufluchtsort. Sie hielt während der sogenannten Friedinger Fehde 1479/80 der württembergischen Belagerung stand; 1512 ließ sie der Schwäbische Bund durch Georg von Frundsberg mit einem 8000 Mann starken und mit schwerem Geschütz ausgestatteten Heer belagern. Verwundung und Flucht des Burgherren ermöglichten es, die Feste zu zerstören. In den folgenden Jahren wieder aufgebaut, wurde sie als österreichisches Lehen zunächst nochmals für wenige Jahre den Friedingern überlassen und nach 1539 an verschiedene Adelsfamilien gegeben. 1632 bemächtigte sich der Hohentwieler Kommandant Löscher der Anlage, 1634 ließ sie sein Nachfolger, Konrad Widerholt, niederbrennen. Seit 1747 ist der Hohenkrähen im Besitz der Freiherren von Reischach. Eine bekannte Sagengestalt ist der Poppele vom Hohenkrähen. Seit 1924 zählt die einstige Sondergemarkung Hohenkrähen zur Gemarkung Duchtlingen.

Riedheim

Wenn auch die früheste urkundliche Erwähnung erst auf das Jahr 1251 zu datieren ist, so beweisen doch alemannische Gräberfunde, daß das heutige »Heim im Ried« zu den Orten der frühesten alemannischen Siedlungszeit gehört. Besitzungen des Klosters Stein in Riedheim gehen auf alten Reichs- oder Herzogsbesitz zurück. Seit dem 13./14. Jahrhundert waren die Herren von Randegg Ortsherren, zu deren Herrschaft Heilsberg das Dorf Riedheim um 1500 gehörte. 1621 an Österreich gelangt, kam der Ort nach mehreren Verpfändungen 1735 durch Kauf an das Kloster Petershausen bei Konstanz und fiel 1803 an Baden. 1974 wurde Riedheim nach Hilzingen eingemeindet.

St.-Laurentius-Kirche von 1451, vergrößert 1656, mit sehr schönem spätgotischem Holzrelief aus dem Kloster Allerheiligen in Schaffhausen (Marientod).

Burgstall: Spätmittelalterlicher Wohnturm mit spätgotischen Treppengiebeln. Im Schwabenkrieg oder Schweizerkrieg von 1499 wurde diese von den

Herren von Randegg erbaute typische Kleinburg ritterbürtiger Adeliger schwer beschädigt, im 16. Jahrhundert aber instandgesetzt und auf seine jetzige Höhe (27 m) gebracht. 1976 renoviert.

Schlatt am Randen

Der Ort erscheint 983 erstmals in den Urkunden. Der Name Slate, der sich von althochdeutsch slaht(e) = Holzschlag herleiten könnte, weist auf eine Rodungssiedlung des 8./9. Jahrhunderts hin. Früher Grundbesitz des Konstanzer Bischofs ging 983 an das neu gegründete Kloster Petershausen über. Vögte waren im 13./14. Jahrhundert wohl die Herren von Blumberg/Blumnegg. Nach verschiedenen anderen Vogteiinhabern kauften sich im 15. Jahrhundert die Herrn von Stoffeln ein. Von 1749–1806 gehörte der Ort der Herrschaft Fürstenberg. Schlatt am Randen kam 1806 an Württemberg, 1808 an Baden und wurde 1971 nach Hilzingen eingemeindet.

Kapelle St. Philippus und St. Jacobus, klassizistische Saalkirche mit Chorturm, erbaut 1824/25.

Weiterdingen

In dem erstmals 779 als Witardinga villa genannten, vom Personennamen Withart abgeleiteten Ort am Ostfuß des Hohenstoffelnmassivs besaß das Kloster St. Gallen schon früh Besitz. Bis 1579 war Reichslehen zu Weiterdingen in Händen der beiden Familien von Stoffeln. 1591 fiel die Ortsherrschaft im Verhältnis 1 : 4 an die Familien von Reischach und von Hornstein; letztere brachte 1623 auch das vierte Viertel an sich. Die Ortsherrschaft blieb bis 1805 im Besitz derer von Hornstein-Weiterdingen. Das Dorf kam 1806 an Württemberg, 1810 an Baden und wurde 1971 nach Hilzingen eingemeindet.

Pfarrkirche St. Mauritius mit spätgotischem Turm. Kirche 1884/85 in neugotischem Stil umgebaut. In der Kirche Gruft der Familie von Hornstein und zahlreiche Epitaphe der Burgherren auf dem Stoffeln, insbesondere der Freiherren von Hornstein, z. T. von Jörg Zürn geschaffen. – Barockschloß, anstelle eines 1633 zerstörten Vorgängerbaues 1683–85 errichtet, heute Müttererholungsheim der Missions-Benediktinerinnen. – Heilig-Grab-Kapelle von 1694 ff. am alten Weg nach Hilzingen.

HOHENFELS

513–698 m, Fläche: 3050 ha (davon 1030 ha Wald und 1808 ha landwirtschaftlich genutzt). Einwohner 1985: 1581. Beteiligte Gemeinde der Verwaltungsgemeinschaft Stockach.

Die Gemeinde Hohenfels wurde erst 1973 durch die Vereinigung von Liggersdorf, Mindersdorf und Selgetsweiler gebildet; 1975 schlossen sich die Orte Deutwang und Kalkofen mit der Gemeinde Hohenfels zusammen.

Namengebend für die neue Gemeinde Hohenfels sind die seit 1148 auftretenden Herren von Hohenfels, die ihren Ausgangspunkt in der Burg und Herrschaft Hohenfels bei Sipplingen hatten. Bekanntester Vertreter dieser Familie ist der Minnesänger Burkhard von Hohenfels, von dem die Manesse-Handschrift 18 Lieder überliefert. Um 1292 wurde die Herrschaft geteilt; im Süden entstand die Herrschaft Althohenfels, im Norden Neuhohenfels mit der Burg (Neu-)Hohenfels als Herrschaftssitz. Bereits 1352 starb die Linie Neu-Hohenfels aus; die Herrschaft kam durch Heirat an die Herren von Jungingen zu Jungnau, 1506 nach dem Aussterben der Junginger durch Verkauf an den Deutschen Orden. 1806 fiel die Herrschaft Hohenfels an das Fürstentum Hohenzollern-Sigmaringen.

Schloß (Neu-)Hohenfels s. bei Kalkofen.

Deutwang

Die frühesten Belege des Ortsnamens sind Duidewang (1245) und Tuedewanc (1272). Das althochdeutsche »wang« = gewölbte Flur wurde mit einem Personennamen verbunden. Deutwang ist eine alte alemannische Ausbausiedlung. 1245 gelangte der Ort von den Herren von Bittelschieß an den Bischof von Konstanz. In der zweiten Hälfte des 15.

Partie des ehem. Deutschordensschlosses (Neu-) Hohenfels, seit 1931 Zweigschule der Internatsschule Schloß Salem

Jahrhunderts scheint Deutwang zur Herrschaft Hohenfels gekommen zu sein, mit der es 1506 an den Deutschen Orden verkauft wurde. Seit 1975 ist Deutwang ein Ortsteil der Gemeinde Hohenfels.

Barockkirche St. Gallus von 1715 (1718 geweiht).

Kalkofen

Der Name des 1186 erstmals urkundlich erwähnten Ortes »Calcophe« weist auf eine Kalkbrennerei hin. Bereits im 14. Jahrhundert gehörte Kalkofen zur Herrschaft Hohenfels, deren Besitzgeschichte der Ort teilte (s. o.). Seit 1975 ist Kalkofen ein Ortsteil von Hohenfels.

Eulogius-Kapelle von 1696, umgestaltet 1760. Dabei das Haus Schernegg von 1723 mit Wappen des Deutschordens-Landkomturs J. Fr. von Reinach.

Schloß Hohenfels

Ursprünglich Wohnsitz der Familie von Neu-Hohenfels. Die ältesten Teile des Schlosses stammen aus der zweiten Hälfte des 16. Jahrhunderts. Durch Umbauten und Ausgestaltungen unter den Deutschordensbaumeistern Bagnato im 18. Jahrhundert erhielt das Schloß sein heutiges Aussehen. Seit 1931 ist im Schloß Neuhohenfels eine Zweigschule der Internatsschule Schloß Salem untergebracht.

Liggersdorf

Der von einem Personennamen abgeleitete Ortsname erscheint erstmals 970 als »Liutherestoref« in den Urkunden. Auch diese vermutlich in der älteren Ausbauzeit entstandene Siedlung gehörte schon früh zur Herrschaft Hohenfels (s. o.). Liggersdorf ist seit 1973 Ortsteil von Hohenfels.

Pfarrkirche St. Konrad und Damian von 1710/11 mit beachtlicher Rokokoausstattung.

Mindersdorf

883 urkundete Kaiser Karl der Dicke in Muneresdorf. Der Name dieser in der fränkischen Ausbauzeit entstandenen Siedlung dürfte von einem Personennamen abgeleitet sein. Nachweislich seit 843 war Mindersdorf im Besitz des Klosters Reichenau. Der Reichenauer Abt hatte bestimmte Dienste und Lieferungen zu leisten, wenn der König auf einer Reise von Ulm zum Bodensee, über Stockach kommend, in Mindersdorf Rast machte, wie Otto III. im Jahr 997 festlegte. 1339 ff. wurden die Grafen von Nellenburg, später die Inhaber der Herrschaft Hohenfels mit dem Ort belehnt. Seit 1441 erscheint Mindersdorf als Teil dieser Herrschaft (s. o.). Seit 1973 ist Mindersdorf Ortsteil von Hohenfels.

Neugotische Pfarrkirche St. Oswald von 1847 ff. mit Turm aus dem 15. Jahrhundert.

Selgetsweiler

Selgetsweiler ist vermutlich eine Ausbausiedlung des 8./9. Jahrhunderts. Der Ort wurde erstmals 1324 als Seligerswiller erwähnt; der Name dürfte sich von einem Personennamen herleiten. Bis zum Jahr 1441, als Selgetsweiler unter den Orten der Herrschaft Hohenfels erscheint, sind die Herrschaftsverhältnisse ungeklärt. Selgetsweiler ist seit 1973 Ortsteil von Hohenfels.

Kapelle von 1874, dem hl. Josef geweiht.

KONSTANZ

395–566 m, Fläche 5408 ha (davon 1698 ha Wald und 1257 ha landwirtschaftlich genutzt). Einwohner 1985: 68911. Große Kreisstadt, erfüllende Gemeinde der Verwaltungsgemeinschaft Konstanz. Sitz des Landratsamtes des Landkreises Konstanz.

Zahlreiche Funde aus der Stein- und Urnenfelderzeit auf der Gemarkung Konstanz. Die Anfänge einer römischen Siedlung in Konstanz liegen im ersten Jahrhundert n. Chr. Das um 300 n. Chr. entstandene spätrömische Kastell »Constantia« auf dem Münsterhügel ersetzte eine wohl auf dieser Anhöhe anzunehmende keltische Siedlung. Namengebend für das seit dem 6. Jahrhundert urkundlich überlieferte »Constantia« war wohl Kaiser Constantius II. (337–361).

Um 590 n. Chr. wurde Konstanz auf Initiative des Alemannenherzogs Bischofssitz und damit Mittelpunkt des größten, erst 1827 endgültig aufgeteilten deutschsprachigen Bistums. Der Bischof war zugleich Stadtherr.

Die Kaufleutesiedlung südlich des Münsterbezirkes bei der St.-Stephans-Kirche erhielt ca. 900 Marktrecht verliehen. Im hohen und späten Mittelalter erlangte Konstanz als Schauplatz kaiserlicher Hoftage, als Tagungsort des 16. allgemeinen Konzils (1414–1418) und als Wirtschaftsmetropole mit weitreichenden Handelsverbindungen große Bedeutung: Kaiser Friedrich Barbarossa schloß nach einem drei Jahrzehnte währenden Krieg 1183 in Konstanz mit den lombardischen Städten Frieden. 1212 öffnete Konstanz als erste deutsche Stadt dem jungen, aus Sizilien kommenden Friedrich II. die Tore, obwohl sein Gegner, Otto IV., bereits mit einem Heer in Überlingen stand.

Die im 13. Jahrhundert politisch selbständig gewordene »freie Reichsstadt« war führendes Mitglied mehrerer Städtebünde. Das Wirtschaftsleben, dessen Grundlage vornehmlich die Leinwandproduktion und der Leinenexport bildeten, blühte besonders im 14. und 15. Jahrhundert.

Zur großen Kirchenversammlung (1414–1418) waren fast alle damaligen Autoritäten von Kirche, Wissenschaft und Politik nach Konstanz gekommen, um gemeinsam die dreifache Aufgabe der Überwindung der Kirchenspaltung, der Einheit in der Lehre und der Reform der Kirche zu lösen.

Drei Päpste wurden in Konstanz abgesetzt, ein neuer, Martin V., im großen Kaufhaus, dem sogenannten »Konzilsgebäude«, gewählt. 1415 war über Johannes Hus in einem Appellationsverfahren entschieden und der als Häretiker verurteilte böhmische Reformator als Ketzer vor den Toren der Stadt verbrannt worden. 1417 erfolgte die feierliche Belehnung des Burggrafen von Nürnberg, Friedrichs VI. von Hohenzollern, mit der Mark Brandenburg.

Nach dem unglücklichen Ausgang des Schweizerkrieges 1499 verlor Konstanz seine Rechte im Thurgau und wurde zur Grenzstadt. 1526 verließ der Bischof die zur Reformation übergetretene Stadt und zog mit seinem Hof nach Meersburg. Im Jahr 1548 büßte Konstanz die Reichsfreiheit ein, mußte sich unter österreichische Landeshoheit begeben und den katholischen Glauben wieder annehmen. Fortan blieb Konstanz österreichische Landstadt bis 1805, behielt jedoch unter dem Regiment eines österreichischen Stadthauptmannes in Verwaltung und Rechtsprechung eine gewisse Selbständigkeit.

1806 wurde die österreichische Stadt Konstanz dem Großherzogtum Baden zugeteilt, 1821 das Bistum Konstanz aufgehoben.

Starken Widerhall unter den Einwohnern der Stadt fand die revolutionäre Bewegung der Jahre 1848/49 (Proklamation der deutschen Republik durch Friedrich Hecker am 12. 4. 1848 in Konstanz).

Städtebauliche und wirtschaftliche Maßnahmen, die Gründung von Industriebetrieben und die Schaffung neuer Wohnquartiere, die Errichtung moderner Hafenanlagen (1839/41), der Anschluß von Konstanz an das Eisenbahnnetz (1863) und die Eröffnung der Bodenseefähre von Konstanz nach Meersburg (1928) sowie die Entwicklung der Stadt zum Fremdenverkehrszentrum und bedeutenden Tagungsort bewirkten im 19. und 20. Jahrhundert einen neuen Aufschwung. Ergänzt wurden diese Bemühungen durch die Förderung kultureller Einrichtungen: Stadttheater, Bodenseesymphonieorchester, Rosgartenmuseum, Wessenbergbibliothek u. a. Die jüngsten Schritte dieser Aufwärtsentwicklung der Bodenseemetropole sind die Gründung einer Universität in Konstanz (1966) auf dem Gießberg und die Vergrößerung der Konstanzer Gemarkung durch die Eingemeindung der Orte Litzelstetten mit der Insel Mainau (1971), Dingelsdorf (1975) und Dettingen-Wallhausen (1975).

Von den zahlreichen historischen Gebäuden der Stadt Konstanz seien erwähnt: das Münster (10./11. Jahrhundert, 1052 nach Einsturz wiederaufgebaut, 1089 geweiht und später, vor allem in der Gotik, mehrfach baulich verändert), die bereits 613 genannte, 1428–86 spätgotisch umgebaute Bürgerschaftskirche St. Stephan, die Dreifaltigkeitskirche (vormals Gotteshaus eines 1268 gegründeten Augustinereremitenklosters mit Fresken aus der Konzilszeit), das 1604–09 gebaute ehem. Jesuitenkolleg mit Jesuitenkirche (die Kirche heute altkatholisch, das Gymnasium jetzt Stadttheater), das 1235 gegründete Dominikanerkloster auf der Insel mit prächtigem Kreuzgang und freskengeschmückter früherer Kirche (seit 1874 Hotel) und das Dominikanerinnenkloster Zoffingen, das einzige noch bestehende Konstanzer Kloster aus dem Mittelalter. Unter den Profanbauten sind besonders bemerkenswert das 1484 erbaute, im 19. Jahrhundert aufgestockte alte Rathaus am unteren Fischmarkt, das Kaufhaus am Hafen, das ehemalige Heilig-Geist-Spital (jetzt Südkurierhaus) an der Marktstätte, das Zunfthaus der Metzger zum Rosgarten (im 14. Jahrhundert entstanden, 1454 umgebaut, jetzt Museum), das 1585–95 als Ratskanzlei umgebaute vorherige Zunfthaus zur Salzscheibe mit dem im rechtwinklig anschließenden Gebäude (Zunfthaus zum Thurgau) untergebrachten Ratssaal (Tagungsort des Reichstages von 1507), das 1424 erbaute Versammlungshaus des Patriziats »zur Katz« (von 1927 bis 1984 Stadtarchiv), das Wessenberghaus (mit Wessenbergbibliothek und städtischer Gemäldegalerie), das Haus »Zur Kunkel« am Münsterplatz mit berühmten Weberfresken (um 1300), das Hohe Haus in der Zollernstraße, gotischer Steinbau (um 1300), während des Konzils Wohnung des Burggrafen Friedrich von Zollern, der Blarer'sche Domherrenhof (1612–20), heute Sitz des Landgerichtes, der Lanzenhof (Patrizierhaus), 1686–98 und 1713–15 Sitz der Universität Freiburg/Breisgau, und die ehemalige Dompropstei am Rheintor (1609–12 erbaut), im 19. Jahrhundert Sitz der Seekreisregierung, 1865–1945 Landeskommissariat. Reste der mittelalterlichen Stadtbefestigung sind der Rheintorturm (13. bis 15. Jahrhundert), der Ziegel- oder Pulverturm und am Ende der Hussenstraße das Schnetztor (14./15. Jahrhundert). Im Haus Hussenstraße 64, angebliche Wohnung des Reformators Johannes Hus, Hus-Gedächtnisstätte.

Außerhalb des Altstadtbezirks stehen am Nordufer des Seerheins die Konventsgebäude des ehemaligen Benediktinerklosters Petershausen. Es wurde 983 durch den hl. Bischof Gebhard II. gegründet, nach einem Brand von 1162–1283 wiederaufgebaut; 1630 wurde die Prälatur, 1769 der Konventbau erneuert; die dreischiffige romanische Säulenbasilika wurde 1831/32 abgebrochen, das Kloster in eine Kaserne umgewandelt (1819–1977). Darin heute städtische Dienststellen. In der Nähe Neubau des Landratsamtes Konstanz von 1982–1984.

Allmannsdorf

Die frühe, nach einem Personennamen Alahmunt benannte Siedlung gehörte 724 zur wirtschaftlichen Erstausstattung des Klosters Reichenau, kam 1272 an die Deutschordenskommende Mainau und 1805 an Baden. 1915 Eingemeindung nach Konstanz.

Pfarrkirche St. Georg, Bau aus der Zeit um 1745, in den Jahren 1962/63 umgebaut, spätgotischer Turm mit holzverkleidetem Obergeschoß. – Lorettokapelle von 1637/38 auf dem Staader Berg.

Staad

Konstanzer Stadtteil und Anlegeplatz der Fähre nach und von Meersburg, gehörte zunächst dem Kloster Reichenau und seit 1272 bis 1805 der Deutschordenskommende Mainau.

Egg

Der Konstanzer Stadtteil Egg bildete zusammen mit Staad, Hard und Allmannsdorf bis zur Eingemeindung nach Konstanz (1915) eine Gesamtgemeinde.

St.-Josefs-Kapelle von 1730, restauriert 1963.

Hinterhausen

Ehemalige, jetzt in Allmannsdorf aufgegangene Weinbausiedlung, die im Hochgerichtsbezirk der Grafschaft Heiligenberg lag und deren Niedergerichtsrechte zwischen der Stadt Konstanz, dem Kloster Petershausen und der Deutschordenskommende Mainau strittig war.

Dettingen Wallhausen

Die Dettinger Gemarkung weist viele Zeugnisse aus vorgeschichtlicher Zeit auf. Das schon im letzten Jahrhundert weitgehend ausgegrabene hallstattzeitliche Grabhügelfeld ist mit etwa 30 Hügeln das größte auf dem Bodanrück. Im Jahr 839 erscheint das in alemannischer Zeit gegründete Dorf anläßlich einer Schenkung Ludwigs des Frommen an das Kloster Reichenau zum erstenmal als

Konstanzer Münster, von ca. 590 bis 1821 Mittelpunkt der größten deutschsprachigen Diözese

Tettinga, vom Personennamen Tetto.

Vom 12. bis zum 15. Jahrhundert lassen sich Herren von Dettingen als Reichenauer Ministerialen nachweisen. Im 18. Jahrhundert konnte die Landgrafschaft Nellenburg die von ihr seit dem 15. Jahrhundert erhobenen Herrschaftsansprüche im Dorf durchsetzen. Neben großem Grundbesitz verfügte die Deutschordenskommende Mainau seit dem 14. Jahrhundert über die Niedergerichtsbarkeit im Dorf. 1805 fiel der Ort an Baden. Dettingen wurde 1975 nach Konstanz eingemeindet.

Pfarrkirche St. Verena von 1928 mit spätgotischem Westturm; dieser und der Chor 1779 von Franz Anton Bagnato umgestaltet.

Wallhausen

Der 1187 als »villa Walarhusin« erstmals urkundlich erwähnte Ort dürfte schon früh an das Kloster Reichenau gekommen sein. Während des 15. und 16. Jahrhunderts gelangte der erst 1614 als Dorf bezeichnete Weiler allmählich in den Besitz der Deutschordenskommende Mainau.

Kapelle St. Leonhard von 1714.

Burghof

Ehemaliger Wirtschaftshof der Burg Alt-Dettingen, später Herrenhaus der Deutschordenskommende Mainau mit Staffelgiebel und großem Saal im Obergeschoß, wohl schon im 16. Jahrhundert erbaut. Heute Forsthaus. Über dem Eingang Wappen des Komturs Philipp Albrecht von Berndorf.

Rohnhausen

1340 erstmals urkundlich erwähntes Lehen der Reichenau, seit 1403, bzw. 1504 im Besitz der Deutschordenskommende Mainau. Wohngebäude von Franz Anton Bagnato aus dem Jahr 1766.

Dingelsdorf

Vom Personennamen Thingolt leitet sich der Name der 947 als »villa Thingoltesdorf« genannten, aus der Merowingerzeit stammenden Siedlung her. Der Ort ist wohl aus Reichsbesitz an das Kloster Reichenau gekommen. Die Herren von Langenstein, Reichenauer Ministerialen, übertrugen Dingelsdorf 1272 der Deutschordenskommende Mainau. 1805 erfolgte der Übergang an Baden. Dingelsdorf wurde 1975 nach Konstanz eingemeindet.

Spätgotische Pfarrkirche St. Nikolaus, im 18. Jahrhundert barockisiert. – Heilig-Kreuz-Kapelle in Dingelsdorf-Oberdorf, 1747 im Auftrag der Deutschherren der Mainau unter Baumeister Johann Kaspar Bagnato errichteter Zentralbau. – In Dingelsdorf mehrere besonders schöne Fachwerkhäuser aus dem Ende des 17. Jahrhunderts.

Litzelstetten

Litzelstetten wurde 839 erstmals urkundlich erwähnt. Der Name »Luzzilonsteti« (= kleine Stätte) weist darauf hin, daß es sich um einen frühmittelalterlichen Ausbauort zu handeln scheint. Wie Dettingen und Dingelsdorf hatte der Ort zum Fiskus Bodman gehört. 839 bestätigte Ludwig der Fromme Schenkungen freier Leute an das Kloster Reichenau. Aus der Hand Reichenauer Ministerialen ging Litzelstetten an die Deutschordenskommende Mainau über und blieb von 1272 bis 1805 bei dieser Herrschaft. 1971 wurde Litzelstetten nach Konstanz eingemeindet.

Pfarrkirche St. Peter und Paul, Neubau von 1978/80 neben dem Turm von 1906/08.

Mainau

Aus dem im 8. Jahrhundert durch Beschlagnahme alemannischen Herzogbesitzes geschaffenen fränkischen Krongut erhielt die 724 gegründete Abtei Reichenau neben anderen Besitzungen auch die Insel Mainau. Die Äbte gaben sie in die Obhut von Ministerialen. 1241 begegnen wir erstmals einem sich nach Mainau nennenden Dienstmannengeschlecht. Deren Erbe traten um 1260 die Ritter von Langenstein an. Arnold von Langenstein überließ jedoch schon 1271 entgegen dem Willen des Abtes Albrecht von Ramstein die Insel dem wenige Jahre zuvor auch auf reichenauischem Boden eingerichteten Deutschordenshaus Sandegg im Thurgau, dazu umfangreiche Lehen und Eigengüter am Nordhang des Bodanrücks zwischen Allmannsdorf und Dingelsdorf und trat selbst mit vier Söhnen dem Deutschorden bei. Die kriegerischen Auseinandersetzungen mit der den Deutschorden begünstigenden Ritterschaft endeten mit einer Niederlage des Abtes, der jedoch im 1272 abgeschlossenen Vertrag Sandegg und das übrige Deutschordensgut im Thurgau wieder an die Reichenau bringen konnte. Die Deutschherren bauten danach ihr zur Kommende Mainau gehörendes und noch erweitertes Gebiet zu einem relativ selbständigen Territorium aus. 1488 verkauften z. B. Albrecht, Eberhard und Caspar von Klingenberg ihre Herrschaft Blumenfeld und Tengen-Hinterburg und mehrere Ortschaften an ihren Bruder und damaligen Mainauer Komtur Wolfgang von Klingenberg (1477–1517). Während der Schweizerkrieg (1499) und die Bauernunruhen (1524/25) das Deutschordenshaus kaum berührten, kam die Insel gegen Ende des Dreißigjährigen Krieges (1647) unter schwedische Besatzung. 1739–46 errichtete der Ordensbaumeister Johann Kaspar Bagnato anstelle der mittelalterlichen Burg das Barockschloß, nachdem bereits 1739 eine neue Schloßkapelle fertiggestellt worden war. 1805 fiel die Kommende Mainau an Baden. Bis 1819 lebte auf der Insel noch der letzte Komtur. 1827 kaufte Fürst Nikolaus Esterházy-Galantha den ehemaligen Deutschordensbesitz für 65000 Gulden und ließ u. a. den heutigen Schloßhof anlegen und wertvolle einheimische und exotische Bäume pflanzen. Sein Sohn veräußerte die Mainau 1839 an die Gräfin Katharina von Langenstein, und diese überließ sie 1850 ihrer Tochter Luise, der Gemahlin des Grafen Karl Douglas. 1853 erwarb der spätere Großherzog Friedrich I. von Baden die Insel; die Neugestaltung des Schloßparks geht auf ihn zurück. Als Großherzog Friedrich II. 1928 starb, ging der Besitz an seine Schwester, Königin Viktoria von Schweden, und damit an das schwedische Königshaus über. Seit 1930 ist Graf Lennart Bernadotte, ein Enkel der Königin Viktoria, Eigentümer der Mainau. Er machte das Bodensee-Eiland zu einem bekannten kulturellen Mittelpunkt, zu einer Stätte der Begegnung und durch den systematischen Ausbau der gärtnerischen Anlagen zu einem vielbesuchten Ferienparadies. Mit dem Dorf Litzelstetten kam die Insel Mainau 1971 zur Stadt Konstanz.

Wollmatingen

Die nach einem Personennamen Walmuot benannte frühe alemannische Siedlung gehörte 724 wie Allmannsdorf und andere Orte zur wirtschaftlichen Erstausstattung des Klosters Reichenau, war seit dem Ende des 13. Jahrhunderts teilweise bei der Deutschordenskommende Mainau, seit 1521 aber wieder ganz bei der Abtei Reichenau und von 1540 bis 1803 beim bischöflich-konstanzischen Obervogteiamt Reichenau. Wollmatingen ist seit dem 1. 8. 1934 Stadtteil von Konstanz.

Die 1960/61 umgebaute Pfarrkirche St. Martin enthält noch gotische Bauteile. Der spätgotische Turm steht auf romanischen Grundmauern. Im Innern zum Teil spätgotische Ausstattung.

MOOS

395–696 m, Fläche: 1438 ha (davon 425 ha Wald und 737 ha landwirtschaftlich genutzt). Einwohner 1985: 2527. Mitglied des Gemeindeverwaltungsverbandes Höri.

Moos (von althochdeutsch Mos = Moor), 1162 erstmals urkundlich erwähnt, gehörte zur Herrschaft Bohlingen, gelangte mit dieser 1497 in den Besitz des Hochstifts Konstanz und 1803 an Baden.

Neuromanische Filialkirche zur schmerzhaften Muttergottes (1874/75).

Bankholzen

Das schmucke Dorf liegt am nördlichen Hangfuß des Schienerberges rechts und links des Nettenbaches.

Eine Urkunde aus dem Jahr 1050 berichtet erstmals vom »Hof des Banchili«, dem späteren Bankholzen. Ein Rittergeschlecht von »Banchilishofen« ist bis zur Mitte des 15. Jahrhunderts nachzuweisen. Danach teilte Bankholzen die Schicksale der Herrschaft Bohlingen, mit der das Dorf von 1497–1803 zum Territorium des Bischofs von Konstanz gehörte und dann an Baden kam. Bankholzen wurde 1974 mit Moos vereinigt.

Kath. Pfarrkirche St. Blasius, 1952 umgebaut. Saalkirche mit spätgotischem Turm (um 1530). – Im Rathaus bildliche Darstellung der sagenhaften Waldschenkung an mehrere Gemeinden durch zwei Edelfräulein von Bankholzen. – Schöne Fachwerkhäuser des 18. und 19. Jahrhunderts.

Iznang

Dorf an der Mündung des Nettenbaches in den Bodensee. Steinzeitliche Funde und Pfahlbaureste einer Siedlung an der Schiffslände. Erste urkundliche Erwähnung: 1300 = »Utzenhoven« (Hofen des Utzo), später »Utznang, Iznang« (Feld, von althochdeutsch »wanc«, des Utzo).

Im Mittelalter gehörte das Dorf zu zwei Herrschaften, die eine Hälfte zu Bohlingen, die andere zur Vogtei Höri. Erst seit 1535 war der Konstanzer Bischof im Besitz beider Herrschaften und des ganzen Dorfes Iznang. Am 23. Mai 1734 wurde in Iznang der »Wunderdoktor« Dr. Franz Anton Mesmer geboren, ein genialer Arzt, der durch die Entdeckung des sogenannten »tierischen Magnetismus« der Psychotherapie die Wege bereitete und mit seiner Lehre europäische Berühmtheit erlangte († 1815 in Meersburg). 1974 wurde Iznang mit Moos vereinigt.

Geburtshaus von Franz Anton Mesmer (siehe oben). – Franz-Anton-Mesmer-Stube im Gasthaus Adler.

Weiler

Landeinwärts gelegenes Dorf mit einem fast unberührten Bestand an alten Gehöften.

Die alemannische Siedlung Weiler, seit dem 11. Jahrhundert urkundlich belegt, war von 1535 bis Ende 1802 Teil des bischöflich-konstanzischen Territoriums in der Höri.

Geburtshaus des Entdeckers des »tierischen Magnetismus« Dr. Franz Anton Mesmer in Moos-Iznang

Das im Jahr 1934 mit der Gemeinde Weiler verbundene Dorf Bettnang (= Feld des Betto oder der heidnischen Muttergottheiten Ainbet, Borbet und Wilbet) zählte zusammen mit Bohlingen, Bankholzen, Moos und der westlichen Hälfte von Iznang zur Herrschaft Bohlingen und war von 1497 bis 1803 ebenfalls bischöflich-konstanzisch.

Am Rande der Gemarkung Weiler, verborgen in der Waldeinsamkeit, stand einst am Fuße einer längst zerfallenen Ritterburg das Kloster Grünenberg. Von den Klostergebäuden, die seit der Mitte des 14. Jahrhunderts einen kleinen Franziskanerinnenkonvent beherbergt haben, die anstelle einer älteren Beghinen-Klause errichtet wurden, ist leider keines mehr erhalten; sie wurden 1830 abgebrochen.

Ein wertvolles, um 1350 entstandenes Kruzifix der seligen Elsa, der ersten Vorsteherin dieser Gemeinschaft frommer Frauen, und eine Glocke im Turm der Pfarrkirche von Weiler sind die letzten bedeutenden Zeugnisse der verschwundenen Klosteranlage im Grünenberger Tal. Eine 1969 eingeweihte Gedächtnistafel im Dorf hält das Andenken an dieses Kloster und seine Gründerin wach.

1974 wurde Weiler mit Moos vereinigt.

Kath. Pfarrkirche St. Leonhard und St. Katharina: Spätbarocke Saalkirche mit eingezogenem, nachträglich erhöhtem Chor der Spätgotik. Nordostturm mit Treppengiebeln. Barocke Ausstattung. Schöne Fachwerkhäuser des 18. und 19. Jahrhunderts.

MÜHLHAUSEN-EHINGEN
440–664 m, Fläche: 1787 ha (davon 441 ha Wald und 930 ha landwirtschaftlich genutzt). Einwohner 1985: 3057. Beteiligte Gemeinde der Verwaltungsgemeinschaft Engen.

Ehingen im Hegau
Reihengräberfunde weisen Ehingen als merowingerzeitliche Siedlung aus. Erstmals urkundlich erwähnt wird der Ort 787 als Heginga. Der Name könnte sich vom Personennamen Ago herleiten.

Im 8. Jahrhundert befand sich der Ort im Besitz des Klosters St. Gallen. Herren von Ehingen als Reichenauer bzw. Hewen'sche Ministerialen sowie Lehensleute der Herren von Tengen lassen sich vom 12. bis ins 14. Jahrhundert nachweisen. Von ihnen ging spätestens 1365 die Ortsherrschaft an die Herren von Hewen über. Seither teilte das Dorf die Geschicke der Herrschaft Hewen (s. bei Engen). 1806 kam Ehingen von Fürstenberg an Baden. 1974 vereinigte sich Ehingen mit Mühlhausen.

Im Kern spätgotische Pfarrkirche St. Stephan und Laurentius, 1774, 1824 ff. und 1900 ff. umgebaut und vergrößert. Romanischer Turm mit spätgotischem Obergeschoß.

Mühlhausen

Auch Mühlhausen ist eine alte Siedlung mit alemannischen Grabfunden und wird ebenfalls (wie Ehingen) 787 erstmals als St. Galler Besitzung urkundlich erwähnt. Der Name »Mulinusa« ist wörtlich zu interpretieren.

Die Ortsherrschaft gehörte zu einem Drittel der Herrschaft Hohenkrähen und zu zwei Dritteln der Herrschaft Mägdeberg (s. u.). Mühlhausen kam 1806 an Württemberg, 1810 an Baden und vereinigte sich 1974 mit Ehingen.

Pfarrkirche St. Peter und Paul, in der Barockzeit und im 19. Jahrhundert umgebauter und vor einigen Jahren renovierter spätgotischer Bau mit romanischem Tympanon im Kirchturminnern. Zahlreiche Epitaphe. Der Legende nach soll in der Kirche der sagenumwobene Poppele vom Hohenkrähen bestattet sein. – St.-Josephs-Kapelle, barocker Nachfolgebau (1711/13) der mittelalterlichen St.-Cyriakus-Kapelle. – Ehemaliges Schloß von 1735, nach 1840 zum Gasthaus Adler umgebaut.

Burgruine Mägdeberg

Sein Name weist den Mägdeberg als prähistorische Kultstätte aus, was durch den Nachweis von Siedlungen aus der älteren Hallstatt- und Latènezeit wahrscheinlich wird. Die Verehrung der drei keltischen »Beten«, jungfräulicher Muttergottheiten, wurde im Mittelalter durch eine Marienwallfahrt abgelöst, die sich bis zur ersten Zerstörung der Burg 1378 erhalten hat. Im 15. Jahrhundert errichtete man auf dem Mägdeberg eine der hl. Ursula und ihren Gefährtinnen geweihte Kapelle. Mit anderen Teilen des ehemaligen alemannischen Herzoggutes im Hegau, das durch die Franken enteignet, aber in karolingischer Zeit größtenteils weitergegeben wurde, scheinen auch der Mägdeberg und der Kelhof zu Mühlhausen im 8. Jahrhundert an das Kloster St. Gallen gelangt zu sein. Vermutlich durch Tausch kam dieser Besitz um 920 an die Abtei Reichenau. Abt Konrad von Zimmern erbaute zwischen 1235 und 1240 die Burg auf dem Mägdeberg und ließ sie zunächst durch einen reichenauischen Amtmann verwalten. Unter Abt Eberhard von Brandis wurde 1343 die Herrschaft Mägdeberg an die Reichenauer Ministerialenfamilie von Dettingen (Tettingen) verpfändet und 1358 an die Herzöge von Österreich verkauft. Da der Pfandinhaber, Werner von Dettingen, sie seinerseits 1359 an die Grafen von Württemberg verkaufte, blieb Württemberg 120 Jahre im Besitz des Mägdeberges. Der Bund der schwäbischen Städte, mit denen sich Graf Eberhard der Greiner von Württemberg seit 1376 im Krieg befand, zerstörte 1378 die Burg. Erst 100 Jahre später während der sogenannten Friedinger Fehde (1479/80) begann Eberhard im Bart mit ihrem Wiederaufbau. Der Streit mit den auf dem benachbarten Hohenkrähen sitzenden Herren von Friedingen, die mit den Habsburgern im Bunde waren, endete mit einer württembergischen Niederlage. Eberhard mußte den Mägdeberg mit den dazugehörenden Besitzungen 1481 an Österreich herausgeben. Die Österreicher ließen die Burg 1486–1500 und 1524 ausbessern, betrauten bis 1516 Vögte mit ihrer Verwaltung und gaben sie 1518–28 als Pfand, von 1528 an als Erblehen an die Herren von Reischach (1528–1620), Johann Eggs (1622–1638), Hans Jakob von Buchenberg (1649–56) und die Freiherren bzw. Grafen von Rost (1657–1762). 1774–1840 waren die Grafen von Enzenberg Inhaber, 1840 gingen der herrschaftliche Grundbesitz in Mühlhausen und der Mägdeberg auf die Gräfin Katharina von Langenstein und 1850 auf die Gräflich Douglas'sche Familie über, in deren Besitz der Berg mit der Ruine und einem Gutshof sich noch befindet. 1525 wurde der Mägdeberg von den aufständischen Bauern eingenommen, jedoch nicht zerstört. Erst im Dreißigjährigen Krieg ließ der württembergische Kommandant des Hohentwiel, Konrad Widerholt, die Burg ausbrennen. Nach nochmaligem Wiederaufbau 1650–53 wurden die zerfallenen Schloßgebäude 1770–74 gänzlich abgebrochen.

MÜHLINGEN

552–687 m, Fläche: 3268 ha (davon 999 ha Wald und 1966 ha landwirtschaftlich genutzt). Einwohner 1985: 1801. Beteiligte Gemeinde der Verwaltungsgemeinschaft Stockach.

Der vermutlich auf eine Siedlung der Merowingerzeit zurückgehende Ort wird 1275 erstmals als Mulingen urkundlich erwähnt. Der Ortsname könnte von einem Personennamen Mulo/Muotlo abgeleitet sein. 1506 befand sich Mühlingen völlig im Besitz der Grafen von Tengen. Nach dem Aussterben dieses Geschlechtes (1591) kam das Dorf über die Familien von Hohenzollern, von Dankenschweil (1623) sowie Ebinger von der Burg (1700) im Jahr 1731 an die Familie von Buol, deren Mitglieder bis 1805 Ortsherren in Mühlingen blieben. Das Dorf kam 1806 an Württemberg und 1810 an Baden.

Pfarrkirche St. Martin (18. Jahrhundert), Teile des Hochaltars und die beiden Seitenaltäre aus der Werkstatt von Joseph Anton Feuchtmayer. – Spätbarockes Schloß der Freiherren Buol von Berenberg.

Hecheln

Das seit 1364 urkundlich nachweisbare kleine Dorf scheint aus einer Burgsiedlung hervorgegangen zu sein. Burg und Ort waren als Lehen des Klosters Reichenau im Besitz verschiedener Adelsfamilien. Von 1576 bis zu Beginn des 19. Jahrhunderts war das Haus Österreich mit dem Ort belehnt. Hecheln wurde 1938 nach Mühlingen eingemeindet.

Rathaus der Gemeinde Mühlhausen-Ehingen

Gallmannsweil

Erst 1340 wird das als Rodungssiedlung des 9./10. Jahrhunderts anzusehende Dorf erstmals urkundlich genannt. Die Bezeichnung Garmannswiler kann vom Personennamen Caraman hergeleitet sein. Im 15. Jahrhundert gehörte der Ort zur Herrschaft Waldsberg und war im Besitz der Familie von Heudorf. Durch Kauf gelangte Gallmannsweil 1656 an das Haus Fürstenberg, das den Ort seiner Herrschaft Meßkirch zuteilte. 1806 kam Gallmannsweil an Baden und wurde 1974 mit Mühlingen vereinigt.

St. Barbara, spätgotische, im 19. Jahrhundert erweiterte und umgebaute Pfarrkirche mit bedeutenden Holzplastiken aus der Zeit von 1515/20.

Mainwangen

Um 1191/92 erscheint der als frühmittelalterliche Ausbausiedlung anzusprechende Ort erstmals als Meinewanc in den Urkunden. Sein Name könnte vom Personennamen Maino und von althochdeutsch wanc = Feld hergeleitet worden sein. Ortsadel läßt sich im 12. Jahrhundert nachweisen. Mainwangen gehörte wie Gallmannsweil zur Herrschaft Waldsberg und wurde 1594 durch Eitelbilgeri von Stein an das Kloster Salem verkauft, in dessen Besitz sich der Ort bis zur Übergabe an Baden 1803 befand. Mainwangen wurde 1974 mit Mühlingen vereinigt.

Barocke Pfarrkirche St. Peter und Paul, durch das Kloster Salem 1710 ff. erbaut und 1718 geweiht, mit bemerkenswerter Innenausstattung.

Madachhof

Nach dem großen Madachwald benannter, seit 1191 als salemischer Besitz nachweisbarer und bis 1803 diesem Kloster gehörender großer Hof (Grangie). Jetzt Gräflich Douglas'scher Pachthof. Dabei eine dem hl. Otmar geweihte barocke Kapelle.

Schwackenreute

Bei Schwackenreute scheint es sich um eine spätmittelalterliche Rodungssiedlung zu handeln. 1437 ist der Weiler erstmals als Schwaigrüti urkundlich nachzuweisen. Der Ortsname leitet sich von althochdeutsch swaiga = Weideplatz ab.

Bis 1437 gehörte Schwackenreute der Familie von Heudorf zu Waldsberg. Danach kam der Weiler in Besitz von Stockacher und Überlinger Bürgern und gelangte 1486 an die Grafen von Tengen-Nellenburg, die ihn ihrerseits 1538 an die Stadt Radolfzell verkauften. Diese behielt Schwackenreute bis 1805 und ließ den Ort durch einen Obervogt verwalten. Schwackenreute kam 1806 an Württemberg, 1810 an Baden und wurde 1975 mit Mühlingen vereinigt.

Im Jahr 1747 geweihte St.-Anna-Kapelle.

Die seit 1599 urkundlich nachweisbaren Stohrenhöfe gehörten – wie der Madachhof bei Mainwangen – bis 1803 zum Besitz des Klosters Salem.

Zoznegg

Zoznegg wurde urkundlich erstmals 1329 erwähnt. Die frühen Herrschaftsverhältnisse in der mittelalterlichen Rodungssiedlung sind ungeklärt. Im 14. Jahrhundert gehörte Zoznegg den Herren von Kallenberg. Später kam der Ort mit allen Rechten zur Landgrafschaft Nellenburg, mit der er 1806 an Württemberg und 1810 an Baden fiel. Die Vereinigung von Zoznegg mit Mühlingen erfolgte 1975.

Rathaus der Gemeinde Mühlingen

ÖHNINGEN

395–708 m, Fläche: 2819 ha (davon 1116 ha Wald und 1339 ha landwirtschaftlich genutzt). Einwohner 1985: 3579. Mitglied des Gemeindeverwaltungsverbandes Höri.

Außer einigen Werkzeugen aus der Steinzeit, die am Seeufer gefunden wurden, und römischen Spuren (Rheinbrücke des 2. Jh. n. Chr. von Eschenz über die Insel Werd an das Öhninger Ufer), entdeckte man zahlreiche Alemannengräber des 7./8. Jh. mit reichen Beigaben. Damit ist Öhningen als frühe alemannische Siedlung ausgewiesen.

Auch die schon 788 einsetzende schriftliche Überlieferung (»Oninga« vom Personennamen Ono) und die Nachrichten über die strategische, politische und kirchliche Bedeutung des Rheinausflußgebietes erlauben uns Rückschlüsse auf die Verhältnisse in und um Öhningen vom frühen Mittelalter an. In dieser historischen Kernlandschaft am Ausfluß des Rheins aus dem Bodensee gründete Graf Kuno (von Öhningen) ein Kollegiatstift. Kaiser Otto I. bestätigte 965 die diesem Stift gemachten Schenkungen. Ein berühmter Nachkomme des Grafen Kuno, Kaiser Friedrich Barbarossa, erneuerte anno 1166 die Besitzbestätigung, schenkte dem Kloster noch seinen Hof in Öhningen, regelte die Wahl des Propstes und erteilte Weisungen zur Neuordnung des Lebens der Öhninger Kanoniker.

Kaiser Friedrichs erster Sohn, Heinrich VI., übertrug 1191 zusammen mit seinen Brüdern die Vogtei über Öhningen dem Bischof von Konstanz. Der Versuch der Konstanzer Bischöfe, sich das seit dem 12. Jahrhundert nach der Regel des hl. Augustinus lebende Chorherrenstift ganz einzuverleiben, gelang jedoch erst 1534. Die Konstanzer Bischöfe übten von da an bis zur Aufhebung des Stifts im Jahr 1803 in Personalunion auch das Amt des Öhninger Propstes aus. 1803 wurde Öhningen badisch.

Im Jahr 1684 schloß der österreichische Gesandte Dr. Franz Christian Raßler in Öhningen mit schweizerischen Gesandten den sogenannten Raßler'schen Vertrag, der die Seemitte als Grenze festlegte.

Katholische Pfarrkirche St. Peter, Paul und Hippolyt mit den Konventsgebäuden des ehem. Augustiner-Chorherrenstiftes Öhningen

Kath. Pfarrkirche (St. Peter, Paul und Hippolyt), bis 1803 zugleich Stiftskirche; unter Bischof Jakob Fugger von Konstanz um 1615 als geräumige Saalkirche im Spätrenaissancestil erbaut (dessen Wappen am rundbogigen Westportal); Turm mit achteckigem Aufbau und Kuppelhaube; das Kircheninnere größtenteils barockisiert.

Konventsgebäude (jetzt Wohn-, Schul- und Pfarrhaus): Im Süden an die Kirche anschließender hufeisenförmiger Baukomplex; Südwest-Flügel des 16. Jahrhunderts mit Staffelgiebeln und Staffelfenstern; Ostflügel um 1617 mit Wappen des Konstanzer Bischofs Jakob Fugger; südl. Zwischentrakt und Westflügel von 1686 (Datum und Bischofswappen im Hof); im Südflügel Konventssaal mit reicher, 1747 angebrachter Rokoko-Stuckierung, Wandmalereien und Madonna (um 1750); im Obergeschoß stuckierte Wohnräume.

Ehem. Amtshaus des Klosters (jetzt Rathaus) mit Freitreppe, Baudatum (1686) und Wappen des Konstanzer Bischofs Franz Johann Vogt von Altensummerau und Praßberg über dem Eingang.

Totenbruderschaftskapelle nördlich der Pfarrkirche; zweigeschossig, um 1600 erbaut; im unteren Geschoß Beinhaus mit Beisetzungsraum für verstorbene Chorherren.

Friedhofskapelle St. Jakob an der Straße nach Schienen, 1610 erbaut, kleine Saalkirche mit eingezogenem Chor; Barockausstattung.

30, zum Teil recht stattliche und schöne Fachwerkhäuser aus dem 15. bis 19. Jahrhundert.

Kattenhorn

Erstmals 1155 bezeugt, auf halbem Weg zwischen Öhningen und Wangen direkt am Seeufer gelegen. Die früher durch Ringmauer und Wassergraben geschützte, spätgotische Schloßanlage war bis 1444 Reichslehen der Freiherren von Hohenklingen, dann der Grafen und späteren Fürsten zu Fürstenberg, die diese jedoch stets als »Afterlehen« an verschiedene dem Stadtpatriziat von Konstanz, Lindau, Ravensburg und Schaffhausen angehörende Geschlechter und an schweizerische und schwäbische Adelsfamilien weitergaben. Mit dem Besitz von Kattenhorn war ein altes, von Kaiser Friedrich III. verliehenes Fischereirecht verbunden. 1867 verkauften die Fürsten zu Fürstenberg das Schlößchen Kattenhorn an den Schaffhauser Junker Heinrich im Thurn († 1884). Unter ihm hat das damals noch wehrhafte mittelalterliche Schloß durch erhebliche Umbauten sein ursprüngliches Aussehen völlig verändert. Seit 1925 ist Kattenhorn Eigentum der Familie Ruland aus Offenbach. Ältere datierte Bauteile im Südflügel mit spätgotischen Staffelfenstern (1487 und 1547) und Westflügel (1561). Reste der früheren Ummauerung.

St.-Blasius-Kapelle in Kattenhorn: Kleiner Rundbau, vielleicht unter Verwendung eines der Befestigungstürme der Burg Kattenhorn 1520 errichtet, mit Glocke von 1528 und Türmchen von 1551; über dem rechteckigen Westvorbau Wappen des Konstanzer Bischofs und Kardinals Markus Sittikus von Hohenems und Datum 1583; spätgotische Sakramentsnische, Blasiusfigur, Anfang des 16. Jahrhunderts; sie soll 1528 vom schweizerischen Mammern, wo die Plastik mit anderen »Götzenbildern« angeblich von den Evangelischen in den See geworfen wurde, nach Kattenhorn geschwommen sein. – Im Öhninger Ortsteil Kattenhorn, an der Straße nach Wangen, ev. Petrus-Kirche von 1958 mit Fenstern von Otto Dix.

Öhningen-Oberstaad

Romanische, früher mit Wassergraben und Ringmauer umgebene Turmburg des 12./13. Jahrhunderts; im 17. und 19. Jahrhundert umgebaut; 1959/60 renoviert (Satteldach und Treppengiebel nach vorgefundenen Spuren rekonstruiert). Das Wohngebäude neben dem mittelalterlichen Turm wurde 1972/73 unter Einbeziehung alter Mauerteile nach denkmalpflegerischen Gesichtspunkten neu errichtet. Burg Oberstaad wurde zum Schutz einer früheren Schiffslandestelle erbaut und gehörte wohl schon im 13. Jahrhundert den Freiherren von Hohenklingen, die bald nach 1218 die Vogtei über Stadt und Kloster Stein am Rhein erworben hatten. 1446 verkauften deren Nachfolger, die Ritter von Klingenberg, Burg Oberstaad mit Zubehör. Unter den in den folgenden Jahrhunderten häufig wechselnden Besitzern finden wir neben bedeutenden Geschlechtern aus Konstanz und Schaffhausen das Stift Öhningen, das Kloster Einsiedeln, Amtmänner, Hauptleute und Barone. Während des Schwaben- und Schweizerkrieges 1499 wurde Oberstaad eingeäschert, und am 18. Dezember 1827 ereignete sich im Schloß ein aufsehenerregender Mord, dem die sechzehnjährige einzige Tochter des damaligen Besitzers, Walburga von Lenz, und ein Zimmermann zum Opfer fielen. In den nächsten Jahren wurde das Schloß zum Spekulationsobjekt, um 1863 brannte der Turm erneut aus. Von 1886 an besaß die Familie Sallmann das Schloß. Seit 1969 ist Oberstaad Eigentum der Trikotwerke Schiesser in Radolfzell, und nach Abschluß von Um- und Neubaumaßnahmen (1973) erhielt es eine neue Zweckbestimmung als Schulungszentrum und Tagungsstätte (Jacques-Schiesser-Haus).

Auf Gemarkung Wangen, eine Gehstunde von Öhningen entfernt, liegen die alten, weltberühmten »Öhninger Kalksteinbrüche« mit vielen Versteinerungen in den unteren Öhninger Schichten der oberen Süßwassermolasse. Seit dem 18. Jahrhundert sind wertvolle Fundstücke dieses großartigen naturhistorischen Museums mit 475 festgestellten Pflanzen- und 922 Tierarten des Molassemeeres in alle Welt verschickt worden. Am bekanntesten wurde der »homo Scheuchzeri«, das nach dem Züricher Arzt und Naturforscher Joh. Jakob Scheuchzer benannte Skelett eines Riesensalamanders, das man vor 250 Jahren für das versteinerte Gerippe eines bei der Sintflut umgekommenen Menschen hielt. Abbildung und Beschreibung in Scheuchzers Kupferbibel (1731).

Schienen

Reiche Grabfunde aus der Hallstattzeit beim Brandhof nordwestlich von Schienen.

Auf dem Kamm und den vorspringenden Bergrippen des nach Norden steil abfallenden Schienerberges lassen sich Spuren von Ringwallanlagen feststellen (Kastenbühl und Frankenburg, Gemarkung Bohlingen; Ringwall und Grabhügel bei der Schrotzburg, Gemarkung Schienen; Schloßbühl und Rusbühl, Gemarkung Bankholzen); alle diese Erdwerke sind noch nicht erschlossen und lassen deshalb eine zeitliche Einordnung vorerst nicht zu. Daß auch die Römer den einen oder anderen dieser hervorragenden Aussichtspunkte militärisch nutzbar machten, darf vermutet werden, da man gerade auf Gemarkung Schienen mehrere Münzen aus dem Zeitraum von Titus bis Alexander Severus (79–235 n. Chr.) gefunden hat.

Um 800 läßt sich ein auf dem Schienerberg begüterter Graf Scrot (»Schrotzburg«!) nachweisen; er gehörte zu jenen alemannischen Adeligen, auf die sich Karl der Große bei seiner Italienpolitik stützte. Eine Zeitlang war Scrot kaiserlicher Statthalter in Florenz, dann in Treviso. Aus Italien hat er für seine Michaelskirche in der Abgeschiedenheit des Schienerberges wertvolle Reliquien des hl. Genesius beschafft, um die sich bald eine Priestergemeinschaft scharte. Nach 830 entstand daraus eine Benediktinerabtei, die als Eigenkloster der Nachkommen des Grafen Scrot eine kurze Blütezeit erlebte, bald nach 900 aber dem Kloster Reichenau inkorporiert wurde und dann als kleine Propstei noch bis 1757 weiterbestand.

Auf der nahegelegenen *Schrotzburg*, deren Name an den Grafen Scrot erinnert, finden wir seit dem 13. Jahrhundert die Reichenauer Dienstmannenfamilie derer von Schienen als Lehensleute der Freiherren von Hohenklingen. Bei einem 1441 unternommenen Kriegszug der schwäbischen Städte gegen Mitglieder des Hegauer Adels, die wiederholt Warentransporte ausgeraubt hatten, war das erste Ziel die Burg des Ritters Werner von Schienen. Nach dreitägiger Belagerung wurde die Schrotzburg von den im Schutz der Nacht flüchtenden Insassen selbst in Brand gesteckt, darauf von den Eroberern bis auf den Grund zerstört und danach nicht wieder aufgebaut (nur noch geringe Mauerreste vorhanden). Auch das Dorf Schienen haben die Truppen der Städte damals verwüstet.

Die Lehenshoheit über die zur Schrotzburg gehörenden Güter und Rechte ging nach dem Aussterben der Freiherren von Hohenklingen an die Grafen von Fürstenberg über. Die Herren von Schienen ließen sich später im Dorf nieder. 1638 sind sie ausgestorben. Heute ist das Schrotzburgareal Eigentum des Rinderzuchtverbandes Baden-Württemberg in Stuttgart und wird vom Fleckviehzuchtverband Meßkirch bewirtschaftet.

1803 kam Schienen an Baden und wurde 1975 nach Öhningen eingemeindet.

Kath. Pfarrkirche St. Genesius, Marienwallfahrt (ehem. Klosterkirche): Dreischiffige, flachgedeckte Pfeilerbasilika ohne Querschiff, mit erhöhtem, eingezogenem Chor und Dachreiter; in den Ostwänden der Seitenschiffe flache, rundbogige Altarnischen; Entstehungszeit umstritten, manches spricht jedoch für die Mitte des 10. Jahrhunderts; ein Umbau 1559/60 beeinträchtigte den ganz von der schlichten romanischen Architektur ausgehenden Gesamteindruck ebensowenig wie die um 1700 angebrachten Rundfenster (Oculi); die störende neuromanische Ausstattung von 1907 wurde bei der gelungenen Restaurierung 1959 wieder entfernt. Im Innern der Kirche: Gnadenbild (Maria mit Christuskind) um 1430 in neugotischem Altar; Anna Selbdritt (Anfang des 16. Jahrhunderts); in der südlichen Seitenschiffsnische Wandmalerei um 1450: Ritter Ulrich von Schienen mit seiner Familie, die Madonna anbetend; Sakramentsnische mit Wappenstein; im Chor Gedenktafel von 1560; Grabstein des Hans Conrad von Schienen († 1578); barocke Kreuzigungsgruppe.

Pfarrhaus, ehem. Propsteigebäude: Dreigeschossiges Gebäude mit Walmdach südlich der Kirche (1574, umgebaut 1644); innen Fragment einer romanischen Madonna.

Am Käppeleberg 5 (östlich der Kirche): Im Jahr 1830 in ein Bauernhaus umgebaute, ehem. karolingische Michaelskapelle; erhalten das Bruchsteinmauerwerk der Westwand sowie Reste des Chorbogens an der Westwand der Scheune.

Feldkapelle am Weg zur Schrotzburg (Anfang des 16. Jahrhunderts); im Innern Kopie einer Verkündigungsgruppe des 16. Jahrhunderts.

Wangen

Bereits vor hundert Jahren entdeckte Pfahlbaustationen mit zahlreichen wertvollen Fundstücken, die jetzt im Rosgartenmuseum in Konstanz aufbewahrt werden; auf Gemarkung Wangen außerdem Funde der Bronze- und der Römerzeit.

Der Ortsname Wangen (von althochdeutsch wanc = Feld, Flur) ist erstmals 1155 bezeugt.

Im 12. und 13. Jahrhundert läßt sich in Wangen ein gleichnamiger Ortsadel nachweisen, dem wohl das im letzten Jahrhundert abgebrochene »Schlößle« (Steinhaus im Dorf) als Behausung diente; nach dem Aussterben der Ritter von Wangen finden wir die Herren von Schienen im Besitz des »Schlößle«. Unabhängig davon scheint jedoch die Ortsherrschaft in Wangen spätestens seit dem 14. Jahrhundert und von da ab (mit einer kurzen Unterbrechung im 16. Jahrhundert) bis zu Beginn des 19. Jahrhunderts mit dem Besitz des *Schlosses Marbach* verbunden gewesen zu sein.

Burg Marbach

Niemand sieht dem schlichten Rechteckbau mit Barockportal und Freitreppe an der Straße von Hemmenhofen nach Wangen die Metamorphose von der mittelalterlichen reichenauischen Burg, dem »bösen Raubhaus« des 14. Jahrhunderts, und dem späteren Adelssitz zum zeitweiligen französischen Erholungsheim und Schullandheim an.

Marbach, 2 km nordöstlich von Wangen, vermutlich um 1200 von Dienstmannen des Klosters Reichenau erbaut, wird erstmals 1291 als reichenauische Burg genannt. Während der jahrelangen Kriege zwischen der Stadt Konstanz und den Freiherren von Brandis, die in der zweiten Hälfte des 14. Jahrhunderts zeitweise sowohl den Konstanzer Bischof als auch den Reichenauer Abt stellten, wurde Marbach ein übles Raubnest; hier hielt man den Konstanzer Stadtammann lange Zeit gefangen, von hier aus wurden Konstanzer Marktschiffe auf dem Untersee überfallen und ausgeplündert. Schließlich wurde es den Städtern zu bunt; im Juli 1369 fuhren sie mit 18 Schiffen vor die Burg und belagerten sie. Die Besatzung ergab sich schließlich, sie wurde nach Konstanz gebracht und dort enthauptet. Später baute man die Feste wieder auf. 1385 brachten die Konstanzer die Burg in ihre Gewalt und verkauften sie 1387 an Meister Niklaus Sattler von Ravensburg, der damals in Mailand am Hof der Visconti weilte.

Weitere Besitzer des Schlosses und der Herrschaft waren: 1409–1558 die Freiherren von Ulm, Angehörige des Konstanzer Patriziats, 1558–1581 die Augsburger Patrizierfamilie Peutinger, 1581–1598 die Grafen Fugger zu Kirchberg und Weißenhorn und 1598–1829 erneut die Freiherren von Ulm. Während dieser Zeit verbrannte das Schloß dreimal: 1461, um 1570 und während des Dreißigjährigen Krieges. In dem seit 1829 häufig den Besitzer wechselnden, zeitweilig als Heilstätte dienenden und 1924 erneut abgebrannten Schloß wurde während des Zweiten Weltkriegs ein Luftwaffenerholungsheim und danach ein französisches Erholungsheim eingerichtet.

Das einige Jahre auch als Schullandheim genutzte Gebäude im Eigentum der Bundesrepublik Deutschland steht zum Verkauf.

Gegenüber modernes Internatsgebäude, zur Zeit Schullandheim.

Wangen kann sich rühmen, schon vor mehr als 500 Jahren Badeort gewesen zu sein; denn bereits 1461 wurde eine Schwefelquelle unterhalb des Schlosses Marbach entdeckt, gefaßt und bis ins 18. Jahrhundert von Badelustigen besucht.

Von 1611 bis zur gewaltsamen Vernichtung 1940 gab es in Wangen eine jüdische Gemeinde.

Das Dorf kam 1806 an Baden und wurde 1975 mit Öhningen vereinigt.

Kath. Pfarrkirche St. Pankratius: Von der spätgotischen, 1893 und 1907 stark veränderten Kirche wurde der Chorraum von 1483 in einen 1968/69 errichteten Neubau einbezogen; in diesem jetzt als Taufkapelle dienenden Chor das sehenswerte Grabdenkmal Caspars von Ulm († 1610), eine von Hans Morinck geschaffene steinerne Tumba mit der liegenden Gestalt des Toten. Epitaph des Paul Matthias von Ulm-Erbach († 1670). Spätgotische Sakramentsnische. In der Südwand des ehemaligen Langhauses jetzt Hauptportal der nach Norden ausgerichteten neuen Kirche.

Interessante alte Fachwerkhäuser aus dem 16. bis 19. Jahrhundert.

Dorfplatz und Hauptstraße werden von einigen repräsentativen, im 19. Jahrhundert von Angehörigen der jüdischen Gemeinde Wangen errichteten Bauten beherrscht.

Die auf Gemarkung Wangen liegenden berühmten »Öhninger Steinbrüche« sind unter Öhningen beschrieben.

ORSINGEN-NENZINGEN

423–590 m, Fläche: 2224 ha (davon 762 ha Wald und 1383 ha landwirtschaftlich genutzt). Einwohner 1985: 2168. Beteiligte Gemeinde der Verwaltungsgemeinschaft Stockach.

Orsingen

Funde aus der Urnenfelderzeit und hallstattzeitliche Grabhügel. Aus römischer Zeit wurden eine villa rustica sowie ein gallo-römischer Umgangstempel ausgegraben. Der Ortsname Orsinga erscheint erstmals 1094 in einer Urkunde und ist vom Personennamen Orso abgeleitet. Die Ortsgründung scheint in die Merowingerzeit zu fallen. Früher Besitz des Klosters Allerheiligen in Schaffhausen sowie des Klosters Reichenau, von dem Orsingen zu unbekannter Zeit an die Herrschaft Langenstein kam und bis ins 19. Jahrhundert mit der Niedergerichtsbarkeit den jeweiligen Inhabern von Langenstein gehörte. Mit der Landgrafschaft Nellenburg gelangte Orsingen 1806 an Württemberg und 1810 an Baden. 1975 vereinigten sich Orsingen und Nenzingen.

Neugotische Pfarrkirche St. Peter und Paul, 1909–11 erbaut, mit Johanniterkapelle von 1627/1628 (jetzt Sakristei). Darin und in der Kirche bekannte Kunstwerke, darunter das Grabmal der Gräfin Helena von Raitenau von Hans Morinck (1595). – Kapelle St. Antonius von Padua und Nikolaus in Orsingen-Oberhofen mit spätbarocker Einrichtung.

Schloß Langenstein

Im 12. und 13. Jahrhundert war die Burg Langenstein Sitz eines gleichnamigen Reichenauer Dienstmannengeschlechtes, das bei der Gründung der Deutschordenskommende Mainau eine wichtige Rolle spielte. Nach 1300 lösten sich bis Mitte des 16. Jahrhunderts in rascher Folge über ein Dutzend Adelsfamilien im Besitz von Schloß und Herrschaft ab. Als 1568 der Kaiserliche Rat und Oberst Hans Werner von Raitenau Langenstein kaufte, begann für diesen Herrensitz eine neue glanzvolle Epoche. Durch die Heirat mit der Gräfin Helena von Hohenems war Hans Werner mit verschiedenen hochangesehenen Geschlechtern verschwägert. Zur Verwandtschaft gehörten Papst Pius IV. (1559–1565), ein Onkel seiner Frau, und der hl.

Rathaus der Gemeinde Orsingen-Nenzingen

Karl Borromäus, ein Vetter Helenas. Sein Schwager, Kardinal Markus Sittikus von Altems (Hohenems), war Bischof von Konstanz. Helena von Raitenau (gestorben 1586) entfaltete in Langenstein eine rege Bautätigkeit, die ihr zweitältester Sohn Jakob Hannibal (gestorben 1611) fortsetzte. Zuvor hatte dessen Bruder, Erzbischof Wolf Dietrich von Salzburg (1587–1612), der das Langensteiner Erbe übernommen hatte, Langenstein durch Zukäufe (Volkertshausen und Eigeltingen) erheblich vergrößert und dann Jakob Hannibal 1596 übergeben. Als der Mannesstamm der Raitenauer 1671 erlosch, fiel Langenstein im Erbgang an die Tiroler Grafen von Welsberg, von denen es 1826 Großherzog Ludwig von Baden kaufte. Nach seinem Tod (1830) ging das von ihm aus der alten Herrschaft Langenstein und großen Teilen seines sonstigen privaten Vermögens gebildete Stammgut Langenstein auf seinen natürlichen Sohn, Graf Ludwig von Langenstein, über. Durch dessen mit dem schwedischen Grafen Karl Douglas vermählte Schwester kamen 1872 die Güter an die ursprünglich in Schottland beheimateten, aber seit 1631 in Schweden ansässigen Grafen Douglas, in deren Besitz sie sich noch befinden. Am Ende des Ersten Weltkrieges fand Großherzog Friedrich II. von Baden in dem Renaissanceschloß Langenstein Zuflucht. Hier unterzeichnete er am 22. 11. 1918 die Urkunde über seine Abdankung als Landesfürst. 1969 wurde im Schloß Langenstein ein vielbesuchtes Fasnachtsmuseum eröffnet.

Nenzingen

Zahlreiche vorgeschichtliche Funde, insbesondere sehr schöne hallstattzeitliche Keramik, die im »Alb-Hegau-Stil« verziert ist, sind im Hegau-Museum in Singen/Htwl. ausgestellt.

Der 839 als Nancingas erstmals urkundlich genannte Ort leitet seinen Namen wohl vom Personennamen Nanzo her. Nenzingen ist eine frühe alemannische Siedlung. Das Dorf dürfte bereits im 10. Jahrhundert der Grafenfamilie gehört haben, die sich seit Mitte des 11. Jahrhunderts nach ihrer nahegelegenen Nellenburg nannte. Die Herrschaftsrechte scheinen zwischen ihr und den Herren von Nenzingen, von Homburg und von Bodman aufgeteilt gewesen zu sein. Seit 1563 lagen alle Rechte wieder bei der Landgrafschaft Nellenburg, mit der Nenzingen 1806 an Württemberg und 1810 an Baden fiel. 1975 vereinigten sich Nenzingen und Orsingen.

Pfarrkirche St. Ulrich und Johann Nepomuk von 1721, 1723 geweiht, später mehrfach, zuletzt 1972–74, renoviert und erweitert. Holzplastiken von Joseph Anton Feuchtmayer. – St. Martins Kapelle an der Straße nach Stockach, barocke Saalkirche von 1716–18 mit beachtlicher Ausstattung, z. T. Arbeiten von J. I. Wegscheider, G. B. Götz und J. A. Feuchtmayer.

RADOLFZELL

395–675 m, Fläche: 5857 ha (davon 1899 ha Wald und 2365 ha landwirtschaftlich genutzt). Einwohner 1985: 24 200. Große Kreisstadt, Einheitsgemeinde.

Um 826 gestattete der Reichenauer Abt Erlebald dem aus alemannischem Geschlecht stammenden Veroneser Bischof Radolf, am Ufer des Untersees auf altbesiedeltem und seit dem 8. Jahrhundert dem Inselkloster gehörenden Boden eine Kirche und Klerikerwohnstätte zu erbauen. In dieser nach ihm benannten »Cella Ratoldi« verbrachte ihr Gründer nach dem Verzicht auf das Bistum Verona (840) seinen Lebensabend (gestorben 847). Neben der »Radolfs-Zelle« und einem reichenauischen Herrenhof entstand, begünstigt durch die Wallfahrten zu den Radolfzeller »Hausherren« (Stadtpatronen) und durch die Marktrechtsverleihung im Jahr 1100, ein wichtiger Handelsplatz. 1267 wurden dem zu wirtschaftlicher Blüte gelangten und wohlbefestigten Marktflecken von Abt Albrecht von Ramstein städtische Freiheiten verliehen. Der Konstanzer Bischof Heinrich von Klingenberg verkaufte als Gubernator der verschuldeten Abtei Reichenau 1298 mit einigen anderen Orten auch die Vogtei über Radolfzell an das Haus Habsburg. 1415 erhielt Radolfzell als Folge der Ächtung Herzog Friedrichs IV. von Österreich die Reichsfrei-

Katholisches Liebfrauenmünster in Radolfzell. Gegenüber dem Hauptportal das Radolfzeller Rathaus, rechts unten das »Österreichische Schlößchen«, heute Stadtbibliothek

heit. Dieser hatte dem auf dem Konstanzer Konzil weilenden Papst Johannes XXIII. zur Flucht verholfen. Der in Freiburg verhaftete Papst wurde vom 18. 5. bis zum 3. 6. 1415 in der Radolfzeller Burg als Gefangener des Konzils festgehalten.

1421 brachte die Bürgerschaft die aus dem ehemaligen Reichenauer Kelhof entstandene Burg und das Ammannamt pfandweise, 1528 endgültig in ihren Besitz und erbaute das erste Rathaus (1847 abgebrochen und durch das heutige ersetzt). Obwohl die Stadt 1455 wieder unter österreichische Herrschaft kam, erwarben die Bürger zu den bisherigen Vorrechten neue Privilegien, insbesondere die Vogtei und die damit verbundene hohe Gerichtsbarkeit über die Stadt und eine Reihe von Dörfern der Umgebung (1462). 1506 gab König Maximilian I. der Stadt Radolfzell als zweiter im Reich eine eigene Halsgerichtsordnung. Im Bauernkrieg (1524/25) war Radolfzell wichtiger Verhandlungsort, Zufluchtsstätte für den hegauischen Adel und unüberwindliches Widerstandszentrum gegen die Aufständischen. Die Stadt hielt einer zehnwöchigen Belagerung stand und wurde durch ein Entsatzheer des Schwäbischen Bundes befreit. Im 16. Jahrhundert vergrößerte Radolfzell auf dem

Höhepunkt seines Wohlstandes durch Zukauf mehrerer Dörfer seine nicht unbeträchtliche Grundherrschaft. Vom November 1576 bis zum Mai 1577 verlegte man wegen einer pestartigen Krankheit die Universität Freiburg/Br. nach Radolfzell. Der Dreißigjährige Krieg leitete auch in Radolfzell den wirtschaftlichen Niedergang ein. 1810-72 war Radolfzell badische Amtsstadt. Mit der Schaffung besserer Verkehrsverbindungen (1863: Eröffnung der Eisenbahnstrecke Basel–Radolfzell–Konstanz; 1866: Offenburg–Konstanz), mit der Errichtung größerer Industrieanlagen (Trikotagenfabrik Schiesser 1875, Pumpenfabrik Allweiler 1876 u. a.) und durch die Förderung des Fremdenverkehrs begann eine neue Blüte der Stadt. 1958 wurde auf der Radolfzell vorgelagerten Halbinsel Mettnau ein Sportkurzentrum eröffnet und in den folgenden Jahren durch den Bau von Kliniken, Sanatorien und Kurheimen zu einer Einrichtung mit ganzjährigem Kurbetrieb erweitert.

Nachdem Bischof Radolf von Verona Gebeine der hl. Senesius und Theopont, zu denen später noch Reliquien des hl. Zeno kamen, in seine Zellengründung am Bodensee gebracht hatte, begann eine die Jahrhunderte überdauernde Anrufung und Verehrung der Radolfzeller Stadtpatrone oder »Hausherren«. Noch heute ist das »Hausherrenfest« am 3. Julisonntag der höchste Radolfzeller Feiertag.

Das zwischen 1436 und 1550 erbaute Münster erhebt sich an der Stelle, an der Bischof Radolf seine kleine Kirche errichtet hatte. Hervorzuheben sind ferner das 1386 gegründete Hospital zum Hl. Geist, das schon früh einen ausgedehnten Güterbesitz erwerben konnte; das Haus des Junkers Hans von Schellenberg (jetzt Amtsgericht), das seit 1609 der Reichsritterschaft des Hegaus als Versammlungsort und Verwaltungssitz diente; und schließlich das sogenannte »Österreichische Schlößchen«, das von der Stadt als Wohnsitz für die österreichischen Erzherzöge geplant, 1620 begonnen, aber erst Anfang des 18. Jahrhunderts fertiggestellt und nie seiner eigentlichen Bestimmung zugeführt wurde (jetzt Stadtbücherei).

Böhringen

Ur- und frühgeschichtliche Funde auf Gemarkung Böhringen aus der Bronze-, der Hallstatt- und der Alemannenzeit.

Das im Jahr 1243 erstmals urkundlich erwähnte Dorf Böhringen (Beringen, abgeleitet vom Personennamen Bero) war bis 1421 im Besitz des Klosters Reichenau, ging in jenem Jahr zusammen mit dem heutigen Ortsteil Reute, dem Dorf Überlingen am Ried, dem Ammannamt und der Burg zu Radolfzell pfandweise, 1538 endgültig an die Stadt Radolfzell über. Mit der Stadt Radolfzell kam Böhringen 1806 an Württemberg und 1810 an Baden. 1975 wurde Böhringen nach Radolfzell eingemeindet.

Pfarrkirche St. Nikolaus, Bau von 1958 mit integriertem barockem Vorgängerbau von 1728/30. Im Dorf einige bemerkenswerte Fachwerkhäuser aus dem 18. Jahrhundert.

Rickelshausen

Seit Oktober 1891 Ortsteil von Böhringen, schon 1170/79 als »Richinlinhusen« (= Hausen des Richilo oder Richino) urkundlich genannt, war Lehen teils des Klosters Reichenau, teils des Augustiner-Chorherrenstifts Kreuzlingen.

Im 18. Jahrhundert gelang es der Familie von Senger, nach und nach das gesamte Anwesen Rickelshausen und schließlich von Radolfzell auch die niedere Gerichtsbarkeit, das Vogteirecht und die kleine Jagd zu erwerben. 1823 verkaufte Fridolin Jakob von Senger Rickelshausen in zwei Teilen. Von den Gebäuden des Gutes Rickelshausen sind noch erhalten: ein zierliches, zweigeschossiges Schlößchen von 1769 bis 1772 (über dem Eingang die Wappen des Erbauers Fridolin Ehrhard von Senger und seiner Eltern) unmittelbar südlich der B 33 und der sogenannte »Weiherhof« aus dem 19. Jahrhundert unmittelbar nördlich der B 33).

Zu Böhringen gehören ferner die Ortsteile Haldenstetten und Reute.

Güttingen

Frühalemannischer Reihengräberfriedhof (seit dem 6. Jahrhundert n. Chr. belegt) mit 114 untersuchten Bestattungen. Hervorzuheben ein Frauengrab mit reichen Schmuckbeigaben, besonders eine gegossene Bronzepfanne mit Jagdszenen und griechischer Umschrift koptisch-christlichen Inhalts. Die Funde sind im Hegau-Museum in Singen ausgestellt.

Erste urkundliche Erwähnung: 860 = »Cutinga« (nach dem Personennamen Guto/Chuto).

Seit dem 9. Jahrhundert hatte das Kloster St. Gallen Besitzungen in Güttingen. Der Rest scheint Königsgut geblieben zu sein; denn seit 1507 werden Schloß und Dorf Güttingen mehrmals als Reichslehen ausgegeben. Lehenträger und Inhaber der Ortsherrschaft über Güttingen waren seit Anfang des 16. Jahrhunderts die Herren von Bodman (Linie zu Möggingen), von 1515–1551 die Herren von Homburg, seit 1551 wiederum die von Bodman-Möggingen. Der Übergang an Baden erfolgte 1806. Güttingen wurde 1975 nach Radolfzell eingemeindet.

Kath. Pfarrkirche St. Ulrich, spätgotisch, jedoch durch Umbauten und Erweiterungen im 18. und 19. Jahrhundert stark verändert. Barockausstattung, insbesondere Taufbecken von 1763. Epitaphe einiger Mitglieder der Familie von Bodman. – Das ehemalige Schloß auf einer Anhöhe über dem Dorf wurde zu einem Wohnhaus umgestaltet; dabei drei weitere, früher zum Schloß gehörende Gebäude.

Liggeringen

Wie Reihengräberfunde der Merowingerzeit belegen, handelt es sich bei Liggeringen um eine alte alemannische Siedlung. Der Ortsname, 806/822, 887 und 946 in frühen Urkunden erwähnt, leitet sich vom Personennamen Liutger oder Liutegar ab. Im 9. Jahrhundert wurde der Ort dem Kloster Reichenau geschenkt. Edelfreie Herren nannten sich im 11. und 12. Jahrhundert nach dem Dorf. Maier (villici) von Liggeringen sind als Vögte des Klosters Reichenau seit dem 13. Jahrhundert am Ort bzw. in der Umgebung ansässig. Im 14. Jahrhundert gingen die Vogtrechte an die Herren von Bodman über. Als ritterschaftliche Besitzung fiel Liggeringen 1806 an Baden. 1974 wurde Liggeringen nach Radolfzell eingemeindet.

Neuromanische Pfarrkirche St. Georg von 1905; der Chor einer ursprünglich spätgotischen, 1711–1717 barockisierten Kirche ist als Kapelle in die Kirche von 1905 einbezogen.

Markelfingen

Funde von Steinwerkzeugen. Im Wald »Hornhalde« drei Grabhügel.

Markelfingen (abgeleitet vom Personennamen Markolf) gehörte zur Erstausstattung des 724 gegründeten Klosters Reichenau, das hier sechs Lehenhöfe und drei Lehenmühlen besaß und zehntbezugsberechtigt war. Der ehemalige Kelhof ist heute das Gasthaus »Kreuz«. Mit der Reichenau wurde Markelfingen 1540 dem Territorium des Bischofs von Konstanz zugeschlagen; 1803 kam Markelfingen an Baden. 1974 erfolgte die Eingemeindung nach Radolfzell.

Reich ausgestattete, jüngst restaurierte St.-Laurentius-Kirche von 1612 mit Turmchor von 1462 (eingewölbt 1483). Im Innern Wandmalereien (um 1615): Apostel, Christus und Maria, Wappen Markelfinger Geschlechter. – An der alten Straße nach Stockach (Kapellenweg) frühere Wallfahrtskapelle von 1703; 1810 säkularisiert, heute Wohnhaus (Ölmühle). – Neumühle, stattliches Fachwerkhaus von 1680.

Möggingen

Die frühalemannische Siedlung Möggingen, seit dem 8. Jahrhundert Zubehör des fränkischen Krongutes Bodman, wurde 860 durch König Ludwig den Deutschen an das Kloster St. Gallen geschenkt. Die aus diesem Anlaß erste urkundliche Nennung lautet: villula Mechinga, abgeleitet vom Personennamen Macho oder Mechi. Die Abtei St. Gallen gab später den Klosterbesitz in Möggingen als Lehen an adelige Familien aus. Nach den Herren von Möggingen waren seit dem Ende des 13. Jahrhunderts die Herren von Bodman und vorübergehend (1515–51) die Ritter von Homburg Ortsherren in Möggingen. Mit der Landgrafschaft Nellenburg kam Möggingen 1806 an Württemberg und 1810 an Baden. 1974 wurde Möggingen nach Radolfzell eingemeindet.

Die in den Anfängen bis ins 11. Jahrhundert zurückreichende und später erweiterte Wasserburg Möggingen hielt sich während des Bauernkrieges (1524/25) dank der Treue der sich am Aufruhr nicht beteiligenden Untertanen, während das Dorf Möggingen in Flammen aufging. Das spätmittelalterli-

Rathaus der Gemeinde Reichenau. Im Hintergrund Turm des Münsters

che Ritterhaus ersetzte man 1600 durch das heutige Hochschloß, das während des Dreißigjährigen Krieges 1632 und 1636 geplündert und in Brand gesteckt wurde. Johann Ludwig von Bodman begann 1648 mit der Wiederherstellung des Schlosses, das noch jetzt der Familie von Bodman als Wohnsitz dient und seit 1946 eine in Verbindung mit dem Max-Planck-Institut für Verhaltensphysiologie arbeitende Vogelwarte (Vogelwarte Radolfzell) beherbergt.

1278–1792 bestand in Möggingen ein Terziarinnenkloster.

Pfarrkirche St. Gallus, ein im Kern teils romanischer, teils spätgotischer, 1747 barockisierter, 1879/1880 neuromanisch veränderter und vor Jahren renovierter Bau mit interessanter Ausstattung.

Stahringen

Als »Stalringen« ist der wohl vom Personennamen Stahalher abgeleitete Ortsname seit dem 12. Jahrhundert nachweisbar. Die Entstehung des heutigen Dorfes dürfte jedoch schon ins 6./7. Jahrhundert zurückgehen.

Lange Zeit war Stahringen ein ritterschaftliches Dorf der Herren von Homburg, ehemaligen Ministerialen des Bischofs von Konstanz, die im 11. Jahrhundert auf einem steil zum Ort abfallenden Bergsporn mit dem Bau einer Burganlage begonnen hatten (s. u.). 1565 verkaufte Wolf von Homburg seine Herrschaft an seinen Schwiegersohn Hans Konrad von Bodman. Die Herren von Bodman waren nur knapp 50 Jahre Ortsherren in Stahringen. 1614 kamen Dorf und Homburg an das Benediktinerkloster St. Gallen und 1749 an den Bischof von Konstanz. In den Jahren 1802–1808 stritten sich Habsburg bzw. Württemberg einerseits und Baden andererseits um den Besitz der Herrschaft Stahringen-Homburg. Nach zweijähriger Zugehörigkeit zum Königreich Württemberg wurde Stahringen schließlich 1810 dem Großherzogtum Baden zugesprochen. 1974 wurde Stahringen nach Radolfzell eingemeindet.

Pfarrkirche St. Zeno, nach Plänen von Heinrich Hübsch 1835 ff. erbaut, 1978/79 erweitert und renoviert.

Burgruine Homburg

Die Burg wurde im 11. Jahrhundert von gleichnamigen bischöflich-konstanzischen Ministerialen erbaut. 1499 wurde die Homburg im Schwaben- oder Schweizerkrieg erstmals zerstört, 1502 jedoch wiederaufgebaut. Während des Dreißigjährigen Krieges wurde nach mehrfachem Wechsel der Besatzung im Oktober 1642 die österreichische Garnison auf der Homburg durch den Kommandanten des Hohentwiel, Konrad Widerholt, überfallen und das Schloß niedergebrannt. Noch heute lassen beachtliche Mauerreste den einstigen Umfang der Burg erkennen. Mächtige Schildmauer begehbar.

REICHENAU

395–524 m, Fläche: 1273 ha (davon 406 ha Wald und 453 ha landwirtschaftlich genutzt). Einwohner 1985: 4849. Beteiligte Gemeinde der Verwaltungsgemeinschaft Konstanz.

Das von den Franken nach der Unterwerfung des alemannischen Südens 724 gegründete Kloster Reichenau erlangte bald abendländische Bedeutung. Träger der von Karl Martell eingeleiteten staatskirchlichen Reform in Alemannien und erster Vorsteher der Reichenau war der entweder im irofränkischen Raum beheimatet gewesene oder aus dem westgotisch beherrschten Südfrankreich gekommene Abtbischof Pirmin. Neuere Forschungen legen nahe, daß auch das alemannische Herzogshaus bei der Gründung des Klosters eine Rolle gespielt haben kann. Zur Erstausstattung des Klosters gehörten außer der Insel Reichenau die Orte Markelfingen, Allensbach, Kaltbrunn, Wollmatingen, Allmannsdorf und Ermatingen. Mit Abt Waldo (786–806), dem Begründer der Reichenauer Gelehrtenschule und Bibliothek, dem Erzieher und Berater Pippins, Karls des Großen Sohn, Bischof der langobardischen Hauptstadt Pavia und Abt von Saint Denis, begann in dem nun karolingischen Kloster Reichenau das »goldene Zeitalter«. Sein Nachfolger war der eifrige Förderer klösterlicher Bildung und Erbauer des ersten Münsters, einer dreischiffigen Kreuzbasilika mit Zwillingsapsiden im Osten (816 geweiht), Abt Heito I. (806–23). Unter ihm waltete der gelehrte Reginbert als Leiter einer der damals größten Bibliotheken des Abendlandes. Ein weltberühmtes Dokument seiner Tätigkeit ist der in der Stiftsbibliothek St. Gallen aufbewahrte Reichenauer Klosterplan von ca. 813/23.

In die Regierungszeit des Abtes Erlebald (823–38) fallen die Anfänge des über 40000 Namen umfassenden Reichenauer Verbrüderungsbuches. Die hervorragendste Gestalt in der langen Reihe der Äbte war der um 809 im Bodenseegebiet geborene Dichter Walahfried Strabo, Verfasser der Vision Wettis, Prinzenerzieher und Zentralfigur in den Machtkämpfen zwischen Kaiser Ludwig dem Frommen und seinen Söhnen sowie in den Wirren nach dem Tod des Kaisers. Nach seiner Rückkehr auf die Reichenau und seiner Wiedereinsetzung als Abt (842–49) widmete sich Walahfried vornehmlich theologischen Studien. In der 2. Hälfte des 9. Jh. hatte der Besitz des Klosters eine riesige Ausdehnung, zumal dank der Schenkungen Kaiser Karls des Dicken, dem der auf der Reichenauer Klosterschule ausgebildete Bischof Liutwart von Vercelli als Kanzler diente. Der Kaiser wurde 888 im Ostchor des Münsters bestattet. Kaiser Arnulf erhob Abt Heito III. (888–913) zum Erzbischof von Mainz und Erzkanzler des Reiches. Die Schenkung der Reliquie des Georgshauptes an Heito III. (896), den politisch mächtigsten der Reichenauer Äbte, wurde zum Anlaß für den Bau der St.-Georgs-Kirche in Reichenau-Oberzell.

In die Zeit um die Jahrtausendwende fällt die zweite glanzvolle Epoche kulturellen Lebens auf der Reichenau. Die »Reichenauer Malerschule« zählte damals zu den größten und angesehensten im Reich. Auch pflegten die Mönche die Dichtkunst, die Musik und das Kunsthandwerk. Der »goldene« Abt Witigowo (985–97) entfaltete eine rege Bautätigkeit, er faßte die Klosterbauten zu einer Einheit zusammen und ließ die St.-Georgs-Kirche mit noch erhaltenen Wandbildern ausschmücken. Sein Nachfolger Alawich II. (997–1000) erhielt vom Papst das Privileg der Gleichstellung des Inselklosters mit dem Bischof von Konstanz (Recht der Pontifikalien und Vorrecht der päpstlichen Abtsweihe). Unter dem strengen Regiment des Abtes Immo (1006–08) empörte sich der Konvent und erzwang von Kaiser Heinrich II. seine Absetzung. Ihm folgte Abt Berno (1008–48), der sich als Bauherr, Wissenschaftler und Musiker einen Namen machte. Sein bedeutendster Schüler in der neu erblühenden Schule war der vielseitig begabte Gelehrte und Künstler Hermann der Lahme aus der gräflichen Familie von Altshausen (1013–54), Autor einer großen Weltchronik, Musiktheoretiker und Musikpraktiker, dem die Antiphone »Alma redemptoris mater« und »Salve Regina misericordiae« zugeschrieben werden. Berno gab dem Münster seine heutige Gestalt mit Markusbasilika und Turmwerk im Westen. Im November 1049 weihte Papst Leo IX. auf der Reichenau eine Kirche. König Heinrich IV. besuchte das Kloster im April 1065. Im Investiturstreit stand die Reichenau auf päpstlicher Seite.

Unter Abt Diethelm von Krenkingen (1169–1206), einem treuen Anhänger Friedrich Barbarossas und König Philipps, erstrahlte noch einmal der Glanz der alten Abtei. Nachdem er aber, seit 1189 auch Bischof von Konstanz, 1206 auf alle seine Ämter verzichtet hatte und ins Kloster Salem eingetreten war, begann der geistige und materielle Niedergang des Klosters. Zwar vermochte Abt Albrecht von Ramstein (1259–94) das Klostergut zu konzentrieren und abzurunden, es gelang ihm jedoch nicht, die schon längst nahezu unabhängigen Dienstmannen der Reichenau wieder enger an sich zu binden.

1296–1306 wurde der Konstanzer Bischof Heinrich von Klingenberg, eine der markantesten Persönlichkeiten seiner Zeit, als Gubernator der Reichenau eingesetzt. Der auf Reform bedachte Abt Diethelm von Castell (1306–43) versuchte vergeblich, den ausschließlich dem Hochadel vorbehaltenen Reichenauer Konvent auch den Mitgliedern des Ritterstandes zu öffnen; immerhin baute er das bereits 1235 abgebrannte Klostergebäude wieder auf. Unter Abt Eberhard von Brandis (1343–79) mußte 1367 der ganze Klosterbesitz verpfändet werden. Beim Tod des Abtes Werner von Rosenegg (1402) befanden sich nur noch zwei Konventsherren im Kloster. Abt Friedrich von Wartenberg (1427–53) konnte nochmals mit Mitgliedern des niederen Adels das Kloster im Sinne des benediktinischen Mönchsideals für kurze Zeit beleben. 1447 begann er, den gotischen Münsterchor zu errichten. Kurz vor dem Ende des selbständigen Klosters schrieb der Radolfzeller Chronist Gallus Öhem die Geschichte des Gotteshauses Reichenau nieder. 1540 verzichtete Markus von Knöringen zu Gunsten des Bischofs von Konstanz auf die Reichenauer Abtswürde. Die Konstanzer Kirchenfürsten waren fortan die Herren der Reichenau. Sie richteten als Verwaltungsstelle auf der Insel ein Obervogteiamt ein und verwandelten die einstige Abtei in ein Priorat mit zwölf Mönchen. Nach langen Kämpfen des Konvents, vor allem des letzten Priors Meinrad Meichelbeck, um die Wiederherstellung der Abtei wurde das Kloster durch päpstliches Breve 1757 aufgelöst; es blieb nur eine »Kolonie der Mission« auf der Insel. Mit dem Hochstift Konstanz wurden 1803 auch die Besitzungen der ehemaligen Abtei Reichenau säkularisiert und größtenteils Baden zugeschlagen.

Außer dem durch Abt Heito I. an Stelle der Gründungskirche errichteten, 816 geweihten, zwischen 825 und 1048 sechsmal umgebauten und 1447–77 durch einen spätgotischen Chor erweiterten Münster sind auf der Reichenau noch die unter Abt Heito III. 896 ff. errichtete, im 11. Jahrhundert mit einer Westvorhalle versehen und in der Gotik neu überdachte St.-Georgs-Kirche in Oberzell mit bedeutenden ottonischen Wandmalereien (Ende 10. Jahrhundert) sowie die zweitürmige ehemalige Stiftskirche St. Peter und Paul erhalten. Die erste Peter- und Paul-Kirche ist gegen Ende des 8. Jahrhunderts erbaut und 799 von ihrem Stifter, Bischof Egino von Verona, eingeweiht worden. Statt des nach zwei Bränden umgestalteten und im letzten Drittel des 11. Jahrhunderts niedergelegten Gründungsbaues wurde kurz nach 1100 bis 1134 die jetzige querhauslose dreischiffige Säulenbasilika mit bemalter Apsis (1104–34) erbaut. Die doppelgeschossige Vorhalle ist eine spätmittelalterliche Ergänzung. 1756/57 erhielt die Kirche Rokoko-Stuckdecken.

Von den noch erhaltenen ehemaligen Klostergebäuden in Reichenau-Mittelzell trägt das jetzige Altersheim das Baudatum 1530. – Die 1605–10 unter dem Konstanzer Bischof Jakob Fugger südlich des Münsters errichtete Renaissance-Anlage dient heute als Rathaus und als Pfarrhaus. – In der Ortsmitte steht das alte Rathaus mit massivem romanischem Untergeschoß und Fachwerkaufbau des 15. und 16. Jahrhunderts, früher Obervogteigebäude des Klosters. – Gegenüber dem Münster »Haus Uricher«, Gästehaus der Reichenauer Äbte, um 1470 errichteter Fachwerkbau. – Schloß Königsegg, um 1600 anstelle einer Burg erbaut und im 19. Jahrhundert erhöht und verändert. – An der höchsten Stelle der Insel die Hochwart, kleines Belvedere aus dem 19. Jahrhundert. – Am Westende der Insel Reichenau das Ferienheim »Bürgle«, auch Burg Windegg genannt, früher Dienstmannensitz und Gästehaus des Klosters; der heutige Bau im wesentlichen um 1630. – Am Ostende der Insel Ruine Schopfeln, die Reste einer 1336 zerstörten Wasserburg. – Kindlebildkapelle jenseits des Dam-

Rathaus der Gemeinde Rielasingen-Worblingen

mes auf dem Festland; einst Grabstätte der ungetauft auf der Insel gestorbenen Kinder; kleiner Rechteckbau mit Walmdach (1644); Stuckaltar mit Kreuzigungsgruppe und Medaillons mit Szenen aus der Leidensgeschichte Christi und den Evangelisten. In den Seitenwänden Figuren der hl. Georg und Michael.

Die Gemarkung Reichenau umfaßt nicht nur die Inselfläche, sondern auch ein großes Gebiet am nördlichen Gnadenseeufer und auf dem Bodanrück mit Waldflächen, Teilen des Wollmatinger Rieds, der Waldsiedlung und dem Psychiatrischen Landeskrankenhaus.

RIELASINGEN-WORBLINGEN

404–680 m, Fläche 1872 ha (davon 350 ha Wald und 1196 landwirtschaftlich genutzt). Einwohner 1985: 9529. Beteiligte Gemeinde der Verwaltungsgemeinschaft Singen.

Rielasingen

Die verkehrsgünstige Lage von Rielasingen bei der zum Hochrhein sich öffnenden Bibertalsenke und der alten Straße, die von Stein-Burg durch den Hegau ins Donautal führte, erklärt, warum auf dieser Gemarkung Funde aus allen ur- und frühgeschichtlichen Kulturepochen gemacht wurden.

Erste urkundliche Erwähnung 1155: »Rouleizingen« (vom Personennamen Ruadleoz).

Zu den ältesten und bedeutendsten mittelalterlichen Grundherren in Rielasingen zählte das Kloster Reichenau. Neben einem bis gegen 1300 in Rielasingen nachweisbaren Ortsadel finden wir hier seit dem 13. Jahrhundert die Freiherren von Rosenegg als Reichenauer Lehenträger und Dorfherren. Nach dem Aussterben der Freiherren von Rosenegg (1481) kam die Herrschaft Rosenegg mit dem größten Teil des Dorfes Rielasingen an die mit den Roseneggern verschwägerten Grafen von Lupfen, die bereits 1339 als Grundherren in Rielasingen Fuß gefaßt hatten. Ihre Nachfolger wurden 1583 die Freiherren von Mörsberg-Belfort. Nachdem die Herrschaft Rosenegg mit Rielasingen zwei Jahre in der Hand des Herzogs von Württemberg gewesen war (1608–10), brachte sie der Bischof von Konstanz in seinen Besitz. Bis zur Säkularisation des bischöflich-konstanzischen Territoriums und dessen Angliederung an Baden im Jahr 1803 gehörten Rosenegg und Rielasingen zum Hochstift Konstanz. 1975 vereinigte sich Rielasingen mit Worblingen.

Pfarrkirche St. Bartholomäus, erbaut 1959–61 nach Plänen des Züricher Architekten Dr. Justus Dahinden. – Barockes Gasthaus Löwen, ehemalige herrschaftliche Taverne. – Ehemalige Mühle sowie Fachwerkhäuser des 17. und 18. Jahrhunderts.

Rosenegg

Ruine einer 1639 zerstörten Burg westlich von Rielasingen. Die Erbauer der Burg Rosenegg waren die seit Mitte des 13. Jahrhunderts nachweisbaren Freiherren von Rosenegg, von denen Werner 1385–1402 dem Kloster Reichenau als Abt vorstand. Die seit 1312 nachweisbare, bis 1481 im Besitz des gleichnamigen Freiherrengeschlechtes befindliche, 1499 zerstörte und danach wiedererrichtete Feste wurde vom Konstanzer Bischof Jakob Fugger (1604–1626), der sich hier gerne aufhielt, ausgebaut. Während des Dreißigjährigen Krieges (1639) ging die ausgedehnte Burganlage in Flammen auf und liegt seither in Trümmern. Nur noch wenige Mauerreste sind erhalten. Auf dem Rosenegg steht noch das Burggasthaus »Burg Rosenegg«, ein Fachwerkbau des 18. Jahrhunderts mit massivem Erdgeschoß (Umbau 1964/66).

Arlen

Der bis 1936 selbständige Rielasinger Ortsteil Arlen (1005: »Arola«, wohl vom prägermanischen Wort arola/orola = Wasser abgeleitet) hatte sich jahrhundertelang von Rielasingen völlig unabhängig entwickelt. Arlen gehörte zur Ausstattung des von Herzog Burkhard II. von Schwaben und seiner Gemahlin Hadwig um 970 auf dem Hohentwiel gegründeten und von König Heinrich II. um 1005 nach Stein am Rhein verlegten Klosters St. Georgen. Die Klostervögte waren zugleich Ortsherren in Arlen. Abtsstab und Rad im Wappen von Arlen erinnern an diese alte Verbindung zum Kloster St. Georgen in Stein am Rhein und an die Ritter von Klingenberg, die im 15. und 16. Jahrhundert die Vogteirechte in Arlen ausübten. Im Jahr 1655 verpfändete Österreich das Dorf Arlen als Teil der Herrschaft Singen an die Freiherren von Rost. Nach dem Aussterben dieser Familie kam Arlen im Jahr 1774 als Pfandlehen an die Grafen von Enzenberg. Als Bestandteil der österreichischen Landgrafschaft Nellenburg wurde Arlen 1805 württembergisch und 1810 badisch.

Pfarrkirche St. Stephan und St. Blasius, erbaut 1962 nach Plänen des Züricher Architekten Dr. Justus Dahinden mit gotischen Maßwerkfenstern der früheren Kirche, von der auch mehrere spätbarocke Teile übernommen wurden.

Worblingen

Das Dorf ist eine alte alemannische Siedlung. Der Name (Wormingen, Wormelingen, vom Personennamen Wormilo abgeleitet) wird 839 erstmals schriftlich bezeugt. Damals schenkte Kaiser Ludwig der Fromme Besitzungen und Rechte in Worblingen dem Kloster Reichenau. In dessen Auftrag wirkten bis ins 13. Jahrhundert klösterliche Dienstleute als Verwalter und Vögte in Worblingen. Von etwa 1300–1458 war das Thurgauer Adelsgeschlecht der Herren von Stein im Besitz des reichenauischen Lehens Worblingen. Es folgten von 1459 bis ca. 1530 die Herren von Klingenberg, ebenfalls eine bekannte Ritterfamilie aus dem schweizerischen Thurgau, die von 1300–1521 auch auf dem nahen Hohentwiel saß. Worblingen hatte inzwischen allerdings seine Eigenschaft als Lehen des Klosters Reichenau verloren. Nach mehreren Zwischenbesitzern finden wir seit 1603 die Herren von Dankenschweil (bei Ravensburg) als Ortsherren in Worblingen. Achilles von Dankenschweil erbaute anstelle der 1499 zerstörten alten Burg im Jahr 1611 ein Schloß im Dorf, das in veränderter Form noch heute erhalten ist. Durch Vermittlung der Hegauritterschaft erhielten die Freiherren von Liebenfels 1706 das Rittergut Worblingen und behielten es bis zum Tod der Freifrau Walburga von Liebenfels, Äbtissin des Damenstifts Schänis (Kanton St. Gallen) im Jahr 1809. Schon 1806 war das Dorf Worblingen badisch geworden.

Wie in drei weiteren reichsritterschaftlichen Orten des Hegaus (Wangen, Gailingen und Randegg) ließen sich auch in Worblingen zahlreiche Juden nieder: 1675 waren es fünf Judenfamilien, 1875 zählte man 95 Juden in Worblingen. Während die jüdischen Gemeinden in Wangen, Gailingen und Randegg erst durch den Nationalsozialismus gewaltsam aufgehoben wurden, war der letzte jüdische Bürger in Worblingen schon 1910 weggezogen.

Neugotische Pfarrkirche St. Nikolaus und St. Sebastian, 1853/54 erbaut, 1968 erweitert. Turm von 1904. – Schloß: Schlichter, zweigeschossiger Bau von 1611; Änderungen um 1780 und 1810. Enthält heute Eigentumswohnungen. – Hofgut Hittisheim, außerhalb des Ortsetters von Worblingen gelegen, mit geschlossener land- und forstwirtschaftlicher Nutzfläche; eigene Gemarkung bis 1872. Massivbau, teilweise mit verputztem Fachwerk, um 1800. Besitzer von etwa 1480–1817 die jeweiligen Inhaber der Ortsherrschaft Worblingen. Seit 1953 Gräflich von Enzenberg'sche Gutsverwaltung (vorher ten Brink).

Rathaus der Stadt Singen/Hohentwiel

SINGEN

397–700 m, Fläche: 6178 ha (davon 1673 ha Wald und 2570 ha landwirtschaftlich genutzt). Einwohner 1985: 41830. Große Kreisstadt, erfüllende Gemeinde der Verwaltungsgemeinschaft Singen.

Zahlreiche im Hegau-Museum ausgestellte Funde zeugen von einer zwei Jahrtausende währenden vorgeschichtlichen Besiedlung der Gemarkung am Ostfuß des Hohentwiels. Zwei große Reihengräberfriedhöfe sowie der erstmals 787 in einer St. Galler Urkunde erwähnte, vom Personennamen Siso abgeleitete Ortsname »Sisinga« deuten auf eine alemannische Ortsgründung im 7. Jahrhundert hin.

Bis zum 10. Jahrhundert dürfte der Ort zum Fiskus Bodman gehört haben, danach besaß das Kloster Reichenau die Ortsherrschaft in Singen. Nach häufigem Besitzerwechsel kam das Dorf 1554 und nach kurzer Unterbrechung endgültig 1575 an Österreich. 1655 an die Familie von Rost verpfändet, gelangte die Herrschaft Singen auf dem Erbweg 1774 an die Grafen von Enzenberg. 1806 wurde Singen württembergisch, 1810 badisch. In der Nachbarschaft der seit 1521 württembergischen Festung Hohentwiel hatte sich das reichsritterschaftliche, im österreichischen Einflußbereich liegende Dorf Singen nicht entwickeln können. Erst nach Eröffnung der durch Singen führenden Bahnlinien Basel–Konstanz (1863) und Offenburg–Konstanz (1866) und nach der Ansiedlung größerer Industriebetriebe (Maggi GmbH 1887, Georg Fischer AG 1894, Aluminium-Walzwerke Singen 1912 u. a.) wuchs das 1880 noch kaum 2000 Einwohner zählende Dorf zu einer Stadt. Die Stadtrechtsverleihung erfolgte 1899. Heute ist Singen der wirtschaftliche, verkehrsgeographische und kulturelle Mittelpunkt des Hegaus.

Pfarrkirche St. Peter und Paul, 1778–1781 vom bischöflich-konstanzischen Baumeister Joseph Ferdinand Bickel errichtet, 1953 stark verändert und erweitert und vor einigen Jahren innen und außen renoviert.

Herz-Jesu-Kirche von 1909–1911, 1980/82 innen renoviert und mit bemerkenswerten Arbeiten der Künstler Emil Wachter (Wandteppiche und Fenster) und Klaus Ringwald (Altar, Ambo, Tabernakel und Kreuz) ausgestattet. – St. Josef, 1928 geweiht, mit Plastiken von Emil Sutor. – Liebfrauen, 1957, St. Elisabeth, 1965 geweiht. – Ev. Markuskirche mit Glasfenstern von Curt-Georg Becker. – Enzenberg-Schloß, dreistöckiger schlichter Zopf-Bau von 1809/10, heute Hegau-Museum.

Burgruine Hohentwiel

Fundstätte von Kulturresten, die von der Steinzeit bis zur Römerzeit reichen. Im Zusammenhang mit den Auseinandersetzungen zwischen den sogenannten »Kammerboten«, dem Bodmaner Pfalzgrafen Erchanger und seinem Bruder Berchtold einerseits sowie König Konrad und Bischof Salomon III. von Konstanz andererseits (913–17), lesen wir erstmals von einer Burg auf dem Hohentwiel. Damals verfolgte der schwäbische Adelige Erchanger, dem die Verwaltung des im Fiskus Bodman zusammengefaßten Königsgutes im Hegau anvertraut war, das Ziel, die 746 abgeschaffte Herzogsgewalt in Alemannien/Schwaben neu zu errichten. Er geriet deswegen in Konflikt mit König Konrad I. und seinem engsten Berater, dem Konstanzer Bischof Salomon III., wurde 914 gefangengenommen und verbannt. Die wohl unmittelbar danach rasch aufgeführte Wehranlage auf dem Hohentwiel konnten Erchangers Parteigänger 915 gegen eine Streitmacht des Königs halten. Im selben Jahr noch kehrte Graf Erchanger aus der Verbannung zurück und besiegte zusammen mit seinem Bruder Berchtold und anderen Verbündeten bei Wahlwies das Heer des Königs. Der nach siegreich beendeter Schlacht von seinen Anhängern zum Herzog erhobene Erchanger, sein Bruder Berchtold und der Adelige Liutfried stellten sich jedoch 916 einer Reichssynode, wurden dort zunächst zu lebenslanger Buße verurteilt, aber bald danach durch König Konrad I. ergriffen und am 21. 1. 917 hingerichtet. Dies verhinderte allerdings nicht, daß nun die schwäbischen Großen den Grafen Burchard aus dem Geschlecht der Hunfridinger zum Herzog von Schwaben ausriefen. Der Hohentwiel wurde nun bis zum Ende des 10. Jahrhunderts ein zentraler Ort der Herzogsherrschaft in Schwaben, eine »Herzogspfalz«. Vor allem Herzog Burchard III. (954–973) und seine durch Ekkehards IV. St. Galler Klosterchronik und durch Scheffels Roman »Ekkehard« bekanntgewordene Gemahlin Hadwig machten den Hohentwiel zu einem »Herzogsvorort«, nicht zuletzt dadurch, daß sie um 970 auf dem Hohentwiel eine mit der Burg verbundene geistliche Institution, ein dem hl. Georg geweihtes Kloster, errichteten. Als Burchard 973 gestorben war, wurde der Hohentwiel der Herzogin Hadwig bis zu ihrem Tod 994 als Witwensitz belassen. Kaiser Otto III., der selbst zweimal (994 und 1000) auf dem Hohentwiel weilte, und Kaiser Heinrich II. brachten danach den Hohentwiel wieder in die Gewalt des Reiches. Um 1005 hat Kaiser Heinrich II. das Burgkloster vom Hohentwiel nach Stein am Rhein verlegt. In der zweiten Hälfte des 11. Jahrhunderts befand sich der Hohentwiel in den Händen des Schwabenherzogs und Gegenkönigs Rudolf von Rheinfelden. Die zweite Gemahlin Rudolfs, Adelheid von Savoyen, wohnte eine Zeitlang auf dem Hohentwiel und ist dort 1079 gestorben. Der nach dem Tod Rudolfs von Rheinfelden (1080) zwischen den erbberechtigten Herzögen von Zähringen und von Kärnten aus dem Hause Eppenstein strittige Hohentwiel gelangte schließlich an die letzteren. Nach dem Aussterben der herzoglichen Linie der Eppensteiner (1122) traten die mit ihnen verwandten und seit 1086 in Singen ansässigen Herren von Singen-Twiel ihre Nachfolge an. 1267 gehörte der Hohentwiel den Freiherren von Klingen, die ihn 1300 an die Ritter von Klingenberg, ein emporstrebendes Ministerialengeschlecht, verkauften. Seit dem 15. Jahrhundert in mancherlei Fehden verstrickt, durch Erbauseinandersetzungen geschwächt und stark verschuldet, waren sie genötigt, endlich sogar ihren wichtigsten gemeinsamen Besitz, den Hohentwiel, zu veräußern.

1521 brachte Herzog Ulrich von Württemberg den Hohentwiel auf Zeit, 1538 endgültig in seine Hand. Von hier aus unterstützte er im Bauernkrieg das aufrührerische Landvolk und versuchte zugleich, es für die Rückeroberung seines ihm 1519 verlorengegangenen Landes zu gewinnen. In der zweiten Hälfte des 16. Jahrhunderts erfolgte die Umwandlung der mittelalterlichen Adelsburg in eine starke Festung. Im Dreißigjährigen Krieg war der Hohentwiel ein trotz fünfmaliger Belagerung unüberwindliches Bollwerk der Protestanten inmitten einer kaisertreuen und dem alten Glauben anhängenden Landschaft. Vom Hohentwiel aus unternahmen die Burgkommandanten Löscher und Konrad Widerholt ihre Streifzüge ins Land. Zahlreiche benachbarte Hegauburgen wurden in jenen Jahren zerstört. Im 18. Jahrhundert war der Hohentwiel württembergisches Staatsgefängnis. Hinter seinen Festungsmauern saß als prominentester Gefangener 1759–64 der als »Vater des deutschen Staatsrechts« bekannte Johann Jakob Moser, der sich mit Herzog Carl Eugen überworfen hatte.

Am 1. 5. 1800 kapitulierten die Kommandanten von Bilfinger und von Wolff kampflos vor den unter General Vandamme in den Hegau vorrückenden Franzosen, in der Hoffnung, so die Burg retten zu können. Trotz geringer strategischer Bedeutung wurden die Befestigungsanlagen wenige Monate später auf Anweisung Napoleons geschleift.

Am 1. 1. 1969 kam die 116 ha große, zuvor zu Tuttlingen gehörende Exklave Hohentwiel mit ihrem knapp 10 ha umfassenden Festungsareal und dem höchstgelegenen Weinberg Deutschlands zur Gemarkung Singen/Hohentwiel, blieb jedoch Domäne des Landes Baden-Württemberg.

Beuren an der Aach

Entsprechende Grabfunde lassen den Ort als merowingerzeitliche Siedlung erscheinen. Die erste urkundliche Erwähnung ist sicher für das Jahr 1228 belegt. Der Ortsname Burron – während des 14. Jahrhunderts Wasserbüren – leitet sich vom althochdeutschen bur = Haus her und bedeutet soviel wie »bei den Häusern«. Beuren gehörte sehr wahrscheinlich zu den Besitzungen des Klosters Reichenau. Vogteirechte waren zu unbekannter Zeit an die Herren von Möggingen gekommen. Vom ausgehenden 14. Jahrhundert bis 1539 lag die Ortsherrschaft bei den Herren von Friedingen. Danach wechselte sie mehrmals den Inhaber, ehe sie vor 1557 an die Reichlin von Meldegg kam. Über eine Heirat gelangte Beuren im 17. Jahrhundert an die Familie Vogt von Alten-Summerau und Praßberg. 1767 kaufte die Familie von Liebenfels das Dorf. 1806 kam es zu Württemberg, 1810 zu Baden. Beuren wurde 1972 nach Singen eingemeindet.

Pfarrkirche St. Bartholomäus, neuromanische Saalkirche von 1839/41. – St. Wendelinskapelle von 1760/62 mit vorgebauter Einsiedelei von 1769/70 und Rokokoausstattung. – Meldegg-Schlößchen auf einer künstlichen Aachinsel gelegen, auf den Ruinen eines Vorgängerbaues errichtet und 1568 erstmals urkundlich erwähnt. Das Gebäude mit Treppenturm und Mansardendach erhielt im 19. Jahrhundert sein heutiges Aussehen.

Bohlingen

Die um 500 n. Chr. entstandene alemannische Siedlung Bohlingen ist durch einen 1967–69 teilweise ausgegrabenen Friedhof mit ca. 300 Bestattungen des 6. und 7. Jahrhunderts und durch die frühe Erwähnung in einer St. Galler Urkunde von 773 gut belegt. Der Ortsname Wobolginga scheint vom Personennamen Pollo abgeleitet zu sein. Rund einhundert Jahre nach der urkundlichen Ersterwähnung ist der Kelhof in Bohlingen im Besitz des Bischofs von Konstanz. Nach 1300 finden wir die Herren von Homburg als Inhaber der Herrschaft Bohlingen. Seit 1426 übten sie neben der niederen Gerichtsbarkeit auch die Blutgerichtsbarkeit aus. Ihre Nachfolger waren das Kloster Salem (1456–69) und die Grafen von Sulz (1469–97). Von 1497 bis Ende 1802 gehörte die Herrschaft Bohlingen zum Territorium des Bischofs von Konstanz. Bohlingen selbst war in jener Zeit bischöflicher Amtsort, zunächst für das von den Grafen von Sulz erworbene Gebiet mit fünf Dörfern, seit Mitte des 18. Jahrhunderts zugleich für die ebenfalls bischöflich-konstanzische Vogtei Gaienhofen mit fünf Dörfern und drei Höfen. Bohlingen kam 1803 an Baden und wurde 1975 nach Singen eingemeindet.

Pfarrkirche St. Pankratius mit dreiseitig geschlossenem, netzgewölbtem Chor von 1496. Langhaus 1866 verlängert und 1978–80 um zwei Seitenschiffe mit 8 großen, vom ortsansässigen Künstler Robert Seyfried geschaffenen Dreieckfenstern erweitert. – St. Martin (Friedhofskapelle), spätgotische, barockisierte Saalkirche. – Rundturm der im 17. Jahrhundert durch Feuer zerstörten Burg mit Wappen des Grafen Alwig von Sulz (gestorben 1493). – Gasthaus »Krone«, ehemaliges bischöflich-konstanzisches Amtshaus und Jagdschloß; über dem Eingang Datum (1686) und Wappen des Erbauers, des Konstanzer Bischofs Franz Johann Vogt von Alten-Summerau und Praßberg. Haus 1760 umgestaltet.

Friedingen

Reihengräberfunde belegen eine merowingerzeitliche Siedlung. Der vom Personennamen Frido abgeleitete Ortsname Fridinga tritt erstmals 1090 in den Urkunden auf. Der Ort war wahrscheinlich früh St. Galler, später Reichenauer Besitz. Herren von Friedingen sind von 1152–1568 nachweisbar. Sie besaßen Friedingen als nellenburgisches Lehen. Verpfändungen und Verkäufe der Ortsherrschaft führten zu häufigem Besitzwechsel. Im 16. Jahrhundert erscheint Friedingen als österreichisches Lehen der Familie von Bodman, die 1539 und 1544 Dorf und Schloß Friedingen an die Stadt Radolfzell veräußerten. Zusammen mit der Landgrafschaft Nellenburg fiel das Dorf 1806 an Württemberg und 1810 an Baden. 1971 wurde Friedingen nach Singen eingemeindet.

Pfarrkirche St. Leodegar, zuletzt 1965/66 umgebaut, mit zahlreichen alten Bauelementen (ab 1300), bemerkenswerten Fresken (um 1500) und barocker Ausstattung.

Friedinger Schlößle

Die um 1180 erbaute Burg Hohenfriedingen war einst Sitz der Edlen von Friedingen. Das Geschlecht, dem Bischof Hermann II. von Konstanz (1183–89) angehörte, hatte im späten 12. und im 13. Jahrhundert eine einflußreiche Stellung im Hegau inne. So finden wir die Friedinger z. B. 1200–67 als Inhaber der wichtigen Vogtei über den reichenauischen Markt Radolfzell. Schon um 1200 hatten sich Angehörige der Familie in die Ministerialität der Reichenau begeben, ohne daß damit gleich eine Schwächung ihrer Position verbunden gewesen wäre. Erst das 15./16. Jahrhundert zeigt das düstere Bild des Niederganges der Friedinger, die besonders ihre Burg Hohenkrähen als Raubnest benützten.

Die Burg Hohenfriedingen wurde im Schweizerkrieg 1499 und im Verlauf des Feldzuges des Schwäbischen Bundes gegen den Hegauer Adel 1512 zerstört, kam 1539 und 1544 samt dem Dorf Friedingen als österreichisches Lehen an die Stadt Radolfzell. Nach nochmaliger Ruinierung der Burganlage im Dreißigjährigen Krieg wurde nur noch eine bescheidene Behausung auf dem Berg, das sogenannte »Friedinger Schlößle« errichtet, das sich noch heute im Besitz der Stadt Radolfzell befindet und als beliebtes Ausflugsziel gerne besucht wird.

Hausen an der Aach

Als »usa« wird das Dorf 787 erstmals urkundlich erwähnt. Der Name ist ebenso wie die im 14. Jahrhundert gebräuchliche Bezeichnung Huonerhusen vom althochdeutschen hus abgeleitet. Reihengräber deuten auf eine Entstehung des Ortes in der Merowingerzeit hin. Durch Tausch mit dem Kloster St. Gallen kam das Kloster Reichenau in den Besitz von Hausen. Als Reichenauer Lehen lag die Ortsherrschaft im 14. Jahrhundert bei den Inhabern der Herrschaft Randegg, dann von 1383 an bei den Herren von Homburg und seit der Mitte des 15. Jahrhunderts bei den Herren von Friedingen. 1544 erwarb die Stadt Radolfzell das Dorf Hausen. Von 1703–59 war Hausen im Besitz der Freiherren von Alten-Summerau und Praßberg, danach bis 1805 wieder im Besitz der Stadt Radolfzell. 1806 kam Hausen an Württemberg, 1810 an Baden. 1971 wurde Hausen nach Singen eingemeindet.

Pfarrkirche St. Agatha und Katharina, schlichter, spätklassizistischer Bau von 1826/27. Die holzgeschnitzte Kanzel aus der Zeit um 1645 stammt aus der Kirche auf dem Hohentwiel.

Schlatt unter Krähen

787 erscheint der in bronze- und römerzeitlichem Siedlungsgebiet gelegene alemannische Ort erstmals in einer Urkunde. Der Name Slat kann vom althochdeutschen Slate = Sumpf oder slaht = Holzschlag abgeleitet sein. Seit unbekannter Zeit war Schlatt eine Besitzung des Klosters Reichenau. Mit Unterbrechungen waren die Herren von Friedingen vom 13. Jh. bis 1539 Ortsherren von Schlatt unter Krähen. Über deren Gläubiger gelangte das Dorf 1544 an die Herren von Reischach und 1592 an die Herren von Bodman, 1606 an Jakob Hannibal von Raitenau, kurz danach an den Grafen Kaspar von Rechberg und 1619 an Rudolf Ebinger von der Burg. Bis 1785 blieb der Ort bei dieser Familie. Über den Überlinger Bürgermeister Franz Konrad Lenz von Lenzenfeld kam Schlatt 1790 erneut an die Herren von Bodman. 1816 ging die Grundherrschaft an die Familie von Reischach. Seit 1957 ist Graf Patrik Douglas, Freiherr von Reischach, Besitzer der Freiherrlich von Reischach'schen Güter in Schlatt unter Krähen. Das Dorf fiel 1806 an Württemberg und 1810 an Baden.

Die den hl. Johann Baptist und Rochus geweihte Kapelle von 1746 enthält die Grablege der Freiherrlichen Familie von Reischach. – Neue St.-Johannes der Täufer Kirche von 1982–84 mit Fenstern von Valentin Feuerstein. – Schloß, um 1570 als von einer Ringmauer umgebene Wasserburg erstellt, dreistöckiger Rechteckbau mit vier achteckigen Türmchen, 1623 nach einem Brand umgebaut. Im Hausflur Epitaph des Hans-Werner von Reischach (gestorben 1623) aus dem Kloster Petershausen, ein Werk von Jörg Zürn.

Überlingen am Ried

Bodenfunde aus der Urnenfelder- und der Alemannenzeit liegen vor. Überlingen am Ried (vom Personennamen Ibur abgeleitet) wird erstmals 1256 urkundlich erwähnt, ist jedoch sicher viel älter. Die vermutlich im 6./7. Jahrhundert entstandene Siedlung war früh reichenauischer Klosterbesitz. Seit dem 13. Jahrhundert gehörte der Ort zum Ammannamt der Stadt Radolfzell und ist dort mit der Ortsherrschaft bis zum Beginn des 19. Jahrhunderts verblieben. Überlingen kam 1806 an Württemberg, 1810 an Baden und wurde 1971 nach Singen eingemeindet.

Neugotische Pfarrkirche Heiligkreuz und Peter und Paul von 1862 mit bemerkenswerter Kreuzigungsgruppe aus der Zeit um 1750.

Katholische Pfarrkirche St. Remigius in Steißlingen

STEISSLINGEN

408–632 m, Fläche: 2453 ha (davon 716 ha Wald und 1250 ha landwirtschaftlich genutzt). Einwohner 1985: 3181. Beteiligte Gemeinde der Verwaltungsgemeinschaft Singen.

Auf der Gemarkung Steißlingen entdeckte man Bodenfunde der Urnenfelderzeit und Spuren einer keltischen Hofsiedlung aus der Latène-Zeit. Das in günstiger Siedlungslage entstandene alemannische Dorf Steißlingen wird in einer Urkunde von 797 erstmals genannt (Stiuzzelingun vom Personennamen Stuizilo). Vermutlich gehörten schon damals der Haupthof in Steißlingen, als Mittelpunkt eines umfangreichen Fronhofverbandes, die Kirche mit dem Pfarrpräsentationsrecht und der Großzehnte dem Bischof von Konstanz. 1515/16 gingen die Rechte des Bischofs an der Kirche und Pfarrei in Steißlingen an das Konstanzer Domkapitel über, das schon 1437 die bischöflich-konstanzischen Zehntrechte in Steißlingen erworben hatte und das von 1516 an der wichtigste geistliche Grundherr in Steißlingen war. Dem Bischof von Konstanz verblieben in Steißlingen bis Ende 1802 neben einigen anderen Einkünften vor allem jene aus dem Kelhof. Orts- und Niedergerichtsherren in Steißlingen waren zunächst die bischöflich-konstanzischen Ministerialen von Homburg (bis 1566), dann die von Bodman, von Zanegg und von Freyberg, seit 1672 die Ebinger von der Burg und seit 1790 die Freiherren von Stotzingen, die noch heute das spätbarocke Schloß in Steißlingen bewohnen. Das Dorf kam 1806 an Württemberg und 1810 an Baden.

Pfarrkirche St. Remigius und Cyrillus aus dem 15./16. Jahrhundert mit schönem spätgotischem Sakramentshaus (um 1490). – An der Straße nach Radolfzell Heiligkreuz-Kapelle von 1698/1700 mit Bruderhaus.

Wiechs

Die hochmittelalterliche Ausbausiedlung wird 1277 erstmals urkundlich erwähnt. Der Name Wiechs dürfte sich vom althochdeutschen wich = Ort oder von lateinisch vicus = Gehöft, Ort, Dorf herleiten. Vermutlich aus schwäbischem Herzogsgut dürfte Besitz in Wiechs an den Bischof von Bamberg gelangt sein. Die Truchsessen von Dießenhofen hatten seit 1342 das Dorf in ihrer Hand. Später kam es an die Herren von Homburg und schließlich 1563/65 an die Freiherren von Bodman, in deren Besitz Wiechs bis zur Mitte des 18. Jahrhunderts verblieb. Von 1779 ab erwarben mehrere Adelige das Dorf, das schließlich 1791 an den Freiherrn Joseph Wilhelm von Stotzingen überging. 1806 wurde Wiechs württembergisch, 1810 badisch und 1972 nach Steißlingen eingemeindet.

St.-Konrad-Kapelle. 1717/18 unter Einbeziehung romanischer und gotischer Bauteile errichtet. Beachtliche spätgotische und barocke Ausstattung. – Schloß: Dreigeschossiges Herrenhaus mit hohem Walmdach, nach 1652 neu erbaut und im 18. Jahrhundert in die heutige Form gebracht. Daneben Reste einer Turmburg aus dem 12. Jahrhundert.

STOCKACH

396–671 m, Fläche: 6975 ha (davon 2088 ha Wald und 3767 ha landwirtschaftlich genutzt). Einwohner 1985: 12 941. Erfüllende Gemeinde der Verwaltungsgemeinschaft Stockach.

Vorgeschichtliche Funde reichen bis in die Urnenfelderzeit zurück. Neben einem älteren alemannischen Dorf im Tal der Stockacher Aach bei der Kreuzung zweier ehemaliger Römerstraßen entstanden auf einer geschützten Anhöhe um 1150 eine befestigte Anlage und rund einhundert Jahre später die Stadt Stockach. Stadtgründer waren die Grafen von Veringen-Nellenburg. Nach dem Aussterben der dritten Linie der Grafen von Nellenburg 1422 kam Stockach mit der Landgrafschaft Nellenburg an die Freiherren von Tengen, die beides 1465 an Österreich verkauften. Das Haus Habsburg blieb bis 1805 Stadt- und Landesherr, wurde dann von Württemberg und dieses 1810 vom Großherzogtum Baden abgelöst.

Stockach erlangte Bedeutung vornehmlich durch günstige Verkehrslage sowie als Gerichts- und Verwaltungsmittelpunkt. Seit dem 16. Jahrhundert war Stockach eine wichtige Poststation der Linien Wien–Paris, Stuttgart–Zürich, Ulm–Basel, und allmonatlich tagte das Nellenburger Landgericht in Stockach auf dem freien Platz vor dem Meßkircher Tor, seit der Mitte des 18. Jahrhunderts im Rathaus; ebenso hatte das österreichische Oberamt, die Verwaltungsbehörde für die Landgrafschaft Nellenburg, seit dem 15. Jahrhundert seinen Sitz in Stockach. Im Schweizerkrieg 1499 und auch während einer längeren Belagerung durch aufständische Bauern 1525 behauptete sich Stockach, erlitt aber schwere Schäden im Dreißigjährigen Krieg. Im Spanischen Erbfolgekrieg ließ der mit Frankreich verbündete Kurfürst Max Emanuel von Bayern am 25. Mai 1704 die Stadt in Schutt und Asche legen. Danach lebten nur noch 72 Bürger mit ihren Angehörigen in Stockach. 1799 besiegte Erzherzog Karl von Österreich zwischen Stockach und Liptingen ein französisches Heer unter General Jourdan. Auch nach der Angliederung an Baden 1810 blieb Stockach durch die Einrichtung eines Bezirksamtes (Landratsamtes, bis Ende 1972) Behördenstadt.

Erwähnenswert ist die traditionelle Fasnacht in Stockach, die auf ein 1351 dem Hofnarren Kuony von Stocken durch Herzog Albrecht II. von Österreich verliehenes Narrenprivileg zurückgeführt wird.

Pfarrkirche St. Oswald von 1932/33 mit Turmunterbau von 1402 und barockem Obergeschoß mit Zwiebelhaube von 1733. – Ehemaliges Landvogteigebäude (von 1820–1977 Rathaus), Salmansweilerhof und altes Landratsamt, alle aus dem 18. Jahrhundert. – Außerhalb der Stadt Loretokapelle, 1724–26 erbaut und 1756 erweitert. Darin Kreuzigungsgruppe von Christoph Daniel Schenck (um 1680).

Espasingen

Viele mesolithische Funde weisen auf eine prähistorische Besiedlung der Gemarkung hin. Erstmals urkundlich erwähnt wurde der Ort 902 als Aspesinga. Der Ortsname könnte vom Personennamen Aspasius abgeleitet sein. Herren von Espasingen lassen sich im 12., 13. und 14. Jahrhundert nachweisen. Zuletzt waren sie in Stein am Rhein verbürgert. Als altes Herzogsgut und Bestandteil der Pfalz Bodman mag der Ort an die Herren von Bodman gekommen sein, die bis 1805 Ortsherren blieben. Espasingen war von 1805–1810 württembergisch und kam dann zu Baden. 1973 wurde Espasingen nach Stockach eingemeindet.

Spätgotische Pfarrkirche St. Nikolaus, 1688 umgebaut und barockisiert, 1900/01 und 1968/70 erweitert.

Hindelwangen

Zu Beginn des 13. Jahrhunderts ist der Ort als Hindelwanc urkundlich nachzuweisen. Der Ortsname dürfte zusammengesetzt sein aus dem Personennamen Hundilo und dem althochdeutschen wanc = Feld.

Die Geschicke des Dorfes waren eng mit der Landgrafschaft Nellenburg verknüpft. Die im 13. Jahrhundert erwähnten Herren von Hindelwangen dürften Ministerialen der Grafen von Nellenburg gewesen sein. Als Bestandteil der Landgrafschaft Nellenburg gehörte Hindelwangen 1806–10 zum Königreich Württemberg und kam dann an das Großherzogtum Baden. 1971 wurde Hindelwangen nach Stockach eingemeindet.

Spätbarocke Pfarrkirche St. Michael mit neuromanischem Turm von 1887; im Innern spätgotische Pieta sowie Schutzmantelmadonna (vielleicht von Hans Ulrich Glöckler, 1610); Grabdenkmal für den Grafen Eberhard von Nellenburg (gestorben 1371).

Burgruine Nellenburg

Die wenige Kilometer westlich von Stockach gelegene Burgruine Nellenburg war seit Mitte des 11. Jahrhunderts Herrschaftsmittelpunkt der gleichnamigen, im Hegau reich begüterten Grafen. Mitglieder der mit dem schwäbischen Herzogsgeschlecht der Burchardinger/Hunfridinger verwandten Familie hatten das Grafenamt im Zürichgau, im Thurgau und im Hegau inne. Graf Eberhard der Selige von Nellenburg stiftete 1049 das Kloster Allerheiligen in Schaffhausen, das unter seinem Sohn Graf Burkhard rasch aufblühte und sich zu einem der bedeutendsten Reformklöster Schwabens entwickelte. Mit Burkhard starben die älteren Nellenburger 1105 aus. Name, Burg und Herrschaft erbten zunächst die Grafen von Bürglen, dann um 1170 die Grafen von Veringen. Zwei Grafen von Nellenburg saßen auf dem Bischofsstuhl in Trier, Graf Ekkehard war Abt der Reichenau (1071–88) und im Investiturstreit einer der Vorkämpfer der päpstlichen Partei im Bodenseegebiet. Wolfram von Nellenburg, zunächst Komtur der Mainau, wurde um 1330 Deutschmeister des Deutschritterordens.

Stockach am Fuße der Nellenburg ist eine Gründung des Geschlechtes. In der zweiten Hälfte des 13. Jahrhunderts vereinigten die Grafen von Nellenburg mit ihrem Hausbesitz auch das Amt der Hegaugrafen. Sie nannten sich nachweislich seit 1275 Grafen von Nellenburg und Landgrafen im Hegau. Nach dem Aussterben der Grafen von Veringen-Nellenburg 1422 kamen sowohl die Grafschaft Nellenburg als auch die Landgrafschaft im Hegau an die Herren von Tengen, Freiherren von

Eglisau, die diesen Besitz 1465 an Herzog Sigmund von Österreich weiterveräußerten. Die Herrschaft des Hauses Habsburg währte bis 1805. Nach fünfjähriger württembergischer Landeshoheit gelangte die ehemalige Landgrafschaft Nellenburg 1810 an Baden.

Die Nellenburg, 1056 erstmals urkundlich erwähnt, überlebte die Stürme der Zeit nicht. 1150–1493 wurde die Nellenburg mehrfach berannt, erobert, beschädigt oder ruiniert, danach aber immer wieder aufgebaut. 1499 konnte die Feste gegen die Eidgenossen verteidigt werden. Im Dreißigjährigen Krieg wurde die Burg erneut teilweise zerstört, aber danach noch einmal erstellt, 1782/83 jedoch abgebrochen. Die Ruine Nellenburg und ein dazugehöriger Hof sind heute im Besitz der Grafen Douglas auf Langenstein.

Hoppetenzell

Im Testament des Abtes Fulrad von St. Denis (um 777 verfaßt) steht geschrieben, daß dieser von einem Mann namens Adalung eine nach ihm benannte Adalungszelle, »in der die Gebeine des hl. Georg ruhen«, erhalten habe. St. Georg ist noch heute der Kirchenpatron in dem später nach dem »Hoppeter«, dem Frosch, umbenannten Dorf. Im Jahr 866 bestätigte König Ludwig der Deutsche die Schenkung, dann hören wir nichts mehr von dieser kleinen klösterlichen Niederlassung.

Vermutlich aus dem Besitz der Familie von Bodman gelangte Hoppetenzell am Ende des 13. Jahrhunderts an die Johanniterkommende Überlingen. Zwischen ihr und der Landgrafschaft Nellenburg gab es im 16. und im 18. Jahrhundert langwierige Streitigkeiten um den Ort. Nach der Aufhebung der Johanniterkommende 1803 kam das Dorf an die Stadt Überlingen. Die Hoheitsrechte gingen, nachdem sie einige Jahre bei Württemberg waren, 1810 an Baden über. 1975 wurde Hoppetenzell nach Stockach eingemeindet.

Pfarrkirche St. Georg von 1858.

Mahlspüren im Hegau

Auf der Gemarkung zahlreiche vorgeschichtliche Funde, insbesondere aus der Hallstattzeit. Das im 8./9. Jahrhundert angelegte alemannische Dorf wird 1291 als Walsbürron erstmals urkundlich erwähnt. Der Ortsname kann vom Personennamen Walah abgeleitet sein oder aus den Worten »welsch« und »bur« = Haus zusammengesetzt sein. Die heutige Schreibweise setzte sich erst im 19. Jahrhundert durch. Seit dem 14. Jahrhundert besaßen die Herren von Reischach die Ortsherrschaft in Mahlspüren im Hegau. 1603 kaufte Erzherzog Maximilian das Dorf und gliederte es der Landgrafschaft Nellenburg ein, mit der es 1806 an Württemberg und 1810 an Baden kam. 1974 wurde Mahlspüren im Hegau nach Stockach eingemeindet.

St.-Veit-Kapelle aus dem 18. Jahrhundert mit neuromanischer Ausstattung (1908).

Mahlspüren im Tal

1091 wird der Ort als villa Madelespruñ, 1167 als Madilsburron in Urkunden erwähnt. Der Ortsname könnte vom Personennamen Madel/Madalo und von althochdeutsch bur = Haus abgeleitet sein. Nach Mahlspüren nannte sich eine 1091–1266 nachzuweisende Adelsfamilie, die vielleicht auch die Ortsherrschaft besaß. Im 14. Jahrhundert kam das Dorf an die Herren von Hohenfels und über deren Erben, die Herren von Jungingen, 1479 an das Überlinger Spital, das Mahlspüren bis 1803 besaß. 1806 wurde Mahlspüren württembergisch, 1810 badisch. 1974 wurde Mahlspüren im Tal nach Stockach eingemeindet.

Romanisch-gotische Pfarrkirche St. Verena, um 1730 barockisiert; Hochaltar aus dem 17. und 18. Jahrhundert.

Seelfingen

Die Siedlung aus fränkischer Zeit wird 1050 als Seolvingen erstmals urkundlich genannt (nach dem Personennamen Seolf). Als Zweig der Herren von Honstetten lassen sich im 11./12. Jahrhundert edelfreie Herren von Seelfingen nachweisen. Die Herrschaftsgeschichte des Ortes gleicht der von Mahlspüren im Tal, wohin die Gemeinde zu Beginn des 19. Jahrhunderts zugeordnet wurde.

Kirche St. Agatha aus dem 18. Jahrhundert. – Schöne Fachwerkhäuser.

Raithaslach

Die Ersterwähnung des Dorfes ist auf das Jahr 1155 datiert. Im Ortsnamen Raithaslach stecken die Worte hasal = Haselstaude, aha = Wasser und evtl. der Personennamen Raito. Neben der Konstanzer Dompropstei besaßen die Klöster Salem und Petershausen früh Besitz am Ort, der in der Ausbauzeit des 7. bis 9. Jahrhunderts entstanden sein dürfte. Aus der Ministerialität des Hochstifts Konstanz hervorgegangen, übten die Homburger im 14. Jahrhundert die Ortsherrschaft aus. In der zweiten Hälfte des 15. Jahrhunderts befindet sich Raithaslach mit allen Rechten bei der Landgrafschaft Nellenburg, mit der das Dorf 1806 an Württemberg und 1810 an Baden fiel. Raithaslach wurde 1974 nach Stockach eingemeindet.

Pfarrkirche St. Konrad, 1709–11 erbaut; Innenraum mit reichem Rokoko-Stuckdekor. – Pfarrhaus mit Wappen des Konstanzer Domkapitels (1751).

Rathaus der Stadt Stockach, von 1970–1972 Landratsamt des ehem. Landkreises Stockach

Wahlwies

Die Wahlwieser Gemarkung ist reich an prähistorischen Funden. Im Gewann Bogental fand man z. B. eine Gruppe von zehn Grabhügeln der Hallstattzeit (bemerkenswerte Beigaben aus Bronze sowie reich bemalte Tongefäße). Ein Skelettgrab der endsteinzeitlichen Glockenbecherkultur im östlichsten Grabhügel beweist, daß die Hallstattleute eine schon bestehende Totenstätte benutzt hatten. Siedlungsspuren lassen sich auch aus der Römer- und der Merowingerzeit nachweisen.

Wahrscheinlich fand in den Fluren von Wahlwies im Herbst des Jahres 355 das von Ammianus Marcellinus geschilderte Treffen zwischen römischen Truppen und dem alemannischen Stamm der Lentienser statt, das, ähnlich wie der spätere Feldzug von 378, den Römern einen mit hohen Verlusten erkauften Sieg, aber keinen bleibenden Erfolg brachte. Der Befehlshaber, Kaiser Constantius II., nach dem wahrscheinlich das Kastell Constantia (Konstanz) benannt wurde, ließ sich wegen seines Sieges bei Wahlwies in Rom als Triumphator feiern und erhielt den Beinamen »Alamannicus«.

Als Valahvis, wahrscheinlich abgeleitet vom althochdeutschen walah = Welscher, wird der Ort erstmals 839 in einer Urkunde bezeichnet. Bei Wahlwies hat Graf Erchanger mit seinen Getreuen im Jahr 915 gegen die Parteigänger König Konrads I. und des Konstanzer Bischofs Salomon III. gekämpft und wurde nach siegreich beendeter Schlacht von seinen Anhängern zum Herzog erhoben. Das damals auf Reichsboden gelegene und zum Fiskus Bodman gehörige Wahlwies wurde damit zum »Geburtsort« des schwäbischen Herzogtums.

Das zum alemannischen Herzogsgut gehörende Wahlwies, wo sich später Besitz zahlreicher Adelsfamilien sowie der Klöster St. Georgen im Schwarzwald und St. Blasien nachweisen lassen, gehörte seit dem 14. Jahrhundert der Familie von Bodman, kam mit der Landgrafschaft Nellenburg 1806 an Württemberg und 1810 an Baden.

Pfarrkirche St. Germanus und Vedastus, 1881/82 in neuromanischem Stil erbaut. – Am Ortsausgang nach Stockach Kapelle St. Leonhard, spätgotischer Bau mit Dachreiter.

Im Norden des alten Dorfes befindet sich das 1947 gegründete bekannte Pestalozzi-Kinderdorf.

Winterspüren

Der im 9./10. Jahrhundert gegründete Ort wird 1101 in einer Urkunde gleichzeitig als Ginteresboron und Wintersburon namentlich erwähnt. Die Bezeichnung ist auf einen Personennamen und das althochdeutsche bur = Haus zurückzuführen. Winterspüren scheint zum Herrschaftsbereich der Herren von Hohenfels gehört zu haben. Über die Herren von Jungingen ging das Dorf 1477 an Herzog Sigmund zu Österreich, der es der Landgrafschaft Nellenburg zuschlug. Mit dieser Landgrafschaft wurde Winterspüren 1806 württembergisch und 1810 badisch. 1972 wurde Winterspüren nach Stockach eingemeindet.

Pfarrkirche Mariae Himmelfahrt, in Teilen spätgotisch, 1710 ff. barokisiert; Marientod, bemerkenswerte Holzschnitzerei von 1484.

Frickenweiler

Hochmittelalterliche Rodungssiedlung, nach einem Personennamen Fricho benannt, seit 1263 urkundlich nachweisbar, im 13./14. Jahrhundert im Besitz von Ortsadeligen, dann der Herren von Hohenfels und von Jungingen und von 1366–1803 größtenteils des Spitals Überlingen. 1806 wurde Frickenweiler württembergisch, 1810 badisch und 1934 nach Winterspüren eingemeindet.

Rathaus der Stadt Tengen

Pfarrkirche St. Mauritius, spätbarocke Saalkirche mit älterem Mauerwerk, das z. T. noch in die romanische Zeit zurückreicht.

Ursaul

Spätmittelalterliche Rodungssiedlung, 1314 erstmals urkundlich erwähnt, gehörte mit allen hoheitlichen Rechten zur Landgrafschaft Nellenburg und kam mit dieser 1806 an Württemberg und 1810 an Baden.

Zizenhausen

Auf der Gemarkung zwei in vorgeschichtlicher Zeit bewohnte »Heidenhöhlen«. Der im Tal der Aach gelegene Ort, 1227 urkundlich nachzuweisen, bestand bis zum Ende des 18. Jahrhunderts vor allem aus einem großen Bauernhof, der mit allen Rechten zur Landgrafschaft Nellenburg gehörte. 1697 Einrichtung eines Eisenhüttenwerkes. 1781 erwarb der Nellenburger Landrichter Freiherr Karl Anton Kraft zu Fronberg den Hof und erhielt 1787 von Österreich auch die Niedergerichtsbarkeit, die dieser bis 1805 ausübte. Der Ort kam 1806 an Württemberg und 1810 an Baden. 1974 wurde Zizenhausen nach Stockach eingemeindet.

Pfarrkirche Herz Jesu von 1895 mit Turm aus der Zeit nach 1913. – Schloß der Freiherren Buol von Berenberg (1777), später Rathaus.

»Zizenhausener Terrakotten« aus der Werkstatt der Familie Sohn sind im 18. und 19. Jh. berühmt geworden. Arbeiten des sog. »Bildermannes von Zizenhausen«, des seit 1799 in Zizenhausen ansässigen Franz Anton Sohn, finden sich in großer Auswahl heute im Rosgartenmuseum Konstanz und im Fasnachtsmuseum Schloß Langenstein.

TENGEN

480–815 m, Fläche: 6197 ha (davon 1943 ha Wald und 3116 ha landwirtschaftlich genutzt). Einwohner 1985: 4078. Einheitsgemeinde, gebildet 1975.

Der älteste Teil von Tengen ist die heute noch »Dorf« geheißene Siedlung an der alten Straße vom Hegau ins Wutachtal und in den Schwarzwald, in der 878 ein bischöflich-konstanzischer Gutshof genannt wird (Teingon). Die Freiherren von Tengen erbauten auf einem nahegelegenen und nach drei Seiten abfallenden Felsvorsprung eine Burg. Um den in der Mitte des 12. Jahrhunderts errichteten romanischen Bergfried gruppiert sich halbkreisförmig Tengen-Hinterburg, das 1291 zum bisherigen Marktrecht auch das Stadtrecht erhielt. Ebenfalls im 13. Jahrhundert wurde zwischen diesem und Tengen-Dorf eine zweite Stadtanlage, Tengen-Stadt oder Vorderstadt, mit rechteckigem Grundriß geschaffen.

Die »hintere Herrschaft Tengen« mit Tengen-Hinterburg sowie einigen nahegelegenen Dörfern und Höfen wurde durch Heinrich von Tengen um 1275 an Albrecht von Klingenberg verkauft, der sie wohl alsbald kaufweise an die Habsburger weitergab. 1387 sind die Klingenberger wieder im Besitz des nunmehr österreichischen Lehens Tengen-Hinterburg. 1463 kam die Herrschaft Tengen-Hinterburg an die Freiherren von Bodman und von Jungingen, 1488 an die Deutschordenskommende Mainau und 1806 an Baden.

Die vordere Stadt mit dem Hauptteil der Burganlage und einer dazugehörigen kleinen Herrschaft behielten die Freiherren, bzw. seit 1422 Grafen von Tengen bis 1522. Dann kaufte Österreich die vordere Herrschaft, vereinigte sie 1534 mit der Landgrafschaft Nellenburg und verpfändete sie 1651 an die Freiherren von Rost. Fürst Johann Weikard von Auersperg, der 1663 die vordere Stadt und Herrschaft Tengen samt den landgräflich-nellenburgischen Rechten als Pfandlehen erwarb, ließ sie 1664 zur »gefürsteten Grafschaft« erheben. 1806 fiel auch sie an Baden, das 1811 noch die Eigentumsrechte an den auerspergischen Besitzungen dazuerwarb.

Im zweiten Rachezug schwäbischer Städte gegen den Hegauer Adel 1442 wurde Tengen-Hinterburg erobert und verbrannt. 1455 stürmten die Schweizer die vordere Stadt und erstachen 40 Einwohner. Im Schweizerkrieg 1499 verhielt sich Tengen neutral. 1519 fiel die Burg einem Brand zum Opfer, so daß heute nur noch Reste des Bergfrieds erhalten sind.

Pfarrkirche St. Laurentius, Saalkirche mit spätromanischen und gotischen Bauteilen, um 1740 barockisiert und 1929/30 erweitert. Turm mit spätgotischen Schallöffnungen 1934 erhöht. – Ölberg (um 1700) unter dem Chor der Kirche. – Gotische Burgkapelle St. Georg, 1665 wiederhergestellt und um 1750 barockisiert. – Friedhofskapelle von 1846 mit Rokoko-Altar.

Beuren am Ried

Grabfunde weisen auf eine merowingerzeitliche Siedlung hin. Als Puiron von althochdeutsch bur = Haus wird der Ort in einer Mitte des 12. Jahrhunderts auf 965 verfälschten Urkunde namentlich erwähnt. Bis ins 18. Jahrhundert hinein war die Schreibweise Büren gebräuchlich. Früher Besitz des 965 gegründeten Klosters Öhningen. Im 12. Jahrhundert scheint Beuren zur Herrschaft der Herren von Büßlingen gehört zu haben, zählte seit dem 14. Jahrhundert zur Herrschaft Blumenfeld und kam mit dieser 1488 an die Deutschordenskommende Mainau. Obwohl nellenburgisches Lehen, fiel der Ort 1806 gleich an das Großherzogtum Baden. Beuren am Ried wurde 1972 nach Büßlingen eingemeindet.

Kirche St. Wendelin, 1960 geweiht.

Blumenfeld

Das malerisch auf einem 40 m aus dem Bibertal aufsteigenden Felssporn gelegene Städtchen Blumenfeld ist aus einer mittelalterlichen Burganlage hervorgegangen. Die Weihe der Michaelskirche und damit die erste urkundliche Nennung des Ortes fällt ins Jahr 1100. Die Stadterhebung erfolgte vermutlich um 1275. Die Stadtgründung geht wohl auf die damals hier ansässigen Herren von Blumberg zurück. Stadt und Herrschaft Blumenfeld sind von den Herren von Blumberg, die sich noch 1292 hier nachweisen lassen, an die Ritter von Klingenberg gekommen. Diese verkauften – nach vorübergehender Verpfändung an die Herren von Bodman und von Jungingen (1463–88) – Stadt und Herrschaft Blumenfeld 1488 an die Deutschordenskommende Mainau. Der befestigte Flecken diente fortan als Sitz eines mainauischen Obervogtes, zu dessen Amtsbezirk außer Blumenfeld und Tengen-Hinterburg noch 11 Ortschaften in der Umgebung gehörten. In einem Kriegszug der Schwäbischen Städte gegen Mitglieder des Hegauer Adels 1442 konnte Blumenfeld gegen das Städteheer gehalten werden, hingegen wurde es 1499 im Schweizerkrieg erobert, geplündert und niedergebrannt. Die damals zerstörte Burganlage wurde zwischen 1500 und 1515 sowie 1578–82 durch ein neues, noch erhaltenes Schloß ersetzt, das 1806–57 als badisches Bezirksamt, danach bis 1864 als Amtsgericht diente und seit 1876 – neben mehreren Neubauten – zum Gebäudekomplex eines Altersheimes gehört. Die Außen- und Innenrestaurierung des Schlosses ist z. Zt. im Gange. Aus der Endphase der Erbauungszeit des Schlosses stammen auch das Pfarrhaus (mit Wappen von 1582) und das Stadttor, das früher der einzige Zugang zum Städtchen war. Die alte Pfarrkirche St. Michael wurde 1907/08 durch ein neugotisches Gotteshaus ersetzt. 1973 wurde Blumenfeld nach Tengen eingemeindet.

Büßlingen

Die Gemarkung weist Besiedlungsspuren auf, die bis in die Hallstattzeit reichen. 1975 ff. wurde eine römische villa rustica des 1. bis 3. Jahrhunderts n. Chr. mit Herrenhaus, Badehaus, Tempel, Handwerkerhaus, 6 Wirtschaftsgebäuden, einem befestigten Wirtschaftsweg und einer steinernen Umfassungsmauer freigelegt und in den Grundmauern als Freilichtmuseum rekonstruiert. Eine frühmittelalterliche Siedlung ist ebenfalls durch entsprechende Grabfunde belegt.

Vom Personennamen Pusilo leitet sich der Ortsname Puselingen ab, wie er in einer Urkunde aus dem Jahr 830 erstmals erscheint.

Schon früh hatten die Klöster St. Gallen und Öhningen Grundbesitz im Ort. Die Ortsherrschaft dürften die Edelfreien von Büßlingen besessen haben, die bis ins 12. Jahrhundert ortsansässig waren. Später kam das Dorf durch Erbschaft in den Besitz der Herren von Tengen, gehörte nachweislich seit der Mitte des 13. Jahrhunderts zur Herrschaft Tengen-Hinterburg und um 1300 zum habsburgischen Amt Tengen. Über die Herren von Klingenberg kam Büßlingen 1488 zur Deutschordenskommende Mainau und verblieb dort bis zum Anschluß an Baden 1806. 1975 wurde Büßlingen mit Tengen vereinigt.

Neuromanische Pfarrkirche St. Martin von 1893/95 mit neugotischem Chor und Turm von 1909 und neugotischer Ausstattung. – Pfarrhaus mit Treppengiebeln, ehem. Vogtei von 1607. – Schlößchen (Junkerhaus) aus dem 17. Jahrhundert mit Staffelgiebel und Erker.

Talheim

Das kleine Dorf im oberen Riedbachtal wird 830 als Talun erstmals urkundlich genannt. Um 1300 gehörte es zum habsburgischen Amt Tengen und später zur Herrschaft Tengen-Hinterburg, deren Geschichte es teilte (siehe bei Blumenfeld). Talheim wurde 1971 nach Tengen eingemeindet.

Uttenhofen

Adilbert von Utinhovin schenkte als letzter Sproß einer adeligen Familie seinen Besitz am Ort 1195 dem Kloster Allerheiligen in Schaffhausen. Im 13. Jahrhundert gehörte Uttenhofen zur Herrschaft Tengen-Hinterburg und gelangte über die Herren von Klingenberg 1488 größtenteils an die Deutschordenskommende Mainau. Ein kleinerer Teil gehörte zur vorderen Herrschaft Tengen. 1806 und 1807 kamen die beiden Ortsteile an Baden. Das Dorf wurde 1971 nach Tengen eingemeindet.

Kapelle Jesus, Maria und Joseph von 1711.

Watterdingen

1974 wurde auf Gemarkung Watterdingen eine römische villa rustica entdeckt. Vom Personennamen Wathart dürfte der Ortsname Watterdingen abgeleitet sein, der in einer Mitte des 12. Jahrhunderts auf 965 verfälschten Urkunde erwähnt wird. Die Entstehung des Ortes selbst fällt in merowingische Zeit. Früher Besitz des 965 gegründeten Klosters Öhningen. Die Ortsherrschaft lag bei den Herren von Hewen und Tengen sowie bei den Grafen von Fürstenberg, über die vermutlich die Herren von Blumberg im 13. Jahrhundert in den Besitz des Ortes gelangt sein dürften. Seit dem 15. Jahrhundert teilte Watterdingen die Geschichte der Herrschaft Blumenfeld und kam mit dieser 1806 an Baden. 1975 wurde das Dorf mit Tengen vereinigt.

Pfarrkirche St. Gordianus und Epimachus aus dem 16. Jahrhundert, umgebaut im 18. Jahrhundert und 1922–27. Viele bemerkenswerte Plastiken, meist aus der Barockzeit.

Weil

Als Wile wird das Dorf 1131 erstmals urkundlich erwähnt. Der Name ist vom lateinischen villa abgeleitet. Eine Besiedlung zur Römerzeit läßt sich allerdings nicht nachweisen, erst aus der Merowingerzeit liegt ein Gräberfeld vor. Weil gehörte vermutlich zur Herrschaft Büßlingen, war später Bestandteil der Herrschaft Blumenfeld und kam mit dieser 1806 an Baden. 1972 wurde Weil nach Watterdingen eingemeindet.

Kapelle St. Nikolaus aus dem 15. Jahrhundert, um 1600 umgebaut, mit überwiegend barocker Einrichtung.

Wiechs am Randen

In einer Urkunde von 830 wird der Ort erstmals erwähnt: ad Wiesson = bei den Wiesen oder von althochdeutsch wich, lateinisch vicus = Ort, Gehöft, Dorf. Die Ortsherrschaft lag zunächst bei den Herren von Engen und von Büßlingen (12. Jahrhundert), spätestens seit dem 14. Jahrhundert bei den Herren von Tengen. Mit der Herrschaft Tengen kam Wiechs 1522 an Österreich und gehörte ab 1663 den Fürsten zu Auersperg. Bei der gefürsteten Grafschaft Tengen verblieb Wiechs bis 1806 und fiel dann an Baden. 1975 vereinigte sich Wiechs am Randen mit Tengen.

Von der ehemaligen spätgotischen Pfarrkirche St. Verena im Unterdorf ist nur noch der Chor erhalten, der als Friedhofskapelle dient. – Kirchenneubau 1922–24 im Mitteldorf in neuklassizistischem Stil, 1966 renoviert.

VOLKERTSHAUSEN

444–498 m, Fläche: 514 ha (davon 50 ha Wald und 365 ha landwirtschaftlich genutzt). Einwohner 1985: 1972. Beteiligte Gemeinde der Verwaltungsgemeinschaft Singen.

1250 tritt das Dorf in den Urkunden als Volcholtshusen (vom Personennamen Volcold abgeleitet) erstmals namentlich in Erscheinung. Von den Herren von Hewen gelangte die Ortsherrschaft 1411 an die Herrschaft Langenstein. Zwischen 1501 und 1594 wechselte Volkertshausen mehrfach den Besitzer und kam schließlich erneut zur Herrschaft Langenstein, bei welcher das Dorf bis ins 19. Jahrhundert verblieb. 1806 wurde Volkertshausen württembergisch, 1810 badisch.

Seit dem Ende des 17. Jahrhunderts wurde die Wasserkraft der Aach industriell genutzt, zunächst für ein Eisenhammerwerk, dann für eine Papiermühle. Beide bestanden bis zur Mitte des 19. Jahrhunderts. Auf dem Gelände des ehemaligen Eisenhammerwerkes arbeitet seit 1858 der Betrieb der Baumwollspinnerei und -weberei Arlen.

Neugotische Pfarrkirche St. Verena von 1839 profaniert. Neubau von 1972/74. – Kurheim der Samariterschwestern (1929 von Pfarrer Kaiser gegründet).

Erweiterungsbau der Grund- und Hauptschule in Volkertshausen

Literaturhinweise
Anstelle einer ausführlichen Auflistung der sehr umfangreichen Literatur zu den in diesem Buch behandelten Themen verweisen wir auf zwei jüngere Standardwerke, die den Landkreis Konstanz umfassend behandeln:
1) Der Landkreis Konstanz. Amtliche Kreisbeschreibung, 4 Bände. Herausgegeben von der Landesarchivdirektion Baden-Württemberg in Verbindung mit dem Landkreis Konstanz. Jan Thorbecke Verlag, Konstanz und Sigmaringen 1968, 1969, 1979 und 1984.
2) Das Land Baden-Württemberg. Amtliche Beschreibung nach Kreisen und Gemeinden, Band VI: Regierungsbezirk Freiburg. Herausgegeben von der Landesarchivdirektion Baden-Württemberg. Verlag W. Kohlhammer, Stuttgart 1982.

Eingebettet in den Süden des Landes Baden-Württemberg ist das Verbreitungsgebiet des SÜDKURIER. Es erstreckt sich vom Bodensee bis nahe Basel und weit in den Schwarzwald bis über Triberg hinauf. Allnächtlich werden in der Druckerei Am Fischmarkt in Konstanz rd. 147 000 Exemplare gedruckt (davon 59 000 für den Landkreis Konstanz) und auf dem schnellsten Wege mit verlagseigenen Fahrzeugen zu den Abonnenten gebracht. In den frühen Morgenstunden kehren die Fahrzeuge nach Konstanz zurück und sind ein vertrautes Bild auf den Straßen des Kreises, so wie hier im Bild bei Hoppetenzell/Stockach.

Register: Orte, Personen, geographische Namen, Territorien

Aach 25, 30, 74, 76, 81, 150, 164, 223, 227, 243, 270, 283, 291, 297, 298
— Industrie 238
— Rathaus 262, 263, 281
— Sportstätten 137, 138
— Vereine 139
Aach, Flüsse
— Mahlspürer 182
— Radolfzeller 74, 119, 165, 175, 176, 238, 273, 275, 283, 332
— Stockacher 182, 328, 330
Aachquelle 164, 176, 297
Adalung, Adeliger 222, 329
Adalungszell siehe Hoppetenzell
Adelheiden, Kloster, Gemeinde Allensbach 298
AEG, Firma, Konstanz 98, 99
Afrika 186, 191
Aitrachtal, Wasserversorgung 80
Alawich II., Abt der Reichenau 323
Alb-Donaukreis 62
Albrecht II., Herzog von Österreich 328
Alexander Severus, röm. Kaiser 318
Allensbach 30, 37, 44, 70, 74, 81, 126, 133, 229, 243, 246, 281, 298, 299, 323
— Ausstellungen 92
— Kliniken 30, 36, 37, 298
— Museum 23, 298
— Rathaus 298
— Sportstätten 137, 138
— Vereine 139
Allensbach siehe auch Ortsteile
Allmannsdorf, Stadt Konstanz 312, 313, 323
Allweiler, Pumpenfabrik, Radolfzell 241, 321
Alpen 6, 7, 12, 125, 162, 163, 164, 176, 184, 304
Altamira, Höhlen von 188
Altdorf, Schweiz 82
Altems siehe Hohenems
Altensummerau und Praßberg Vogt von 326, 327
— Franz Dominik von 299
— Franz Johann, Bischof von Konstanz 317
Althausen, Grafen von 323
Aluminium-Walzwerke, Singen (Alusingen) 11, 52, 60
Ammann, Hans J., Intendant 85
Ammianus Marcellinus 329
Anselfingen, Stadt Engen 168, 173, 180, 195, 303, 304
— Herren von 303
Appenzell, Schweiz 120
Arlen, Gemeinde Rielasingen-Worblingen 119, 252, 324
— Chrismar Cie., Firma 238
— ten Brink, Baumwoll-Spinnerei und -Weberei 238, 332

Arnulf, Kaiser 323
Aschaffenburg 211
Auersperg, Fürsten von 332
— Fürst Johann Weikard von 229, 331
Aufdermauer, Dr. Jörg 185 ff., 215
Augsburg 223, 319
— Bistum 219

Baar 40, 118
— Landgrafschaft 304
Baden 297, 299, 301–310, 312–316, 318–324, 326–332
— Großherzogtum 235, 236, 275, 311, 328, 331
— Großherzöge von 301, 313, 320
— Großherzog Ludwig von 301, 302
Baden-Württemberg 35, 43, 44, 49, 51, 52, 60, 62, 76, 79, 80, 208, 215, 254, 318, 326
— Landesarchivdirektion 15
— Landesdenkmalamt 246, 276
— Naturschutzgebiete 171
Badenwerk AG 76, 77
Bagnato, Franz Anton, Baumeister 246, 252, 254, 310, 312, 313
— Johann Kaspar, Baumeister 245, 246, 252, 313
Balesheim, Ober- und Unter-, Höfe, Gemeinde Gaienhofen 305
Bamberg, Bischöfe von 308, 328
— Bistum 308
Banholzer, Rosemarie, Mundartdichterin 122, 123
Bankholzen, Gemeinde Moos 229, 291, 313, 314
— Edelfräulein von 313
— Gemarkung 318
Bargen, Stadt Engen 206, 304
Barter, Heinrich, Bürgermeister von Schaffhausen 301
Barzheim, Schweiz 120
Basel, Schweiz 74, 321, 325, 328
— Bistum 219
Bauder, Professor Wilhelm Albert 273
Bayer, August von 275
Bayern 162, 202, 279
— Kurfürst Max Emanuel von 328
Beck, Alfons 201
Becker, Curth Georg, Kunstmaler 252, 295, 325
Beer, Baumeisterfamilie 244
— Johann Michael 281
Berchtold, Graf 325
Berenberg, Freiherr Buol von 315, 330
Berger, Peter, Reichenau 133
Berlin 38, 132, 291
Bernadotte, Graf Lennart 143, 151, 169, 313
Berndorf, Philipp Albrecht, Komtur 312
Berner, Dr. Herbert 243 ff.

Berno, Abt der Reichenau 323
Besançon 211
Bettnang, Gemeinde Moos 229, 314
Beuren an der Aach, Stadt Singen 76, 176, 252, 326
Beuren am Ried, Stadt Tengen 82, 331
Biber, Fluß 180
Bibern, Schweiz 82
Bibertal 331
Bibertal-Hegau, Kläranlage 81
Bickel, Josef Ferdinand 275, 325
Biesendorf, Stadt Engen 50, 80, 164, 180, 304
Bietingen, Gemeinde Gottmadingen 70, 73, 74, 254, 307
Bilfinger, von, Kommandant des Hohentwiel 326
Billing, Professor Dr. h. c. Hermann 273
Binningen, Gemeinde Hilzingen 195, 254, 309
Binninger Ried 80
Binninger See 198
Birnau 246, 252
Birtal 180
Bittelbrunn, Stadt Engen 90, 180, 304
Bittelschieß, Herren von 310
Blumberg 80
Blumberg-Blumnegg, Herren von 310, 331
Blumenfeld, Stadt Tengen 82, 184, 223, 243–245, 252, 253, 255, 273, 281, 287
— Bezirksamt 235
— Herrschaft 313, 331
Blumhof, Gutshof, Gemeinde Bodman-Ludwigshafen 302
Böblingen, Landkreis 62
Bodanrück 16, 17, 19, 51, 76, 79, 81, 118, 126, 141, 143, 162, 163, 168, 172, 179, 182, 185, 222, 229, 280, 299, 312, 313, 324
Bodman, Gemeinde Bodman-Ludwigshafen 18, 35, 79, 90, 162, 163, 171, 172, 189, 206, 215, 220, 233, 243, 252, 254, 282, 299–301
— Bodenburg 201, 299
— Familie von 18, 299–301, 320–322, 326–331
— Fiskus 220, 301, 313, 325, 330
— Frauenberg 233, 300, 302
— Graf Dr. Johannes von und zu 300
— Herrschaft 245, 300, 321
— Freiherr Leopold von 201
— Museum 23
— Pfalz 299, 300, 328
— Ruine Altbodman 253, 300
— Schule 282
— Torhaus 4, 12
Bodman-Ludwigshafen 81, 150, 299–301
— Sportstätten 137, 138
— Vereine 139
Bodman-Möggingen, Herren von 321

Bohlingen, Stadt Singen 28, 74, 80, 81, 90, 166, 167, 176, 189, 243, 246, 254, 314, 326
— Gemarkung 318
— Herrschaft 229, 313, 314
Böhmen 245
Böhringen, Stadt Radolfzell 79, 81, 189, 321
— Gemarkung 60
— Rickelshausen 74, 254, 321
Bosch, Manfred, Mundartdichter 121, 123
Brandenburg, Mark 311
Brandis, Eberhard von, Abt der Reichenau 315, 323
— Freiherren von 319
Bregenz 86, 91, 299, 309
Breisach, Münsterberg 202
Breisgau-Hochschwarzwald, Landkreis 62
Brielholz, Gutshof, Gemeinde Eigeltingen 302
Brudertal bei Engen 180, 186, 195, 304
Brütsch, Jakob, Mundartdichter 120, 123
Bruttel, Familie in Hornstaad 306
Buch, Schweiz 81, 306
Buchenberg, Hans Jakob von 315
Buchenseen 174
Büchner, Georg, Dichter 84
Buol von Berenberg, Familien von 281, 315, 330
Burchardinger/Hunfridinger 325, 328
Burkhard, Graf, Herzog von Schwaben 222
Burchard II., Herzog von Schwaben 324
Burchard III., Herzog von Schwaben 325
Bürglen, Grafen von 328
Burth, Thomas, Mundartdichter 121, 123
Büsingen 47, 51, 66, 70, 76, 125, 176, 234, 245, 281, 300, 301
— Gemarkung 301
— Sportstätten 137, 138
— Vereine 139
Büßlingen, Stadt Tengen 25, 82, 180, 206, 208, 211, 254, 331
— Herren von 331
Byk Gulden, Firma, Konstanz und Singen 38, 39, 60

Cannstatt 211
Carl Eugen, Herzog von Württemberg 326
Castell, Diethelm von, Abt der Reichenau 323
Chrismar Cie, Maschinen-Weberei, Arlen 238
Cleveland, Ohio 102
Computer-Gesellschaft mbH, Konstanz 97
Constantius II., Kaiser 311, 330

Contraves GmbH, Firma, Stockach 100, 101
CTM Computer-Technik Müller, GmbH, Konstanz 96

Dahinden, Dr. Justus, Architekt, Zürich 252, 324
Dankenschweil, Achilles von 324
– Familie von 315, 324
Darmstadt 282
Dauenberg, Gemeinde Eigeltingen 301
Dettingen, Stadt Konstanz 125, 202, 252, 254, 298
– Herren von 307, 312, 315
– Werner von 315
Dettingen-Wallhausen, Stadt Konstanz 134, 141, 311, 312
– Burghof 312, 313
Deutschland 98, 99, 155, 180, 189, 196, 210, 214, 215, 326
Deutwang, Gemeinde Hohenfels 310
Dierks, Dr. Werner, Bürgermeister 125, 126
Dießenhofen, Schweiz 52, 53, 244, 301, 306
– Truchsessen von 328
Dingelsdorf, Stadt Konstanz 189, 252, 290, 291, 311
– Oberhofen 245
Dirr, Georg, Bildhauer 245
Dix, Otto, Maler 91, 282, 294, 318
Donau 176, 205, 206, 208, 215, 297
Donaueschingen 236
Donautal 69
Donndorf, Firma Schiesser 105
Dörflingen, Schweiz 301, 306
Dornsberg, Gemeinde Eigeltingen 301, 302
Douglas, Grafen 301, 302, 315, 316, 329
– Graf Karl 313, 320
– Graf Ludwig 18
– Gräfin Luise 313
– Graf Patrik 327
– Graf Wilhelm 18
Dresden 275
Drusus, römischer Feldherr 206
Duchtlingen, Gemeinde Hilzingen 309
Dürer, Albrecht 253
Düsseldorf, Contigas Deutsche Energie-AG 78

Eberhard der Greiner, Graf von Württemberg 315
Eberhard im Bart, Graf, bzw. Herzog von Württemberg 315
Ebinger von der Burg, Familie 304, 315, 328
– Rudolf 327
Ebringen, Gemeinde Gottmadingen 78, 291, 307
Eckartsbrunn, Gemeinde Eigeltingen 206, 302

Edelmann, Karl, Konstanz 236
Egg, Stadt Konstanz 312
Eggs, Johann 315
Egino, Bischof von Verona 323
Ehingen, Gemeinde Mühlhausen-Ehingen 314, 315
– Herren von 314
Eigeltingen 76, 81, 150, 206, 227, 279–281, 291, 301–303, 320
– Sportstätten 137, 138
– Vereine 139
Eigeltingen siehe auch Ortsteile
Einsiedeln, Kloster 227, 318
Einsle, Dr. Ulrich 155 ff.
Ekkehard IV., Mönch und Chronist 325
Ellenrieder, Marie, Malerin 90, 244
Elsaß 160, 225
Engen 22, 30, 51, 55, 69, 74, 78–81, 125, 150, 164, 165, 168, 173, 180, 184, 186, 188, 199, 222, 223, 228, 229, 236, 243, 245, 253, 254, 270, 272, 281, 283–286, 291, 303, 304
– Ausstellungen 92
– Bezirksamt 235, 243
– Industrie 105, 241
– Kapuzinerkloster 222
– kath. Pfarrkirche 303
– Krenkinger Schloß 303
– Marktplatz 303
– Rathaus 303
– Schule 282
– Sparkasse 56
– Sportstätten 137, 138
– Vereine 126, 139
– Verwaltungsgemeinsch. 303, 314
– Verwaltungsraum 58
Engen siehe auch Ortsteile
Engen-Hewen, Herren von 303, 331
Engen, Herren von siehe auch Hewen, Herren von
Engen-Neuhausen 141
Engener Steig 118
Enzenberg, Grafen von 315, 324, 325
Eppenstein, Herzöge von Kärnten 326
Epple, Bruno 118 ff.
Erchanger, Graf 325, 330
Erlebald, Abt der Reichenau 320, 323
Ermatingen, Schweiz 323
Eschenz, Schweiz 206, 316
Eschlikon, Schweiz 52
Espasingen, Stadt Stockach 79, 90, 189, 328
– Herren von 328
Espelsee bei Tengen 125
Esslingen 86
Esterházy-Galantha, Fürst Nikolaus von 313
Etzwilen, Schweiz 74

Fahr (KHD), Firma, Gottmadingen 60, 64, 241, 307
Feldbach bei Steckborn, Schweiz, Kloster 222, 304, 305

Fenner, Achim 297 ff.
Feuchtmayer, Joseph Anton, Bildhauer und Stukkateur 245, 246, 267, 302, 315, 320
Feuerstein, Valentin 327
Fickler, Josef 236
Finckh, Konrad 277
– Dr. Ludwig, Schriftsteller 180, 272, 309
Finus, Ferdinand, Radolfzell 273
Fix, Hermann 171 ff.
Florenz 318
Flügel, Hans, Mundartdichter 120, 123
Forster, Paul, Bürgermeister 18
Frankenburg, Gemarkung Bohlingen 318
Frankreich 328
Frauenfeld, Schweiz 58, 70
Freiburg/Br. 69, 83, 89, 283, 320
– Kath. Akademie 95
– Regierungspräsidium 286
– Staatl. Amt für Ur- und Frühgeschichte 276
– Universität 311, 321
Freudental, Gemeinde Allensbach 254, 299
Freyberg, Herren von 328
Frickenweiler, Stadt Stockach 330
Fridingen an der Donau 164, 297
Friedingen, Stadt Singen 76, 246, 326
– Herren von 309, 315, 326, 327
– Herren von siehe auch Krähen, Herren von
– Hermann II. von, Bischof von Konstanz 326
– Schloßberg 162, 184
Friedrich Barbarossa, Kaiser 304, 311, 316, 323
Friedrich II., Kaiser 311
Friedrich III., Kaiser 317
Friedrich IV., Herzog von Österreich 320
Friedrich I., Großherzog von Baden 313
Friedrich II., Großherzog von Baden 313, 320
Friedrichshafen 70, 91
Fröhlich, Walter, Mundartdichter 122, 123
Frundsberg, Georg von 309
Fugger, Jakob, Bischof von Konstanz 317, 323, 324
Fugger zu Kirchberg und Weißenhorn, Grafen von 319
Fulrad, Abt von St. Denis 222, 329
Fürstenberg, Grafen von 288, 318, 331
– Fürsten von 230, 303, 317
– Herrschaft 302, 304, 310, 314, 316

Gagg, G., Lithograph 240
Gagg von Löwenberg, Familie 303
Gaienhofen 2, 3, 12, 30, 44, 47, 125, 150, 176, 229, 244, 254, 282, 304–306

– Amt 304
– Gymnasium 305
– Herrschaft 304
– Museum 23
– Rathaus 305
– Schloß 305
– Sportstätten 137, 138
– Vereine 139
– Vogtei 326
Gaienhofen siehe auch Ortsteile
Gailingen 36, 37, 52–54, 120, 125, 150, 176, 252, 254, 306, 307, 325
– jüdische Gemeinde 235, 237, 241, 243, 306, 307
– Kliniken 30, 36, 37, 307
– Sportstätten 137, 138
– Vereine 139
Gallmannsweil, Gemeinde Mühlingen 23, 316
Gallus, Mönch 214, 219
Gambs, Benedikt 246
Gebeßler, Professor Dr. August 278
Gebhard II., Bischof v. Konstanz 312
Gebsenstein/b. Hilzingen 308, 309
Geisingen 69, 76
Gemeinmärkerhof, Gemeinde Allensbach 298, 299
Georg Fischer AG, Singen 52, 60, 76, 103, 238, 325
Gierenmoos, Naturschutzgebiet 171
Gießberg bei Konstanz 311
Gigl, Hans Georg 244, 246
Ginter, Hermann, Pfarrer 270
Glärnisch 184
Glatt, Sepp, Mundartdichter 121, 123
Glöckler, Hans Ulrich 264, 328
Gnirshöhle im Brudertal 186, 304
Gönnersbohl 178
Goertz, Jürgen, Bildhauer 289, 303
Gottmadingen, 18, 23, 30, 44, 58, 73, 74, 78, 79, 81, 125, 150, 236, 243, 252, 279, 281, 306–308
– Industrie 60, 64, 241, 307
– Sparkasse 56
– Sportstätten 137, 138
– Vereine 139
– Verwaltungsgemeinschaft 301, 306, 307
– Verwaltungsraum 58
– Gottmadingen siehe auch Ortsteile
Götz, Dr. Franz 215 ff., 297 ff.
Götz, Gottfried Bernhard, Maler 267, 320
Greulich, Dipl. Ing. 282
Griechenland 105
Griesenberg, Freiherren von und zu Ulm 299
Gründelbuch, Gutshof, Gemeinde Buchheim 302
Grünenberg, Kloster 304, 314
Gundholzen, Gemeinde Gaienhofen 81, 229, 305
Güntert, Albert, Radolfzell 133
Güttingen, Stadt Radolfzell 213, 270, 321

Haas und Kellhofer, Firma, Singen 40
Habsburg, Herrschaftshaus 227, 301, 306, 308, 315, 320, 322, 328, 329
– Rudolf von, König 297, 300
– Rudolf von, Bischof von Konstanz 297
– Hadwig, Herzogin von Schwaben 324–326
Haldenstetten-Böhringen, Stadt Radolfzell 321
Hallwil, Hans Jörg von und zu Blidegg 299
Hamburg, Byk Gulden, Firma 39
Hard, Stadt Konstanz 312
Harperg/Hardberg, Burg 230, 302, 303
Harperg siehe auch Tudoburg
Hausen am Ballenberg, Stadt Engen 304
Hausen an der Aach, Stadt Singen 176, 252, 327
Hecheln, Gemeinde Mühlingen 315
Heckel, Ernst, Maler 91
Hecker, Friedrich, Revolutionär 236, 311
Hegau 5, 12, 18, 22, 78, 90, 118–120, 160, 162, 164–168, 176, 180, 182, 184–186, 188, 192, 195, 196, 198, 199, 201, 202, 206, 215, 219, 220, 222, 223, 225, 227, 229, 234–236, 244, 245, 253, 254, 273, 281, 297, 299, 301–304, 309, 324–326, 328–330
– Abwasserzweckverbände 81
– Grafschaft und Landgrafschaft 215, 225, 227
– Landgrafen im 328
– Ritterschaft 230, 288, 306
Hegaublick 184
Hegauer Adel 300, 331
Hegne, Gemeinde Allensbach 74, 229, 254, 298
Heidelberg 283
Heidenhöhlen bei Stockach 177
Heiligenberg, Grafschaft 312
– Schloß 228
Heilsberg, Gemeinde Gottmadingen 253, 307, 309
– Herrschaft 307, 309
Heinrich II., Kaiser 323, 324, 326
Heinrich IV., Kaiser 323
Heinrich VI., Kaiser 316
Heito I., Abt der Reichenau 323
Heito III., Abt der Reichenau 245, 323
Hemishofen, Schweiz 74
Hemmenhofen, Gemeinde Gaienhofen 126, 195–197, 291, 305, 306, 319
Herberger, D. H., Bildhauer 266
Hermann, Franz Ludwig, Maler 244, 246
Hermann der Lahme, Reichenauer Mönch 323

Herosé, Firma, Konstanz 238
Herrentisch 174
Hessen 205
Heudorf, Familie von 301, 316
Heudorf, Gemeinde Eigeltingen 291, 301
Hewen, Herren von 302–304, 314, 332
– Burkart von, Bischof von Konstanz 303
– Georg von 304
– Heinrich von, Bischof von Konstanz 303
– Peter von 303
– Herrschaft 245, 302–304, 314
Hewenegg 230, 303
Hilzingen 30, 44, 70, 81, 125, 133, 150, 165, 178, 195, 210, 234, 256, 279–281, 308–310
– Erntedank 10, 12
– kath. Pfarrkirche 308, 309
– Museum 23, 91
– Rathaus 308, 309
– Sportstätten 129, 137, 138
– Vereine 139
– Verwaltungsraum 58
Hilzingen siehe auch Ortsteile
Hindelwangen, Stadt Stockach 264, 328
– Herren von 328
Hewenegg 230, 303
Hilzingen 30, 44, 70, 81, 125, 133, 150, 165, 178, 195, 210, 234, 256, 279–281, 308–310
– Erntedank 10, 12
– kath. Pfarrkirche 308, 309
– Museum 23, 91
– Rathaus 308, 309
– Sportstätten 129, 137, 138
– Vereine 139
– Verwaltungsraum 58
Hilzingen siehe auch Ortsteile
Hindelwangen, Stadt Stockach 264, 328
– Herren von 328
Hinterhausen, Stadt Konstanz 312
Hirschlanden, Gutshof, Gemeinde Eigeltingen 302
Hittisheim, Hofgut, Gemeinde Rielasingen-Worblingen 325
Hitzel, Professor Franz 276, 277
– Julius 252
Hochrhein-Bodensee, Region 35
Hochvogel 184
Hofen, Schweiz 82
Hofwiesen, Gemeinde Hilzingen 309
Hohenasperg 253
Hohenberg, Grafen von 304, 308
Hohenems, Helena von 319, 320
– Markus Sittikus, Bischof von Konstanz 251, 318, 320
– Markus Sittikus, Konstanzer Dompropst 298
Hohenfels 18, 51, 76, 80, 150, 236, 245, 254, 310, 311

– Herren von 310, 329, 330
– Burkhard von, Minnesänger 310
– Herrschaft 310, 311
– Sportstätten 137, 138
– Vereine 139
Hohenfels siehe auch Ortsteile
Hohenfels-Kalkofen 125
Hohenfriedingen (»Friedinger Schlößle«) 254, 326
Hohenhewen 165, 168, 173, 178, 180, 181, 183, 184, 220, 230, 253, 303, 304
Hohenklingen 223, 253
– Freiherren von 317, 318
Hohenkrähen 142, 143, 165, 178, 195, 253, 309, 315, 326
– Poppele von 309, 315
Hohenstoffeln 80, 81, 118, 165, 169, 178, 180, 183, 184, 253, 309, 310
Hohentübingen 253
Hohentwiel 70, 119, 143, 165, 175, 178, 182, 184, 195, 222, 225, 229, 230, 234–236, 253, 275, 277, 300, 308, 309, 315, 322, 325, 326
– Kloster 222, 308, 324, 326
Hohenzollern, Familien von 315
– Friedrich VI. 311
Hohenzollern-Sigmaringen, Fürstentum 310
Hoher Randen, Wasserversorgung 80
Homberg, Gemeinde Eigeltingen 206, 302
Homboll, Burgruine 253
Homburg 184, 254, 322
– Herrschaft 229, 322
– Herren von 299, 309, 320–322, 326–329
– Wolf von 321
Homburger Höhe 168
Honstetten, Gemeinde Eigeltingen 253, 301, 302
– Herren von 302, 303, 329
Hoppetenzell, Stadt Stockach 80, 222, 329, 333
– Gemarkung 60
Hor a. N. 73
Höri 16–19, 44, 47, 66, 76, 118, 160, 162, 163, 171, 176, 222, 229, 244, 304, 305
– Gemeindeverwaltungsverband 313
– Verwaltungsraum 58
– Vogtei 313
Horn, Gemeinde Gaienhofen 126, 176, 229, 304, 306
Hornisgrinde 118
Hornstaad, Gemeinde Gaienhofen 196, 304, 306
Hornstein, Familie von 246, 307, 309, 310
– Balthasar von 262, 309
Höwenegg 178
Hüfingen 208
Hundersingen, Donau, Heuneburg 202
Hus, Johannes, Reformator 87, 311, 312

Iller 215
Immendingen 80, 164, 297
Immo, Abt der Reichenau 323
Im Thurn, Junker, Schaffhauser Familie 301
– Junker Heinrich 317
Ingenbohl, Kloster, Schweiz 298
Innsbruck 89
Iran 191
Irland 105
Italien 202, 205
Iznang, Gemeinde Moos 118, 229, 304, 313, 314

Jericho 191
Johannes XXIII., Papst 320
Jöhlisberg 162
Jourdan, französischer General 328
Junghewen 303
Jungingen, Herren von 310, 329–331
Jungnau 310
Jura 176, 186, 188, 195

Kaiser, Pfarrer, Volkertshausen 332
Kaiserstuhl 62, 192
Kalkofen, Gemeinde Hohenfels 80, 246, 310
Kallenberg, Herren von 316
Kaltbrunn, Gemeinde Allensbach 229, 298, 299, 323
Kandern 236
Kargegg, Ruine 172, 253, 299
Karl Borromäus 320
Karl Martell, fränkischer Hausmeier 219, 220, 323
Karl der Große, Kaiser 318
Karl III., der Dicke, Kaiser 220, 299, 311, 323
Karl, Erzherzog von Österreich 328
Karlsruhe 273, 276, 277, 283
Kärnten 225
– Herzöge von 326
Kastenbühl, Gemarkung Bohlingen, Stadt Singen 318
Kattenhorn, Gemeinde Öhningen 244, 246, 251, 254, 317, 318
Kemptal, Schweiz 52
Kessenring, Jakob, Bürgermeister 301
Kessler Loch bei Thayngen, Schweiz 90, 186
Kirnberg bei Steißlingen 162, 168
Klingen, Freiherren von 326
Klingenberg, Herren von 301, 318, 324, 326, 331
– Albrecht von 313, 330
– Caspar von 313
– Eberhard von 313
– Heinrich von, Bischof von Konstanz 320, 323
– Wolfgang von 313
Klöckner Humboldt Deutz, Firma, Köln und Gottmadingen 60, 64
Knoepfli, Professor Albert 244
Knöringen, Hans Christoph von 298
– Markus von, Abt der Reichenau 323

Köln 134, 192
Kolumban, Mönch 214, 219
Kommingen 80
Koncz, Thomas, Dirigent 89
Konrad I., König 220, 325, 330
Konstanz 16–19, 23, 30, 31,
  43–46, 49–52, 54, 58, 60,
  62, 66, 70, 72–76, 79, 81, 83,
  87, 89, 90, 117, 122, 125, 130,
  131, 168, 169, 206–208, 210,
  222–224, 229, 236, 238, 243, 254,
  270–272, 277, 279, 280, 283, 286,
  298–300, 311–313, 318, 319, 321,
  325, 330
– Altenheim 36
– Altstadtgebäude 311, 312
– Ausstellungen 91
– Bezirksamt 235, 243
– Bischöfe 215, 229, 244, 251,
  297–307, 310–313, 316–326, 328,
  330
– Bischofssitz 214, 223, 311
– Bistum 217, 219, 235, 311
– Bodenseesymphonieorchester 82,
  85, 89, 311
– Chorherrenstift 222
– Dominikanerkloster 311
– Dominikanerinnenkloster 311
– Domkapitel 297, 306, 328, 329
– Dompropstei 311, 329
– Dreifaltigkeitskirche 311
– Fachhochschule 18, 22, 49, 106,
  277
– Fähre 68, 71, 135, 311, 312
– Fasnacht 110, 111
– Flohmarkt 117
– Gaswerk 76
– Hafen 152
– Hochstift 288, 297–299, 313, 323,
  324, 329
– Industrie 38, 39, 52, 60, 96–99,
  153, 238, 241
– Industrie- und Handelskammer
  70
– Jesuitenkirche 246, 311
– Kastell 206
– Klöster 220, 222, 246, 277, 311,
  312
– Konzil 221, 225, 245, 311
– Kreiskarte 14
– Kunstmarkt 116
– Kunstzentrum 244
– Landgerichtsgebäude 277, 311
– Landratsamt 19–22, 282
– Lutherkirche 252
– Münster 216, 245, 247, 276, 277,
  311, 312
– Museen 23, 87, 89, 90, 185, 298,
  311, 318, 330
– Musiktage 148
– Natur- und
  Landschaftsschutzgebiete 170
– Petrus-Pfarrei 83
– Rathaus 226, 276, 281, 311
– Reformation 234

– Rheinbrücke 19
– St. Stephanuskirche 246, 311
– Schiffahrt 152, 239
– Schulen 27, 282
– Sparkasse 57
– Sportstätten 91, 125, 128,
  129, 137, 138, 141, 144,
  147
– Staatl. Hochbauamt 276, 277
– Stadtlinienverkehr 75
– Südkurier 333
– Theater 22, 23, 83–86, 90, 148,
  311
– Thermalbad 146, 147, 153
– Universität 18, 22, 49, 88, 92–95,
  106, 132, 134, 136, 141, 241, 283,
  311
– Vereine 92, 95, 139, 141
– Verwaltungsgemeinschaft 298,
  323
– Verwaltungsraum 54
– Volksbank 63
– Vortragsgemeinschaft 95
– Weberfresken 224
– Wirtschaftsraum 69
Konstanz siehe auch Ortsteile
Konstanz-Niederburg 110
Konstanz-Paradies 70
Konstanz-Petershausen 19, 74
Konstanz-Petershausen siehe auch
  unter Petershausen
Konstanz-Wollmatingen 70
Konstanz-Wollmatingen siehe auch
  unter Wollmatingen
Konstanz-Singen, Regionale
  Volkshochschule 30, 95, 106, 107,
  126
Körbelbach 180
Körbeltal 180
Koske, Siegfried, Kreisoberamtsrat
  20
Kraft zu Fronberg, Freiherr Karl
  Anton 330
Krähen, Herren von 309
Krähen, Herren von siehe auch
  Friedingen, Herren von
Krähen, Herrschaft 309
Krain 225
Kratt, August, Radolfzell 288
Krauchenwies 74
Kraus, Franz Xaver 243, 270
Kraut, Hans, Villingen 281
Krebsbach 301
Krebsbachtal bei Eigeltingen 177, 180,
  302
Krenkingen, Diethelm, Abt der
  Reichenau 323
Kreuzlingen, Schweiz 58, 70, 81
– Chorherrenstift 222, 321
Krieger, Dipl. Ing. E. F. 282
Kriegertal 180
Krippendorf, Jost 150
Kuony von Stocken,
  Hofnarr 328
Kuske, Werner, Schauspieler 83

Langenrain, Gemeinde Allensbach
  81, 254, 299
– Golfplatz 129, 172
– Marienschlucht 143, 162, 172
Langenstein, Fasnachtsmuseum 23,
  90, 91, 320, 330
– Herrschaft 245, 301, 319, 332
– Schloß 164, 202, 231, 243,
  253, 254, 258, 259, 302, 319,
  320
– Herren von 313, 319
– Arnold von 313
– Graf Ludwig von 238, 320
– Gräfin Katharina von 313, 315
– Gräfin Luise von 313
Langenstein siehe auch Orsingen-
  Nenzingen
Laufenburg, Kraftwerk 76
Lech 211
Leiner, Ludwig, Apotheker 90
Leipferdingen 184
Lenz, Walburga von 318
Lenzenfeld, Franz Konrad
Lenz von 327
Leo IX., Papst 323
Liebenfels, Freiherren von 325, 326
– Freifrau Walburga von 325
– Johann Jakob von, Obervogt 306
– Wappen 306
Liggeringen, Stadt Radolfzell 50, 321
– Herren von 321
– Meier von 321
Liggersdorf, Gemeinde Hohenfels
  80, 245, 246, 310, 311
Lindau 74, 317
Linzgau 40
Liptingen 328
List-Diehl, Wilhelm, Intendant 85
Litzelsee 174
Litzelstetten, Stadt Konstanz 50, 141,
  311, 313
Liutfried, schwäbischer Adeliger 325
Lochmühle bei Eigeltingen 301
Lörrach 238
Löscher, Kommandant auf dem
  Hohentwiel 309, 326
Löwenberg, Familie Gagg von 303
Ludwig der Fromme, Kaiser 220, 312,
  313, 323, 324
Ludwig der Deutsche, König 220,
  222, 321, 329
Ludwig das Kind, König 220
Ludwig, Großherzog von Baden 320
Ludwigshafen, Gemeinde Bodman-
  Ludwigshafen 35, 70, 74, 79, 129,
  184, 270, 282, 301
Lupfen, Grafen von 230, 302, 303,
  324
Luzern 89

Madachhof, Gemeinde Mühlingen
  243, 302, 316
Mägdeberg 165, 173, 178, 202, 244,
  254, 315
– Herrschaft 315

Maggi GmbH, Firma, Singen/Htwl.
  52, 60, 238
Mahlspüren im Hegau, Stadt
  Stockach 329
Mahlspüren im Tal, Stadt Stockach
  246, 265, 329
Mailand 74, 319
Mainau 6, 7, 12, 16, 17, 19, 83, 143,
  148, 149, 151, 169, 171, 245, 246,
  254
– Deutschordenskommende 222,
  229, 244, 307, 312, 313, 319, 330,
  331
– Dienstmannengeschlecht 313
Mainwangen, Gemeinde Mühlingen
  164, 246, 302, 316
Mainz, Erzbischof von 323
Mallorca, Isabella von 304
Mammern, Schweiz 318
Mannheim 283
Marbach, Schloß 254, 318, 319
Marienschlucht bei Langenrain 143,
  162, 172
Markelfingen, Stadt Radolfzell 73,
  74, 174, 229, 246, 321, 323
Martin V., Papst 221, 287, 311
Maurer, Professor Dr. Helmut 271
Maurer + Söhne, Rauch- und
  Wärmetechnik GmbH und Co KG,
  Reichenau 154
Maus, Dr. Robert, Landrat MdL 15,
  18 ff.
Maximilian I., König 320
– Erzherzog von Österreich 329
Meersburg 311, 313
– Fähre 68, 71, 135, 311, 312
Meichelbeck, Meinrad, Prior der
  Reichenau 323
Meinhard, Elke 125 ff.
Meldegg, Reichlin von 326
Mengen 297
Menrad, Martin 228
Merian, Matthäus 230
Mesmer, Dr. Franz Anton 313, 314
Meßkirch 18, 318
Meßkirch, Amt 243
Meßkirch, Herrschaft 316
Mexiko 133
Mimmenhausen, Firma Schiesser
  105
Mindelsee 121, 162, 163, 168, 174, 206
Mindersdorf, Gemeinde Hohenfels
  206, 252, 310, 311
Möggingen, Stadt Radolfzell 243,
  253, 254, 291, 321, 322
– Burg 253, 254
– Galerie Vayhinger 92
– Herren von 299, 321, 326
– Kloster 322
Moldau 245
Monte Rosa 118
Montfort, Grafen von 304
Moos 51, 66, 80, 81, 119, 121, 150, 176,
  229, 282, 313, 314
– Sportstätten 137, 138

– Vereine 139
– Wasserprozession 110
Moos siehe auch Ortsteile
Morinck, Hans, Bildhauer 244, 246, 262, 263, 319
Mörsberg-Belfort, Freiherren von 324
Mosbrugger, Künstlerfamilie 244
Moser, Franz, Bürgermeister 18
Moser, Johann Jakob 326
Motz, Paul 271
Mühlhalden bei Dettingen 202
Mühlhausen, Gemeinde Mühlhausen-Ehingen 25, 74, 195, 253, 254, 282, 291, 314, 315
Mühlhausen-Ehingen 30, 44, 79, 81, 280, 314
– Sportstätten 137, 138
– Vereine 139
Mühlingen 80, 164, 254, 267, 282, 302, 315, 316
– Gemarkung 60
– Sportstätten 137, 138
– Vereine 139
Mühlingen siehe auch Ortsteile
Müller, Klaus, Radolfzell 133
München 83, 133, 276, 277
Münchhöf, Gemeinde Eigeltingen 243, 301, 302
Murbach bei Randegg 308

Napoleon I. 253, 326
Neckar 52, 206, 210
Neckarraum 79
Neckartal 69
Nellenburg, Burgruine 162, 227, 254, 328
– Grafen von 225, 227, 303, 307, 308, 311, 320, 328
– Graf Burkhard von 301, 328
– Graf Eberhard von 328
– Graf Ekkehard von, Abt der Reichenau 328
– Wolfram von 328
– Landgrafschaft 215, 225, 227, 229, 230, 234–236, 297, 300, 301, 305, 312, 316, 319, 321, 324, 326, 328–331
– Landgericht 302
Nenzingen, Gemeinde Orsingen-Nenzingen 203, 246, 282
– Herren von 320
Nettenbach, Bankholzen 313
Neuhausen, Stadt Engen 74, 79, 173, 303, 304
Neuhausen, Schweiz 52, 58
Neuhewen 178, 230, 253, 303, 304
– Herrschaft 304
Neustadt, Firma Schiesser 105
Neuwied 298
Nordhalden, Stadt Blumberg 80
Norwegen 155
Notzenberg, abgegangener Gutshof, Gemeinde Mühlingen 302
Nürnberg, Burggraf Friedrich von 311

Ober-Gailingen, Gemeinde Gailingen 244, 245, 250, 306, 307
Oberes Bibertal, Abwasserzweckverband 82
Oberschwaben 162, 223
Oberstaad, Burg, Gemeinde Öhningen 244, 253, 318
Offenbach 317
Offenburg 52, 69, 73, 321, 325
Offerenbühl, vulkanischer Tuffhöcker 178
Öhem, Gallus, Chronist 323
Öhningen 35, 76, 81, 150, 172, 174, 176, 229, 243, 244, 246, 281, 282, 291, 316, 317–319
– Kloster 222, 244, 251, 304, 316, 318, 331
– Sportstätten 137, 138
– Vereine 139
– Graf Kuno von 316
Öhningen siehe auch Ortsteile
Opfertshofen 82
Orsingen, Gemeinde Orsingen-Nenzingen 125, 206, 208, 209, 246, 262
Orsingen-Nenzingen 51, 81, 150, 319, 320
– Sportstätten 137, 138
– Vereine 139
Ostermaier, Artur, Bürgermeister 18
Österreich 49, 105, 205, 225, 229, 230, 234, 245, 297, 301–303, 309, 311, 315, 324, 325, 328, 330, 331
– Herzöge 315
– Herzog Albrecht II. von 328
– Andreas von, Kardinal 298
– Herzog Friedrich IV. von 320
– Erzherzog Karl von 328
– Erzherzog Maximilian von 329
– Herzog Sigmund von 227, 329, 330
Otmar, Abt von St. Gallen 219, 299
Ott, Hannes, Dipl. Ing. 282
Ott, Niko, Konstanz 133
Otto I., Kaiser 316
Otto III., Kaiser 311, 326
Otto IV., Kaiser 311
Otto Ludwig, Rheingraf 309

Palästina 191
Pappenheim, Marschälle von 230, 302, 303
Päpste 221, 287, 311, 319, 320, 323
Paradies, Kloster bei Schaffhausen 222
Paradies, Stadtteil von Konstanz 70
Paris 328
Pavia, Waldo, Bischof von 323
Peter, Postrat 188, 195
Petersfels bei Engen 90, 180, 186–188, 190, 195, 304
Petershausen, Stadt Konstanz, Kloster 19, 222, 229, 244, 246, 270, 271, 276, 282, 288, 302, 304, 307–310, 312, 327, 329

Petrarca-Meister 234
Peutinger, Patrizierfamilie, Augsburg 319
Pforzheim 86
Pfullendorf 18, 74, 78, 79
– Amt 243
– Graf Ludwig von 309
Pfullendorf-Ramsberg, Grafen von 309
Philipp, König 323
Pippin, König 323
Pippin der Mittlere 220
Pirmin, Abt der Reichenau 218, 219, 323
Pius IV., Papst 319
Polgar, Alfred, Schriftsteller 82
Prag 245
Presser, Eduard, Mundartdichter 119, 123
Preußen 236

Radolf, Bischof von Verona 320, 321
Radolfzell 18, 23, 24, 26, 31, 44, 48–52, 59, 70, 73, 74, 78, 80, 89, 108, 110, 120, 121, 125, 129, 132, 134, 150, 162, 163, 223, 227, 229, 234, 236, 238, 240, 241, 243–245, 254, 270, 272, 273, 280, 281, 283, 288, 299, 304, 316, 320, 321, 323, 326–328
– Ausstellungen 92
– Bezirksamt 235
– Chorherrenstift 222
– »Freie Stimme«, Zeitung 236
– Industrie 60, 102, 104, 105, 154, 241, 318, 321
– Jugendblasorchester 24
– Kapuzinerkloster 222
– Kläranlage 34, 81
– Markt 59, 298
– Mettnau 81, 118, 145, 150, 159, 162, 163, 168, 172, 321
– Mettnau, Kurbetrieb 49, 134, 145, 150, 268, 269, 321
– Mettnau, Scheffelschlößchen 268, 269
– Milchwerk 62
– Münster 246, 252, 261, 266, 320, 321
– Museum 23
– Österreichisches Schlößchen 59, 289, 320, 321
– Ritterschaft 230, 232
– Ritterschaftshaus 277, 321
– Schulen 28, 282, 296
– Sparkasse 56
– Sportstätten 137, 138, 141
– Stadtbibliothek 320
– Vereine 126, 132, 139
– Vogelwarte 322
– Volkshochschule 106, 126
Radolfzell siehe auch Ortsteile
Raitenau, Familie von 246, 309
– Hans Werner von 319
– Helena von, Gräfin von Hohenems 246, 262, 319, 320
– Jakob Hannibal von 320, 327
– Wolf Dietrich von, Erzbischof von Salzburg 320
Raithaslach, Stadt Stockach 329
Ramberg bei Engen 180
Ramsen, Schweiz 74, 81, 120, 176, 301
Ramstein, Albrecht von, Abt der Reichenau 313, 320, 323
Randegg, Gemeinde Gottmadingen 206, 254, 260, 306–308, 325
– Herren von 304, 307, 309, 310
– Heinrich von 304, 307
– Martin von 307
– Herrschaft 307, 308, 327
– jüdische Gemeinde 235, 241, 243, 308
Randen 50, 69, 76, 118, 162, 165, 184
Raßler, Dr. Franz Christian 316
Rauchmüller, Matthias, Bildhauer 245
Rauhenberg 162, 165, 168
Ravensburg 317, 319, 324
– Landkreis 279
Rechberg, Graf Kaspar von 327
Rehletal bei Engen 180
Reichenau 16, 17, 19, 25, 44, 66, 70, 74, 76, 81, 95, 118, 125, 126, 133, 150, 154, 160, 162, 163, 169, 243–245, 281, 323
– Äbte 244, 246, 313, 315, 319, 320, 323, 324, 328
– Ammannhaus 276
– Bürgerwehr 108, 109
– Chorherrenstift 222
– Gemarkung 324
– Industrie 154
– Kloster 219, 220, 222, 227, 229, 288, 298–301, 307, 311–313, 315, 318–321, 323–327
– Königsegg 254, 323
– Mittelzell, Münster 9, 12, 218, 256, 257, 276, 277
– Museum 23
– Obervogteiamt 313
– Rathaus 322, 323
– St. Georg 1, 12, 242, 245, 246, 323
– St. Peter und Paul 248, 249, 276, 323
– Schopfeln, Burgruine 253, 323
– Sparkasse 56
– Sportstätten 137, 138
– Waldsiedlung, Psychiatrisches Landeskrankenhaus 324
– Vereine 139
Reichert, Klaus-Dieter, Mundartdichter 123
Reinerth, Professor Dr. Hans 189
Reinhard, Professor Dr. Eugen 162 ff.
Reischach, Freiherren von 304, 309, 310, 315, 327, 329
– Hans Werner von 327

– Konrad von 304
Reischach-Douglas, Graf Patrik 327
Reisser, Emil, Architekt 276
Reute, Gemeinde Eigeltingen 302, 303
Reute, Stadt Radolfzell 321
– Herren von 302
Rhein 40, 47, 70, 72, 74, 76, 81, 86, 118, 120, 125, 164, 168, 169, 176, 192, 210, 215, 225, 271, 300, 301, 312, 316, 324
Rheinau, Kloster, Schweiz 307
Rheinau-Altenburg, Schweiz 206
Rheineck 309
Rheinfelden, Rudolf von 326
Rheintal 52, 69
Richental, Ulrich von 221
Riedbachtal, Talheim, Stadt Tengen 331
Riedheim, Gemeinde Hilzingen 119, 253, 277, 308, 309
Riedlinger, Firma, Bohlingen 74
Riehle, Professor Dr. Hartmut, Konstanz 134
Rielasingen, Gemeinde Rielasingen-Worblingen 74, 79, 206, 229, 244, 245, 252, 281, 291, 324
– Industrie 105, 281
Rielasingen-Worblingen 30, 44, 78, 81, 243, 280, 324
– Sportstätten 137, 138, 141
– Vereine 134, 139
Rieter, Artur, Maschinenfabrik, Konstanz 52
Ringwald, Klaus, Bildhauer 325
Rodt, Marquart von, Bischof von Konstanz 304
Rohnhausen, reichenauisches Lehen 313
Rom 271, 330
Rorgenwies, Gemeinde Eigeltingen 246, 303
Rorschach 275, 298
Rosenegg 324
– Freiherren von 324
– Werner von, Abt der Reichenau 323, 324
– Herrschaft 229, 324
Rost, Freiherren und Grafen von 229, 315, 324, 325, 331
Roth v. Schreckenstein, Wappen 306
Rottenburg 69
Rottweil 69
– Landkreis 62
Ruland, Familie, Offenbach 317
Rusbühl, Gemarkung Bankholzen 318
Ruthard, fränkischer Graf 299

Salem 245
– Kloster 229, 300–302, 316, 323, 326, 329
– Schloßschule 310
Salemer Tal 78

Sallmann, Familie, Oberstaad 318
Salomon III., Bischof von Konstanz 325, 330
Salzburg, Erzbischöfe von 297, 298, 320
Sandegg, Schweiz 313
San Francisco 98
St. Blasien, Kloster 304, 307, 330
St. Denis, Äbte 222, 229
– Kloster 222, 323
St. Gallen 91, 223, 325, 326
– Äbte 299
– Bibliothek 323
– Kanton 325
– Kloster 219, 300, 301, 304, 309, 310, 314, 315, 321, 322, 327, 331
– Klosterchronik Ekkehards IV. 325
– Theater 86
St. Georgen, Schwarzwald 52
St. Georgen, Kloster 330
St. Katharinental, Kloster bei Dießenhofen 222, 301, 306
Säntis 184
Sattler, Niklaus, Ravensburg 319
Sauerbruch, Hans, Maler 293
Savoyen, Adelheid von 326
Schachleiter, Dr. Arzt, Bodman 236
Schaffhausen 18, 47, 52, 58, 73, 74, 79, 91, 176, 186, 222, 223, 227, 234, 301, 303, 306, 307, 317, 318
– Benediktinerinnenkonvent St. Agnes 222
– Elektrizitätswerk 76
– Industrie 301
– Kanton 76
– Kloster Allerheiligen 222, 227, 229, 301–303, 309, 319, 328, 331
Schänis, Damenstift 325
Scheffel, Josef Viktor von 269, 325
Schellenberg, Freiherren von 307
– Gebhard von 307
– Hans von 307, 309, 321
Schenck, Bildhauerfamilie 244
Schenck, Christoph Daniel 265, 328
Scheuchzer, Johann Jakob, Naturforscher 174, 318
Schienen, Gemeinde Öhningen 245, 248, 318
– Dienstmannen 318
– Hans Conrad von 318
– Ulrich von 318
– Werner von 318
– Kloster 222, 229, 318
– Schule 282
Schienerberg 118, 121, 126, 162, 165–168, 174, 176, 182, 229, 280, 313, 318
Schiesser AG, Trikotagenfabrik, Engen, Radolfzell, Stockach 52, 60, 104, 105, 241, 318, 321
Schlatt unter Krähen, Stadt Singen 254, 327
Schlatt am Randen, Gemeinde Hilzingen 310
Schleitheim, Schweiz 208

Schloßbühl, Gemarkung Bankholzen 318
Schmidt-Liebich, Dr. Jochen 106, 107
Schmieder, Professor Dr. Friedrich Georg 30, 307
Schmuzer, Familie 244
Schneider-Auer, Theresia, Mundartdichterin 120, 123
Schopfloch, Stadt Engen 304
Schrotzburg 121, 174, 253, 318
Schupp, Carl, Schupp Bau GmbH, Firma, Konstanz 153
Schüsselbühl, vulkanischer Tuffhöcker 178
Schütz, Horst, Volkertshausen 133
Schwab, Gustav, Schriftsteller 150
Schwaben 325, 328
– Energieversorgung 76
– Herzog von 322–325, 328
– Herzog Burkhard II. von 324
– Herzogin Hadwig von 324
– Herzogtum 300
Schwäbische Alb 186, 189
Schwackenreute, Gemeinde Mühlingen 316
Schwarzes Meer 202
Schwarzwald 40, 52, 62, 69, 86, 125, 236, 330
Schwarzwald-Baar-Kreis 62
Schweden 309
– Königin Viktoria von 313
Schweingruben, Gutshof, Gemeinde Eigeltingen 302
Schweiz 47, 49, 58, 70, 74, 105, 162, 172, 174, 186, 196, 206, 215, 219, 225, 234, 241, 244
Schweizer Mittelland 211
Schweiz, Kläranlage 81
Scrot, Graf 318
Seelfingen, Stadt Stockach 329
– Herren von 329
Selgetsweiler, Gemeinde Hohenfels 80, 310, 311
Senger, Familie von, Rickelshausen 321
– Fridolin Jakob von 321
Sernatingen siehe Ludwigshafen
Sernatinger, Hermann, Pfarrer und Mundartdichter 120, 123
Seyfried, Robert, Maler und Bildhauer 28, 246, 296, 306, 326
Siegfried, Frank 143 ff.
Siemens-Konzern, Konstanz 97
Sigmaringen, Landkreis 18, 78, 236
Sigmund, Erzherzog von Österreich 227, 329, 330
Simon, Peter, Schauspieler 86
Singen/Hohentwiel 5, 12, 18, 23, 24, 30, 42, 43, 49–52, 58, 66, 67, 69, 70, 73, 74, 76, 81, 86, 89, 118, 119, 122, 125, 150, 160, 162, 165, 166, 176, 192, 195, 198, 200, 201, 206, 223, 236, 243, 245, 254, 273, 279, 280, 325–327
– Ausstellungen 91, 92

– Beschützende Werkstätte 37
– Fasnacht 112, 113, 114, 115
– Gas- und Elektrizitätswerk 76, 78, 79
– Gewerbe und Industrie 39–42, 52, 60, 103, 238, 241, 325
– Hegaumuseum 23, 90, 185, 304, 309, 320, 321
– Herrschaft 324
– Hohentwielfest 115
– Kirchen 252, 268, 294, 295, 325
– Kompostwerk 33, 35
– Konzerte 89
– Landesturnfest 24, 127, 133
– Rathaus 88, 282, 294, 325
– Schloß 254, 325
– Schulen 27, 282
– Sparkasse 57
– SPD 236
– Sportstätten 129, 130, 137, 138
– Stadtkern 274
– Theater 23, 83, 86
– Vereine 85, 92, 95, 132, 133, 139
– Verwaltungsgemeinschaft 324, 325, 327, 332
– Verwaltungsraum 54
Singen-Beuren 76
Singen-Bohlingen 74
Singen-Friedingen 76
Singen-Twiel, Herren von 326
Singen siehe auch Ortsteile
Sipplingen 79, 81, 310
Sizilien 311
Sohn, Familie 330
– Franz Anton 330
Sonner, Dr. Michael, Reichshofrat 307
Speyer, Bistum 219
Spiegler, Franz Joseph 244, 266
Staad, Stadt Konstanz 312
Stadel, Willi, Radolfzell 132
Stahringen, Stadt Radolfzell 74, 79, 81, 184, 229, 322
– Sportflugplatz 129
Stather, Hans 206
Stauder, Jacob Carl 244
Staufen bei Hilzingen 165, 178, 253, 308, 309
Stauffenberg, Johann Franz, Bischof von Konstanz 306
Steiermark 225
Stein am Rhein 76, 206, 208, 223, 229, 318, 324, 328
– Kläranlage 81
– Kloster St. Georgen 222, 229, 253, 308, 309, 318, 324, 326
Stein, Herren von 324
– Eitelbilgeri von 316
Steißlingen 18, 23, 30, 60, 76, 79, 139, 150, 162, 184, 234, 246, 254, 280, 281, 291, 327, 328
– Sportstätten 137, 138
– Vereine 139
Steißlinger See 125
Stetten, Stadt Engen 81, 304

Stettener Höhe 184
Stimmer, Tobias, Schaffhausen 244
Stockach 18, 23, 30, 31, 45, 50, 51, 60, 66, 69, 70, 74, 78, 79, 81, 89, 118, 125, 150, 162, 164, 177, 215, 223, 227, 234–236, 243, 245, 270, 272, 288, 291, 302, 311, 328–330
– Badenwerk AG 77
– Bezirksamt 235, 243
– ehem. Landkreis 18, 215, 235, 244
– ehem. Landratsamt 329
– Heidenhöhlen 182
– Industrie 100, 101, 105, 238, 241
– Kapuzinerkloster 222
– kath. Pfarrkirche 252, 328
– Loreto-Kapelle 246, 328
– Narrengericht 113, 328
– Oberamt 306
– Rathaus 227, 281, 328, 329
– Salmansweilerhof 302, 328
– Sparkasse 56
– Sportstätten 137, 138
– Vereine 139
– Verwaltungsgemeinschaft 76, 299, 301, 310, 315, 328
– Verwaltungsraum 254
Stockach siehe auch Ortsteile
Stockacher-Aach, Abwasserzweckverband 81
Stockach-Zizenhausen, Motorsportclub 134
Stoffeln, Herren von 301, 307, 309, 310
Stohrenhöfe, Gemeinde Mühlingen 302, 316
Stopfel, Dr. W., Denkmalamt 283
Storer, Johann Christophorus 244
Storzeln, Gutshof, Gemeinde Hilzingen 208, 309
Stotzingen, Freiherren von 236, 328
– Joseph Wilhelm von 328
– Roderich von 236
Strabo, Walahfried 323
Straßburg, Bistum 219
Stuben, Ritter Hans von 304
– Wappen 306
Stuttgart 52, 67, 69, 70, 73, 83, 89, 202, 241, 273, 318, 328
Südamerika 98
Süddeutschland, Gasversorgung 76
Sulyok, Tamas, Dirigent 89
Sulz, Grafen von 326
– Graf Alwig von 326
Sürgenstein, Johann Fidelis von, Obervogt 306
– Wappen 306
Sutor, Emil, Bildhauer 325

Talbachtal bei Engen 180
Talheim, Stadt Tengen 331
Talmühletal bei Engen 164
Taute, Wolfgang, Archäologe 189
Ten Brink, Spinnerei und Weberei, Rielasingen-Arlen 238, 281, 325
Tengen 8, 12, 30, 80, 82, 125, 150, 180, 184, 206, 208, 223, 229, 243, 253, 273, 282, 283, 287, 309, 330–332
– Freiherren und Grafen von 227, 229, 314–316, 328, 330, 331
– Heinrich von 330
– gefürstete Grafschaft 332
– Herrschaft 229
– Industrie 105
– Sportstätten 137, 138
– Vereine 139
– Verwaltungsraum 58
Tengen siehe auch Ortsteile
Tengen-Büßlingen, römischer Gutshof 209, 331
Tengen-Hinterburg, Herrschaft 229, 313, 330, 331
Thayngen, Schweiz 70, 73, 81, 186
– Keßler Loch 90, 186
Thöne, Dr. Friedrich 244, 245
Thumb, Peter, Baumeister 244, 246, 309
Thurgau 162, 163, 227, 311, 313, 324, 328
Tiberius, römischer Kaiser 206
Tibian, Johann Georg 228
Titus, römischer Kaiser 318
Tödi 184
Todtnau, Schwarzwald 238
Trapp, Werner 150 ff.
Treppmann, Dr. Egon 83 ff.
Treviso, Italien 318
Triberg, Schwarzwald 52
Trier, Bischof von 328
Trötschler u. Wolff, Baumwollspinnerei, Singen und Todtnau 238
TRW-Messmer GmbH & Co. KG, Radolfzell 102
Tübingen 69, 188
Tudoburg bei Honstetten 180, 253, 302, 303
Tudoburg siehe Harperg/Hardberg
Türrainhof, Gde. Allensbach 299
Tuttlingen 50, 73, 79, 326
– Landkreis 62, 236

Überlingen am Bodensee 31, 70, 78, 79, 245, 299, 301, 311, 329
– Amt 243
– Johanniterkommende 329
– ehem. Landkreis 277
– Spital 301, 329, 330
Überlingen am Ried, Stadt Singen 79, 321, 327
– Wasserversorgung 80
Ulm 69, 223, 245, 311, 328
– Freiherren von 299, 319
– Caspar von 319
Ulm-Erbach, Paul Matthias von 319
Ursaul 330
USA 98
Uttenhofen, Stadt Tengen 80, 331

Vandamme, franz. General 326
Vercelli, Liutwart von, Bischof 323
Veringen-Nellenburg, Grafen von 225, 227, 328
Verona 320, 321
– Bischof Egino von 323
Viktoria, Königin von Schweden 313
Villingen 281
Vintler von Plätsch 307
Vogesen 118
Volkertshausen 30, 44, 81, 119, 133, 176, 236, 282, 320, 332
– Industrie 238
– Sportstätten 137, 138
– Vereine 139
Vorarlberg 118, 160, 244

Wachter, Emil, Maler 252, 325
Wagenhausen bei Stein am Rhein, Kloster 222, 302
– Tuto von 302
Wagner, Ferdinand 281
– Hans 272
Wahlwies, Stadt Stockach 134, 168, 300, 325, 329, 330
– Pestalozzikinderdorf 89
Waldo, Abt der Reichenau 323
Waldsberg, Herrschaft 316
Waldshut 105, 298
– Landkreis 62
Walldorf bei Heidelberg 276
Wallhausen, Stadt Konstanz 171, 172, 254, 312
Wangen, Gemeinde Öhningen 81, 317–319, 325
– jüdische Gemeinde 235, 241, 243
– Ritter von 318
Wannenberg 80
Warin, fränkischer Graf 299
Wartenberg 178
– Friedrich von, Abt der Reichenau 323
Wasserburg bei Honstetten 303
Wasserburgerhof 302
Wasserburger Tal 164, 180, 186, 195, 304
Watterdingen, Stadt Tengen 82, 118, 184, 206, 331
Weber, Paul, Bodman 189
Wegscheider, J. I. 320
Weiherhof-Rickelshausen, Stadt Radolfzell 321
Weil, Stadt Tengen 331
Weiler, Gemeinde Moos 229, 304, 313, 314
Weitenried bei Volkertshausen 176
Weiterdingen, Gde. Hilzingen 80, 246, 252, 254, 256, 262, 310
Weizsäcker, Richard von, Bundespräsident 291
Welschingen, Stadt Engen 74, 173, 180, 245, 252, 304
Welte, Werner, Mundartdichter 121–123
Welsberg, Graf von 320
Werber, Friedrich, Pfarrer 236
Werd, Ilse 316
Werth, Werner de, Neuwied 298
Widderstein 184

Widerholt, Konrad, Kommandant des Hohentwiel 230, 235, 309, 315, 326
Wiechs, Gemeinde Steißlingen 122, 328
Wiechs am Randen, Stadt Tengen 80, 82, 164, 184, 252, 331, 332
Wieland, Johann Georg 245
Wien 328
Wildbachtal bei Zimmerholz 180, 304
Windegg auf der Hegaualb 184
Winterspüren, Stadt Stockach 259, 330
Winterthur, Schweiz 58, 70
Witigowo, Abt der Reichenau 246, 323
Wohlgemuet von Muetberg, Stefan von 298
Wolfenbüttel 244
Wolff, von, Kommandant des Hohentwiel 326
Wolftal bei Biesendorf 180
Wollmatingen, Stadt Konstanz 70, 206, 229, 313, 323
Wollmatinger Ried 16, 17, 19, 32, 33, 168, 171, 172, 324
Worblingen, Gemeinde Rielasingen-Worblingen 79, 80, 125, 168, 245, 252, 254, 324, 325
– jüdische Gemeinde 235, 243
Worms 211
Württemberg 297, 301, 303, 305, 307–310, 315, 316, 319–322, 326–330
– Grafen und Herzöge von 229, 234, 315, 324, 326
– Herzog Eberhard von 309
– Herzog Ulrich von 253, 304, 326
– Königreich 300, 328
Wutachtal 330

Zähringen, Herzöge von 308, 326
Zanegg, Herren von 328
Zeilental bei Emmingen ab Egg 180
Zengerling, Dr. Theo 43 ff.
Zimmerholz, Stadt Engen 180, 184, 304
– Herren von 304
Zimmern, Konrad von, Abt der Reichenau 315
Ziwey, Franz, Bürgermeister 18
Zizenhausen, Gemeinde Stockach 281, 282, 284, 330
– Industrie 238
Zoffingen, Kloster, Konstanz 311
Zollern, Burggraf Friedrich von 311
Zollernalb, Landkreis 236
Zollikofer, Joh. Ludwig, Oberst 304
Zoznegg, Gemeinde Mühlingen 80, 164, 316
Zugspitze 184
Zürich 52, 73, 83, 234, 301, 318, 328
Zürichgau 227, 328
Zürn, Jörg, Bildhauer 245, 262, 310, 327